Volker Gerhardt

INDIVIDUUM UND MENSCHHEIT

Volker Gerhardt

INDIVIDUUM UND MENSCHHEIT

Eine Philosophie der Demokratie

C.H.Beck

www.chbeck.de
Umschlaggestaltung: Rothfos & Gabler, Hamburg
Satz: Fotosatz Amann, Memmingen
Druck und Bindung: CPI – Ebner & Spiegel, Ulm
Gedruckt auf säurefreiem und alterungsbeständigem Papier
Printed in Germany
ISBN 978 3 406 76536 0

myclimate

klimaneutral produziert
www.chbeck.de/nachhaltig

«Die Armut in einer Demokratie ist dem in Diktaturen angeblich zu genießenden Glück um so viel vorzuziehen wie Freiheit der Sklaverei.»

Demokrit

«Regieren besteht aus der Herrschaft über Freiwillige.»

Sokrates

«Politik ist die wahre Tragödie.»

Platon

«Kein Gesetz ist vor Gott und den Menschen lobenswerter als die Ordnung, die eine wahre, einige und heilige Republik begründet, in der man frei beratschlagt, klug diskutiert und das Beschlossene getreulich ausführt.»

Machiavelli

«Es ist so weit gekommen, dass die Rechtsverletzung an *einem* Platz der Erde an allen *anderen* gefühlt wird.»

Immanuel Kant

«Die letzte Aufgabe unseres Daseins: dem Begriff der Menschheit in unserer Person [...] einen so großen Inhalt als möglich zu verschaffen.»

Wilhelm von Humboldt

«I believe in democracy because it releases the energies of every human being.»

Woodrow Wilson, 1912

«Democracy will win.»

Thomas Mann, 1942

Inhalt

Vorwort

Lange bevor es die erste Demokratie gegeben hat, gab es ihre Definition als politische Ordnung, in der die *Freiheit* eines jeden mit seiner *Gleichheit vor dem Gesetz* verbunden ist. Der Einzelne wurde als Individuum anerkannt und galt zugleich als Ursprung eines gemeinschaftlichen Ganzen, das letztlich alle Menschen umfasst und seine Einheit durch nichts Geringeres als das *Recht* gewinnt.

Diese Definition, die der erste griechische Historiker auf das Jahr 522 datiert, brauchte hundert Jahre, bis man sich an ihr als Modell versuchte, und noch weitere 70 Jahre, bis es in Athen einen Staat gab, der sich diesen Namen zu verdienen suchte. Er hatte, wenn man großzügig rechnet, nur 130 Jahre Bestand, ehe er verlacht und vergessen wurde. Es dauerte mehr als 2000 Jahre, bis man sich ernsthaft wieder an ihn erinnerte, und weitere 200 Jahre, bis es die als Republik gegründeten Vereinigten Staaten von Amerika wagten, sich diesen alten Namen zu eigen zu machen. Tatsächlich enthält er noch heute die treffendste und umfassendste Definition, die man einem menschlichen Gemeinwesen geben kann.

Doch die Demokratie blieb umstritten und gefährdet, und es scheint, als stehe sie auch im Augenblick vor einer weiteren großen, vielleicht sogar vor ihrer ultimativen Bewährungsprobe. Das, so denke ich, ist ein hinreichender Grund, dem Begriff eine philosophische Betrachtung zu widmen, die, ohne den Anspruch, vollständig zu sein, zu zeigen versucht, wie dieses politisch durch nichts überbotene politische Modell der Demokratie mit dem Selbstverständnis des Menschen verbunden ist.

Die vorliegende Betrachtung setzt Überlegungen fort, die in einer 2019 erschienenen Studie über die *Humanität* entwickelt wurden. Sie bezieht nun auch das Verhältnis der Politik zur *Menschheit* ein. Während in der *Humanität* gezeigt werden sollte, wie sich das Selbstverständnis des Menschen wesentlich mit Blick auf die Leistungen beschreiben lässt, die er in der Welt von sich aus erbringt, geht es hier um den Anspruch, den die Menschen an die Politik stellen, sobald sie sich selbst ernst nehmen.

Dieser Anspruch wird nicht erst in der Moderne erhoben. Er kommt historisch bereits mit der Entstehung der Philosophie auf und führt im selben epochalen Zusammenhang zu ersten politischen Konsequenzen. Die Entstehung der Philosophie und die initiale Begründung der Demokratie erfolgen im selben kulturellen Großraum und fallen in dieselbe Zeit. Zwar bleibt diese räumliche und zeitliche Koinzidenz zunächst auf den griechischen Kulturkreis begrenzt, in dem die Demokratie für eine kurze Zeit Bestand hat. Doch unter anderen Namen und mit erweiterten Zielen blieb sie lebendig.

Daran hat die Philosophie einen nicht geringen Anteil. Sie gibt wegweisende Impulse, zunächst durch das eigenständige *Denken*, dann durch ihr Beharren auf *Erziehung*, *Wissen* und *Kritik*. Dann kommen Ansprüche durch den *religiösen Glauben* hinzu, sofern er seine Hoffnung auf eine *personal* verstandene Beziehung des Menschen zu seinem Gott gründet. Die Philosophie sieht sich darin wiederum in ihren Argumenten für die *Humanität* sowie für die *naturrechtliche Gleichheit aller Menschen* bestärkt, die sie schließlich mit ihren Gründen für das *Menschenrecht* verdichtet. Daher lässt sich mit guten Gründen sagen, dass Philosophie und Demokratie historisch und systematisch miteinander verbunden sind. Unter dem Einfluss des *Humanismus* und der *Aufklärung* wird daraus eine innere Bindung des individuellen Selbstbegriffs an die Ansprüche und Verfahren der Demokratie. Denn die Demokratie ist die einzige Staatsform, die sich auf das ursprüngliche Recht des Menschen gründet, *frei* und *gleichberechtigt* zu sein. Sie vertraut auf das *Menschenrecht*, das durch ihre Verfassung und ihre Gerichtsbarkeit auch mit legitimer Gewalt gesichert werden kann.

Das soll auf den folgenden Seiten anschaulich werden: Mir ist bewusst, dass ein umfassender historischer Beleg meiner These, verbunden mit einer Darlegung ihrer systematischen Voraussetzungen und Folgen, ein mehrbändiges Werk unter Beteiligung einer Vielzahl von Fachleuten erforderte. Er verlangte Kenntnisse der über Europa hinausreichenden Kulturgeschichte, benötigte Belege aus Anthropologie, Soziologie, Psychologie und Jurisprudenz und bedürfte einer kohärenten systematischen

Rechtfertigung. Doch der Versuch, Vertreter derart verschiedener Disziplinen in einem als heikel geltenden Forschungsvorhaben zu verbinden, erwies sich als zu aufwändig.

Also begnüge ich mich jetzt mit einem programmatischen Entwurf, der historische und systematische Einsichten verbindet. Er enthält hoffentlich mehr als bloß die Illustration meiner persönlichen Überzeugung, dass die Philosophie bereits in ihrem *individuellen Anspruch auf Allgemeinheit* ursprünglich demokratisch ist. Dazu gehört, dass die Politik letztlich sowohl auf *rationale Begründung* wie auch auf *moralische Einsichten* gegründet werden muss. Allein die Berufung auf Traditionen oder der Hinweis auf überkommene Machtverhältnisse reichen nicht aus.

Dass diese Publikation möglich ist, verdanke ich dem Cheflektor im Verlag C.H.Beck, Dr. Detlef Felken. Er hat mich seit über zwanzig Jahren kundig beraten und meine in systematischer Absicht verfassten Bücher umsichtig und kenntnisreich betreut. Seine Ermutigung, es nicht bei dem Eindruck zu belassen, dass der Mensch als *homo quaerens*, als *animal sociale sive rationale*, als *homo sapiens et faber*, als *homo ludens* und *homo publicus* schon hinreichend beschrieben sei, hat den entscheidenden Impuls gegeben. Denn noch fehlte der *homo politicus*, der nicht nur von sich sagen kann, dass er ein rationales und zugleich soziales und moralisches Wesen ist. Der politische Mensch hat vielmehr den Anspruch, *gleichberechtigt* und in seinen individuellen Fähigkeiten so *anerkannt* zu sein, dass er die reale Chance hat, *selbstbestimmt* am gesellschaftlichen Ganzen mitzuwirken. Das ist ein zentraler, aber längst nicht alle Fragen einer Demokratietheorie abdeckender Aspekt des vorliegenden Buches.

Auch dafür, dass Detlef Felken es in dieser Einseitigkeit akzeptiert hat, habe ich ihm zu danken. Ihm ist dieses Buch gewidmet.

Volker Gerhardt — Berlin und Hamburg, im September 2022

EINLEITUNG

Menschheit als Selbstbegriff

Die kulturelle Entwicklung beschleunigt sich, je mehr der Mensch seine Naturbeherrschung über die Sphäre seines Körpers hinaus erweitert. Das geschieht zum einen dadurch, dass er mit Hilfe seiner Werkzeuge seinen Wirkungsraum ständig vergrößert und dabei erheblich verändert; zum anderen durch die Nutzung von Naturprozessen, die er seinem Willen unterwirft. So ist er in der Nutzung des Feuers und bei der Optimierung seiner Waffen, bei der Jagd, dem Ackerbau und der Viehzucht verfahren. Im Zeitraum weniger Jahrtausende lernte er, Techniken für den Hausbau, für die Anlage fester Siedlungen und aufwändiger Grabstätten, für den Bau von Dämmen, Brunnen, Bewässerungsanlagen und Schiffen einzusetzen und das Rad zu nutzen.

Die Liste der Entdeckungen und Erfindungen, die menschliche Kulturen möglich gemacht haben, ist lang – auch dort, wo noch keine Schrift zur Verfügung stand. Mit deren Erfindung und Gebrauch aber erweiterten sich die Handels- und die Herrschaftsräume. Recht und Verwaltung wurden effektiviert, das Geschehen am Tages- und Nachthimmel konnte von verschiedenen Standpunkten aus verzeichnet und an zentralem Ort gesammelt, verglichen und bestimmt werden. Auf diese Weise entstand die Astronomie, mit der ihr zugrundeliegenden Mathematik eine der ersten Wissenschaften überhaupt. Auf längere Sicht verlieh die Schrift sowohl dem gesprochenen Wort wie auch der Erinnerung und der Erkenntnis Dauer und wurde zum unerlässlichen Träger des Wissens und der Wissenschaften.

Nach einer produktiven Inkubationszeit unter der Herrschaft orientalischer Könige gelangte die Wissenschaft auch zu den streitbaren Griechen, wo ihr unter Bedingungen politischer und individueller Konkurrenz eine größere Vielfalt, breitere Aufmerksamkeit und gesteigerte praktische Bedeutung zukam. So kam es zu einer ersten Berührung der Wissenschaft mit widerstreitenden politischen Ansprüchen. Auch wenn wir über keine näheren historischen Aufschlüsse verfügen, so kann man doch annehmen, dass es einen Zusammenhang zwischen der Diversifizierung der Wissenschaften und dem Aufkommen pluraler Ansprüche und erster demokratischer Vorstellungen gibt. Die auf gleiche Rechte für alle Bürger dringenden Isonomie-Bemühungen von Solon und Kleisthenes sind die Vorboten dessen, was seit dem Beginn des 5. Jahrhunderts als Vorbereitung auf die *Demokratie* in Athen zulief.

Die neue Staatsform scheiterte zwar in ihrem Ursprungsland, überdauerte aber in Rom unter dem Titel der *Republik*. Als Republik gelang es Rom, zu einer Weltmacht zu werden, ehe der Ehrgeiz einzelner Römer daraus wieder eine Königsherrschaft unter dem Namen eines «Imperiums» machte. Die Cäsaren auf dem Thron konnten zwar Weltmacht-Phantasien beflügeln; ihre Herrschaft aber endete in Spaltung und Zersplitterung; das einzig Hoffnungsvolle daran war, dass sie den guten Ruf der *Republik* nicht zerstören konnten.

So bietet sich 1500 Jahre später, nach fortgesetzten Glaubenskrisen und bei erkennbarer Überforderung der europäischen Monarchien, erneut die *Republik* als Alternative an. Mit ihr kommt auch – in der Zeit eines ungleich machtvolleren Auftritts der Wissenschaften – die *Demokratie* wieder als Regierungsform in Betracht. Mehr noch: Die *Demokratie* wird als die einzige Staatsform erkannt, die dem inzwischen als *universell* geltenden *Menschenrecht*, dem bei der Vielzahl der Religionen lebensnotwendig gewordenen *Toleranzprinzip* und der in ihrer kulturellen Notwendigkeit erkannten *Selbstbestimmung* der Individuen gerecht werden kann.

Welche kulturellen Energien hier wirksam waren, wird augenblicklich klar, wenn wir erkennen, in welchen Leistungen sie sich entluden: Es sind die *wissenschaftlichen Erkenntnisse* und die *Fortschritte* der *Technik*, die sich in der *Welterkundung*, in der Entfesselung *künstlerischer Potenzen* und in der alle Grenzen überschreitenden Entfaltung der *ökonomischen Leistungen* manifestierten. Die Eroberung und Besiedlung Nordamerikas, der sich binnen dreier Jahrhunderte vollziehende Aufstieg der neuenglischen Kolonien zur politischen Selbstständigkeit, aber auch die Revolution in Frankreich wären ohne den fortgesetzt in sie investierten *wissenschaft-*

lichen und technischen Fortschritt nicht möglich gewesen. Auch das von der aufgeklärten Literatur geschaffene kulturelle Klima sollte nicht unterschätzt werden.

Hinter dem 1776 in Amerika und 1789 in Frankreich obsiegenden Modell der Demokratie stand das ganze Pathos der Aufklärung, das weder in den politischen Wirren der nachrevolutionären Kriege noch in der sich nach mehr Gefühl und Glauben sehnenden Romantik verloren ging. Obgleich die Staaten, so als hätte sich an der prärevolutionären Feudalherrschaft nichts geändert, nur auf Sicherung und Mehrung ihrer Macht bedacht waren, setzten *Wissenschaft, Technik, Industrie* und *Kunst* mit ihren je eigenen Mitteln den Prozess der Aufklärung fort. Sie ermutigten die Menschen, sich der neuen Erkenntnisse unter Einsatz ihres eigenen Verstandes zu bedienen. Und wo immer sie Erfolge und höhere Erträge versprachen, wurden sie von der staatlichen Politik gefördert.

Den elementaren Bedürfnissen der Menschen wurde weniger Aufmerksamkeit geschenkt. Die sozialen Ansprüche der Menschen, die in ihren Lebensverhältnissen den größten Belastungen unterworfen waren, wurden von den Staaten kaum beachtet. Hier entfalteten jedoch die gewachsenen Rechte der bürgerlichen Gesellschaft ihr politisches Potential. Sie boten historisch neue Freiheiten der Erkenntnis, der Organisation und der Opposition, die aus dem politischen Leben der Gegenwart nicht mehr wegzudenken sind.

Im 19. Jahrhundert wurden Wissenschaft und Technik als Triebkräfte der gesellschaftlichen Organisation bewusst wahrgenommen und zielgerichtet eingesetzt. Als Beispiel seien nur die «Weltausstellungen» genannt, wie sie von 1851 an in so gut wie allen europäischen und amerikanischen Metropolen ausgerichtet wurden. Nach der offiziellen Ausstellungsliste fanden bis zum Ersten Weltkrieg mehr als dreißig solcher Leistungsschauen statt. Sie machen offenkundig, dass es eine die Politik konstituierende aktuelle *Weltöffentlichkeit* gibt.

Dass sie jedoch nicht nur allgemein zu einer alle Menschen gleichermaßen verbindenden Politik verpflichten, sondern mit existenzieller Dramatik eine *Demokratisierung der Weltbevölkerung* verlangen, wird mit dem Beginn des 21. Jahrhunderts offenkundig: Die *Digitalisierung der Weltöffentlichkeit* hat zu einer alles Private und Persönliche gefährdenden Aufdringlichkeit geführt, die längst die Arbeitsfähigkeit der wirtschaftlichen, politischen und rechtlichen Institutionen bedroht. Sie zeigt mit alarmierender Dringlichkeit, dass wir eine Weltordnung brauchen, die nicht nur einzelne Staaten, sondern die *Menschheit* – und in ihr jeden einzelnen Menschen – vor der permanenten Übergriffigkeit von ihresgleichen schützt.

Demgegenüber hat es beinahe etwas Biedermeierlich-Beschauliches, auf die anderen Fortschritte zu verweisen, die den Prozess der Politisierung der Weltgesellschaft vorantreiben. Gleichwohl seien sie benannt: Die *Naturwissenschaften*, die noch bis zum Ende des 18. Jahrhunderts im Rahmen der Philosophischen Fakultäten eine eher randständige Aufmerksamkeit gefunden hatten, wurden nach Kräften gefördert. Neue Fächer wie *Chemie* und *Biologie* erlangten den Status separater Wissenschaften. Die *Medizin* entdeckte Krankheiten, die ihre Ursache in deplorablen Lebensbedingungen hatten, und wurde zu einer Triebkraft der Veränderung städtischer Infrastruktur und allgemeiner Versorgung. Im Kampf gegen die Pocken- und Cholera-Epidemien errang sie weltweite Erfolge; nach der Entdeckung der mikrobiologischen Ursachen der Seuchen und mit der Möglichkeit ihrer Eindämmung trug sie wesentlich zum Bestand der Menschheit bei.

Die *Ökonomie* wurde zum Hoffnungsträger, auf den sich überzeugte Demokraten wie John Stuart Mill und Henry Charles Carey stützen konnten. Auch die rasch wachsende Gewerkschaftsbewegung, alsbald unter Beteiligung der Sozialisten, konnte das gewachsene wirtschaftswissenschaftliche Wissen nutzen. Nur Karl Marx, wiewohl vorrangig an der neuen Wissenschaft interessiert, merkte nicht, dass er deren politische Chance verspielte, indem er *nur* auf die Ökonomie setzte und alles, was darüber hinausging, sich selbst überließ. Die Folge war eine Geringschätzung von Recht, Staat und Politik – vom Menschenrecht und von der Humanität, für die Marx in seinen Jugendschriften so bewegend Partei ergriffen hatte, ganz zu schweigen. Damit fehlte auch dem programmatisch vorrangigen «Internationalismus» der kommunistischen Bewegung die sozio-kulturelle Einheit, derer es bedurft hätte, um allgemein politisches Vertrauen zu finden.

Bereits im 19. Jahrhundert konnte allenthalben mit der *Präsenz einer Weltgesellschaft* gerechnet werden, deren Mitglieder in einem zunehmenden Informationsaustausch stehen. Was über Jahrhunderte in der literarischen Überlieferung durch Historiker, Philosophen, Künstler und Kleriker als kulturelle Einheit im Bewusstsein gehalten wurde und dann wesentlich durch den Buchdruck verdichtet werden konnte, wird durch den rapiden Ausbau der *Telegrafie* (wenig später auch durch die Entwicklung des *Telefons* und heute durch das *World Wide Web*) zur permanenten Präsenz eines Publikums, dem alle Menschen angehören.

Das sind lediglich Indizien dafür, dass der Terminus, der über Jahrtausende hinweg nur ein *Gattungsbegriff für alle Menschen* war, in kurzer Zeit zur Bezeichnung der präsenten *Gesamtheit aller Menschen* wurde, die im Bewusstsein der Zeitgenossen und der Politik zu einem Gegenstand aktueller Sorgen und konkreter Bemühungen werden konnte. Mehr noch: Der in seiner Abstraktheit lange Zeit schwer zu fassende *Begriff der Menschheit* wandelte sich mit dem historischen Ertrag der kulturellen, politischen und technischen Aktivität der Menschheit zur Bezeichnung eines weltumspannenden Gesamtsubjekts, zu dessen Aufgaben die eigene Erhaltung und Entwicklung gehört. Mit der Vernunftaufklärung des 18. Jahrhunderts, mit der im Namen der Menschheit betriebenen kritischen Wissenschaft und einer Politik, die sich zum Ziel setzt, dem Menschenrecht weltweit Geltung zu verschaffen, rückt die Menschheit ins Zentrum einer Weltpolitik, die unter dem Anspruch steht, schon im aktualen Vollzug *Weltgeschichte* zu sein.

Aber es geht nicht nur um die Menschheit als ganze: Die technischen Medien tragen erheblich zur *Individualisierung* in konkreten Situationen bei, indem sie durch *Fotografie*, später auch durch den *Film* und die dadurch mögliche *aktuelle Berichterstattung* die Anteilnahme des Publikums erhöhen. Inzwischen werden die kommunikativen Techniken durch die *Digitalisierung* perfektioniert, sind aber zugleich schier unbegrenzt manipulierbar, so dass auch hier Chance und Risiko so nahe beieinander liegen, dass aus ihrer *Kontrolle* in kürzester Zeit eine vorrangige Aufgabe für die Menschheit geworden ist.

Mit der politischen Profilierung des *Begriffs der Menschheit* tritt auch die existenzielle Bedeutung des *Individuums* hervor. Und es ist zu zeigen, dass beide Termini im *Begriff der Demokratie* von Anfang an miteinander verbunden sind.

Es ist historisch nicht exakt zu bestimmen, wann die bei den meisten Menschen mehr oder weniger stark ausgeprägte Verantwortung für ihresgleichen: für ihre Nächsten, für ihre Familie, für ihre Gefährten in Jagd und Kampf, für ihr Handlungsterrain oder für ihre eigene Kommunität bewusst geworden ist. Die Menschen der Frühzeit haben sich, so darf man annehmen, für das Leben der Mitglieder ihres Stamms, ihres Volkes oder ihrer Kultgemeinschaft eingesetzt. Besitz- und Befehlshierarchien lassen hier eine beachtliche Vielfalt zu.

Aber wann hat sich die Verantwortung für die «Menschheit» geregt? Darüber gibt es nur Mutmaßungen. Vielleicht waren die Religionsstifter und ihre Nachfolger die Ersten, die hier die gegebenen Grenzen eines Stammes, eines Volkes oder einer Kultur überschritten und für alle Menschen gesprochen haben? Hier könnte man im Reden und Wirken der ersten Zeugen der «Achsenzeit» fündig werden, zu denen auch jene Weisen gehören, die als Reformer, wie Solon und Kleisthenes, oder die als erste Philosophen, wie Xenophanes, Heraklit und Anaxagoras, zu den Wegbereitern der Demokratie gerechnet werden können. In der europäischen Tradition ist überdies an christliche Impulse zu denken, die von einem inspirierten Gründer ausgegangen sind, der als «Sohn» Gottes zugleich im Namen *aller* «Menschen» gesprochen hat.[1]

Ein Problem, das in den beiden Jahren, in denen dieses Buch geschrieben wurde, buchstäblich alle Menschen akut betraf und weiter betrifft, ist die *Covid-19-Pandemie.* Obgleich es in den ersten Monaten nach Auftritt der Seuche sogar Staatsmänner gab, die weltweite Maßnahmen zur Bekämpfung der Infektion gar nicht für nötig hielten, kann es heute keinem vernünftigen Zweifel mehr unterliegen, dass eine erdumspannende Gefahr gegeben ist.

Auch hier können wir es wörtlich nehmen, dass *alle* Menschen bedroht sind, *alle* fachkundig behandelt und mit Impfstoff versorgt werden müssen. Und es kann im Ernst auch nicht in Zweifel stehen, dass jeder Einzelne die Pflicht hat, seinen Beitrag zum Schutz aller zu leisten, erst recht, wenn die in seiner eigenen Freiheit gegründete Pflicht darin besteht, zugleich mit seiner eigenen Gesundheit die Gesundheit anderer zu bewahren. Dazu gehört, wenn es nicht schon die Nächstenliebe oder der gesunde Menschenverstand zur Selbstverständlichkeit machen, ein Nachdenken über den inneren Zusammenhang des Selbstbegriffs der *Person*, ihrer Zugehörigkeit zur *Menschheit* und der von allen geforderten *Würde* des Menschen. Die drei Begriffe: *persona*, *humanitas* und *dignitas*, in deren Zeichen *Cicero* fünfzig Jahre vor der Zeitenwende die *res publica* zu retten versuchte, waren es, die fast zweitausend Jahre später Immanuel Kant davon überzeugten, dass eine auf diese Begriffe gegründete *Republik* den Titel einer *Demokratie* verdient.

Das soll im IV. Kapitel über Immanuel Kants politisches Denken gezeigt werden. Was danach im V. Kapitel folgt, kann nicht mehr als eine Vergegenwärtigung in Stichworten sein. Sie soll anzeigen, wie die Menschheit vornehmlich durch Hochrüstung und in unablässigen Kriegen ihre Selbstgefährdung vorangetrieben hat. Zugleich hat sie durch Industrialisierung und Kommerzialisierung nahezu der gesamten Erdbevölkerung etwas geschaffen, das man «Zivilisierung» nennen möchte, wobei angesichts der damit zugleich geschaffenen Risiken der Begriff mit einem Fragezeichen versehen werden muss. Denn inzwischen ist offenkundig, dass die Naturbedingungen auf der Erde dem menschlichen Handeln Grenzen setzen, die deutlich machen, dass es unter keinen Umständen wie bisher weitergehen kann. Die Technik hat nicht nur in der Erfindung und Entwicklung von Waffensystemen ihre zerstörerische Potenz offenbart. Auch in ihren pharmazeutischen, medizinischen und kommunikationstechnischen Errungenschaften zeigt sie eine Ambivalenz, die gleichermaßen für den Bestand der Menschheit hoffen und fürchten lässt.

Sicher ist, dass die natürlichen Ressourcen, mit deren Erschließung und Verarbeitung die Menschheit ihr Wachstum und ihren Wohlstand erwirtschaftet hat, in Kürze erschöpft sein werden. Die Rückstände der aufwändigen Lebensweise sind für viele andere Lebewesen tödlich, und sie bedrohen zunehmend auch die Existenz großer Teile der Menschheit. Wissenschaft, Technik und Politik stehen vor den größten Herausforderungen ihrer Geschichte, angesichts dieser Gefahr Lösungen zu finden, die nicht nur einen kleinen Teil der Menschen, sondern die *Menschheit als ganze* zu retten haben.

Vielleicht ist es in dieser Lage eine Hilfe, sich nicht nur klarmachen zu können, welche historischen Voraussetzungen die Rede von der *Menschheit* hat, sondern dass sich mit ihr von Anfang auch das politische Mittel anbietet, sachlich, ethisch und politisch mit ihr umzugehen. Tatsächlich ist die Demokratie die einzige angemessene Form politischer Organisation der Menschheit.

Vor aller spekulativen Erweiterung der Problemstellung rekonstruiere ich die Phasen der philosophischen und politischen Geschichte, in denen die Voraussetzung dafür geschaffen wurde, mit den Krisen der Menschheit aktiv und hoffnungsvoll umzugehen. Das gilt bereits für das I. Kapitel mit seinen Beobachtungen zur philosophischen Annäherung an die Fragen von Menschheit und Politik.

Im II. Kapitel suche ich daran zu erinnern, was die Philosophen der Antike, namentlich *Sokrates*, *Platon*, *Aristoteles* und *Cicero* zur Vertiefung der Beziehung zwischen Menschheit und Demokratie beigetragen haben. Im III. Kapitel wird, zunächst mit Blick auf zwei Stationen demokratietheoretisch bislang wenig beachteter Anregungen im frühen Christentum und im neuzeitlichen Humanismus, dann aber auch unter Würdigung des Kampfes für das Menschenrecht und für unzensierte Öffentlichkeit sowie in Würdigung des Universalismus und Internationalismus der Aufklärung zu zeigen sein, wie sich der Begriff der Menschheit mit neuen geschichtlichen Inhalten füllt.

Schließlich werde ich im IV. Kapitel einen Blick auf Immanuel Kant werfen, dem wir ein wesentlich vertieftes Verständnis des Begriffs der Menschheit verdanken und der zugleich die Grundlagen dafür geschaffen hat, der Menschheit weltweit eine republikanische Verfassung zu geben. Kant hat sich gegen Ende seines Schaffens auch von einem rousseauistischen Vorurteil gegenüber der Demokratie befreit und bereits in seiner Friedensschrift ein Bekenntnis zur Demokratie hinterlassen. Dabei werden Menschheit und Demokratie systematisch verknüpft, und was uns Kant heute besonders nahebringt, ist das ausdrücklich gemachte Bewusstsein davon, dass die Menschheit nicht nur einen (vergleichsweise späten) naturgeschichtlichen *Anfang*, sondern auch ein (irgendwann mit Gewissheit eintretendes) naturgeschichtliches *Ende* hat.

Im V. Kapitel folgt ein selektiver Blick auf die Entwicklung im «langen Jahrhundert» von der Französischen Revolution bis zu den beiden Weltkriegen, der deutlich machen soll, wie gut die Chancen für eine sich weltweit ausdehnende Verbindung von Demokratie und Menschheit stehen müssten – wenn nur die Menschen in der Lage wären, ihrer besseren Einsicht zu folgen. Daran schließen sich im VI. Kapitel systematische Schlussfolgerungen zum inzwischen gewonnenen Verständnis der Demokratie und ihrer möglichen Zukunft an. Darauf ist dann auch der allen zu weit reichenden weltpolitischen Erwartungen Einhalt gebietende *Beschluss* bezogen.

I

Anfänge von Menschheit und Demokratie

1. Das Parallelogramm von Mensch und Politik. So viele Nachteile die Demokratie auch immer haben mag: Sie gilt vielen Menschen, die Erfahrungen mit ihr machen konnten, als die beste Option. Zwar ist sie die Regierungsform, deren Unzulänglichkeiten die Kritik ihrer Bürger unablässig auf sich zieht; aber dadurch, dass sie diese Kritik zulässt und sich schon damit für Innovationen offenhält, ist sie anderen Systemen überlegen, insbesondere solchen, die das Recht nicht achten und damit der Willkür des herrschenden Personals überlassen sind.

Die Demokratie setzt auf die *gleiche Freiheit* der Individuen, bietet Raum für öffentliche Debatten und kann so dem Gemeinwesen größere Chancen eröffnen. Das macht sie in vielem aufwändig und manchmal auch unbequem; aber im Vergleich mit Diktaturen und Einparteienstaaten bietet sie Rechtssicherheit und größere Meinungsvielfalt. Also eröffnet sie der Mehrheit mehr Entfaltungsraum mit einem höheren Anteil individueller Zufriedenheit – zumindest so lange sie ein auskömmliches, möglichst berechenbares und Zukunftschancen bietendes Leben verspricht.

Solange diese Voraussetzungen gegeben sind, gehört der Demokratie die Zukunft. Und solange sie Erfolg hat, wird sie auch die besten Chancen haben, die Menschen überall auf der Welt für sich zu gewinnen. So könnte die Demokratie bereits in absehbarer Zeit die Verfassung sein, unter der die Mehrheit der Weltbevölkerung lebt und auch in Zukunft leben möchte.

Aber was ist, wenn die Rahmenbedingungen sich ändern? Wenn Naturkatastrophen, wirtschaftliche Krisen, Kriege, Terrorakte, Kriminalität oder Seuchen unerwartete Probleme schaffen, können die politischen Vorzüge der Demokratie rasch an Attraktivität verlieren. Dann schlägt die Stunde der Demagogen und Populisten und mit ihnen sind Rechtssicherheit und Freiheit dahin. Die historischen Beispiele sind zahlreich; die jüngsten Fälle sehen wir gegenwärtig in Hongkong und im Verhältnis zu Taiwan, in Russland, Venezuela, Brasilien, Myanmar oder Haiti. Und in Washington wurde uns vier Jahre lang das aus Dummheit, Bosheit, Nationalegoismus, hartnäckigen Lügen und Anstiftung zu putschistischer Gewalt verfertigte Trauerspiel der Selbstdemontage einer großen Demokratie geboten.

Die erste Demokratie hat es vor zweieinhalbtausend Jahren in Athen gegeben: Doch nach großen militärischen Erfolgen, einer staunenswerten Aufbauleistung und einer glanzvollen ersten Blüte war sie binnen weniger Jahrzehnte nur noch ein Schatten ihrer selbst und ging zugrunde. Unter dem äußeren und inneren Druck demagogisch geschürter Gegensätze scheiterte die attische Demokratie an den Aufgaben, *geordnete Machtwechsel* zu garantieren, dem *Recht Geltung zu verschaffen* und dem größeren Teil der Bevölkerung einen *durch eigene Tätigkeit erworbenen Lebensunterhalt* in Aussicht zu stellen.

Das Scheitern noch vor dem Ende des vierten vorchristlichen Jahrhunderts wirkte so ernüchternd, dass nicht nur in der nachfolgenden Antike, sondern auch im Mittelalter und der frühen Neuzeit die Demokratie als Regierungsform nicht mehr ernsthaft in Erwägung gezogen wurde. Über mehr als zweitausend Jahre blieb sie das Exempel für eine sich selbst den Untergang bereitende Verfassung.

Soll es nach dem hoffnungsvollen Neubeginn in Philadelphia vor nahezu 250 Jahren nicht erneut so weit kommen, gilt es, erneut über die Demokratie, ihre Vorzüge und ihre Schwächen nachzudenken. Das soll in der nachfolgenden philosophischen Betrachtung geschehen. Dabei bietet uns die Zeit, in der die Idee der Demokratie erste Anhänger gefunden hat, Aufschluss über ein basales Merkmal, das sie allen anderen Regierungsformen überlegen macht.

Um diesen Vorzug angemessen zu fassen, sei an zwei der Antike vertraute metaphorische Umschreibungen des *Verhältnisses von Mensch und Staat* erinnert. Auch wenn sie von ihren ersten Anwälten nicht nur auf demokratische Regierungsformen bezogen wurden, kann ihnen nur in einer Demokratie Genüge getan werden. Die beiden Autoren, denen wir sie verdanken, gehören nicht zu den erklärten Theoretikern der Demokratie; aber einer von ihnen steht ihr, wie sich zeigen wird, so nahe, dass sie einer nachfolgenden grundsätzlichen Zuordnung nicht entgegenstehen. Und der andere ist ein wirkungsmächtiger Anwalt der Republik.

Der *Erste* ist *Platon*, der im zweiten Buch der *Politeia* den Staat mit einem in «Großbuchstaben» geschriebenen Menschen vergleicht: Wenn es nicht gelinge, die Tugenden beim einzelnen Menschen zu erkennen, weil sie gleichsam in «sehr kleinen Buchstaben» geschrieben sind, die wir «von weitem» nicht zu lesen vermögen, könnten wir die Möglichkeit nutzen, dass «dieselben (!) Buchstaben» auch in vergrößerter Fassung zu finden sind (368 d–c.).

Mit diesem Vergleich begründet Platon sein Vorgehen, die *Tugenden*, um die es ihm vorrangig geht, zunächst als die gute Verfassung einer *polis* zu beschreiben, mit Blick auf welche es möglich ist, auch für den vergleichsweise klein erscheinenden einzelnen Menschen zu erkennen, was unter «Gerechtigkeit», «Besonnenheit», «Tapferkeit» und «Frömmigkeit» zu verstehen ist.

Die Pointe dieses Vergleichs kann man sich auch heute noch anschaulich machen: In der Vielfalt seiner sich vielfach widersprechenden Empfindungen, Bedürfnisse, Einstellungen, Erwartungen und Ansprüche ist der *Einzelne* darauf angewiesen, sich als *Einheit* zu verstehen, sobald er als *Person* wahr- und ernst genommen werden will. Und das Modell für diese Einheit kann ihm in einem gut bestellten Staat vor Augen stehen, dessen Einheit *nach Analogie des einzelnen Menschen* vorgestellt wird.

Das erscheint aufwändig, dürfte aber im Gebrauch der Begriffe für politische Einheiten wenig Schwierigkeiten bereiten, wenn wir sehen, wie selbstverständlich auch dem Staat ein «Körper» zugerechnet wird, der ein «Haupt» und eine Reihe von «Gliedern» hat. Das Frontispiz von Hobbes' *Leviathan*, auf dem ein aus lauter kleinen Menschen bestehender königlicher Riesenmensch mit Krone, Zepter und Schwert ein ganzes Land bewacht und beschützt, zeigt einen «großgeschriebenen Menschen». Auch wenn Hobbes kein Anhänger Platons war, suchte er seine Beispiele aus dem Fundus der Antike. Das Bild verstehen wir augenblicklich, denn bis heute sprechen wir vom «Staatskörper» und seinen «Organen», der Staat ist die «Körperschaft» schlechthin, auch wenn sich die Rede von «Oberhaupt» und «Fußvolk» nur noch selten findet. So ist die *Analogie von Mensch und Staat* zum Bestandteil unserer politischen Sprache geworden. Doch man hat vergessen, dass in ihr auch ein *Maßstab* liegt, mit dem die staatliche Ordnung auf den Menschen verpflichtet wird, so dass die Politik als vorrangige Aufgabe einer immer auch als *moralisch* verstandenen *Selbstachtung* der zu ihr gehörenden Menschen angesehen werden kann.

Die erste große philosophische Darstellung des griechischen Staatsverständnisses durch Platon stützt sich also auf eine grundlegende *Entsprechung zwischen dem Einzelmenschen und dem Staat*. Die Tatsache, dass es *Menschen* sind, die den Staat gründen, ihn bilden und nach ihren Vorstellungen leiten, hat eine offenkundige Konsequenz für den Begriff der *polis*: Der Mensch schafft den Staat nach seinem Bild und ist dabei von der Erwartung geleitet, dass dieser seinem Urheber in Verfassung und Aufgabe ähnlich bleibt. Die politische Lehre ist von der Erwartung bestimmt, dass ein Staat seiner menschlichen Herkunft dauerhaft verpflichtet bleibt.

Das *zweite* Beispiel findet sich nahezu vierhundert Jahre später in einem Text, der beansprucht, eine Begebenheit zu berichten, die sich gut 100 Jahre *vor* Platons Niederschrift der *Politeia* ereignet haben soll. *Titus Livius* gibt im zweiten Buch seiner monumentalen Geschichte der römischen Republik die Verhandlung wieder, die um das Jahr 495 v. Chr., 15 Jahre nach der Vertreibung des letzten römischen Königs, stattgefunden haben soll. Die Verhandlung führte zu einer Vereinbarung, die eine rechtlich verankerte Beteiligung auch der besitzlosen Bürger an der Verwaltung Roms ermöglichte. Diese Einigung war eine unerhörte Innovation, die es modernen Historikern erlaubt, die Römische Republik sogar in die Nähe der modernen Demokratie zu rücken.

Die Schilderung der Ereignisse durch Livius gibt der Vermutung Raum, die kluge und beherzte Rede, die der zur ersten Generation der Konsuln gehörende *Menenius Agrippa* vor der Gesamtheit der aufständischen Truppen gehalten hat, habe überhaupt erst den Fortbestand der jungen Republik gesichert. Tatsächlich war Roms politische Zukunft gefährdet; die Rede des Senators muss als ein so verzweifelter wie mutiger Versuch angesehen werden, mit der Erweiterung der Verfassung auch die Existenz Roms zu retten.

Livius schildert die Lage so: Die Soldaten hatten einen bravourösen Sieg über die Latiner erstritten, sollten aber auf ihren Sold verzichten, weil die Kassen der Stadt leer waren. Die Anführer der Truppen erklärten daraufhin, nicht mehr in die Stadt zurückkehren zu wollen. Alle Soldaten versammelten sich mit ihren Familien auf dem Feld vor den Mauern Roms und drohten mit ihrem vereinten Abzug und der Gründung einer eigenen Siedlung im umliegenden Land. Das hätte das politische Ende der jungen Republik bedeutet, so dass die Stadtväter in ihrer Not der Ansicht waren, der Zusammenhalt der Stadt müsse gerettet werden, «koste es, was es wolle.»[1]

In dieser Lage wagte es Menenius Agrippa, aus dem Schutz der Mauern herauszutreten, um die Anführer der revoltierenden Truppe zur Rückkehr zu bewegen. Die Rede hat Livius wie folgt überliefert:

> «Einst, als im Menschen noch nicht wie heute alles einheitlich verbunden war, als jedes der einzelnen Glieder des Körpers seinen [eigenen] Willen, [und] seine eigene Sprache hatte, empörten sich die übrigen Glieder, dass sie ihre Sorge und Mühe und ihre Dienste nur aufwendeten, um alles für den Magen herbeizuschaffen. Der Magen aber liege ruhig mittendrin und tue nichts anderes, als sich an den dargebotenen Genüssen zu sättigen. Sie verabredeten sich also folgendermaßen: Die Hände sollten keine Speise mehr zum Munde führen, der Mund nichts Angebotenes mehr annehmen und die Zähne nichts mehr zerkleinern. Während sie nun in ihrer Erbitterung den Magen durch Aushungern bezwingen wollten, kamen die einzelnen Glieder alle zugleich mit dem ganzen Körper an den Rand völliger Entkräftung. Da sahen sie ein, dass sich die Aufgabe des Magens durchaus nicht in faulem Nichtstun erschöpfte, dass er ebenso andere ernähre, wie er selbst ernährt werde.» (Liv., 2, 32, 11)

Es soll dieser Vergleich des Staates mit dem lebendigen Leib gewesen sein, der dazu geführt hat, «die Gemüter umzustimmen». Dabei dürfte es eine Rolle gespielt haben, dass im anschaulichen Vergleich zwischen der körperlichen Beschaffenheit eines Menschen und der auf Einheit angewiesenen Leistung der verschiedenen Staatsorgane der körperlichen Tätigkeit die fundierende Rolle zugesprochen wurde. Ohne den Leib gibt es nichts von dem, was wir «Mensch» und «menschliche Leistung» nennen können. In Analogie dazu wären es die Kampfkraft der Soldaten und der körperliche Einsatz der Arbeiter und Handwerker, die den Grund für das legen, was dann als Stadt oder Staat seine Funktion erfüllt. Dieses Verständnis wird dadurch unterstrichen, dass der ehemalige Konsul und geachtete Senator zu den vor der Stadt lagernden Soldaten kommt und sie um Hilfe bittet.

Ohne die hier an zwei prominenten Beispielen illustrierte Überzeugung von der *Korrelation zwischen dem Menschen und der von ihm getragenen staatsförmigen Organisation* ist Politik bis heute weder denkbar noch möglich. Denn mit der Beziehung von individueller Einstellung und allgemeiner Bedeutung werden die beiden Pole des menschlichen Selbstbewusstseins, *Individualität* und *Allgemeinheit*, verknüpft. Und in der praktischen Herstellung dieser Verbindung zeigt sich die Entsprechung zwischen dem *Menschen*, der sein eigenes Selbst- und Weltbewusstsein hat, und dem *Staat*, in dem er in der von ihm mitgetragenen gesellschaftlichen Einheit lebt und von dem er erwarten kann, dass er auch in seinem Interesse tätig ist.

Damit sind die beiden Pfeiler benannt, auf denen die gesamte Konstruktion des Politischen aufruht. Der hohe Grad der Abstraktion erschwert das Verständnis dieser Verbindung. Doch das wird umso weniger Schwierigkeiten bereiten, je mehr wir sehen, dass sich die *Logik der Demokratie* auf den hier aufgewiesenen Begriffszusammenhang stützt und daraus organisatorische Konsequenzen zu ziehen sucht.

Die Herausforderung liegt auch darin, dass die angemessene rechtliche Ordnung der Gemeinschaft an der für den ersten Blick so paradox erscheinenden Verbindung zwischen Individualität und Allgemeinheit im Selbstverständnis des Menschen hängt. Dass der Mensch, wie es später bei Kant heißt, die «Menschheit in seiner Person» zu achten hat, ist die größte logische, ethische und schließlich auch politische Provokation, mit der der Mensch sowohl als moralisches wie auch als politisches Wesen umzugehen hat.

Diese begriffliche Herausforderung ist zugleich der Grund, warum wir uns überhaupt veranlasst sehen, so weit in die Vorgeschichte der Demokratie zurückzugehen. Dass in der Antike das Leben ein anderes war als in der Gegenwart, und dass die Menschen in Athen und in Rom durchaus auch andere Probleme hatten als die Menschen im 21. Jahrhundert, ist uns bewusst – auch unabhängig davon, wie spärlich unsere Kenntnisse darüber sind, was die Menschen damals wirklich beschäftigt hat.

Aber im Rückblick auf die vor gut 2500 Jahren in Umlauf kommenden Begriffe der *Menschheit* und ihres sich zunehmend *individuell* ausprägenden *Selbstbewusstseins*, damit auch des Anspruchs auf *Freiheit* und *Gleichheit* – verbunden mit der Vorstellung, dass dieser sich so verstehende Mensch auch seine *politische Verfassung* mitbestimmen will, lässt sich eine Ahnung davon gewinnen, wie alt die Zentralbegriffe unseres politischen Selbstverständnisses sind. Sie bieten eine Chance zu prüfen, wie gut begründet die Innovationen sind, die erst gegen Ende des 18. Jahrhunderts in vollem Umfang verstanden worden sind.

Mag sein, dass die extrem lange Zeit der Entstehung und Entwicklung der Idee der Menschheit und ihrer politischen Form für eine kurze Weile den Eindruck begünstigt hat, so werde es nach der Errichtung der ersten neuzeitlichen Demokratien in Amerika und Europa gleichsam von selbst weitergehen. Doch die Rückschläge des 19., die beiden Weltkriege des 20. Jahrhunderts, der nachfolgende Kalte Krieg, der in ihm fortgesetzte Terror und die damit verbundenen nationalistischen Regressionen großer und kleiner Staaten lassen wenig Raum für eine automatische Erfüllung demokratischer Hoffnungen. Wir erleben sowohl bei den Machthabern der Welt wie auch an der im Namen der Demokratie auftretenden «Basis» eine heillose Verstrickung in Missverständnisse, die wie Vorboten neuen Unheils erscheinen. Gegen sie muss mit einer weit in die Geschichte der Politik zurückgehenden Aufklärung angegangen werden.

2 Menschheit als Verständigungsgemeinschaft. Von einem begrifflich gesicherten Verständnis von Menschheit lässt sich erst mit der schriftlichen Überlieferung in religiösen, literarischen und juridischen Texten sprechen. Überall, wo ein Gott oder die Götter ganz allgemein *den Menschen* gegenübergestellt werden, schwingt mindestens ein Vorverständnis von Menschheit mit. Und verlässliche Hinweise finden wir erst in den *Fragmenten vorsokratischer Philosophen*. Der Wert dieser Texte wird nur dadurch geschmälert, dass sie uns lediglich in Form von Zitaten in Schriften von Autoren nachfolgender Generationen vorliegen. Gleichwohl sind die Notate von unschätzbarem Wert, und ihr besonderer Reiz besteht darin, dass sie im zeitlichen Zusammenhang mit dem ersten Vorkommen des Begriffs der *Demokratie* zu sehen sind. Dabei soll, nach dem Bericht des ersten griechischen Historikers *Herodot*, der Vorschlag zur Einführung der Demokratie von Anfang an mit den Vorzügen der *Freiheit* und der *rechtlichen Gleichheit aller Bürger* verbunden gewesen sein.

Doch ganz gleich, ob wir das Auftreten der *Demokratie* um 520 v. Chr. (wie Herodot berichtet) oder auf 450 v. Chr. (das Jahr, in dem Herodot sein großes Werk veröffentlicht) datieren: Wir bewegen uns im selben epochalen Zusammenhang, in dem sich auch der *Aufstieg der Wissenschaften* vollzieht, namentlich der *Medizin*, des *Rechts*, der *Ökonomie*, der *Philosophie*, der *Geschichtsschreibung* und der *Rhetorik*. Dabei darf die zur gleichen Zeit einsetzende Karriere des *Theaters*, der *bildenden Künste*, in Sonderheit der *Skulptur* und *Architektur*, nicht übersehen werden – in einem Lebensraum, der bereits durch die *homerischen Epen*, die *Kulturkritik Hesiods*, die *Poesie* von *Archilochos* und *Sappho*, die *tragische Dichtung* und die *panhellenischen Feste* erschlossen worden war. Alles dies erfolgt in derselben Zeit und in eben der Kultur, in der auch die *Demokratie* erstmals Erwähnung findet. Mit schwindelerregendem Tempo setzt die Antike ein, und es kann nicht verwundern, dass hier die Moderne bereits ihre wichtigsten Impulse bekommt.

Seit uns schriftliche Zeugnisse überliefert sind, die uns präziser als die Reste der hinterlassenen Gräber, Bauten, Bilder, Gerätschaften oder Schmuckstücke einen Eindruck von der Selbst- und Weltwahrnehmung der Menschen vermitteln, können wir sicher sein, dass diese von der *Tatsache des Lebens vieler Menschen auf der Erd*e ausgegangen sind. Keine der Kulturen, von der es eine Überlieferung gibt, scheint von der Überzeugung auszugehen, dass die in ihr lebenden Menschen *allein* auf der Welt seien. Man weiß, zumindest auf dem eurasischen Kontinent und in Afrika, dass überall, wo sich leben lässt, auch Menschen anzutreffen sind. Nur von dem, was jenseits der Meere ist, gibt es lediglich Vermutungen, die gelegentlich mythischen Ausdruck finden.

Das gilt auch für die Menschen, die in grauer Vorzeit den Weg nach Amerika oder Australien gefunden haben und dauerhaft dort geblieben sind, ohne dass sich bei den dort ansässig gewordenen Menschen eine geographisch bestimmbare Erinnerung an ihre Herkunft bewahrt zu haben scheint. Offenbar haben die frühen Einwanderer in Amerika mit der Zeit vergessen, dass sie einst als Auswanderer von anderswoher ins Land gekommen sind. Auffällig ist allerdings, dass sich elementare Strukturmomente einer Weltsicht erhalten haben, die sich schon in ihren Herkunftsgebieten entwickelt haben dürften und in den «Weltreligionen» mit ihren vielen Filiationen bis heute Bestand haben.

Ein Moment dieser Struktur betrifft die *Unterscheidung zwischen Menschen und Göttern*. Deren Beziehungen scheinen nach Art einer *Herrschaftsordnung* vorgestellt zu werden, in der die Menschen durch ihre gemeinsamen Eigenschaften dadurch verbunden sind, dass sie allesamt *Geistern* oder *Göttern* unterstehen, denen sie Dienste und Opfer schulden.

Alle Menschen dürften sich angesichts ihrer Endlichkeit und Sterblichkeit den die Zeiten überdauernden Göttern unterworfen sehen. Offenbar lässt sich der rasche Wandel des menschlichen Lebens leichter ertragen, wenn man ihm den bleibenden Bestand einer göttlich gesicherten Daseinsordnung unterlegen kann. Und je mehr dem Menschen bewusst wird, wie wenig er von den Bedingungen seines Lebens weiß, umso größer ist sein Bedürfnis, wenigstens an eine Instanz glauben zu können, die über dieses Wissen verfügt. Bereits dieses Verlangen kennt der Mensch nur von seinesgleichen; ob es auch andere Lebewesen umtreibt, weiß er nicht.

Zu der sich schon früh zeigenden Besonderheit der Menschen gehört es, dass sie sich zu einem Dienst an den Göttern verpflichtet sehen. Verbunden ist damit die Vorstellung, dass es zu ihrem eigenen Wohl ist, wenn sie den himmlischen Mächten ihre Verehrung bekunden und sich um die Befolgung der göttlichen Gebote bemühen.

Darin tritt ein zentrales Kennzeichen zur Beschreibung des Selbst- und Weltverhältnisses der Menschen zutage: Sie bilden eine *Verständigungsgemeinschaft*, unter deren Bedingungen sie zu eigenen Handlungen genötigt sind. Schon in einer solchen Gemeinschaft ist das wirksam, was später mit den Begriffen des *Erkennens* und des *Wissens* bezeichnet wird; es kann überdies an *Bejahung* und *Verneinung* gebunden sein. Dazu gehören *Absichten*, *Absprachen* und *koordiniertes Tun*, auf das man sich *vorbereiten* muss, das man gemeinsam *erleben*, an das man sich *erinnern* und aus dem man *lernen* kann.

Im Raum der Verständigung dürfte vieles mit situativer Selbstverständlichkeit geschehen, aber das, worauf es im Verstehen ankommt, ist ein *gemeinsames Bewusstsein* von dem, was *bedeutsam*, *vorrangig* oder *weniger wichtig* ist. Darin sind Menschen als Gemeinschaft miteinander verbunden und hier sind sie, so zahlreich die benötigten Dinge, die beteiligten Tiere und vielleicht auch die angerufenen Götter sein mögen, die *einzigen Akteure*, auf die sie im eigenen Handeln rechnen können.

Auf diese Weise bilden die Menschen, wo immer sie sich auf der Erde befinden, nicht nur eine *Verständigungs-*, sondern auch eine mögliche *Handlungsgemeinschaft*. Trotz der in vielen Fällen bestehenden kulturellen Unterschiede, trotz des Argwohns, der ihnen von Anders-Gläubigen entgegengebracht wird, trotz der möglichen Fremdheit und Feindseligkeit, der sie unterworfen sind, haben Menschen die Fähigkeit, *voneinander zu lernen*. Religionen bieten ein unablässig umworbenes, umstrittenes und umkämpftes Terrain, mit Blick auf das es gleichwohl gerechtfertigt ist, die Menschheit auch eine *Lehr- und Lerngemeinschaft* zu nennen. Die Menschen lernen in besonderer Weise *voneinander*, sie sind *aufeinander* bezogen, bringen eine ausdrückliche *Aufmerksamkeit füreinander* auf und können sich offenbar auch in ihrer gegenseitigen Gefährdung *verstehen*. Wäre das nicht so, würden die Menschen gewiss nicht unablässig versuchen, sich gegenseitig zu beeindrucken, miteinander zu konkurrieren oder sich wechselseitig zu bedrohen.

«Verstehen» ist zwar der Akt, der bewusstes *Einvernehmen* ermöglicht, aber gewiss nicht mit diesem zusammenfällt. Das mitdenkende Urteil mit jemandem, in dessen Lage man sich versetzen kann, führt nicht notwendig zur Eintracht. Es kann auch das schier unbegrenzte Feld eröffnen, auf dem sich die Schwäche, die vermutete Bosheit oder die Gefährlichkeit des Anderen zeigt oder befürchten lässt. Es ist das mit *Annahmen*, *Verdächtigungen*, *Mutmaßungen* und für sicher gehaltenen *Eindrücken* einhergehende *Verstehen*, welches das Zusammenleben der Menschen schwierig macht. Denn mit dem Verstehen kommen auch *Irrtum*, *Täuschung* und *Lüge* in die Welt. Erst das Verstehen, von dem wir nur hoffen können, dass es Vertrauen, Freundschaft und Liebe ermöglicht, lässt uns annehmen, dass der andere Mensch sich mit feindseligen Absichten nähert. Und so kann das Verstehen auch dazu führen, im Anderen den Widersacher zu vermuten.

Gesetzt, die Annahmen sind nicht völlig verfehlt, kann man die Auffassung vertreten, dass nichts so unwahrscheinlich ist wie das Bewusstsein von einer ursprünglichen Gemeinsamkeit und Verbundenheit der Menschen. Tatsächlich herrschen Fremdheit, Streit und gewaltsamer Gegensatz vor. Aber in ihrer gemeinsamen Abhängigkeit von den überlegenen Göttern sowie in der sie verbindenden Macht über Tiere und in der vereinten Verfügung über die Kräfte der Natur kann dennoch das Bewusstsein einer verbindenden Gemeinsamkeit der Menschen entstanden sein.

Vielleicht ist es nicht möglich, empirische Argumente für die Einheit der Menschen beizubringen. Gleichwohl finden wir in der prähistorischen Forschung eine Bestätigung für das, wofür die Griechen den Mythos bemühen mussten: Wir können sicher sein, dass über einen Zeitraum von vermutlich mehr als einer Million Jahre die Verständigungsgemeinschaft der Menschheit in der Lage war, den *Gebrauch des Feuers* in allen Erdteilen zu verstetigen und so die menschliche Kultur zu gründen. Auch die globale Verbreitung der *Steinwerkzeuge* lässt an der ursprünglichen Gemeinsamkeit in Verstehen, Lernen und Handeln keinen Zweifel. Die schon lange vor der Sesshaftigkeit ausgebildeten Fähigkeiten sind durch die Funde von Faustkeilen, Speeren und Pfeilen, alsbald auch von Werkzeugen und Gebrauchsgegenständen, von Schmuck und Musikinstrumenten dokumentiert.

Heute wissen wir durch die bis in die geschichtliche Vorzeit zurückgreifenden weltweiten *Genanalysen*, dass alle Menschen aus einer vergleichsweise kleinen Population von Angehörigen des *homo sapiens* in Afrika stammen. Die Messungen belegen, dass *alle* Menschen *ein und dieselbe* genetische Herkunft teilen, und die durch die Wanderungsbewegungen auf dem ganzen Erdball verteilten Populationen sind auf ihrer Suche nach neuen Siedlungsgebieten miteinander in biologischer Verbindung geblieben. In einem sich über Jahrtausende erstreckenden Entwicklungsgang der Generationen veränderten sie sich und bildeten auch die Eigenschaften und Lebensformen aus, die sie von anderen bis heute erkennbar unterscheiden.

Das hinderte die Menschen jedoch nicht, sich gerade auch nach Generationen der Trennung und größter Entfernungen voneinander mit ihresgleichen zu vermischen und ihre ursprüngliche Verwandtschaft zu erneuern. Sogar die sprichwörtlich gewordenen «Neandertaler» mit ihrer größeren genetischen Eigenständigkeit waren in diesen Austausch einbezogen. Bei aller Auffälligkeit äußerer Unterschiede bilden die Menschen als Spezies eine Einheit.

Diese Menschheit, die wir kennen und auf die wir uns in unseren politischen Ansprüchen stützen, hat ihr Spezifikum in einer Bedingung, die in ihrem Selbstverhältnis begründet ist. Ihre Besonderheit liegt *im Umgang der Menschen mit sich selbst und ihresgleichen*, aus dem das gemeinsame *Verständnis* für sich selbst und für die Welt entspringt. Die

Eigenart des Menschen wird stärker und nachhaltiger durch sein im Umgang mit seinesgleichen reguliertes Selbstverständnis bestimmt als durch Klima, Umweltbeschaffenheit, Arbeit und Ernährung. Es ist nicht per se die anatomische Beschaffenheit, sondern vielmehr der Anspruch der Kultur, der den Zusammenhang und die Einheit der Menschheit stiftet.

Mit hoher Wahrscheinlichkeit ist es ein *affektives* und *intellektuelles*, zugleich ein auf die Welt übergreifendes *geistiges* Klima, in dem sich der Mensch als Mensch entwickelt. Auch in seiner durch ihn selbst stimulierten Genese liegt eine Bestätigung der Tatsache, dass der Mensch einer *Verständigungsgemeinschaft* angehört, in der er sich durch eigene Aktivitäten *offen* hält für alles, was sich ihm durch seine Sinne, seinen Verstand und in seinem Anspruch auf Gründe erschließt. Inmitten der erfahrenen Unterschiede sowie in unzähligen Fremd- und Feindseligkeiten kann die in allen Gegensätzen durchgehaltene Praxis der gemeinsamen Weltbewältigung als Indiz für eine *Grundbedingung des menschlichen Daseins* angesehen werden.

Um nur einige Beispiele zu nennen: In den zahllosen technischen Fertigkeiten, in den Siedlungs- und Bestattungsformen, in der Neigung, alles Bleibende zu kennzeichnen und zu schmücken, oder in den sich schon früh zeigenden Fähigkeiten, instrumentell erzeugte Klänge zu erzeugen und staunenswerte Skulpturen und Bildwerke zu erschaffen, tritt eine Neigung zur Weltaneignung hervor, vermutlich lange bevor es zur begrifflichen Welteroberung durch logische Vergegenständlichung von Weltverhältnissen kommt. Und das Verbindende und Gemeinsame liegt darin, dass diese produktiven Aktivitäten auf eine *Weltverfügung* im *Dienst menschlicher Verständigung* zielen. So expressiv und extrovertiert die Leistungen auch allesamt sind: Sie sind sämtlich von Menschen an Menschen adressiert und können als Verstärker einer kollektiven Präsenzerfahrung der Menschheit begriffen werden.

Auch die bereits genauer datierbaren Schöpfungsmythen fügen sich in die Selbstverstärkung menschlicher Daseinserfahrung ein. So werden scharfe Grenzen zwischen *Göttern und Menschen* und auch zwischen *Menschen und Tieren* gezogen. Hier also wirkt ein prägnanter Sinn von *Menschheit*, der noch dadurch verstärkt wird, dass sich, trotz des als grundsätzlich angenommenen Unterschieds zwischen Göttern und Menschen, beide besonders nahestehen. Es gibt sogar Beispiele für die Erhebung einzelner Menschen in den Stand der Götter, die sich ihrerseits in Menschen verwandeln, ja, sich sogar mit ihnen paaren können. Der Rangunterschied bleibt gleichwohl gewahrt und kann, wie zum Beispiel im *Gilgamesch-Epos*, auch kategorial zum Ausdruck kommen: Im Unterschied zu den Göttern sind die Menschen *sterblich*, und sie werden davor gewarnt, *unsterblich* sein zu wollen. Wie wollen sie, so werden sie von einem in den Stand der Götter erhobenen einstigen Menschen gefragt, die Unsterblichkeit aushalten, wenn sie noch nicht einmal ohne Schlaf auskommen können? (XI, 1–200)

Mit der noch die Toten einbeziehenden Individualisierung ist ein entscheidender Schritt in der Menschwerdung vollzogen. Was *Menschheit* bedeutet, kann erst in vollem Umfang zum Ausdruck gebracht werden, wenn wir die sie ausmachende Gesamtheit von Menschen als miteinander in Verbindung stehende Menge von *Individuen* verstehen. Das kommt nicht nur in den ersten schriftlichen Erzählungen aus dem vorderasiatischen, ägyptischen und später auch jüdischen, Kulturraum zum Ausdruck; auch die in Keilschrift oder Hieroglyphen verfassten Erinnerungstafeln, Gesetzestexte, Vertragsurkunden sind zu Dokumenten einer offenbar bereits als selbstverständlich angesehenen Individualisierung der menschlichen Gesellschaft geworden.

Wann es erstmals zur *Auszeichnung des einzelnen Menschen* als Individuum gekommen ist, lässt sich nicht sagen, denn aussagekräftige Skulpturen und Bilder aus der Zeit vor der Erfindung der Schrift scheint es nicht mehr zu geben. Man darf aber annehmen, dass es eine Verehrung von Menschen als gottgleiche, bestaunte und bewunderte Individuen überall gegeben hat, wo es stabile Herrschaftsordnung und Narrative über außerordentliche Leistungen, göttliche Botschaften oder unerhörte Ereignisse gab.

Im spekulativen Rückschluss aber dürfen wir annehmen, dass mit der Aufwertung einzelner *Individuen* ihre Zurechnung zu einer als bedeutsam angesehenen *Gesamtheit der Menschen* einhergeht. Gott oder die Götter, so stellen es die Mythen von der Entstehung der Menschen dar, haben einzelne Menschen geschaffen, die einen Namen erhielten oder unter dem Einfluss von Heroen standen, die Außerordentliches vollbrachten und so jedem Einzelnen Ziele vorgaben, die als Tugenden zum individuellen Ansporn werden konnten. Die Götter, so glaubte man, haben den Menschen zu einem herausgehobenen Lebewesen gemacht, das sich durch seine *Einsicht* und durch seine *Tugend* zu einer exponierten Stellung qualifiziert. Und solange die Menschen glauben konnten, dass sie durch Einsicht und Tugend an dem teilzuhaben vermögen, was die Götter als vorrangig auszeichnen, war diese Aufwertung wirksam. Und wo immer sie wirkte, konnte sich der Mensch einen Vorzug zurechnen, der ihm als Teil der Menschheit besondere Verpflichtung auferlegte.

Doch so naheliegend der religiöse Hintergrund auch ist, man darf nicht übersehen, dass sich die Auszeichnung der Menschheit und des Menschen in *begrifflichen Konstellationen* artikuliert. Zum generalisierenden Verständnis von *Menschheit* und *Individuum* kommt es nur unter *epistemischen Konditionen*, von denen wir annehmen, dass sie sich erst in den letzten Jahrtausenden vor der Zeitenwende eingestellt haben. Das ist eine spekulative These, für die durch den gleichzeitigen Auftritt universeller weltanschaulicher Konzeptionen und individueller Leistungen in einem von China über Indien und Persien bis hin nach Palästina und Griechenland reichenden Areal aufschlussreiche Anhaltspunkte sprechen. Eindeutige Belege für die Konjunktion von Individualität und Universalität finden sich in den *philosophischen Reflexionen* der *vorsokratischen Denker* aus der Zeit, in der nach Solon und Kleisthenes in Athen über die Demokratie nicht mehr nur nachgedacht wurde. Doch das Nachdenken über die *begrifflichen Bedingungen* des menschlichen Weltverhältnisses zielt ins *Zentrum des menschlichen Daseins* und berührt das Wesen *der Politik*. Denn was immer Menschen gemeinschaftlich in einer verbindlichen Weise zu verstehen und zu unternehmen versuchen, ist auf *Abstraktionen* gegründet, die von den beteiligten Menschen verstanden und getragen werden können.

Das ist so offensichtlich, dass man sich scheut, es auch nur an Beispielen zu erläutern, zumal schon der Gebrauch der Sprache, erst recht eine verlässliche Verständigung ohne Begrifflichkeit nicht möglich ist. Jeder, der sich mit seinesgleichen eindeutig auf *denselben* Gegenstand, den *gleichen* Vorgang oder ein *gemeinsames* Ziel beziehen möchte, braucht, insbesondere dann, wenn den Beteiligten das Gemeinte nicht unmittelbar sinnlich gegenwärtig ist, *Begriffe*, um auch nur die *Eindeutigkeit eines Sachbezugs* herstellen zu können.

In der Politik wird das den menschlichen Lebensvollzug fundierende Begriffsvermögen in besonderer Weise gefordert. Man muss angeben können, wer dazugehört und wer nicht, um bestimmen zu können, wer durch die Grenzen geschützt und was durch die Bürger verteidigt werden soll. Und so steigern sich die Forderungen an die komplementären Vermögen von Abstraktion und Konkretion mit der Menge der gemeinten Menschen, mit der Größe des behaupteten Landes, mit der Vielfalt der Aufgaben und Leistungen und mit dem Umfang der Bestimmungen, die im Frieden und im Krieg zu beachten sind. Mit dem zur Politik gehörenden Begriff des Rechts wird die Unerlässlichkeit abstrakter Unterscheidungen, etwa zwischen Schuld, Urteil, Strafe oder Freispruch manifest. Eine politische Ordnung wird als «Verfassung» verstanden, die nicht weniger als ein in Machtbefugnisse übersetztes Begriffsgefüge ist.

Je komplexer und differenzierter die Lebensverhältnisse werden, umso höher werden die Ansprüche an den Begriff des Politischen selbst: Mit zunehmend entwickelter Arbeitsteilung muss man die Aufgaben der Politik von dem unterscheiden, was für andere Tätigkeitsbereiche wesentlich ist: in der Wirtschaft, dem Handel, den technischen Leistungen und vor allem in der Religion, der Kunst und in der Wissenschaft. Die sich mehrenden Kenntnisse über andere Länder, über die Unterschiede in der Lebensform der Völker, aber auch über die geschichtlichen Veränderungen im eigenen Kulturkreis schärfen das Bewusstsein für alles das, was im politischen Raum schon deshalb von besonderem Belang ist, weil es viele Menschen betrifft.

Das Vertrauen in die Leistung der Begriffe scheint mit dem Übergang ins letzte vorchristliche Jahrtausend trotz der immer bewusster wahrgenommenen kulturellen Unterschiede zu einem Bewusstsein von der Einheit der Menschen geführt zu haben. Für diese Dynamik gibt es eine einfache Erklärung: Der Umfang und die Reichweite des Handels nehmen zu, mit seinem Volumen steigt auch das Interesse an Nachrichten über das Leben in anderen Regionen. Das schließt das Interesse für andere Religionen ein, denn man will weder verpassen, was sich anderswo als günstig erwiesen hat, noch übersehen, wovon Abgrenzung erforderlich scheint. Und so kann gerade das Bewusstsein von den Unterschieden im Sprechen, Denken und Glauben dem Bewusstsein einer *Verwandtschaft zwischen den Menschen* Vorschub leisten, einem Bewusstsein, das qualifizierte Neugier, differenzierte Begehrlichkeiten und auch das Verlangen nach lohnenden Eroberungen weckt.

Dieses Bewusstsein von menschlichen Gemeinsamkeiten muss keineswegs bereits *humanitär* oder gar *philanthrop* gewesen sein. Um auf seinesgleichen mit besonderer Aufmerksamkeit zu achten, genügt das Wissen, sich in einem von gemeinsamen Interessen oder erwarteten Konflikten bestimmten Lebensraum zu bewegen. Je größer der Aktionsraum des menschlichen Handelns wird, umso wichtiger wird es, die anderen Menschen zu verstehen.

3. Der Anteil der ersten Philosophen. Wer den angedeuteten Wandel verstehen will, muss zumindest eine Vorstellung davon haben, wie sich die Selbsteinschätzung des Menschen verschiebt und unversehens das *Individuum* eine tragende Rolle übernimmt, ohne auf die begriffliche Konzeption der *Allgemeinheit* (und damit letztlich auch der *Universalität*) verzichten zu müssen. Auf sichere Anzeichen dafür stößt man im 6. und 5. vorchr. Jh. in Griechenland. Hier findet auch die *Demokratie* erstmals Erwähnung.

Unter den vorsokratischen Denkern ist *Xenophanes von Kolophon* der erste, dem die Einsicht in den menschlichen Ursprung der Götter zugeschrieben wird: «Wenn die Pferde Götter hätten, sähen die wie Pferde aus», ist der pointierte Spruch, mit dem Xenophanes in das Gedächtnis der Menschheit eingegangen ist (*Xen.* 29).[2] In anderen Bemerkungen des Denkers kommen die Menschen als *begrifflich aktive Wesen* vor, die zwar auch Lebewesen wie die Tiere sind, aber dank einer besonderen Gunst der Götter über die Fähigkeit zum Erkennen und zum Denken verfügen. Da die Götter nur einen kleinen Teil des Wesens der Verhältnisse und Dinge enthüllen, welche die Menschen als Erkennende zu begreifen suchen, bleibt das menschliche Wissen unvollkommen.

In seiner nur in wenigen Bruchstücken überlieferten Naturphilosophie ist Xenophanes sowohl um das Verständnis der Vorgänge am Himmel wie auch der auf der Erde bemüht. Die Besonderheit des Menschen im Vergleich zu den anderen Lebewesen sieht Xenophanes in den Leistungen des *Erkennens* und des *begrifflichen Unterscheidens*. In deren Betonung liegt keine Abwertung dessen, was wir heute als die Intelligenz der Tiere bezeichnen, die in ihrer Aufmerksamkeit von ihren Bedürfnissen ausgehen und somit auf Gegenstände gerichtet sind, die für sie sinnlich vorrangig sind. Doch der Mensch geht mit seiner Frage nach der Herkunft und dem

Ziel aller Dinge darüber hinaus, kann die Eigenart vieler Gegenstände und Ereignisse erkennen und vermag den Begriff eines höchsten Wesens zu fassen.

Von dem sich nur den Menschen erschließenden Gott heißt es: «Als Ganzer sieht er, als Ganzer versteht er, als Ganzer hört er.» (*Xen.* 35) Diese lakonische Feststellung ist der Nukleus einer rationalen Theologie. Den hier verwendeten Begriff des *Ganzen* (*houlos*) darf man nicht nur auf die *gesehene, verstandene und gehörte Welt* beziehen. Er bezeichnet vornehmlich die *Eigenart Gottes*, der in allen seinen Tätigkeiten als ein *Ganzes* wirksam ist.

Doch auch der Mensch muss sich in seinen sinnlichen und begrifflichen Leistungen *als Einheit* verstehen, wenn er selbst etwas in die einheitliche Form einer Erkenntnis bringen will. In dieser Einheitsbedingung liegt ein in seiner Klarheit und Schlichtheit unüberbietbares Merkmal der Intellektualität des Menschen: Denn von ihm heißt es, er *sieht, hört und versteht nur als Ganzer*! Man könnte darin ein *definiens* des Menschen sehen, der sich auch in seinen praktischen Leistungen als ein Ganzes, als «Subjekt» oder «Person», wie wir heute sagen, zu verstehen hat. Der Mensch ist somit das Lebewesen, das seinesgleichen in der Verbindung mit dem Sehen, Hören und Verstehen gegenübertreten kann – und erst darin seine auch für die anderen erkennbare Form eines *menschlichen Ganzen* gewinnt. Die so ausgezeichnete menschliche Einheit muss nicht in vollständiger Begrifflichkeit vorliegen; im praktisch-politischen Sinn genügt bereits die Fähigkeit des Menschen, als individuelles Ganzes wirksam zu sein.

Also lässt sich die Einsicht des Xenophanes in die Feststellung fassen: Der Mensch ist selbst *ein Ganzes; ein Individuum*, das sich unter seinesgleichen – *als Individuum* unter (auch von ihm als solche erkannten) *Individuen* – bewegt. Und danach wäre die *Menschheit*, die Gott in seiner verständigen Einstellung als ein Ganzes begreift, *eine Ganzheit aus lauter Ganzen*. So fassen wir sie in der Tat bis heute, wenn wir auch sie als eine *Einheit* verstehen.

Natürlich unterliegt die von Xenophanes entwickelte Kennzeichnung Gottes als ein *Ganzes* selbst auch der Anthropomorphie-Kritik. Denn woher sollte der Mensch den Begriff des «Ganzen» haben, wenn nicht von sich selbst? Und doch müssen wir den Eindruck haben, dass Xenophanes der Auffassung ist, damit gleichwohl dem Gott näher zu kommen. Auf das «Ganze» abzuheben, ist etwas anderes als zu sagen, auch die Götter seien «geboren, trügen Kleider und hätten Stimme und Körper.» (*Xen.* 28) Oder, wie Xenophanes es von den Äthiopiern oder von den Thrakern berichtet: Dass die einen ihre Götter für «stumpfnasig und schwarz» halten und die anderen ihre Götter als «blauäugig und blond» ansehen (*Xen.* 27).

Von solchen Unterscheidungen setzt sich der Philosoph kritisch ab. Aber was ist es, das ihn glauben lässt, der Versuch des Menschen, Gott adäquat zu erfassen, könne jemals angemessener sein, als man es von den Äthiopiern, den Thrakern oder von den Pferden annehmen muss? Hier gibt die Kritik an der Unzulänglichkeit der Gottesvorstellung der Äthiopier oder der Thraker den entscheidenden Hinweis: Man darf sich *nicht an Äußerlichkeiten* wie der Haut- oder Haarfarbe orientieren! Von Belang kann nur eine von Äußerlichkeiten unabhängige Beziehung zur Welt und zu sich selber sein! Der Bezugspunkt muss somit im menschlichen Erkenntnisvermögen liegen; in dem, was *Erkennen und Verstehen* möglich macht und damit auf etwas gerichtet ist, das in seiner Eigenart so erfasst werden kann, dass es *als Ganzes von einem Ganzen* so verstanden werden kann, dass es *auch von anderen, die sich ebenfalls als Ganze verstehen, als Ganzes* begriffen wird! Für die Fähigkeit, eine solche alle Menschen miteinander verschränkende Beziehung herzustellen oder aufzunehmen, hat Xenophanes den Begriff des «Geistes» (*nous*) (*Xen.* 37).

Die auf diese Weise umschriebene Gemeinsamkeit zwischen dem Gott und den Menschen ist damit nicht auf ein äußeres Merkmal gegründet, sondern sie unterstellt eine *innere Beziehung*: *Als Mensch* (und nicht etwa nur als Grieche, Thraker oder Äthiopier) ist der Mensch durch eine spezifische Ausrichtung auf etwas aus, das sich «sehen», «verstehen» oder «hören» lässt und als solcherart *Erkanntes* nicht nur von seinesgleichen, sondern auch von den Göttern wahrgenommen und bewertet werden kann. Denn die können zwar ungleich viel mehr und alles viel gründlicher und umfassender erkennen; aber im *Akt der Erkenntnis* sind sie mit *denselben* Mitteln auf *dieselben* Vorgänge und Gegenstände bezogen und darin – als Menschen – den anderen Menschen *gleich*!

Um zu bestimmen, worin das Gemeinsame, das alle Menschen Verbindende liegt, genügt der Hinweis auf die in Erkennen und Verstehen offenkundig werdende Leistung. Davon ist die gesamte vor- und nachsokratische Philosophie ausgegangen. Auch *Heraklit* aus Ephesos folgt dem eine Generation älteren Xenophanes, indem er vom «gemeinschaftlichen Logos» spricht, der sich auch den Menschen erschließt, sofern sie sich um eine «allen gemeinsame» (*koinos*) Einsicht bemühen (*Her.* 3). Und dies sagt Heraklit in dem Bewusstsein, dass die meisten Menschen «so leben, als ob sie nur über ihre eigene Einsicht» verfügten (ebd.).

Hier haben wir ein Beispiel für das hochreflektierte Selbstverständnis des Menschen, das sich wesentlich auf die *begriffliche Anlage seines Welt- und Selbstverständnisses* gründet. Der Mensch kann sich auf etwas Bestimmtes beziehen, kann es mit anderem vergleichen und sich darin mit seinesgleichen verständigen. Auch Heraklit versucht Gott als *vollendete Ganzheit* im Sehen, Hören und Verstehen zu fassen. Dabei bezieht auch er sein Maß nicht aus Äußerlichkeiten der Gestalt und der Hautfarbe. Vielmehr stützt er sich allein auf das, was der Mensch für die als wesentlich erfahrene *Möglichkeit der Erkenntnis* nötig hat. Die Erkenntnis (mit dem sie tragenden *nous*) als entscheidendes Medium der Verständigung der Menschen über die Natur und über sich selbst ist für den Philosophen das entscheidende Merkmal der menschlichen Gattung.

Menschheit ist die Gemeinschaft der Lebewesen, die sich (zur Erkenntnis der Natur, ihrer selbst und ihrer Götter) des *Geistes* bedienen. Man kann tatsächlich von einer «Gemeinschaft» der Menschen sprechen, weil sie, über alle Unterschiede hinweg, ihre Gemeinsamkeit darin haben, dass sie über *Erkenntnis* verfügen und damit sowohl von ihren Unterschieden wie auch von dem sprechen können, was sie verbindet. Und insofern es allemal *Erkenntnis* ist, die, nach Überzeugung der Menschen, ihre *verlässliche*, sie unter Umständen gemeinschaftlich bewegende *Verständigung* trägt, sind Menschen innerlich wie äußerlich in dem verbunden, was die Griechen als *nous* bezeichnen und was wir immer noch höchst angemessen unter dem Begriff des *Geistes* verstehen. Der Begriff des Geistes hat selbst eine innere und äußere Sinndimension; sie verbindet die Menschen wie eine vertraute Gewohnheit, wie auch das Licht, das sie alle zum Sehen brauchen.

Dass wir mit dieser Charakterisierung des Menschen den epistemischen Horizont der vorsokratischen Denker nicht überschreiten, zeigt sich auch an *Heraklits* Verständnis von Erkennen (*gignōskein*). Er schreibt es nicht nur dem Menschen überhaupt, sondern ausdrücklich *allen* Menschen zu und rechnet auch die *Selbsterkenntnis* hinzu: «Es ist allen Menschen gegeben, sich selbst zu erkennen und vernünftig zu sein.» (*Her.* 33) Dabei betont er, dass es die Erkenntnis ist, durch die der Mensch den ihm zukommenden Zugang zur Natur der Götter hat. Wie tief er dabei in die Eigenart dieser Erkenntnis eindringt, kommt *erstens* darin zum Ausdruck, dass er sie mit der «Zuversicht» (*pistis*) verbindet (*Her.* 30), also, wie wir auch sagen können, mit der «Erwartung» oder dem «Glauben», und *zweitens* in der unerhörten Erklärung, dass die Erkenntnis selbst etwas «Allgemeines» (*xynon*) ist (*Her.* 32). Dieses Allgemeine der Erkenntnis hat der Mensch als Einzelwesen *in sich.* Folglich geht jeder Einzelne bereits als Individuum über sich hinaus und vertraut sich in dem, was er für sich als wichtig erkannt hat, dem *Universellen* an.

Fügen wir hinzu, dass Heraklit gerade den in vorzüglicher Weise mit diesem Allgemeinen und Reinen der Erkenntnis ausgestatteten Menschen als «Individuum» (*oligon*) bezeichnet, dem, weil es selbst eine «geistige» Beziehung zur Welt hat, der Vorzug vor den bloß «materiellen und körperlichen» Wesen gebührt (*Her.* 24), so schließt sich der Kreis: Das Individuum ist mit seiner Fähigkeit zur Erkenntnis von etwas *Allgemeinem*, selbst *allgemein und individuell in einem.* Und diese Eigenschaft des Menschen ist seine Fähigkeit zu allgemeiner Erkenntnis: Wie sollte sie verlorengehen, solange von der Gemeinschaft ebendieser Wesen in der *Menschheit* die Rede ist? Heraklit lässt keinen Zweifel am normativen Gehalt des Begriffs der *Gemeinschaft der Menschen*: «Daher hat man sich dem Allgemeinen anzuschließen, ungeachtet der Tatsache, dass die Auslegung eine allgemeine ist, leben die Leute, als ob sie über eine eigene Einsicht verfügten.» (*Her.* 3)

Diese *Einsicht* ist es, die es ermöglicht, das Handeln des Einzelnen mit dem Handeln anderer zu verbinden. Sie erlaubt es einer Menge von Menschen, nach einer durch jeden Einzelnen gefassten übereinstimmenden Erkenntnis *gemeinsam* zu handeln – und zwar so, dass *alle wissen* können, worum es geht. Man kann, wenn es denn sein soll, *dasselbe* oder, wenn es anders ist, auch *Verschiedenes* verrichten. Darin liegt die Bedingung der Möglichkeit zu *planvoller Kooperation.* Und eben darin besteht, so zeigt sich später im Übergang zur politischen Theorie, das *Zentralproblem der Politik*: Man muss *Einzelner* sein und es in dieser ausdrücklich in Anspruch genommenen Individualität verstehen, *gemeinsam mit anderen*, unter Umständen somit auch *einheitlich*, in gemeinsamer Absprache zu handeln.

Diese durch die Erkenntnis eröffnete Handlungschance für eine größere Zahl von Menschen erweitert *Anaxagoras*, ein Denker der ersten Generation nach Heraklit, um eine ganze Dimension spezifisch menschlichen Tuns. Als Naturphilosoph, dem es um ein Verständnis für die bewegenden Kräfte in der Natur geht, gelangt er zu der Überzeugung, dass es der *nous* sein muss, der alles in Bewegung setzt. Dieser als vernünftig und zweckmäßig gedachte, alles umfassende und alles durchdringende *Geist* trägt und lenkt die Natur als ganze wie ein Gott: «Alle Dinge», so heißt es bei Anaxagoras, «haben Anteil an der Bewegung, in dem sie vom Geist (*nous*) bewegt werden» – und dies so, dass «in ihnen das Gleiche zusammenkommen kann» (*Anax*. 32).

Dieser bemerkenswerte Zusatz ist für die einvernehmliche Bewegung einer Gemeinschaft von Menschen entscheidend; denn er stellt klar, dass es der *nous* ist, der nicht nur die Bewegung auslöst, sondern ihr auch einsichtige *Ziele* gibt, die gemeinschaftlich verfolgt werden können. Und dabei steht für Anaxagoras offenbar nicht in Zweifel, dass es im Handeln einer Menge von Menschen nicht nur um Zwecke geht, die «praktischen», also sittlichen oder politischen Absichten folgen. Für ihn gehören auch die «poietischen», die technischen Zielsetzungen hinzu. Das darf man aus einer Feststellung schließen, die vielen vermutlich noch heute die Sprache verschlägt und die mancher moderne Kenner der frühen griechischen Philosophie gar nicht für möglich halten dürfte. Es ist aber eine Aussage, die ihr berühmter Berichterstatter Aristoteles durchaus anerkennend zitiert: «Anaxagoras sagt, dass der Mensch das vernünftigste (*phronismotaton*) aller Lebewesen ist, *weil er Hände hat*.» (*Anax*. 79; H.v.m.)

Von dieser Einsicht können wir ausgehen, wenn wir in der Philosophie der nachfolgenden Zeit auch politischen Überlegungen begegnen. Von den *Sophisten* wissen wir, dass sie sich als Lehrer, Redner und Berater von Politikern einen Namen gemacht haben. Der dem Perikles nahestehende und durch seine Einsichten in die Natur des Menschen bekannte *Protagoras* soll eine Abhandlung über die *polis* geschrieben haben, die Spuren in Platons *Nomoi* hinterlassen hat. Von dem Zeitgenossen des Sokrates, dem vornehmlich als «Atomisten» bekannten *Demokrit*, sind zahlreiche Bemerkungen über Politik und Pädagogik überliefert, die der Erinnerung wert sind. So weiß er von der sich steigernden Wechselwirkung zwischen Natur und Erziehung, die, wie wir heute sagen würden, die gesellschaftliche Entwicklung und überhaupt die Kultur möglich macht: «Die Natur und die Erziehung kommen einander gleich. Denn die Erziehung verändert den Menschen, und indem sie ihn verändert, schafft sie Natur.» (*Dem.* 37)

Von Demokrit stammt aber auch ein Urteil, in dem – erstmals in einem philosophischen Zusammenhang – von *Demokratie* die Rede ist, und dies in einer Wertung, die dieser Regierungsform besser entspricht als vieles, was in den nachfolgenden Abhandlungen über sie in Umlauf kommt: Demokrit bringt die Demokratie in eine direkte Beziehung zur *Freiheit* des Menschen und spricht zugleich eine wesentliche Bedingung an, nämlich die *soziale Lage* der Menschen, die für sie verantwortlich sind: «Die Armut in einer Demokratie ist dem in Diktaturen angeblich zu genießenden Glück um so viel vorzuziehen wie Freiheit der Sklaverei.» (*Dem.* 30)

Die Anfänge der philosophischen Begriffsgeschichte der «*Menschheit*» bei den Griechen liegen, soviel sei mit diesen Hinweisen vergegenwärtigt, in der Zeit, in der auch bereits von der *Demokratie* die Rede ist. Spätestens für Demokrit, der nach eigenem Zeugnis in Athen gewesen ist (und dort Sokrates nicht getroffen haben will), war die Demokratie schon eine, wenn auch einzigartige, politische Realität. Doch auch die Einsichten der älteren Vorsokratiker zeigen, welche Bedeutung das *Selbstverständnis der menschlichen Gattung* für die philosophische Reichweite ihrer Begriffe hat: Im Vordergrund stehen seit Xenophanes und Heraklit die den Menschen auszeichnenden Fähigkeiten des *Erkennens und Verstehens*. Sie ermöglichen es, dass sich die Menschen durch ihren Bezug auf «Sachverhalte» mit der Chance auf Eindeutigkeit *verständigen* können.

4. Der geschichtliche Vorlauf der Demokratie. Demokrit, der letzte «Vorsokratiker», von dem wir Kenntnis haben, rückt die *Freiheit* ins Zentrum seines Verständnisses der zu seiner Zeit in Athen groß werdenden Regierungsform der *Demokratie*. Er nimmt damit eine Bewertung auf, die schon wenige Jahre zuvor von dem Historiker *Herodot* überliefert worden ist – in seinem Bericht über eine Begebenheit am persischen Königshof, die sich gegen Ende des 6. Jahrhunderts zugetragen haben soll.

Herodot hat mit seinen um 450 v. Chr. in Athen in Umlauf gekommenen *Historien* die antike Geschichtsschreibung auf den Weg gebracht, auch wenn er noch nicht die quellenkundlichen Kriterien beachtete, nach denen Thukydides eine Generation später seine *Geschichte des Peloponnesischen Krieges* verfasste. Während Thukydides (zum Teil noch als Zeitzeuge) die Ereignisse des Krieges nicht selten protokollarisch wiedergibt, eines Krieges, der den Untergang des demokratischen Athens nach sich zieht, hat sich Herodot (als Nachgeborener) zum Ziel gesetzt, die Geschichte und Vorgeschichte des Krieges zu erzählen, aus dem Athen als siegreiche griechische Macht – und letztlich als Demokratie – hervorgegangen ist. Der glückliche Ausgang ermöglichte es der Stadt unter der Führung durch Perikles zu einer Demokratie zu werden, die, wenn nicht als Vorbild, so doch als *protos typos* für alles zu gelten hat, was nachher einmal mit dem Anspruch auftreten möchte, eine Demokratie sein oder werden zu können.

Am Ende von Herodots *Historien* steht der Bericht über den Sieg der Athener bei Plataiai und Mykale im Jahre 479. Danach gelang es, auch die verbliebenen Reste der persischen Flotte zu zerstören, so dass der Nachfolger des Darius schwer gedemütigt an seinen Hof zurückkehren musste und in der Folge glücklos blieb.

Damit war die persische Gefahr gebannt. Das kleinasiatische Ionien, die griechischen Inseln und das europäische Festland waren befreit, und als führende Macht konnte Athen endlich zur Ruhe kommen und sich dem Wiederaufbau der Stadt und der Akropolis widmen. Perikles, der das mit staunenswerter Entschlossenheit bewältigte, konnte überdies die Demokratie konsolidieren, für die im Jahrhundert zuvor, zunächst durch Solon und später durch Kleisthenes, die Voraussetzungen geschaffen worden waren.

Als Herodots monumentales Geschichtswerk erschien, stand Perikles am Anfang seiner politischen Laufbahn als Archont in einer «Demokratie» genannten politischen Ordnung, und es musste auffallen, dass im 4. Buch der *Historien* ein Bericht zu finden ist, der eine Debatte am Persischen Königshof schildert, die mehr als siebzig Jahre früher, unmittelbar vor der auf 522 datierten Inthronisation des Darius stattgefunden haben soll. Man möchte meinen, so wie Herodot hier die Anwälte dreier konkurrierender Regierungsformen gegeneinander antreten lässt, habe eigentlich erst bei den Griechen, frühestens zur Zeit des Kleisthenes, vielleicht auch erst unter der Ägide des Perikles, debattiert und entschieden werden können.

Herodot erwähnt, dass es Griechen gibt, die den Bericht für unglaubwürdig halten; vielleicht glaubten sie, so könnte erst in Athen über die verschiedenen Staatsformen gesprochen worden sein. Aber der Historiker beteuert, dass sich die Debatte tatsächlich so zugetragen habe, wie er sie berichtet: Demnach hat es im Palast von Susa eine Beratung über die «beste Staatsform» gegeben. Das Perserreich, unter Kyros wieder groß und mächtig geworden, hatte nach dessen Tod eine Zeit der Schwäche zu überstehen, sah sich nach Siegen über aufständische Teile des Reiches jedoch wieder im Aufwind. Und so wurde, wenn wir Herodot Glauben schenken, im Kreis der siegreichen Reichsfürsten darüber beraten, wie das Land am besten regiert werden könne: durch eine *Monarchie*, eine *Aristokratie* oder eine *Demokratie*?

Darius, der spätere Großkönig, habe als Letzter gesprochen und dabei für die *Monarchie* offenbar so überzeugend plädiert, dass er in der Abstimmung vier von sieben möglichen Stimmen auf sich vereinen konnte. Sein Vorschlag hatte also obsiegt, und durch eine unlautere Einflussnahme, die nichts Gutes über seine spätere Amtsführung ahnen lässt, gelang es ihm auch, den vereinbarten Losentscheid zu seinen Gunsten ausgehen zu lassen. Er also wurde zum König gekrönt.

Für die *Demokratie* hatte zuvor ein gewisser *Otanes* plädiert. Er verstand es offenbar in eindrucksvoller Weise für sie zu argumentieren, indem er an die Natur und den Zweck einer politischen Gemeinschaft erinnert und im Kontrast dazu das Versagen einer Alleinherrschaft vor Augen führt:

> «Wie kann die Alleinherrschaft (*monarchia*) eine wohlgeordnete Einrichtung sein, wenn es darin dem König erlaubt ist, ohne Verantwortlichkeit (*aneuthuno*) zu tun, was er will? Auch wenn man den Allerbesten (*ariston*) in diese Stellung erhebt, würde er seiner früheren Gesinnung untreu werden. Selbstüberhebung befällt ihn aus der Fülle von Macht und Reichtum, und Neid ist dem Menschen von Anfang an schon angeboren.» (*Hist.* III, 3–4)

Danach schildert Otanes mit Verweis auf eine Reihe von Beispielen das Ausmaß an Willkür, Schrecken und Verbrechen, die offenbar allen Teilnehmern in der Runde wohl bekannt sind. Niemand protestiert und keiner verliert ein Wort der Anerkennung für die schonungslose Offenheit, mit der hier nicht nur über die politische Realität der Königsherrschaft, sondern auch über die Verführbarkeit und Schwäche des Einzelnen geurteilt wird. Schon wie selbst der «Allerbeste» (*aristos*) bewertet wird, der sich im Besitz der alleinigen Macht zum Gewaltherrscher entwickelt, macht deutlich, wie skeptisch Otanes die Verlässlichkeit und die Standhaftigkeit des allein auf sich gestellten Herrschers bewertet. In moralischer Hinsicht kann man gar nicht auf ihn setzen. Man muss deshalb auf die Demokratie setzen, weil sie durch ihre Vielzahl von Ämtern und die bleibende Zuständigkeit des Volkes die größtmögliche wechselseitige Kontrolle der Regierenden gewährleistet.

Auch die Hervorhebung der institutionellen Leistung durch die Gemeinschaft des Volkes, durch ihre Verfahren und Ämter sowie durch den zugehörigen Wechsel in deren Besetzung, ist bemerkenswert. Otanes' Votum für die Demokratie ist nicht auf eine gutgläubige Überschätzung der Verlässlichkeit und Standhaftigkeit der Menschen gegründet. Zwar ist alles auf die rechtliche *Gleichheit* (*isonomia*) – und damit auch auf die notwendig hinzugehörende Freiheit (*eleutheria*) eines jeden Einzelnen – ausgerichtet; aber in politischer Hinsicht gründet er seinen Vorschlag auf die zur Gegenseitigkeit in Kooperation und Kontrolle verpflichtete Menge. Und so lautet sein beherzter Vorschlag: «Wir schaffen die Alleinherrschaft ab und geben der Menge die Macht; denn auf der Gesamtheit des Volkes ruht der ganze Staat.» (III, 80, 6)

Dieses klare und einfache Programm, das man noch heute wörtlich übernehmen könnte, trifft, nach Herodots Bericht, auf einhellige Ablehnung. Da ist vor allem der Anwalt der Aristokratie, ein gewisser *Megabyzos*, der seinen Widerspruch damit begründet, es gebe «nichts Unvernünftigeres und Hochmütigeres als die blinde Masse»! Die «Vielen», auf denen in einer Demokratie die Herrschaft beruhe, seien «ohne Einsicht» (III, 81,1). Damit wird der Schluss nahegelegt, eine demokratische Regierung könne letztlich nur in eine Katastrophe münden.

Die Polemik geht über die Monarchie-Kritik des Otanes ebenso hinweg wie über dessen wegweisende institutionelle Pointe seines Plädoyers für die Demokratie. Otanes hat der Menge des Volkes nicht unterstellt, sie verfüge als ganze über die Einsicht, die man in politischen Ämtern benötige. Hier bleiben allemal Einzelne gefordert, die für eine kürzere oder längere Zeit durch Wahl- oder Losentscheid zu ihren Aufgaben kommen und an ihren Leistungen gemessen werden. Wichtig ist, dass es überhaupt zu einer *Auswahl* und *Bewertung* kommt. Und dass man sich dafür ein Volk wünscht, das auf die politische Mitwirkung vorbereitet ist, wird gewiss niemand bestreiten. Aber es im Ganzen «unvernünftig», «hochmütig» und «überheblich» zu nennen, ist bereits aus der Perspektive des Demagogen geurteilt, der sich das Volk so verführbar wünscht.

Dass sich auch *Dareios* als dritter Redner in seinem Plädoyer für die Monarchie das Volk genauso willfährig vorstellt, wie es vom Anwalt der Aristokratie dargestellt wird, muss niemanden wundern. Interessant an seinem Votum ist, dass er vor allem anderen die «Freiheit» (*eleutheria*) rühmt, die man zur Führung eines Volkes braucht. Doch dabei geht es ihm generell gar nicht um die Freiheit, die jeder Einzelne braucht, um im Volk eine Stimme zu haben! Dareios meint lediglich die Freiheit, die ein Herrscher benötigt, um auf möglichst wenig Widerstände zu stoßen. Er nennt keine Namen, insbesondere nicht seinen eigenen, wenn er seine Rede auf die Leistung eines einzigen Mannes konzentriert, dem das Volk der Perser die «Freiheit» verdankt. Jeder im Kreis aber weiß, dass *Kyros* gemeint ist, dem es gelungen ist, die Fremdherrschaft durch die Skythen abzuschütteln. Und nachdem das Reich der Perser erneut zerrüttet ist und von der alten Größe nur träumen kann, wünscht sich Dareios einen neuen Kyros, der, aus seiner Sicht, niemand anders sein kann als er selbst.

Nach diesen Reden ist Otanes klar, dass die Demokratie vorerst keine Chance in Persien hat und dass er unter der Herrschaft, die nunmehr zu erwarten ist, kein politisches Amt wahrnehmen möchte. Er erklärt seinen Rückzug aus dem Auswahlverfahren, bittet die verbliebenen sechs Personen um ihr Einverständnis und darum, in Zukunft mit seiner Familie ohne politisches Amt im eigenen Land in Freiheit leben zu dürfen. Die Bitte wird ihm offenbar gewährt.

Nach dem panegyrischen Loblied auf die heroische Freiheit eines tyrannischen Königs ist es eine literarische Meisterleistung Herodots, die Reden in der geschilderten Reihenfolge aufeinander folgen zu lassen: Aus der Rede des Otanes wissen wir, dass die Freiheit des einzelnen Bürgers ein Implikat der «Gleichheit vor dem Gesetz» ist; danach erfahren wir von Darius, dass Freiheit nur in der Befreiung von einer Fremdherrschaft unter Führung eines neuen Königs liegen kann, und abschließend wird, erneut von Otanes, die Freiheit in ihrer menschlichen Alltäglichkeit benannt: Sie liege in nicht mehr und nicht weniger als darin, niemandem «untertan» zu sein! Eben das ist die Erwartung, die er mit seinem Rückzug aus der Politik verbindet (III, 83).

Im *ersten* Schritt erkennen wir also, dass die Freiheit zu den Bedingungen der Gleichheit vor dem Gesetz gehört, denn nur unter der Voraussetzung der Freiheit ergibt das Gleichheitsgebot einen Sinn. Das heißt zugleich aber auch, *dass Freiheit und Gesetz zusammengehören*. Bereits in der ersten politiktheoretisch erheblichen Erwähnung der *Freiheit* wird deren Verbindung mit dem *Gesetz* betont!

Im *zweiten* Schritt zeigt sich die Freiheit in der Unabhängigkeit eines Volkes, aber sie kann mit der Schrankenlosigkeit des Herrschers auch gleich wieder verloren sein. Deshalb ist es nur konsequent, wenn Otanes diese Aussicht mit dem Wunsch verbindet, einem solchen Alleinherrscher nicht unterworfen zu sein. Er bietet daher noch im selben Zusammenhang seinen Rückzug ins Privatleben an. In der Begründung für diese Entscheidung hebt er hervor, dass ein Alleinherrscher immer wieder versucht sein wird, sich von der Bindung an die Gesetze freizumachen; schon die Eitelkeit eines Alleinherrschers verhindere, dass er sich wie ein gleichberechtigter Bürger beurteilen lasse. In seinem Verlangen, unvergleichlich und in seiner Macht durch niemanden eingeschränkt zu sein, löse sich der Monarch von der Bindung an das Gesetz, obgleich es unverbrüchlich für alle zu gelten habe. Ein solcher Herrscher werde in seinen Handlungen nicht nur «willkürlich», sondern auch «verantwortungslos»! (III, 83, 3)

Diese auch psychologisch bemerkenswerte Analyse des Otanes lässt erkennen, wie eng «Freiheit» und «Gleichheit vor dem Gesetz» unter den Bedingungen der Politik miteinander verknüpft sind. Es handelt sich nicht um die Addition zweier voneinander unabhängiger Kriterien; beide sind vielmehr aufeinander bezogen: Das Gesetz verlangt von jedem Handelnden, dass er ihm *aus eigenen Gründen* folgt. Dabei wird jedem die *Freiheit* des Überlegens und des Entscheidens unterstellt. Die Chance dazu aber hat er nur, wenn er die *Allgemeinheit des Gesetzes* anerkennt. Denn nur unter dieser Prämisse kann jeder sicher sein, dass von ihm nicht mehr verlangt wird als von jedem anderen in derselben Lage auch. Da nicht nur jeder Mensch anders ist und keine Entscheidungssituation einer anderen vollständig gleicht, liegt die *Gleichheit*, um die es hier geht, allein in der *gleichen Freiheit*, die jedem zugestanden werden muss. Dabei wird als selbstverständlich unterstellt, dass jeder in seiner Freiheit auch *anders* handeln kann.

So bedingen sich Freiheit und Gleichheit gegenseitig. Erst im *Bewusstsein der Gleichbehandlung durch das Gesetz*, auf das jeder entweder so oder anders reagieren kann, kommt die Freiheit der eigenen *Entscheidung* eines politisch eingebundenen Einzelnen zu Bewusstsein. So wie Otanes spricht, könnte sich auch ein moderner Zeitgenosse äußern: Er legt die Korrespondenz von Freiheit und Gleichheit zugrunde, hat ein treffendes Urteil über die Eigenart des Rechts und kennt die Widersprüche, in die sich ein Gewaltherrscher verstrickt, der behauptet, er könne im Interesse aller Bürger tätig werden, ohne sich selbst dem Gesetz zu fügen.

Herodot, so viel ist sicher, nimmt die Anfänge der Philosophie in Griechenland aufmerksam wahr und ist auch mit dem Abstraktionsgewinn der ionischen Denker vertraut. Von ihnen haben wir bereits einiges aufgenommen: Xenophanes, Heraklit und Anaxagoras führen vor Augen, wie sicher sie bereits mit Begriffen wie Gott, Natur, Mensch und Geist umzugehen verstehen. Sie denken die *Individualität* der Dinge und Menschen als zugehörige Momente der *Universalität* des Kosmos und können somit auch die *Freiheit* der Einzelnen mit dem allgemeinen *Gesetz des Staates* zusammendenken. Die Schilderung des Herodot gibt zu erkennen, dass man sich bereits zu seiner Zeit klargemacht hat, dass Freiheit und Gleichheit nicht voneinander zu trennen sind und damit auch der innere Zusammenhang von Freiheit, Gleichheit und Gesetzlichkeit durchschaut ist. Im Vergleich mit Aristokratie und Monarchie ist die Demokratie ein begriffliches Schwergewicht.

Bemerkenswert ist auch die machtpolitische Nüchternheit, mit der im Bericht des Herodot über die Herrschaftsformen diskutiert wird: Der Staat wird weder als gottgegeben angesehen, noch hat er seinen Grund in einer Natur, der sich der Mensch bedingungslos zu fügen hat. Weder das Reich der Perser noch die griechische *polis* werden als Ausdruck einer höheren Ordnung angesehen, in der die Regierenden einer besonderen Weihe bedürfen! Der Staat wird vielmehr als *menschliche Institution* begriffen, in der die Menschen Schutz und Förderung suchen und dennoch für *sich selbst zuständig* bleiben.

In dieser säkularen Einschätzung darf man einen wesentlichen Niederschlag der *Rationalisierung des menschlichen Weltverhältnisses* durch die Vorsokratiker sehen. Hier zeigt sich der Ertrag der sich in epochaler Gleichzeitigkeit entwickelnden Wissenschaften. Hier wären die Mathematik, die Astronomie und Physik einschließlich der ionischen Naturphilosophie in der Nachfolge des Thales zu nennen. Aber es kommen auch jene frühen vorsokratischen Denker hinzu, die wir exemplarisch vorgestellt haben.

Die *Humanisierung des Selbst- und Weltdenkens*, die sich in der *Gleichzeitigkeit von Individualisierung und Universalisierung* vollzieht, findet ihren Niederschlag im Verständnis des Staates als einer *Einrichtung von Menschen für Menschen*. Die Menschen sind *Individuen*, die im politischen Kontext die *Gesamtheit eines Volkes* in der Form einer *Menge von Menschen* bilden. In dieser Menge aber bleiben sie weiterhin *Individuen*, die ihren *Freiheitsanspruch* nicht dadurch aufgeben, dass sie untereinander *gleich* sind. Im Gegenteil: Die politische *Gleichheit* wird erst im Gebrauch der *Freiheit* erfahren, die darin besteht, aus eigenem Entschluss das Gleiche wie alle anderen zu tun – oder aber aus eigenem Entschluss vom Konsens abzuweichen. Um aber als politische Gemeinschaft, in Anerkennung aller Individuen, aus denen sie besteht, wirksam werden zu lassen, muss jeder seine aus eigener Einsicht abgegebene Stimme beisteuern, um den Willen einer Menge oder eines Volkes möglich zu machen.

Das ist der von Otanes vorgetragene innovative Grundgedanke der Demokratie, der durch den Einspruch seines Widersachers gar nicht berührt wird. So gesehen bringt Herodot, ganz gleich, ob er von einer historischen Begebenheit im Jahre 520 berichtet oder nicht, in einzigartiger Verdichtung den zentralen Gedanken der Demokratie zur Geltung, der weit über das situative Versagen der Demokratie in einer spezifischen politischen Lage hinausreicht: Wenn eine Demokratie unter bestimmten geschichtlichen Bedingungen scheitert, dann haben die Individuen versagt, weil sie selbst nicht auf der Höhe der von ihnen geforderten Leistung waren. Die Demokratie, die nur das Grundprinzip des von Menschen für Menschen gegründeten Staates institutionalisiert, hat dadurch in ihrer Konzeption gar keinen Schaden genommen: Denn es ist das Volk (*demos*), das die Gemeinschaft der grundsätzlich Gleichen braucht, die letztlich nur im Gebrauch ihrer *Freiheit* grundsätzlich *Gleiche* sind. Also muss auch das Volk der Gesetzgeber sein.

Wir wissen nicht, ob Herodot eine wahre Begebenheit schildert, die tatsächlich am persischen Königshof stattgefunden hat. Wohl aber dürfte dem Historiker geläufig gewesen sein, was in seiner Vaterstadt Athen bereits nahezu 150 Jahre zuvor zur Existenzfrage geworden war. Dort nämlich hatte sich der Gegensatz zwischen der kleinen Schicht von adligen Grundbesitzern und der Menge des zunehmend verarmten und entrechteten Volkes so verschärft, dass man einen Umsturz mit nachfolgendem Abstieg in die Bedeutungslosigkeit befürchtete.

Um das Jahr 595 wurde der bereits in verschiedenen Krisen der Stadt bewährte und als nachdenklicher Mann geschätzte Solon zum *Archonten* gewählt, dem man die Schlichtung der die Stadt lähmenden Gegensätze zutraute. Was Solon erreichte, führte zu einem tiefen Einschnitt in die Geschichte der Stadt: Er sorgte dafür, dass jeder Bürger tatsächlich einen *Rechtsstatus* erhielt, *Einfluss auf die Besetzung der Gerichte* und die *Gesetzgebung* nehmen konnte und nicht länger wegen bestehender Schulden zum Sklaven seines Schuldners gemacht werden konnte.

Die von Solon durchgesetzten Reformen waren von schweren inneren Konflikten begleitet. Nach der mit genauer Kenntnis der Verhältnisse, mit Klugheit, Urteilskraft und der Autorität des Weisen durchgesetzten Verfassung, mit der es immerhin gelang, für ein Minimum sozialer Gerechtigkeit unter den endlich auch formal gleichgestellten Bürgern zu sorgen, verließ Solon seine Vaterstadt unter der Bedingung, dass die Verfassung während seiner Abwesenheit nicht geändert werde.

Als er nach zehn Jahren von einer Reise zurückkam, die mit Blick auf die Wirkung, die er in den von ihm besuchten Städten und Staaten hinterlassen hat, eine veritable «Bildungsreise» genannt werden kann, hatte die von ihm durchgesetzte Verfassung noch Bestand. Aber nach seinem Tod 560 kam es unter der Herrschaft der *Peisistratiden* zur faktischen Wiederherstellung einer tyrannischen Königsherrschaft. Sie fand nach blutigen Kämpfen erst fünfzig Jahre später ein Ende, so dass *Kleisthenes* 508/507 die Solonische Verfassung wieder in Kraft setzen, die Macht der Gerichte stärken und die Mitwirkungsrechte des Volkes ausweiten konnte. Von da an kann es als gerechtfertigt angesehen werden, von einer *demokratischen Ordnung* in Athen zu sprechen.

Doch die zwanzig Jahre später unter Führung jenes durch eine List zum König aufgestiegenen Königs Darius einsetzenden Feldzüge der Perser gegen die Griechen gefährdeten die Eigenständigkeit der Athener. Die feindlichen Truppen eroberten 480 die Stadt, zerstörten die Tempel auf der Akropolis und verheerten den ganzen Siedlungsraum. Doch es gelang der Stadt, nachdem sie 488 bei Marathon schon einmal siegreich gewesen war, auch in der Seeschlacht vor Salamis die drohende Fremdherrschaft abzuwehren und selbstständig zu bleiben. Auch ihre demokratische Verfassung war nicht zerrüttet. Sie bewährte sich nicht nur in der Zeit der Kriege, sondern auch beim Wiederaufbau der Stadt, so dass am Ende tatsächlich alle Athener zu loben waren. So war der Beweis erbracht, dass eine Demokratie nicht nur Kriege gewinnen, sondern auch aus Ruinen auferstehen kann.

Schon in den Jahren der Wiederbelebung machte sich Perikles einen Namen. 450, in dem Jahr, in dem Herodots Geschichtswerk erschien, wurde er zum Archonten gewählt. In den nachfolgenden glücklichen Jahren der Demokratie konnte Athen es sich leisten, öffentlich über die Vorzüge und Nachteile der Demokratie zu debattieren. Von hier hat auch die *Theorie der Demokratie* ihren Ausgang genommen, die seit dieser Zeit zu der Regierungsform mit ebender Selbstverständlichkeit gehört, wie der *Vorrang des Rechts* und die *Entscheidungsbefugnisse des Volkes*. Da beides, die *Durchsetzung und Anerkennung des Rechts* und die mit Blick auf den *Volksentscheid* unerlässliche *Erörterung aller anstehenden politischen Fragen*, notwendig zur Demokratie gehört, ist auch dieses Moment ihrer *Selbsterfahrung* ein wesentliches Element der demokratischen Willensbildung! So kann man von der *inneren Angewiesenheit der Demokratie auf die Verständigung über sie* sprechen. Aus eigener Logik ist sie zur Einbindung der Theorie in den Vollzug ihrer praktisch-politischen Arbeit genötigt.

Das unterscheidet sie von allen anderen Regierungsformen. Nur die Demokratie ist auf das sie selbst legitimierende Nachdenken über ihre eigene Verfassung angewiesen. Was könnte menschlicher sein? Die offene Aussprache und das Nachdenken stärken die Demokratie, weil sie nicht nur das gemeinsame Handeln motivieren, sondern auch die Einsicht in ihre eigene Praxis erhöhen. Bekanntlich kann das als lästig und störend angesehen werden. Insbesondere die «Macher» in der politischen Arena werden darin eher eine Erschwernis als eine Hilfe sehen. Das kann zuweilen tatsächlich so sein; bedenkt man jedoch, wie gerade die nicht auf das öffentliche Nachdenken setzenden Regierungsformen ihre Energien in inneren Machtkämpfen verbrauchen, wird man die Vorzüge durch Reflexion, kontroverse Debatten und offene Kritik zu schätzen wissen. So sehr man auch die Vielstimmigkeit und Gegensätzlichkeit der Diskussionen in der Demokratie als Belastung empfinden kann: Der *Erkenntnisgewinn in der anteilnehmenden Distanz* überwiegt die Nachteile, die mit der Verbissenheit des letztlich immer auf Gewalt setzenden Machtkampfes verbunden sind. Gerade in Krisen braucht man neue Handlungsperspektiven, die in einer für Alternativen offenen Gesellschaft die Chance eröffnen, möglichst viele Menschen anzusprechen und dabei auch deren Bereitschaft zur Mitwirkung zu erhöhen.

Im Athen der perikleischen Epoche kam ein besonderes Glücksmoment hinzu: Es war die Zeit, in der Sophisten und Philosophen das öffentliche Räsonieren über alle interessierenden Probleme kultivierten – jedenfalls hat sich dieses Urteil bei denen eingestellt, die nachträglich in den historischen Berichten von den Debatten in Athen erfahren haben. Im Rückblick erschien es angesichts der andrängenden politischen Probleme als selbstverständlich, dass sich die neuen Talente für geübtes Reden und Lehren den veränderten Formen des Regierens und Verwaltens zuwandten. Das hat der Demokratie einen sie bis heute auszeichnenden Impuls zur gedanklichen Durchdringung gegeben. Platons differenzierte Analyse der gesammelten Erfahrungen ist dafür ein Beispiel. Und es kann aufgrund der konzentrierten Aufmerksamkeit auch nicht verwundern, dass die demokratische Verfassung schon wenige Jahre nach ihrer Institutionalisierung nicht nur eine Form der Bewältigung praktisch-politischer Staatsaufgaben, sondern immer auch ein umstrittenes Modell politischen Handelns gewesen und geblieben ist.

Der Streit darüber setzte mit dem Krieg ein, den Perikles glaubte führen zu müssen, um die mit den Siegen in den Kriegen gegen die Perser erworbene Vormachtstellung in Griechenland nicht zu verlieren. Mit dem nachfolgenden Kampf, der sich über drei Jahrzehnte hinzieht, geht der Primat Athens verloren. Bereits im zweiten Jahr der Kampfhandlung stirbt Perikles an der Pest, und seine Nachfolger erweisen sich als glücklos. Das gilt auch für den jungen Alkibiades, von dem noch die Rede sein wird. Er verschuldete eine Niederlage in Sizilien, versuchte sein Glück in den Diensten Spartas und endete als politisch Verfolgter in Ionien.

5. Die weltpolitische Innovation in Athen. Im ersten Jahr des Peloponnesischen Krieges (431 v. Chr.) haben die Athener siegreich gekämpft. Dennoch waren Tote in den eigenen Reihen zu beklagen, die in der Stadt begraben werden mussten. Der Archont und oberste Kriegsherr der Stadt, Perikles, hielt die Grabrede, die den Trauernden Trost spenden sollte – auch dadurch, dass ihnen und allen anderen bewusst zu machen war, wie groß das Anliegen ist, um das es in diesem Krieg geht. Es galt einmal nicht, die Stadt gegen Angreifer zu verteidigen; und es war auch nicht die Absicht, Eroberungen zu machen, durch die Athen an Reichtum und Ansehen zunehmen konnte. Das Ziel war vielmehr, den politischen Führungsanspruch Athens durchzusetzen, der Regierungsform der Demokratie weiteres Ansehen zu verschaffen und sich bei den Verbündeten, mit deren Hilfe es ja bereits gelungen war, die Perser aus Griechenland zu verjagen, erneut Respekt zu verschaffen. Und das konnte nach den Veränderungen, die es in den Jahren der demokratischen Regierung gegeben hatte, nur dadurch geschehen, dass Perikles den Athenern bewusst machte, worin die Vorzüge der Lebensweise liegen, zu der sie unter seiner Leitung gefunden hatten. So gesehen wurde der Peloponnesische Krieg auch im Interesse der Demokratie geführt.

Also muss es nicht wundern, dass die zu Ehren der ersten Toten gehaltene *Leichenrede* (*epitaphios*) des Archonten wesentlich aus einem *Lob der Demokratie* besteht, also der Staatsform, die Athen unter allen anderen griechischen *poleis* so einzigartig machte. Perikles streicht daher deren Vorzüge heraus und kann sich dabei sicher sein, dass sich der Inhalt seiner Rede in kürzester Frist auch in Sparta und Theben verbreitet. Der von ihm mit bewegenden Worten anerkannte Schmerz der Hinterbliebenen hindert ihn nicht, vornehmlich von der neuen Ordnung zu sprechen, die sich die Athener nunmehr gegeben haben; schließlich wird durch die Ehrung der für ihre Vaterstadt gefallenen Soldaten auch der Ruhm Athens vermehrt.

Tatsächlich gelingt es Perikles, eine so überzeugende, ja, bezwingende Darstellung von den Vorzügen der demokratischen Ordnung in seiner Stadt zu geben, dass man sich am Ende nur fragt, warum Athen es nötig haben sollte, zur Verbreitung des positiven Urteils über seine Verfassung einen Krieg zu führen. Jeder, der sich als Mensch begreift und seinesgleichen achtet, wie er selbst geachtet sein möchte, müsste von sich aus erkennen, dass es zur Demokratie gar keine Alternative gibt. Wenn die Demokratie jedoch, um das allgemein bewusst zu machen, einen *Krieg* führt, gerät sie in einen Widerspruch zu sich selbst. Zwar muss es ihr möglich sein, ihre Verfassung und ihre Lebensart gegen Feinde zu verteidigen. Doch sie macht sich unglaubwürdig, wenn sie, um ihre Vorzüge unter Beweis zu stellen, Gewalt einsetzt.

Also erkennt man auch gleich die Paradoxie in dieser großen Rede: Sie belegt gleichsam für alle Zeiten, dass keine Regierungsform der menschlichen Natur so angemessen ist wie die Demokratie. Die Demokratie ist das überlegene Herrschaftsmodell, für das alles spricht, was Perikles aufzählen kann. Für den äußeren Betrachter muss es jedoch gerade angesichts der Überzeugungskraft der Argumente für die Demokratie ein Rätsel bleiben, warum es nötig sein sollte, für die Demonstration dieser Überlegenheit einen Krieg zu führen.

Das ist der Selbstwiderspruch, in den der Staatsmann mit seinem *Epitaphios* gerät. Schließlich stehen die Truppen der Spartaner nicht vor den Toren der Stadt. Und den demokratischen Führungsanspruch mit Gewalt durchzusetzen, steht im Gegensatz zu den Prinzipien, nach denen die Demokratie sich selbst bestimmt. So eindringlich und bezwingend die Worte des Perikles auch sind: In der selbstverschuldeten Lage, in der sie gesprochen werden, wird seine Rede zu einem tragischen Ereignis. Das trägt dem Archonten noch im 21. Jahrhundert den Ruf ein, zwar demokratisch zu reden, aber tyrannisch zu handeln.[3]

Die Rede des Perikles wird von Thukydides im Wortlaut wiedergegeben. Das jedenfalls ist der Anspruch des Historikers neuer Art. Da keine näheren Angaben über die Umstände gemacht werden, hat man den Eindruck, die Rede werde vor der vollständig versammelten Bürgerschaft der Stadt gehalten. In den anderen *poleis* Griechenlands dürften ohnehin alle Ohren gespitzt gewesen sein. Nimmt man die Wirkung hinzu, die Thukydides' Bericht in der politischen Literatur der Antike, der Renaissance und der Moderne gefunden hat, dann wird sie tatsächlich vor dem Forum der ganzen Welt gehalten.

Wenn Perikles sagt, Athen brauche keinen Homer, denn die Stadt *rühme sich selbst* in Wort und Tat, dann hat Thukydides dafür gesorgt, dass es für das demokratische Selbstverständnis dieser Stadt tatsächlich so gekommen ist. Die Rede kann jeden, der als Mensch denkt und fühlt, noch heute in Begeisterung und – angesichts des weiteren Gangs der Ereignisse – in tiefe Trauer versetzen. Unter dem Eindruck des Totalitarismus des 20. Jahrhunderts gab es Autoren, denen die Rede des Perikles den Mut und die Kraft gegeben hat, trotz allem an die Zukunft der Demokratie zu glauben. So übersetzte Karl R. Popper, von den Nationalsozialisten aus Europa vertrieben, noch im neuseeländischen Exil den griechischen Text ins Englische und konnte ihn wörtlich in sein Plädoyer für eine «offene Gesellschaft» übernehmen.[4] Bereits die Darstellung der Lebensweise der Athener, die zwischen den Angelegenheiten des Staates und ihrer häuslichen Lebensführung wohl zu unterscheiden wissen und die viel Zeit darauf verwenden, ihrem Interesse an Spiel, Wettkampf sowie an allem Schönen nachzugeben, wirkt wie eine Vorahnung einer Zivilgesellschaft, die den Ausgleich zwischen öffentlichen Aufgaben und persönlicher Entspannung ermöglicht. Erst die athenische Demokratie, so Perikles, erlaube es *allen* Bürgern, das Glück dieser Einheit von politischem und privatem Leben zu erfahren.

Das Humane der Rede tritt schon darin hervor, dass Perikles mit glaubwürdiger Anteilnahme zu den trauernden Bürgern spricht, die des persönlichen Trostes und der Ermutigung bedürfen. Und die Demokratie wird auch nicht durch die Aufzählung der Verfassungsorgane und die Wiedergabe gesetzlicher Regelungen gerühmt. Beschrieben wird lediglich, wie man unter dem Gesetz gemeinsam leben kann, welche Vorteile sich daraus für jeden ergeben und welche Sorgen ihm dadurch genommen werden. So können die Witwen der Unterstützung durch die *polis* sicher sein und auf die Ausbildung ihrer vaterlos gewordenen Söhne rechnen. Man sage also nicht, an soziale Belange werde nicht gedacht!

Im Vordergrund aber stehen die Elemente der politischen Kultur und die freie Entfaltung der Bürger, deren *Vielfalt* auch deshalb erwünscht ist, weil sie so in der Gesamtheit aller der letztlich von jedem selbst zu befördernden *Bildung aller* dienen. Die Demokratie hat schon in dieser ihrer ersten Selbstdarstellung den Charakter einer ganz und gar auf *Freiwilligkeit* und *persönlichen Einsatz* gegründeten *Bildungsgemeinschaft*. Was später bei Platon durch Erziehungsmaßnahmen unter der Leitung philosophischer Lehrer möglich werden soll, erscheint hier als zwanglose Folge der jedem offenstehenden Erfahrungen im Mit- und Gegeneinander der Politik. Es ist die freie, auf Erkenntnisgewinn und eigenes Urteil angelegte Praxis der demokratischen *polis*, die ihre Bürger erzieht.

Besonders deutlich wird das bei dem – Deskription und Norm in eins fassenden – Diktum: «Wir lieben das Schöne und bleiben schlicht, wir lieben den Geist und werden nicht schlaff.» (II, 40) Was hier mit «den Geist lieben» übersetzt ist, heißt im griechischen Original *philosophophein*. So als wäre es selbstverständlich, wird unterstellt, dass jeder sich nicht nur um seine *persönlichen Angelegenheiten*, sondern immer auch um das *Allgemeine*, also um die *öffentlichen Dinge* kümmert und dabei das Interesse hat, *sein eigenes* Leben mit dem *aller anderen* zu verbinden: «wir vereinigen in uns die Sorge um unser Haus zugleich und unsere Stadt, und den verschiedenen Tätigkeiten zugewandt, ist doch auch in staatlichen Dingen keiner ohne Urteil.» (Ebd.) Und die Erwähnung des Philosophierens zeigt den Anspruch an, dass jeder sich nach besten Kräften auch um die Erkenntnis seiner Lage und um gute Gründe für sein Handeln bemühen sollte.

Jedem Bürger wird zugestanden, dass er den Tätigkeiten nachgeht, die seinen Interessen und seinem Können entsprechen. Aber zugleich wird klargestellt, dass darin unter keinen Umständen ein Grund gesehen werden darf, die allgemeinen Belange zu vernachlässigen: «Denn einzig bei uns heißt einer, der daran (gemeint sind, wie wir heute noch sagen: «die politischen Angelegenheiten») keinen Anteil nimmt, nicht ein stiller Bürger, sondern ein schlechter.» (Ebd.) Das öffentliche Urteil rückt hier in die Rolle des Lehrers, der ohne Zwang und ohne Strafen schädliches Verhalten korrigiert und (wie die Urteile des Perikles selbst anschaulich machen) das positive Verhalten durch öffentliches Lob verstärkt.

Die Demokratie, das wird bereits durch den Inhalt und den Aufbau der Rede deutlich, schafft nicht nur einen politischen Entscheidungsraum, sie erzieht auch die Menschen zu guten Bürgern. Das didaktische Mittel, auf das Perikles dabei setzt, ist das *gute Beispiel*, das jeder jedem seiner Mitbürger geben sollte. Dabei hat die Gemeinschaft als solche in der Form «würdiger Herrschaft» (II, 41) das erste Vorbild abzugeben. Dass Perikles dabei tatsächlich in Kategorien der Erziehung denkt, zeigt sein Hinweis darauf, wie Athen seine Wirksamkeit *nach außen* entfalten sollte: Er ruft seine Hörer dazu auf, sich so zu verhalten, dass «unsere Stadt die Schule von Hellas» sein könnte! Und das kann sie nur, solange sie sich selbst an die von ihr selbst gesetzten Regeln hält.

Es ist offenkundig, dass hier ein hoher Anspruch in der Form einer

Beschreibung einer vorgeblich bereits gegebenen Realität vorgetragen wird. Aber eben das macht bewusst, in welchem Umfang sich die Demokratie niemals bloß mit dem Anspruch einer reinen *Rechtsordnung* genügen kann. Sie ist eine *Lebensform*, die alle betrifft und die jeder Einzelne mitzuverantworten hat. So wird jedem Individuum zwar eine schier unbegrenzte Freiheit in der Gestaltung seines Daseins eingeräumt. Doch dabei hat jeder nicht nur zu beachten, dass er die Freiheit anderer nicht verletzt: Er muss vielmehr das ihm Mögliche tun, um den gemeinsamen Freiraum eines politischen Ganzen zu erhalten und im Interesse der Gemeinschaft zu gestalten. Dazu hat er sich sein eigenes «Urteil zu bilden», was gewiss auch einschließt, dass er sich darin nicht nur verständlich machen kann, sondern sich selbst an seine Einsichten hält.

Wir wissen, dass die antiken Gesellschaften an einen strengen Sittenkodex gebunden und auch in ihren sittlichen Vorschriften ungleich detaillierter waren, als das in einer Zivilgesellschaft der Gegenwart üblich ist. Umso mehr erstaunt es, wie viel in der Schilderung des Perikles offenbleibt. Er beschränkt sich auf die Betonung der *Freiheit*, in der jeder seine Erziehung und seine Lebensführung selbst zu verantworten hat. Der Anspruch an die Einzelnen wird enorm gesteigert. Die in der Grabrede geschilderte demokratische Ordnung richtet hohe Erwartungen an die *ethische Eigenständigkeit* der Bürger.

Hinzu kommt, dass die von Perikles geforderte Rücksichtnahme sich nicht nur auf die Menschen in der Nachbarschaft der eigenen *polis* beschränkt, sondern auch jene einbezieht, die er in seiner Rede niemals aus dem Blick verliert: Er schaut nicht nur auf *alle Griechen*, sondern sucht *alle Menschen*, auch außerhalb des Siedlungsraums der Griechen, anzusprechen! Das offenbart den *menschheitlichen Anspruch* der von ihm geschilderten Demokratie. Sie könnte, ja, sie sollte eine Lebensform für alle in politischen Gemeinschaften lebenden Menschen sein!

Diesen universellen Anspruch belegen so gut wie alle Aussagen des Perikles über das politische Verhalten der Athener. Dabei verschweigt der Redner nicht, welche Gegensätze und Spannungen alltäglich zwischen den Bürgern bestehen. Die Konflikte dürften beträchtlich sein, wenn sie bei einer Totenfeier so offen angesprochen werden; aber sie werden als Gegebenheiten des menschlichen Zusammenlebens hingenommen – im Vertrauen darauf, dass Rechtsverletzungen und Vergehen gegen die

Menschlichkeit (wie etwa gegen das in der Antike als heilig angesehene Asylrecht) durch Strafen geahndet werden: «wir leben frei miteinander im Staat […], ohne dem lieben Nachbar zu grollen, wenn er einmal seiner Laune lebt, und ohne jenes Ärgernis zu nehmen, dass zwar keine Strafe nach sich zieht, aber doch als kränkend anzusehen ist» (II, 37).

Bei so viel Nachsicht im Umgang der Menschen miteinander vertraut Perikles auch auf das Bemühen der Bürger, «keine Rechtsverletzung im Gehorsam gegen die städtischen Beamten» und «gegen die ungeschriebenen Gesetze» zu begehen, auch weil das «nach allgemeinem Urteil Schande bringt».

So beschreibt man eine Verantwortung, die jeder bereits aus eigenem Interesse wahrzunehmen hat. Und da man sie in einer auf Gleichheit gegründeten Gesellschaft auch im Vertrauen auf die Erwartung der Mitbürger *von sich aus* übernimmt, wird deutlich, welcher Rang in einer Demokratie dem freiwillig erbrachten Vertrauen der Bürger zukommt. Das schließt Strafen für Fehlverhalten und Versagen nicht aus; aber es wird deutlich, dass die Demokratie hohe Erwartungen in die Freiwilligkeit des Bürgers in seinem persönlichen Verhalten setzt. Diese Staatsordnung fordert die Eigeninitiative eines jeden Bürgers heraus und enthält damit einen impliziten Anspruch auf Mitwirkung aus eigener Einsicht. Die Demokratie ist nicht nur eine das äußere Verhalten regelnde Staatsordnung; vielmehr lebt sie von der Erwartung, dass die Menschen sich aus persönlichem Impuls für die Belange der Gemeinschaft einsetzen. Die Demokratie rechnet bei jedem Bürger auf die aktive Anteilnahme an deren Gelingen.

Auch das, was Perikles zur näheren Charakterisierung der Demokratie sagt, klingt so offen und einladend, dass man seine Rede als eine wesentlich nach außen gerichtete Werbung für die Verfassung Athens ansehen kann. Der Redner gibt sich überzeugt davon, dass die Demokratie für *alle Griechen* Vorzüge hat – und letztlich die beste Verfassung für *alle* Menschen ist.

In aller Anerkennung der individuellen Verschiedenheit kommt der strikten *Rechtsgleichheit* der Vorrang zu. Es gibt keine Privilegien, die sich aus der Herkunft oder dem Besitz herleiten. Wohl aber gibt es eine Wertschätzung, die sich einzelne Bürger durch ihre persönliche Leistung für die Gemeinschaft erwerben. Inmitten der allgemeinen Güter der *polis* genießt das *Individuum* den höchsten Rang, ohne damit den Wert der *Menschheit* in Abrede zu stellen:

> «Nach dem Gesetz haben in den Streitigkeiten der Bürger alle das gleiche Recht; der Geltung nach aber hat im öffentlichen Wesen den Vorzug, wer sich Ansehen erworben hat, nicht nach einer Zugehörigkeit [etwa zum Adel oder zu einer angesehenen Familie, V. G.], sondern nach seinem Verdienst. Und ebenso wird keiner wegen seiner Armut daran gehindert, für die Stadt etwas zu leisten; auch die Unscheinbarkeit seines Namens darf kein Hindernis sein» (II, 37).

Einmal mehr haben wir Anlass, die Aufmerksamkeit der antiken Autoren für die später sogenannte «soziale Frage» hervorzuheben. Nicht weniger wichtig für die Theorie der Demokratie aber dürfte sein, dass *Freiheit* und *Offenheit* in einem Gemeinwesen nicht auf das Leben innerhalb der *polis* beschränkt sind. Vielmehr sucht sie mit ihren elementaren Gütern über die Grenzen der Stadt hinauszuwirken und setzt darauf, dass Bürger in anderen Staaten und Ländern sich das gute Beispiel Athens zum Vorbild nehmen. Freiwilligkeit gilt also auch hier.

Das führt auf einen Punkt, der für die Theorie der Demokratie von besonderer Bedeutung ist und den Perikles mit bemerkenswertem Nachdruck hervorhebt. Es ist die *Öffentlichkeit* innerhalb einer Demokratie, die gar nicht auf die eigenen Bürger beschränkt sein kann und deshalb auch für die Außenwirkung der Demokratie von besonderer Bedeutung ist. So heißt es in einer uns bis heute berührenden Passage:

> «Unsere Stadt verwehren wir keinem, und durch keine Fremdenvertreibung [wie sie in Sparta gesetzlich verankert war] missgönnen wir jemandem eine Kenntnis oder einen Anblick, dessen unversteckte Schau einem Feind vielleicht nützen könnte; denn wir trauen weniger auf die Zurüstungen und Täuschungen, als auf unseren eigenen tatenfrohen Mut.» (II, 38)

Hier wird die moralische Selbstachtung eines jeden Bürgers beschworen; denn niemals reichen die äußeren Zurüstungen aus, um einem politischen Gemeinwesen eine in die Zukunft weisende Perspektive zu geben. Dabei streicht der Redner zwar die Vorzüge der Athener Verfassung heraus, ist aber nicht panegyrisch, sondern gerade auch in der Schilderung der Schwächen und Unarten der Bürger nüchtern und realistisch eingestellt. Das gilt vornehmlich für den von Perikles wiederholt betonten *Streit*, der für das Leben der Bürgerschaft unverzichtbar ist; während Sparta, gegen das er das Leben in Athen abgrenzt, Meinungsverschiedenheiten unterdrücke, habe Athen den *Widerstreit im Inneren* nicht zu fürchten. Im Gegenteil: Die Auseinandersetzung über strittige Fragen ist willkommen! Dadurch können sich ihre Bürger stärken und die Stadt als Ganzes widerstandsfähig machen.

Dass Perikles die Gegensätze zwischen den Bürgern, ihre Unverträglichkeit und das Ärgernis, das sie sich gegenseitig sein können, nicht verschweigt, erhöht die Authentizität seiner Schilderung vom Leben in der Stadt und ihrer gleichwohl bestehenden politischen Stärke. Er schwärmt nicht von einer idealisierten Zukunft, sondern spricht als Staatsmann, der die realen Verhältnisse kennt. Für ihn ist die Vielfalt der Widersprüche, in denen sich das Leben der Athener entfaltet, eine Quelle der Kraft für das politische Handeln der Stadt als ganze! Die *Pluralität* ist hier als eine politische Bedingung für das einheitliche Handeln einer Bürgerschaft anerkannt. Auch das darf man als Anzeichen für die Entsprechung zwischen der menschlichen Natur und der politischen Organisation einer Demokratie verstehen.

Perikles und sein Historiograph Thukydides decken die besondere Verbindung auf, die zwischen der Realität des Menschen und der politischen Form der Demokratie besteht. So wird im *Epitaphios* auch ein Moment des philosophischen Hintergrunds der Demokratieerwartung erkennbar. Und so tragisch der Anlass, das Begräbnis der ersten Gefallenen eines Krieges, der den Niedergang der Athenischen Demokratie einleitet, ist, so gibt es doch keine eindrucksvollere Aufforderung, Demokratie zu wagen, als die von Thukydides überlieferte Grabrede des Perikles. Lange bevor ein Begriff für die *Humanität* gefunden ist, wird sie in Athen im Namen der Demokratie in Anspruch genommen, so als sei das eine das natürliche Element des anderen.

II

Die philosophische Grundlegung der Politik

6. Das Beispiel des Sokrates. Die Philosophie entsteht im selben Kulturkreis wie die Demokratie. Auch ihr Name kommt in der ersten großen Epoche des neuen politischen Geistes in Umlauf. Aber die Philosophie tritt nicht als Parteigänger der neuen Regierungsform auf. Schon ihre ersten großen Repräsentanten wahren anteilnehmende Distanz und können, bei aller Schärfe im Detail, als wohlwollende Kritiker verstanden werden. Sie scheuen sich nicht, die Schwächen der Demokratie deutlich zu benennen, obgleich sie selbst Anwälte der Idee einer Selbstregierung durch das Volk sind. Sokrates, der 399 v. Chr. durch das Volksgericht der gerade wieder zur Demokratie zurückgekehrten Stadt Athen zum Tod verurteilt wurde, ist in seinem Einsatz für die Demokratie noch am weitesten gegangen.

Als Begründer des Philosophierens in ihrer allem Menschlichen am nächsten stehenden Ausrichtung lebte er einen großen Teil seines Lebens unter den Bedingungen der Perikleischen Demokratie und führte durch das eigene Beispiel vor Augen, welche hohen Anforderungen die Demokratie an jeden Menschen stellt – nicht nur an jene, die in ihr zu Macht und Einfluss kommen wollen: Selbsterkenntnis und unerschrockenes Eintreten für die eigenen Ansichten sind die Voraussetzungen für ein menschenwürdiges Zusammenleben, für das jeder mit dem eigenen Leben einsteht. Das begründete Sokrates in seinen Lehren und führte es in seinem Verhalten vor.

Sein Reden, Wirken und Sterben für die Nachwelt lebendig gehalten zu haben, ist die gleichermaßen literarische wie auch philosophische Großtat im Namen der Menschheit, die wir Platon verdanken. In seinem eigenen Denken arbeitet er in beispielloser Anschaulichkeit, unerschöpflicher Originalität sowie in thematischer Weite die Voraussetzungen heraus, die erfüllt sein müssen, um eine den Anforderungen des menschlichen Wissens und Könnens genügende politische Lebensform entstehen zu lassen. Das gelingt ihm immer wieder auch durch die Schilderung von Episoden aus dem Leben des Sokrates.

Der frühe platonische Dialog *Alkibiades* besteht aus einem Gespräch zwischen Sokrates und dem vom Schicksal begünstigten Jüngling, dem der Text seinen Namen verdankt. Dem aus dem athenischen Adel stammenden politischen Nachwuchstalent haben viele Zeitgenossen eine große politische Zukunft vorausgesagt – und Alkibiades dürfte der Letzte gewesen sein, der davon nicht auch überzeugt gewesen wäre. Tatsächlich gibt er im Anfang seiner Karriere zu großen Hoffnungen Anlass, ehe er in der Gunst der Athener abstürzt, als Abtrünniger im Dienste Spartas gegen die Stadt seiner Väter Krieg führt, schließlich auch hier scheitert und in der ionischen Verbannung einem (vermutlich von Sparta in Auftrag gegebenen) Mordanschlag zum Opfer fällt.

Der gelegentlich in seiner Echtheit bezweifelte Dialog[1] gehört zu den frühen Werken Platons. Er führt auf eine dem Leser noch heute den Atem verschlagende Weise vor Augen, wie nüchtern Sokrates das Problem der bis in unsere Gegenwart umstrittenen *personalen Identität* und der in der Moderne als abwegig angesehenen *Gegenwart Gottes* in der Gewissheit wechselseitiger *Liebe* zu fassen vermag.

In der Eröffnung des Gesprächs spielt Sokrates auf die Zukunft des Alkibiades an, der sicher ist, dass er in Athen zum führenden Politiker aufsteigen wird. Der junge Mann fügt jedoch hinzu, dass ihm die Herrschaft über Athen allein nicht genüge. Sein Ziel sei es, über *ganz Griechenland* zu herrschen! Doch wer an Griechenland denke, so meint er, dürfe Ionien nicht vergessen; deshalb habe er seinen Machtanspruch über ganz Kleinasien auszudehnen.

Offenkundig kann auch das Scheitern der Perser Alkibiades nicht daran hindern, sich seinen politischen Wunschträumen hinzugeben: Er meint, wie hundert Jahre später Alexander und nicht lange danach die römischen Cäsaren, es müsse mindestens der ganze mediterrane Raum, zusammen mit dem damals bekannten Asien, sein, der sich ihm zu unterwerfen habe. Und dann folgt der Punkt, der mir wichtig ist: Alkibiades meint, letztlich müssten es «alle Menschen» (*pantas anthrōpous*) sein, über die zu herrschen es ankomme (105 a/d).[2] Die weltliche Selbstbeschränkung der Demokratie zeigt erstmals ihre Kehrseite in einem globalen Machtanspruch auf die Weltregierung – der so, wie Alkibiades ihn stellt, augenblicklich in eine Tyrannis umschlagen muss.

Sokrates, der durch seine Nachfragen im Dialog den jungen Mann dazu bringt, die maßlosen Konsequenzen seiner Wunschträume zu benennen, nimmt den Größenwahn des Alkibiades ohne Verwunderung hin, hält es für möglich, Europa in den Blick zu nehmen, warnt ihn aber vor dem Wagnis, nach Asien überzugehen, und ermahnt ihn nachdrücklich, die Aufgabe *ohne die Beratung mit einem Philosophen* in Angriff zu nehmen. In Kenntnis der Maßlosigkeit des Jünglings scheint Sokrates die vermessene Menschheitsperspektive nicht zu befremden; schließlich hat ja auch die Philosophie den Anspruch, Einsichten zu eröffnen, die Bedeutung für alle Menschen haben. Umso größeren Wert aber legt er auf seine Warnung, den Weg zur Weltherrschaft ohne Selbstprüfung und ohne Beratung zu gehen. Der junge Mann brauche in jedem Fall das begleitende Urteil der Philosophie.

Alkibiades fällt die Zusage leicht; er glaubt, sie sei auf eine vorerst noch ferne Zukunft bezogen. Doch Sokrates liegt daran, ihn augenblicklich – und bevor der sich hoffnungslos überschätzende junge Mann an die Umsetzung seiner verwegenen Pläne macht – auf die Probe zu stellen. Und dabei zeigt sich, dass die Philosophie in der Erörterung politischer Fragen der *Gegenwart Vorrang vor der Vision einer fernen Zukunft* gibt. Mit Blick auf die gegebenen Kräfte zieht Sokrates das Begründete und das tatsächlich Machbare vor. Und eben das bestimmt auch später Platons Urteil über die Tauglichkeit der Demokratie.

Es ist kein unwesentliches Detail, dass die globale Perspektive politischer Herrschaft schon hier in einem Gespräch mit Sokrates Erwähnung findet. Man weiß also, dass sich eine neue Dimension der Politik eröffnet, der sich Sokrates nicht grundsätzlich verschließt. Mehr noch: Er scheint das Vorhaben einer *Politik für alle Menschen* nicht zu verwerfen. Doch er bezweifelt, ob Alkibiades über die Voraussetzungen für die Realisierung seiner Ziele verfügt. Sokrates ist an der Eignung des jungen Mannes interessiert; und so geht es ihm im weiteren Gespräch darum, dessen Befähigung zur Politik zu prüfen.

Eine solche Prüfung hat für Sokrates vorrangig eine *Selbstprüfung des Betroffenen* zu sein. Also gilt es, den Gesprächspartner selbst zu einem Urteil über sein Wissen und seine Fähigkeiten zu bringen. Alkibiades willigt ein, ohne zu ahnen, auf was er sich einlässt. Die philosophische Bedeutung der persönlichen Selbstprüfung tritt hervor, als Sokrates erläutert, worauf sich die Selbsterkenntnis des Menschen bezieht: Sie ist nämlich nicht auf die Analyse eines sich selbst gleichbleibenden Kerns im Inneren der menschlichen Seele bezogen. Sie besteht im ersten Schritt in einer Beschreibung dessen, was der Mensch *tatsächlich tut* und was ihm dabei, auch mit Blick auf seine Mitmenschen, *selbst wichtig* ist. Und das wird nicht am Beispiel eines überragend begabten Politikers beschrieben, sondern mit Blick auf einen Schuster (!), der sich auf sein Handwerk verstehen muss.

Erst damit findet das Gespräch zu seinen philosophischen Themen, die Einsichten eröffnen, die noch manchen modernen Zeitgenossen sensationell erscheinen müssten. So besteht, nach Sokrates, das «Selbst» eines Menschen schlicht aus dem, was er *kann* und was er *tut*. Und das Göttliche kann sich einem Menschen dadurch offenbaren, dass er in das liebende Auge eines ihm zugetanen Menschen blickt. Doch Alkibiades fällt bereits bei der nächstliegenden philosophischen Selbstprüfung durch; er kann keine der Fragen zu seiner Selbst- und Menschenkenntnis beantworten, so dass für seine politische Karriere nur das Schlimmste zu befürchten ist.[3]

In einem ebenfalls noch frühen Dialog, im *Laches*, wird Sokrates als Ratgeber zu einer festgefahrenen Diskussion über die *Tapferkeit* hinzugezogen. Hier wird der in einfachen Verhältnissen lebende Weise von zwei wohlhabenden Athener Bürgern herbeigerufen, die ihn um Klärung in einer Frage bitten, bei deren Beantwortung bereits zwei der bedeutendsten Strategen der Zeit, Nikias und Laches, keine befriedigende Auskunft geben konnten. Da die beiden Väter ihre Söhne zu tapferen Männern erziehen möchten, wollen sie von den Heerführern wissen, worin die *Tugend der Tapferkeit* besteht. Doch da die beiden Militärs nicht mehr weiterwissen, wird auf Drängen der beiden Söhne Sokrates hinzugezogen. Dass die Väter selbst diesen Vorschlag gemacht hätten, ist wenig wahrscheinlich. Aber da die Söhne auf ihm bestehen, wird Sokrates herbeigerufen. Er gilt der Jugend als Garant einer besseren Zukunft.

Sokrates, dessen Tapferkeit in der Schlacht bei Delion (424 v. Chr.)

allseits gelobt wird und dessen Ruhm aus den Kämpfen um Potidaia (432 v. Chr.) noch nicht verblasst ist,[4] spricht in seiner Antwort auf die nunmehr an ihn gerichtete Frage zwar auch vom Krieg, aber vornehmlich vom Frieden und überhaupt von allen Lebenslagen, in denen jemand eine mit Einsicht und Umsicht vertretene «Beharrlichkeit seiner Seele» unter Beweis stellen kann (192 c/d). Es geht um die mit Erkenntnis verbundene Tapferkeit, die ein Bürger, gerade auch im Frieden, braucht, wenn er mit der Armut oder gegen eine Krankheit oder mit Widerständen in der politischen Verwaltung zu kämpfen hat (191 d/e). Tapferkeit, so darf man Sokrates verstehen, zeigt sich auch dann, wenn jemand in der Lage ist, die eigene Auffassung in einer Debatte auch gegen Widerspruch zu vertreten! Das wirkt so überzeugend, dass sogar die weiterhin anwesenden Strategen keinen Einspruch wagen.

Die Szene wird auf das Jahr 423 datiert. Jeder Interessierte kann heute wissen, was den ersten Lesern des Dialogs ohnehin klar war: Dass Sokrates hier ein Beispiel aus dem politischen Leben im demokratischen Athen heranzieht. Er macht bewusst, dass die Demokratie notfalls nicht nur im militärischen Kampf gegen äußere Gegner verteidigt werden muss; man hat vielmehr schon in der alltäglichen Praxis für sie einzustehen. Und dazu bedarf es des *Mutes*, sich auch mit Worten gegenüber einer Mehrheit zu behaupten. Der demokratische Alltag bedarf, wie wir heute sagen, der «Zivilcourage»; die Demokratie kann ohne das *moralische Eintreten* für das, was man für richtig hält, nicht bestehen.

Sokrates verhilft uns sowohl durch die von ihm überlieferten Aussagen wie auch durch sein vielfältig bezeugtes Verhalten zu der grundlegenden politischen Einsicht, dass die *Übereinstimmung zwischen den Herrschenden und den Beherrschten* als Voraussetzung eines guten Staates anzusehen ist. Alles Regieren besteht somit in der Fähigkeit, einen Konsens zwischen beiden Seiten zu schaffen und zu bewahren. Herrschen über Freiwillige ist die Prämisse politischen Handelns überhaupt und muss daher als die einzige wünschenswerte Form des Regierens begriffen werden. «Herrschen über Freiwillige» ist die Maxime, die noch 2000 Jahre nach Sokrates Erasmus von Rotterdam beeindruckt und ihn in seiner humanistischen Konzeption des politischen Handelns leitet. Er steht damit, wie noch zu zeigen sein wird, im Jahre 1515 n. Chr. auf der Schwelle zur Demokratie.

Mit dem Beispiel des Sokrates, dem Platon schließlich auch mit Blick auf dessen Sterben ein uns bis heute tief bewegendes Andenken bewahrt, wird, vor allem anderen, ein singuläres Erfordernis der Demokratie exponiert: Der notfalls auch *existenzielle Einsatz* eines jeden Bürgers – nicht erst im militärischen Kampf gegen einen Feind, sondern jederzeit im persönlichen Eintreten für die gemeinsamen Ziele der politischen Gemeinschaft. Sokrates' ganzes Leben ist ein Beispiel dafür, wie man als Bürger dem Anspruch einer rechtmäßigen Gemeinschaft zu genügen hat: Mit seinen besten Kräften, so schwach sie auch immer sein mögen, hat er sich unter allen ihn betreffenden Bedingungen, gerade auch im Frieden, für die «Gesetze» – und damit für das Recht – einzusetzen.

Das gilt für Sokrates nicht erst unter Bedingungen der Demokratie, wie er unter Hinweis auf seine Eltern deutlich macht (50 d–51 c). Er vertritt damit einen *menschheitlichen*, einen *humanen* Grundsatz, der der Politik generell zugrunde liegt. Das Beispiel des Sokrates vertieft dieses Verständnis und macht klar, dass die Demokratie immer auch eine Gemeinschaft *selbstbewusster Einzelner* ist, die nicht nur mit ihrem *Verstand* und ihrer *Urteilskraft*, sondern auch mit ihrem *Herzen* dabei sein müssen und immer auch bereit sein müssen, *mutig* für die gemeinsame Sache einzutreten.

Im Prozess gegen ihn zeigt Sokrates nicht nur die Unerschrockenheit vor dem Urteil der Menge, das sich die Richter zu eigen gemacht haben, sondern er gibt ein Beispiel für die *persönliche Freiheit*, die er ohne Rücksicht auf den Ausgang des Verfahrens für sich in Anspruch nimmt. Selbst in seinem Schlusswort lässt er sich durch das Todesurteil seine freie Meinung nicht nehmen (39 c–40 c.). Und als ihm sein Anhänger Kriton, während der Todeskandidat im Gefängnis auf die Vollstreckung des Urteils wartet, eine mit Wissen der bestechlichen Wärter gefahrlos zu bewältigende Flucht nahelegt, lehnt Sokrates den Vorschlag rundheraus ab. Er verweist auf die für jeden Athener Bürger geltende Pflicht zur Befolgung der Gesetze.

Seine Begründung wird gelegentlich als wohlfeiler Heroismus beargwöhnt – ein Verdacht, den man schwerlich zurückweisen könnte, wenn Sokrates sich nicht mit einer übermenschlich erscheinenden Konsequenz an seine Weigerung zu fliehen gehalten hätte. Formal ist sein Argument zwingend: Das ihm von den Richtern angetane Unrecht dürfe, nachdem es nun einmal rechtskräftig sei, nicht durch neues Unrecht vergolten werden (49 b u. 51 b/c). Dabei geht Sokrates davon aus, dass seine politische Freiheit nicht in der Ausübung seiner persönlichen Willkür liegt, sondern in einem Handeln nach Gründen; und die sind ihm als Bürger Athens durch die Gesetze der Stadt vorgegeben. Also würde er in Widerspruch zu sich selbst geraten, wenn er die Freiheit dazu nutzen würde, unter Berufung auf seine persönlichen Ansprüche die Gesetze zu brechen.

Die existenzielle Zumutung in dieser Haltung ist offenkundig. Aber das Todesurteil, so fragwürdig es aus menschenrechtlichen Gründen auch ist, war damals zulässig und hatte als rechtskräftig zu gelten. Also kann man die Haltung des Sokrates zumindest philosophisch nicht tadeln. Denn er legt mit seinem Verhalten den inneren Zusammenhang von Freiheit und Gesetzlichkeit frei, der dann gegeben ist, wenn in den Gesetzen der allgemeine Wille des Volkes zum Ausdruck kommt. Deshalb ist es nicht unerheblich, wenn Platon in seiner Begründung auch hervorhebt, dass die Gesetze ihren Ursprung in der *polis* haben und für die Menschen gemacht sind, die ihnen zu folgen haben. Sokrates gibt somit auch hier ein Beispiel für das exemplarische Verhalten eines Bürgers in einer Demokratie.

Als nach der Zeit im Gefängnis dann die Zeit gekommen ist, in der das Todesurteil vollstreckt werden kann, hat der politische Kommentator zu schweigen. Sokrates nimmt mit seinem Sterben definitiv Abschied von seinem Leben und von seinen Liebsten, und stirbt doch in einer Weise, durch die er allen für alle Zeiten, in denen es menschliche Anteilnahme gibt, erhalten bleibt. Am Beispiel seines Todes wird offenbar, was menschliches Leben unter den Bedingungen menschheitlichen Erlebens bedeutet. Sokrates führt uns in seinem Sterben vor, was Unsterblichkeit im nüchternen menschheitlichen Verständnis heißt. Dass daran die Kunst, mit der Platon im *Phaidon* das Geschehen schildert, ihren Anteil hat, darf dabei freilich nicht vergessen werden.

Im später geschriebenen Dialog *Kratylos* lässt Platon seinen Protagonisten Sokrates sagen, wie der Begriff des Menschen: *anthropos* in seiner ursprünglichen Bedeutung zu verstehen ist:

> «Der Name *anthropos* bedeutet, dass die übrigen Tiere nichts von dem, was sie sehen, weder beschauen noch überdenken noch betrachten, der Mensch aber, sobald er gesehen hat […], betrachtet er [den Sachverhalt] und überdenkt das, was er gesehen hat. Daher wird allein unter den Tieren der Mensch mit Recht *anthropos* genannt, da er betrachtet, was er gesehen hat.» (399 c).

Hier kommt zum Tragen, was Sokrates dem Alkibiades mit seiner Frage nach dem *Selbst* vergeblich deutlich zu machen versucht: Der Mensch hat sein *Selbst*, seine *Besonderheit* oder seine *Identität* nicht wie einen Leberfleck oder wie seine Augenfarbe. Das *was* und *wie* er ist, ist immer auch Ausdruck seines nachdenkenden Betrachtens, gehört somit zu dem, was er von sich aus mit Bedacht tut, was er selbst kann, wünscht und will. In dieses Verhältnis zu sich selbst geht aber nicht nur das ein, was er kann, sondern auch das, was der Mensch in seinem Umgang mit seinesgleichen erfährt. Hier ist, wie wir aus dem *Alkibiades* wissen, die Liebe, die der Mensch geben und empfangen kann, von besonderer Bedeutung (133 a/c). Und Platons *Phaidon* führt uns dies am exemplarischen Sterben des Sokrates vor Augen.

In der Bildung der eigenen Person kommt zum Vorschein, dass die Genese der individuellen Freiheit der inneren Konstitution einer freien «Herrschaft über Freie» entspricht, die Sokrates als die angemessene Form der Politik bezeichnet hat. Auch in ihr folgt der Mensch seiner Natur, denn er ist nicht bloß ein sehendes und Eindrücke in sich aufnehmendes Tier, sondern der immer auch Anteil nehmende, über seine Eindrücke nachdenkende, seine Lage betrachtende – und sie dann auch selbst gestaltende – *Mensch*. Und mit dem Tod eines Einzelnen verstärkt sich die Aufgabe, die vor der Menschheit liegt.

7. Platons Idee von einer politisch verfassten Menschheit. Ohne Welt- und Selbsterkenntnis träumt Alkibiades von der Weltherrschaft, und Sokrates nimmt ihm das Versprechen ab, nichts ohne den Rat der Philosophen zu versuchen. Doch Alkibiades hat weder Sinn für die Ironie dieses Angebots, noch lässt seine Ungeduld es zu, sich durch Bedenken von seinen großen Zielen abhalten zu lassen. Also rennt er in sein Verderben.

Platon, der andere auffällig begabte Schüler, wird durch das Beispiel des Sokrates dazu gebracht, von seinem Lebenstraum, Tragödiendichter zu werden, abzulassen und als Philosoph zu leben. Seine Absicht ist nicht, über die Menschheit zu herrschen, sondern über den Menschen und sein Verhältnis zur Politik nachzudenken. Sein aus unterschiedlichen Perspektiven entwickeltes Denken kreist unablässig um das Problem des Zusammenhangs von Mensch und Politik.

Diesen Zusammenhang gibt es in zahlreichen historischen Formen der

Beziehung einer irgendwann und irgendwo versammelten Menge von Menschen; ihn hat die Philosophie *grundsätzlich* zu betrachten. Und dabei hat sie schon im Zugang zu berücksichtigen, dass es auch den einzelnen Menschen nur als *Teil einer Gesamtheit* gibt, die eine *Form* benötigt, in der sie den Menschen entspricht, die in ihr nicht nur faktisch leben, sondern die den Anspruch haben, dies auch mit guten Aussichten und nach ihren eigenen Vorstellungen tun zu können. Also ist nach der Beziehung zwischen dem *Selbstverständnis des Menschen als Teil der Menschheit* und der *Organisation einer Gemeinschaft* gefragt, die diesem Selbstverständnis entspricht.

Diese Formulierung bedient sich einer Abstraktion, die nicht erst die Philosophie aufbringt, sondern die bereits zur politischen Organisation selbst gehört. Vermutlich um eben das deutlich zu machen, stellt Platon seiner ersten großen politischen Erörterung ein Streitgespräch zwischen einem Sophisten mit Namen *Thrasymachos* und zwei jungen Anhängern der Philosophie voran, die, den Namen nach, die beiden jüngeren Brüder Platons, *Glaukon* und *Polemarchos*, sind. Der Sophist tritt mit der Behauptung auf, dass alles Recht auf der Seite der *Stärkeren* liege und dass ein wahrhaft glücklicher Politiker nur ein *Tyrann* sein könne (338aff.). Mit dieser These hebt er alles auf, was als Politik gelten kann. Thrasymachos leugnet die ursprüngliche Verbindung von Freiheit und Gleichheit und verkennt schon damit ihre Verknüpfung im Begriff des Rechts. Ernsthaft verfolgt, kann diese Auffassung tatsachlich nur in der Alleinherrschaft eines Machthabers enden, der als Politik nur begreifen kann, was ihm bedingungslos folgt. Und wo das anders ist, kann es für ihn nur *Anarchismus* geben, dessen politische Bedeutung darin liegt, Abschied von allem Politischen zu nehmen.[5]

Für Platon ist mit der Widerlegung einer apolitischen These (die *de facto* weit verbreitet ist, aber im Ernst von niemandem öffentlich vertreten werden kann, weil sie alle philosophischen Überlegungen zu einer Theorie des Politischen untergräbt) der Raum für seinen eigenen Vorschlag eröffnet. Der beginnt für Platon mit dem zweiten Buch der *Politeia* und wird auch mit Überlegungen im *Protagoras* und im *Politikos* fortgeführt. Weitere Punkte kommen dann im letzten großen Werk, den *Nomoi*, hinzu, in dem Platon eine Reihe völlig neuer Einsichten vorträgt, wobei er sich der von ihm zuvor kritisierten Demokratie annähert. Auch mit Blick auf die hier erkennbare Entwicklung verdient Platon unsere besondere Aufmerksamkeit. Er macht nicht nur klar, in welchem Umfang die Politik auf das *Insgesamt aller menschlichen Fähigkeiten* angewiesen, sondern auch auf das *Selbstverständnis des Menschen* gegründet ist und dabei der *Selbsterfahrung des Individuums* Raum lässt. – In den nachfolgenden Punkten beschränke ich mich darauf, einige wenige der bedeutenden Einsichten Platons in Erinnerung zu rufen und deren Bedeutung für seine politische Theorie zu akzentuieren.

Erstens: Politik als Selbsterziehung der Menschheit. Über die *Politeia*, das erste große philosophische Werk über die Politik überhaupt, wird von vielen so geurteilt, als sei darin bereits alles zu finden, was Platon über dieses Thema geschrieben hat. Tatsächlich bietet das Buch sehr viel, aber eben keineswegs schon alles, was der Autor über die Politik und die Demokratie zu sagen hat.

Die *Politeia* beginnt mit dem zur Zeit der Abfassung aktuellen, von den Sophisten veranlassten Streit über die Frage, ob es überhaupt lohne, sich Gedanken über die Prinzipien guter Politik zu machen. Sie exponiert dann die (bereits erwähnte) Parallele von Mensch und Politik und zählt in einer völlig neuartigen systematischen Rekonstruktion die Elemente und Leistungen auf, die zu einer lebensfähigen Polis gehören. Daraufhin erklärt der Autor, warum die Sorge um die Sicherung und Erhaltung der so beschriebenen Stadt nicht nur zu militärischen Vorkehrungen, sondern auch zur Erfüllung einer Vielzahl ziviler Aufgaben nötigt, die allen Bürgern zugutekommen. Sein vorrangiges Interesse gilt dabei der *Erziehung aller Bürger*, wobei er keinen Unterschied zwischen Frauen und Männern macht.

Die *Politeia* versucht an den Anfang der zivilisatorischen Entwicklung zurückzugehen und beschreibt die Entstehung einer *polis*, die, wie der (griechische) Name sagt, den Ausgangspunkt für alles Politische bildet. Das Interesse, in einer Gemeinschaft nach eigenen Vorstellungen überleben zu können und dabei vor An- und Übergriffen sicher zu sein, steht am Anfang der Politik. Dann wird die Entwicklung einer *polis* mit ihrer Ausdifferenzierung zahlreicher Aufgaben und Leistungen geschildert; und dabei wird nicht vergessen, auch den überflüssig erscheinenden Luxus zu erwähnen.

Vorrangig ist das Sicherheitsbedürfnis der Bewohner und das Erfordernis, Feinde abzuschrecken. Deshalb braucht die Stadt außer den hohen Mauern auch eine ausreichende Zahl von «Wächtern» zur Verteidigung der Stadt. Dabei hält es Platon für selbstverständlich, dass alle Menschen, sofern ihr Alter es erlaubt, waffenfähig und bereit sind, in den Krieg zu ziehen. Auch hier sind die Frauen nicht ausgenommen. «Wächter» der Ordnung können alle sein, die für die Erhaltung und Verwaltung der Stadt benötigt werden.

Neben dem Interesse an der Sicherheit und Verlässlichkeit der Maßnahmen steht die Notwendigkeit, für alle Aufgaben, die in einer *polis* anstehen, *gut ausgebildet* zu sein. Folglich hat die Politik vor allem für die *Erziehung* der Bürger Sorge zu tragen. Sie hat die Vielfalt der sich stellenden Aufgaben, der zu weckenden Interessen und auch die Unterschiede in der Begabung der Bürger zu berücksichtigen. Folglich sind verschiedene Ausbildungsgrade vorgesehen, bei denen nicht nur die Neigung der Menschen, sondern auch ihre Befähigung eine Rolle spielt. Der *Erziehungsstaat*, wie man die in der *Politeia* beschriebene *polis* nennen kann, kennt also ein System von Qualifikationen für verschiedene Tätigkeiten, die genauer Kenntnis und umsichtiger Prüfung bedürfen. Entsprechend sind auch die Ausbildungszeiten gestuft. Für die Leitungsämter, für die Platon an vielseitig gebildete und aus eigenem Antrieb forschende «Weise», also an «Philosophen» denkt, wird an eine Ausbildungszeit von vierzig Jahren gedacht. In dieser Zeit müssten sie, nach sokratischem Vorbild, auch genügend Möglichkeiten gehabt haben, mit Kritik und Selbstkritik umzugehen.

Alles folgt aus dem Interesse, das Platon allen Menschen unterstellt, wenn sie dem Staat jeweils nach ihren Kräften in unterschiedlichen Aufgaben dienen. Die Unterstellung ist bereits hier, dass alle Bürger den für sie größten Vorteil aus dem Gedeihen der *polis* ziehen und somit alle aus eigenem Antrieb an der Erhaltung und Gestaltung ihres Gemeinwesens zusammenwirken. Es ist also der eigene Impuls, der jeden Bürger zur Mitwirkung am gemeinsamen Leben motiviert und ihn veranlasst, sich in *gleicher Weise* an die für alle geltende Ordnung zu halten. Insofern basiert die von Platon entworfene *polis* auf einem Fundament, wie es auch die Demokratie für sich beansprucht. *Frei* zu sein und sich aus eigenem Antrieb an die für alle *gleichermaßen* geltenden *Gesetze* zu halten, scheint in dieser Konstruktion das Doppelmotiv in allen sich ernsthaft selbst als *politisch* verstehenden Menschen zu sein. *Freiheit* und *Gleichheit vor dem Gesetz*, die schon in Herodots Bericht über die Debatte am persischen Königshof als das Definiens der Demokratie genannt werden, bilden in dem von Platon gewählten Ausgangspunkt das initiale Doppelmotiv, aus dem alle Politik entspringt.

In der *Politeia* sucht Platon die Politik in ihrem *historischen Menschheitszusammenhang* wahrzunehmen, und er zeigt, wie weit die Sorge des Menschen um sein nur im Zusammenhang mit seinesgleichen zu bewältigendes Leben reicht. Alles, was einer als Einzelner ist, hat seinen Ursprung im *Zusammenwirken der Menschen*; alles, was er als handelndes Wesen tut, ist – in Zustimmung, Abwehr oder bloßer Teilnahme – auf *seinesgleichen* bezogen und hat beachtenswerte Folgen höchst selten nur für ihn allein. Gleichwohl ist er als erkennendes und sich mitteilendes Lebewesen immer auch *individuell herausgefordert*. Also ist der Mensch als ganzer durch seine von ihm als ein Ganzes aufgefassten Lebensform beansprucht. Folglich hat er sich nach Möglichkeit in dieser Umfänglichkeit zu *erkennen* und – immer auch – *selbst zu erziehen*!

Um diese *Totalität* des menschlichen Lebenszusammenhangs, die nichts mit dem zu tun hat, was heute Totalitarismus genannt wird, geht es Platon in der *Politeia*. Gerade in Kenntnis der Gewaltherrschaft totalitärer Regime im 20. Jahrhundert ist es von Bedeutung, auf den grundlegenden philosophischen Anspruch des *Erziehungsmodells* der *Politeia* hinzuweisen. Sie setzt auf das *Erkenntnisverlangen der Menschen* und fordert es in jedem Einzelnen heraus. Zur Entstehungszeit der *Politeia* befinden sich die *Wissenschaften* in einer stürmischen Entwicklung, und die *Philosophie* schickt sich an, zu einer integralen Kraft unter dem Anspruch der neuen Ideale des *Wahren*, des *Schönen* und des *Guten* zu werden.

Die *Politeia* bietet somit die Organisationsform der *menschheitlichen Selbsterziehung unter dem Anspruch eines umfassenden Bildungsprogramms*, das anschaulich macht, was zu einer *politischen Kultur* gehört. Das Buch lehrt uns, dass es nichts im gemeinsamen Leben der Menschen gibt, das nicht der nachdenkenden Aufmerksamkeit und der begründenden Anleitung bedarf.

Zweitens: Das natur- und kulturgeschichtliche Fundament. Um die *Menschheit* geht es Platon auch in den später folgenden großen Dialogen, vornehmlich im *Protagoras* und im *Politikos*. In beiden Schriften ist offenkundig, dass der Autor gar nicht nur von der Geschichte der Athener oder von der der Griechen spricht. Das belegt im *Politikos* die Erzählung von der alles Land überschwemmenden Flut, die erst nach langer Zeit zunächst die Kuppen der Berge freigibt, auf denen die Menschen siedeln und von denen sie dann allmählich in die nicht länger überspülten Ebenen hinabziehen können. Dort finden sie dann Raum, um ihre Siedlungen aufzubauen. Erst unter diesen Bedingungen lernen die Menschen, «Sorge für sich selbst» zu tragen und die Politik als «selbstherrschende Kunst» auszuüben, ohne Beistand der sich aus der Weltregierung zurückziehenden Götter (272 d/274 d).

Auch der im früher geschriebenen Dialog *Protagoras* in Erinnerung gebrachte Mythos vom prometheischen Diebstahl des Feuers ist *menschheitsgeschichtlich* angelegt: Erst der Gebrauch des Feuers macht den Menschen allen anderen Tieren physisch überlegen und verleiht ihnen die Macht, in der sie den Göttern zum Ärgernis, vielleicht sogar zur Gefahr werden können (321 d/e). Das Feuer erlaubt ihnen nicht nur, die kalte Jahreszeit zu überstehen, sondern Waffen zu schmieden, die sie in Stand setzen, allen anderen Lebewesen überlegen zu sein. Um aber zu vermeiden, dass die Menschen ihre Waffen auch so wirksam gegen sich selbst zum Einsatz bringen, dass sie ihre eigene Existenz gefährden, gewähren ihnen die Götter die Fähigkeit, *Scham* (*aidōs*) zu empfinden und *Recht* (*dikē*) zu sprechen.

Erst mit der Fähigkeit, überhaupt moralisch empfinden zu können, und mit der wirksamen Einrichtung des Rechts haben die Menschen, ganz gleich, wo sie leben und welche Ziele sie verfolgen, die Aussicht, es in größeren Gemeinschaften miteinander auszuhalten. *Scham* und *Recht* haben damit als die basalen *Tugenden* (*politikēs aretēs*) zu gelten, ohne die Politik gar nicht möglich ist (322 c/d). Mit ihnen sind alle Menschen, die mit Feuer und Waffen umgehen können, ausgestattet. Platon denkt in Dimensionen, die *alle Menschen* in *allen Ländern* betreffen. Sie machen es möglich, dass alle Menschen in Frieden miteinander leben, vielleicht sogar in einer sie miteinander verbindenden politischen Ordnung. Doch wie schon am Beispiel des Alkibiades illustriert, hängt Platon nicht der Phantasmagorie einer Weltherrschaft an.

Allen Menschen gemeinsam ist, dass sie aus Einsichten lernen können und somit ihre Fähigkeiten auch durch eigene Aktivitäten verbessern und steigern können. Zu beachten ist auch, dass sie aus Erfolgen und Misserfolgen zu lernen vermögen. In der Entwicklungsperspektive, die Platon durchgängig einzunehmen versucht, gibt es überdies keine Kluft zwischen Hand- und Kopfarbeit. In der Überlegenheit des philosophischen Wissens äußert sich keine prinzipielle Übermacht des Geistes, sondern allein der Vorteil, den ein diszipliniertes Wissen, sich frei entfaltendes Nachdenken und gemeinsames Prüfen bieten. Erst, wenn es um den Aufstieg zum Guten, Schönen, Wahren geht, kommt es auf den konzentrierten Einsatz von Vernunft (*nous*) und Verstand (*logos)* an.

So gesehen ist die *polis* immer auch ein *didaktisches Unternehmen*, das Wissen und Geschicklichkeit erfordert, um das menschliche Leben möglich zu machen. Darin liegt zugleich ein Vertrauen in die technischen Fähigkeiten des Menschen. Der erwähnte prometheische *Mythos* im Dialog *Protagoras* ist eines der wenigen Lehrstücke, in denen Platon die Zuversicht illustriert, mit der sich offenkundig das ganze menschliche Geschlecht des Feuers bemächtigt, um es selbst als eine Art Werkzeug einzusetzen, mit dessen Hilfe sich in unerschöpflichem Erfindungsreichtum immer neue Werkzeuge erzeugen lassen. Durch sie kann sich der Mensch zu einem allen anderen Tieren überlegenen Lebewesen entwickeln.

Platon ist damit der erste Philosoph, der uns ein Urteil über die Leistung und den Wert der *Technik* abverlangt. Eine Konsequenz für die Politik besteht in der Aufmerksamkeit, die der *Organisation* politischer Prozesse geschenkt wird. Die Technik besteht in diesem Fall darin, eine handlungsfähige politische Einheit möglich zu machen. Sie hat dafür zu sorgen, dass die vordringlichen Bedürfnisse der Bevölkerung befriedigt werden. Sie hat aber auch Raum für die Erfüllung weitergehender Ansprüche zu schaffen. Die Technik der Organisation hat für *Sicherheit* zu sorgen und muss dabei, wie in allem anderen, die *Wahrung* der *Tugenden* verlangen und ihre Einhaltung überwachen. Schließlich geht es Platon vorrangig um die Anerkennung der Leistungen der *Erkenntnis*, des mit ihr verbundenen Anspruchs auf *Wahrheit* sowie der sie methodisch sichernden *Wissenschaft*. Das Maß für alle diese Leistungen ist der *Mensch*, sofern er bereit ist, sich der Erkenntnis und der Wahrheit zu überlassen.

Drittens: Selbststeuerung durch Tugend. In Platons politischer Philosophie, in der es um die Ordnung und Gestaltung des Lebens in einer Gemeinschaft geht, ist es das Ziel, einen Vorschlag für eine politische Ordnung zu machen, die überall dort, wo sie Menschen überzeugt, als Modell angesehen werden kann. Platon will all denen politische Hilfen geben, die sich zu *eigenen Handlungen* in ihrem vertrauten Lebenszusammenhang anregen lassen. Nicht zuletzt deshalb lässt der Autor sie als Hörer und Teilnehmer des Dialogs an der Entwicklung des (bereits in einem Kreis von aufmerksamen Gesprächsteilnehmern vertretenen) Gedankens teilnehmen.

Die Rekonstruktion der möglichen Entstehung einer Stadt, wie wir sie im 2. Buch der *Politeia* finden, ist eine exemplarische Studie sowohl über *die soziale Natur des Menschen* wie auch über die *Kulturgeschichte der Politik*. Erkenntnisse von Disziplinen, die sich damals noch in einem embryonalen Zustand befinden, kommen hier zusammen; zu erwähnen sind Psychologie und Pädagogik oder die in historischen Berichten angelegte Soziologie. So kommen wir zu einer Vorstellung davon, wie es zur Gründung einer Polis gekommen sein könnte, einer vornehmlich um *Gerechtigkeit* bemühten Stadt, die sich nach außen vor *Feinden* und im Inneren vor *Unfrieden* zu schützen hat und mit der Zeit einen so hohen Grad an *Arbeitsteilung* und innerer *Differenzierung* erreicht, dass die mit ihm entstehenden Probleme der *Verteidigung*, der *Verwaltung*, der *Erziehung* und der *Leitung* einer grundsätzlichen Erörterung der Maßnahmen und Ziele des gemeinsamen Lebens bedürfen.

So gelangt Platon zu seinem umfassenden Entwurf eines gesellschaftlichen Lebens, der nahezu alles – *Erziehung*, *eigene Lebensführung*, *Militärdienst*, *tugendhaftes Verhalten*, *Erkenntnis*, *Wissenschaft*, *Kunst* und *politische Lenkung* – in solcher Eindringlichkeit beschreibt, dass er bis heute als der Urheber der politischen Philosophie schlechthin erscheinen kann.

Platon setzt mit Überlegungen zur inneren und äußeren Sicherung der Stadt durch «Wächter» ein und konzipiert die gründliche Ausbildung aller Bewohner in allen benötigten Tätigkeiten – bis hin zu den «Philosophen», denen er die Einsicht zutraut, das ganze Gemeinwesen zu leiten. Die Philosophen sind «Weise» (*sophoi*), die vornehmlich der Erkenntnis hingegeben sind. Ihre Ausbildung beginnen sie wie alle anderen auch in gymnasialen Disziplinen und mit militärischen Übungen, dann aber haben sie sich mit allen Fragen der Wissenschaft zu befassen, bis hin zur

Rhetorik und Dialektik. Gesetzt, es handelt sich um besonders begabte Individuen, haben sie den gesamten, praktische und theoretische Leistungen umfassenden Erziehungsprozess zu durchlaufen, um sich, nach einem mehrere Dekaden umfassenden Schulungsprogramm, als Mitglied in einer Art Staatsrat an der kollegialen Leitung des ganzen Gemeinwesens beteiligen zu können.

So gipfelt das Ganze in einer Meisterklasse aus umfassend Gebildeten, die als «Philosophenkönige» bezeichnet werden, aber wohl eher in der Funktion gleichberechtigter Räte oder Minister tätig sind. Von ihnen dürften nicht nur weise Voraussicht und umsichtige Leitung, sondern auch Selbstkritik erwartet werden. Denn dass Platon als scharfsinniger Kritiker alles dessen, was Menschen tun, die *Notwendigkeit der Kritik* in der politischen Praxis nicht als solche anerkennen sollte, ist wenig wahrscheinlich. Dass er praktische Aufgaben auch selbst nicht scheut, haben seine drei Reisen nach *Syrakus* gezeigt, wo er glaubte, als politischer Berater selbst zur Umsetzung seiner Einsichten in praktische Politik beitragen zu können.

Nachdem er dort dreimal hintereinander erfahren musste, dass die Tyrannen (ihrer Art entsprechend) nichts von dem halten, was sie zuvor versprochen haben, und sich schon gar nicht von der Willkür ihrer Herrschaft abbringen lassen, blieben Platon noch zehn Jahre, um sein letztes Werk zu schreiben. Das sind die *Nomoi* (*Gesetze*), in deren entschiedener Option für die *Freiheit* und für eine *rechtlich gesicherte Verfassung* gewiss auch die Eindrücke seiner Erfahrungen mit den sizilianischen Tyrannen eingegangen sind. Wenn man somit nicht auf einen direkten Erkenntnisgewinn aus der Leitung eines Gemeinwesens schließen kann, darf man zu Platons Gunsten annehmen, dass er zwischen 404 und 350 v. Chr. in dem von ständigen Krisen heimgesuchten Athen ohnehin reichlich politische Erfahrungen machen konnte. Und dass ihn die fortgesetzten Unruhen in der Stadt nicht davon abhalten konnten, dort die erste wissenschaftliche Akademie der Welt zu gründen und, gleichsam nebenbei, das literarische Werk vorzulegen, mit dem er die Philosophie als Wissenschaft und als Kunst konsolidieren konnte, darf als Beleg auch für sein politisches Können gewertet werden.

Platons *Politeia* argumentiert weder für eine Monarchie noch für eine Aristokratie, allerdings auch nicht für eine Demokratie. Das große Werk entwirft mit großer poetischer Kraft das Modell für ein Gemeinwesen, in dem alle Menschen ihre Anlagen möglichst vielfältig und mit größtem Gewinn sowohl für den Einzelnen wie auch für alle anderen entfalten können. Platons Pläne zielen auf die Errichtung einer auf *das Beste aller* gerichteten *Mischverfassung*, die auf das nur in der Kooperation aller Bewohner mögliche Gelingen setzt.

Vor diesem Hintergrund ist es von besonderem Gewicht, dass Platon den *einzelnen Menschen* zum Fundament der politischen Organisation erklärt. Die Erörterung der Tugenden, zu deren Förderung und Wahrung das Gemeinwesen verpflichtet ist, für die letztlich aber der *Einzelne* verantwortlich ist, stellt er daher in der *Politeia* allen weiteren Einzelerörterungen voran. Jeder hat sich nach Kräften darum zu bemühen, *weise*, *tapfer*, *besonnen* und *gerecht* zu sein (427cff.).

Weisheit (*sophia*), mit der Platon beginnt, ist vor allem durch das Streben nach *Erkenntnis* und *Wissen* ausgezeichnet. Sie legt den Grund dafür, dass überhaupt sachbezogen gesprochen und problemorientiert gehandelt werden kann. Warum das so ist, erklärt das *Höhlengleichnis*, über das noch zu sprechen sein wird. Und wie wichtig die Weisheit ist, gibt die Auszeichnung der «Weisen» zu erkennen: Das sind die *Philosophen*, denen die Leitung des ganzen Staatswesens anvertraut wird.

Tapferkeit (*andreia*) ist *Unerschrockenheit*, die ein Mensch schon dann braucht, wenn er in einer strittigen Frage offen seine Meinung vertritt. Dass Platon sie vor allem auf die Grenzsituationen des menschlichen Lebens bezieht, wird deutlich, wenn er sie als *Standhaftigkeit gegenüber dem Furchtbaren* (*deinos*) definiert (429c). Dabei ist natürlich an alle Gefährdungen gedacht, die ein Krieg oder ein Aufstand im Inneren entstehen lassen kann. Aber wir brauchen nur daran zu denken, dass die auf einer Theaterbühne zur Aufführung gelangenden Tragödien unter keinen Umständen mit der *wahren Tragödie* zu vergleichen sind, als die sich die Politik selbst erweisen kann. Dann nämlich wird offenkundig, wie elementar die Tapferkeit für alle Bürger ist, denen das *Furchtbare*, spätestens in politischer Feindschaft und im Krieg, widerfahren kann.

An *dritter* Stelle folgt die *Besonnenheit* (*sophrosynē*), die sich im alltäglichen Verhalten, aber gewiss auch in den politischen Ansprüchen und Zielen, zeigt. Wie wichtig sie ist, muss man mit Blick auf die fortgesetzten Maßlosigkeiten nicht nur in der politischen Praxis, sondern gewiss auch in der Theorie gar nicht erst illustrieren. Das Beispiel des Alkibiades sagt genug. Aber sehen wir nur, wie sich die Menschheit gegenwärtig in den «sozialen Netzwerken» austobt, könnte man den Eindruck haben, dass Platon mit der Besonnenheit in visionärer Weitsicht die wichtigste Tugend aufgeführt hat.

Ihre besondere politische Bedeutung zeigt die Besonnenheit darin, dass die Tugend, Maß zu halten, auch für das Urteilen selbst Bedeutung erlangt, und zwar in der *Urteilskraft*. In der Philosophie des 20. Jahrhunderts hat dieses Vermögen besondere Aufmerksamkeit auf sich gezogen, wobei unterschiedliche Schulen sich teils auf Aristoteles oder auf Kant berufen haben. Aber die erste Quelle findet sich in Platons *Politikos*, wo Urteilskraft die letztlich entscheidende Fähigkeit zur Leitung politischer Gemeinschaften ist.[6]

Dennoch hat in der *Politeia* die *Gerechtigkeit* (*dikaiosynē*) den höchsten politischen Stellenwert. Sie hat Platon in einer unüberbietbar knappen und treffenden Formel auf den Begriff gebracht: Sie lautet «*jedem das Seine*» (433 a/b). Diese Definition rückt mit einer noch heute provozierenden Direktheit das *Individuum* in den Mittelpunkt, lässt an der Auszeichnung seiner *Freiheit* keinen Zweifel und ist gleichwohl mit dem Anspruch auf *Gleichheit vor dem Gesetz* verknüpft. Der Verdacht, hier werde dem Egoismus oder dem Vorrecht des Stärkeren das Wort geredet, ist abwegig, weil die *Gleichheit vor dem Gesetz* die unverbrüchliche Bedingung ist und bleibt. Wohl aber wird die Differenz der Individuen anerkannt und so dem Verdacht der Gleichmacherei ein Riegel vorgeschoben.

Die Tugend der *Gerechtigkeit* ist zunächst dadurch ausgezeichnet, dass jeder in der Lage sein sollte, sich selbst zu erkennen und sein Handeln nach dem zu bestimmen, was ihm seinerseits möglich ist. Diese *Verbindlichkeit zu einer von Selbsterkenntnis getragenen Gegenseitigkeit* ist das Elementare in einer politischen Gemeinschaft. Man kann sie heute in ihrer Bedeutung vielleicht am besten charakterisieren, indem wir sie mit Kant, Fichte oder Hegel sowie mit vielen ihrer modernen Interpreten mit *Anerkennung* übersetzen. Denn vor diesem Hintergrund wird deutlich, wie tief die Gerechtigkeit mit der erstmals von Sokrates exponierten und von Platon aufgenommenen *Selbsterkenntnis* verbunden ist.

Dass damit die Gerechtigkeit, um die es vor Gericht, bei der Verteilung der materiellen Güter und der Gewährung der sozialen Chancen geht, nicht beiseitegeschoben ist, sollte sich von selbst verstehen. Vergleicht man Platons Definition der Gerechtigkeit mit der Formel, die im letzten Drittel des 20. Jahrhunderts so viel Aufmerksamkeit auf sich gezogen hat, ist augenblicklich zu erkennen, wer das umfassendere und philosophisch nach wie vor überzeugende Kriterium in Vorschlag gebracht hat.[7]

Platon hat mit dem idealen Modell seiner *Politeia* ein Novum geschaffen. Es ist ein Funktionsmodell der erforderlichen politischen Leistungen, die *Erkenntnis*, *Erziehung* und *Disziplin* aller Bürger erfordern und eine am Leitfaden von Wissenschaft und Lebensklugheit bestimmte Steuerung nötig machen. Auch von diesem Entwurf wird man sagen können, dass er nicht nur auf die Zustimmung der Athener und der Griechen berechnet ist; er zielt auf die *Menschen in ihrer Gesamtheit*, ohne daraus jedoch ein durchgängig umzusetzendes Staatsmodell für alle Menschen und Länder zu machen. Es geht um ein mit besten Gründen versehenes *Modell* – so wie es Sokrates stets nur darum ging, ein *Beispiel* für ein erstrebenswertes menschliches Leben zu geben.

Viertens: Die zentrale Aufgabe der Erkenntnis. Im Zentrum der *Politeia* findet sich ein Mythos, der zu den bekanntesten Lehrstücken der philosophischen Literatur gehört: das *Höhlengleichnis*. Es stimuliert die Phantasie der Leser immer wieder von Neuem und gibt zu weitreichenden metaphysischen Spekulationen Anlass. In der Philosophiegeschichte hat es den Ruf Platons als Begründer der «Ideenlehre» zu einem feststehenden Fehlurteil werden lassen. Das macht es den sich selbst als «Realisten» begreifenden Lesern leicht, Platon als bloßen «Idealisten» abzutun – als einen Anhänger einer Lehre, die gar nicht erlaube, die «Realität» zu erkennen. Doch davon kann bei Platon keine Rede sein.

Gewiss kann man mit Blick auf die hohen Ziele, die Platon mit der Erziehung zur Tugend oder mit der Möglichkeit einer auf die Tugend gegründeten Politik verbindet, von Platon als einem *Idealisten* sprechen. Gerechtfertigt wäre die Bezeichnung vielleicht auch, wenn man an das denkt, was Platon von der *Kunst*, der *Liebe* oder der *Philosophie* erwartet. Doch wenn man glaubt, er verdiene diese Klassifikation, weil er durch die Rolle, die er Ideen in der menschlichen Erkenntnis zuspricht, die empirische Realität überhaupt verleugne, um alles ernsthafte Erkennen auf jenseitige Entitäten zu beschränken, sitzt einem Missverständnis auf.

Denn nichts verweist bei Platon auf eine außerweltliche Realität! «Teilhabe an den Ideen» entspringt bei ihm nicht dem Anspruch, sich dem irdisch-menschlichen Diesseits zu entziehen, um selbst einen höheren, gleichsam göttlichen Standpunkt einzunehmen. «Teilhabe» (*methexis*) an den Ideen besagt nur, dass die menschliche Erkenntnis *Allgemeinheit* beansprucht, über deren Ursprung wir keine nähere Auskunft geben können. Wir haben sie und nehmen sie selbstverständlich in Gebrauch, sobald wir etwas so erkennen, wie es jeder andere ebenso vermag. «Teilhabe an den Ideen» verweist nicht auf das Jenseits, sondern hebt im Gegenteil den weltlich-menschlichen Charakter der Allgemeinheit der Begriffe hervor. Denn «Ideen» sind Abstraktionen, die wir verwenden, wenn wir das Gemeinsame vieler Tische oder Krüge mit jeweils *einem* begrifflichen Ausdruck erfassen, der es uns erlaubt, ganz generell von Tischen oder Krügen zu sprechen.

Ideen also sind für Platon das, was den Begriffen ihren allgemeinen, ihren begrifflichen Charakter verleiht. Mit ihrer Hilfe kann der Erkennende das in allen Situationen *Gleiche* erschließen, ohne jeden Einzelfall eigens geprüft zu haben. Damit erlauben die Begriffe dem (selbst nur als sterbliches Einzelwesen existierenden) Menschen, mit seinesgleichen in möglichst umfassender und verlässlicher Weise über ihr gemeinsam erfahrenes Dasein zu sprechen. Erst durch Begriffe wird es ihnen möglich, *generelle Aussagen* zu machen; sie erst erlauben es den Menschen, etwas *allgemein Nachvollziehbares zu tun*, *gemeinsam Erfolg zu haben* und davon auch in theoretischer Einstellung *zu wissen*. Die Fähigkeit, zu wissen und die zugehörigen Gegenstände zu erkennen – d. h. sie in ihren Gemeinsamkeiten oder Unterschieden zu beschreiben –, zeigt an, dass der Mensch über «Ideen» verfügt – ganz unabhängig davon, ob er sich als Idealist oder Realist versteht. Und unter dieser Voraussetzung wird man die Konzeption des *Höhlengleichnisses* als durch und durch «realistisch» bezeichnen können.

Die «Ideenlehre» erklärt, warum *verschiedene* Menschen dennoch *das Gleiche* tun können. Es sind die *Begriffe*, die es ihnen erlauben, *gemeinsam praktisch* tätig zu werden. Auch wenn das, was jeder tut, aus unterschiedlichen Motiven mit jeweils eigenen Absichten getan werden kann, können sie im gesellschaftlichen Handeln und insbesondere natürlich in ihren politischen Aktivitäten *exakt dasselbe* meinen und tun. Damit wird klar, warum das *Höhlengleichnis* im Zentrum der *Politeia* steht: Mit der Kontrastierung zweier Lebensformen – *zuerst* innerhalb der Höhle in gewaltsamer Isolation der Menschen voneinander und von der Welt, und *dann* in natürlicher Umgebung, im Freien des Sonnenlichts und im ungehinderten Kontakt der Menschen miteinander – wird deutlich, was die politische Existenzform überhaupt erst ermöglicht: Und das ist die auf der *sinnlichen Wahrnehmung* beruhende *sachhaltige Erkenntnis*, die es den Menschen ermöglicht, mit ihresgleichen zu sprechen und gemeinsam zu handeln. Und da es, im Kontrast zur Existenz in der Höhle, wesentlich die Befreiung der Individuen zur jeweils persönlichen Erkenntnis ist, die das politische Miteinander ermöglicht, ist offenkundig, dass Platon mit der Darstellung der Mittel, durch die sich der Mensch aus den Fesseln der Gefangenschaft löst, auch die Voraussetzungen benennt, die eine Demokratie ermöglichen.

Die in der Mitte der *Politeia* zunächst so deplatziert erscheinende Erzählung des *Höhlengleichnisses* macht klar, wie es dem Menschen möglich ist, ein *politisches Wesen* zu werden, ein weltoffenes und kommunikationsfähiges Wesen, das in der Lage ist, eine *Stadt* mit *Mauern* und *Gesetzen* zu errichten, in denen es *Arbeitsteilung* und mit ihr auf unterschiedliche Leistungen bezogene *Tugenden* sowie *Gesetze* geben kann, die es einer Regierung erlauben, *Anordnungen für alle Bewohner* zu treffen, so dass die Bewohner alles verstehen und, bei entsprechender Einsicht, auch befolgen können.

Solange die Menschen genötigt sind, die künstlich erzeugten Schatten auf der Höhlenwand anzustarren, sind sie unfähig, gemeinsam zu handeln. Erst nachdem sie sich außerhalb der Höhle *von selbst* und *frei* bewegen können und – statt der Schatten in der Höhle – nunmehr im Schein der Sonne *wirkliche Dinge erkennen*, werden sie so realitätstüchtig, dass sie sich auch wechselseitig erkennen können, brauchbare Geräte herstellen, Felder bestellen, andere Lebewesen in Dienst nehmen und sich wechselseitig helfen können. Erst so werden sie zu einem Leben in Gemeinschaften fähig.

Allen diesen Leistungen liegt die Möglichkeit zu *bestimmter Erkenntnis* zugrunde, die sich der Fähigkeit des verständigen Umgangs mit den *Ideen* verdankt. Die *Ideen* erscheinen wie geschaffen für den Menschen, weil sie ein Amalgam aus Bild oder Vorstellung (*eidos*) und rationaler Bedeutung (*logos*) sind. Sie entsprechen damit der Doppelbegabung des Menschen zum sinnlichen Anschauen und zum verständigen Erfassen.

So gesehen ist Platon, gerade weil er die enorme technische und praktische Funktion der «Ideen» genannten *Begriffe* erkennt, der erste *Realist*, der diesen Namen verdient. Und das zeigt sich nicht nur in der grundsätzlichen Bindung des Politischen an die menschliche Leistungsfähigkeit. Die elementare Verknüpfung des politischen Handelns mit dem begrifflich fundierten Wissen können wir mit Platons Hilfe einem negativen Test unterziehen, indem wir fragen, warum denn in dem finsteren, tief unter der Erdoberfläche verborgenen Felsensaal, der im *Höhlengleichnis* beschrieben wird, keine Politik möglich ist?

Die Antwort scheint nur dadurch schwerzufallen, weil es mehrere Gründe für die Politikunfähigkeit der Höhlenbewohner gibt: *Erstens* stehen die Insassen der Höhle unter strikter Aufsicht durch die Wärter, die sie gefesselt haben, so dass sie sich nicht bewegen können. Also fehlt ihnen die *Freiheit*, die Menschen benötigen, um sich zu einer politischen Gemeinschaft zu verbinden.

Man könnte auch sagen, dass die offenbar von den Wärtern mit allen notwendigen Lebensmitteln versorgten Menschen *alles haben*, was sie zum *Überleben* brauchen. Überdies brauchen sie *keinen Angriff von außen* zu fürchten: Sie haben es warm und bleiben von den Widrigkeiten der Witterung verschont. So bedauernswert ihr unter äußerem Zwang stehendes Dasein auch ist: Sie leiden keine physische Not und sind auch keinen von außen andrängenden Feindseligkeiten ausgesetzt.

Aber neben diesem *zweiten* gibt noch einen *dritten Grund*, der mit Blick auf das weitere Geschehen ausschlaggebend ist: Die Insassen in der Höhle haben keinen sie miteinander verbindenden Eindruck von ihrer gemeinsamen Welt! Ihnen fehlt die *Erkenntnis*, und folglich haben sie auch *kein Wissen von sich selbst* und von dem, was ihre Mitmenschen betrifft. Wissen und Erkennen eröffnen sich nur dem, der sich im alle umgebenden Tageslicht *ungehindert bewegen* kann und dabei *dieselben Dinge* wahrnehmen und die *allen gemeinsamen Verhältnisse* auch benennen kann. Nur unter diesen Bedingungen kann ein Mensch auch sagen, was ihn mit seinesgleichen vereint und ihn von ihnen unterscheidet.

Miteinander politisch handlungsfähig sind nur die Individuen, die einen Begriff von ihrer Welt und ihrer Lage in ihr haben, so dass sie fähig sind, unter Bezug auf die *vergleichbaren Mittel* und die sie *verbindenden Zwecke* zu handeln. Und um das zu können, brauchen die Menschen *Begriffe*, die ihnen überhaupt erst den Zugang zu einer sowohl einheitlich wie auch gemeinschaftlich verstandenen Welt eröffnen. Nur in einer solchen Welt sind Verständigung und gemeinsames Handeln möglich. Und darin liegt die philosophisch entscheidende Pointe der *Ideen*.

Mit dieser Erläuterung wird klar, warum Platon das *Höhlengleichnis* so erzählt, dass es *nach* der Vorstellung der an die Gesetze gebundenen Herrschaft der Philosophen und *vor* der Kritik der einzelnen Regierungsformen[8] erklärt, wie es kommt, dass der Mensch im Umgang mit seiner Welt nicht nur von gemeinsam erkannten *Dingen* und *Vorgängen*, sondern auch in den Aussagen über sie von *Wahrheit* sprechen kann – von einer Wahrheit, die es in einer dunklen Höhle, in der man sich nicht selbst bewegen und nur auf Schatten starren kann, die von unbekannten Anderen durch das von ihnen allein unterhaltene Feuer erzeugt werden, niemals geben kann.

In der Höhle gibt es keine *Selbstständigkeit*. Die ist erst nach der *Selbstbefreiung der Individuen* im *für alle Menschen gleichen Licht der Sonne* zu haben. Nur hier kann von *Wahrheit* die Rede sein. In dieser Akzentuierung des *Höhlengleichnisses* treten auch die politischen Implikationen des angeblich rein idealistischen Mythos hervor: Erst unter selbstbestimmten Bewegungen in einer allen zugänglichen und von allen in gleichem Umfang erkannten Natur ist Politik möglich. Dazu ist in den nachfolgenden Überlegungen dann, neben der *Monarchie*, der *Oligarchie*[9] und der *Tyrannis*, auch die *Demokratie* zu rechnen.

Fünftens: Platons zentraler Einwand gegen die Demokratie Setzen wir mit Platon voraus, dass es *erstens Erkenntnis* nach einem logisch verbindlichen *Prüfstein der Wahrheit* gibt, und dass *zweitens* die *Bewahrung der Tugenden* darüber entscheidet, was eine gute Regierung ist, verstehen wir seine Kritik an der *Demokratie* augenblicklich: Denn Platons Überzeugung ist, dass Demokratien aus *Gewalt* entstehen und dass sie, nicht zuletzt deshalb, in sich *ethisch haltlos* bleiben. Ihnen fehlt somit das, was den Menschen auszeichnet, nämlich dass er sich aus eigenem Anspruch um *Erkenntnis* und *Wissen* sowie um ein *tugendhaftes Handeln* zu bemühen hat.

Platon sieht in der initialen Gewalt den Geburtsfehler aller Demokratien. In historischen Zeiten sind sie immer erst spät durch Vertreibung von Königen, Aristokraten und Tyrannen entstanden. Das damit gegebene Problem hatte sich im 2. Buch der *Politeia* nicht gestellt, weil er hier lediglich die Naturgeschichte der Politik in einer idealen Rekonstruktion umreißt. Nun aber geht es um die Bewertung real existierender Demokratien, die stets erst durch den Umsturz einer bereits bestehenden Ordnung entstanden sind. Also hat die Gewalt den Anfang gemacht und einen bleibenden Makel hinterlassen, den eine Demokratie in ihrer weiteren Geschichte auch dann nicht abschütteln kann, wenn sie sich in ihrem Handeln auf *Freiheit*, *Erkenntnis* und *Rechtlichkeit* verpflichtet. Ja, man muss den Eindruck haben, dass Platon so hohe Anforderungen an die Einsicht und die Urteilskraft der Bürger stellt, dass er sie gar nicht für fähig hält, den Bestand einer Demokratie zu garantieren. Erst in seinem späten Verfassungsentwurf der *Nomoi* glaubt er ein Verfahren gefunden zu haben, dass den Gewaltvorwurf umgeht. Es ist der Vorschlag, auf den sich auch die neuzeitlichen Demokratien verständigt haben. Davon wird gleich (im nachfolgenden sechsten Punkt) noch die Rede sein.

Von dem grundsätzlichen Einwand gegen den initialen Gewaltakt abgesehen, der die Demokratie mit einem irreparablen Geburtsfehler belastet, erhebt Platon eine Reihe höchst beachtlicher Einwände gegen die Demokratie, die uns heute geradezu vertraut erscheinen: So gibt er zu bedenken, dass sie zwar in ihrer alltäglichen Praxis *Freiheit* (*eleutheria*) gewähre, damit Einzelnen *Zuversicht* (*exousia*) gebe, aber in ihrer Vielfalt so viel Zerstreuung und Vielfalt zulasse, dass sie durch ihre «Buntheit» (*poikilos*) zwar «anziehend» wirke (557 c), aber keine konzentrierte Aufmerksamkeit und keine Verlässlichkeit ermögliche. «Buntheit» ist eine Beschreibung, die sich schon bei Perikles findet, dort aber als ein Vorzug verstanden wird.

Platon hingegen vermag darin keinen Gewinn zu erkennen. Für ihn steht die Gefahr im Vordergrund, dass sich eine aus lauter Vielfalt bestehende Menge durch niemanden mehr verpflichten lässt, aktiv am gemeinschaftlichen Leben teilzunehmen. Auch hier nimmt er die durchschnittliche Trägheit und Selbstbezogenheit der Menschen zum Ausgangspunkt und hält es für wahrscheinlich, dass sich nicht genügend Bürger finden, um die zahlreichen öffentlichen Aufgaben in einer *polis* wahrzunehmen.

Und so bleibt am Ende nur die aktive *Teilnahme an den Ämtern und am Gericht* als entscheidendes Kriterium einer gemeinschaftlich verwalteten *polis* übrig (557 e). Darauf gründet sich dann später die Handlungsfähigkeit der in den *Nomoi* in Vorschlag gebrachten *polis*. Genau darauf, so meine ich, hatte schon das institutionelle Demokratie-Kriterium des Otanes abgehoben. Und Aristoteles macht daraus, wie wir noch sehen werden, das entscheidende Kriterium seiner *Politie*.

Einen weiteren Nachteil sieht Platon darin, dass in der Demokratie die *Lust* (*epithymia*) regiert, nicht aber *Erkenntnis* und *Wissen*, um die es ihm vorrangig geht. Die Folge, so sagt er, sei eine «regierungslose, buntscheckige Verfassung, die gleichmäßig Gleichen wie Ungleichen eine gewisse Gleichheit» gewährt (558 c). Und angesichts dieser sie regierenden Beliebigkeit zerfalle die Demokratie bei der ersten ernsthaften Belastung und werde zum Opfer der dann mit Notwendigkeit nachfolgenden Tyrannis.

Platons Kritik an der Demokratie bleibt nahe an dem Urteil, das nach dem Bericht Herodots bereits in der ersten Debatte am persischen Königshof geäußert worden sein soll. Zwar macht der Philosoph dem *demos* nicht den Vorwurf, von Natur aus «unvernünftig» und «hochmütig» wie die «blinde Masse» zu sein. Aber er bestätigt in der Sache das dem Perser Otanes entgegengehaltene Urteil, die Menge handele «ohne Einsicht». Dies zwar nicht mit dem Argument, das Volk sei per se und unter allen Bedingungen unfähig, politisch zu urteilen; damit würde Platon seiner eigenen Überzeugung von der Lernfähigkeit der Menschen widersprechen:

Doch Platons Argument ist gleichwohl grundsätzlicher Natur: Er ist überzeugt, die Demokratie führe durch die ihr innewohnende Tendenz, die Macht auf viele Personen zu verteilen, zum Verlust einer ernsthaften Anteilnahme. Auch in der Bewältigung der amtlichen Aufgaben auf viele Personen begünstige die Demokratie den Konzentrationsverlust der Bürger. Sie wirken nur mit, wenn sie «Lust» dazu haben. Im Ganzen demotiviere die Demokratie ihre Bürger und begünstige die Ablenkung durch Lustbarkeiten.

Das kann einen Philosophen, der den größten Wert auf umfassende Erziehung, Erkenntnis und fundierte Meinungen setzt, nicht zum überzeugten Anwalt der Demokratie machen. Ohne Zweifel hegt Platon Sympathien für sie; vielleicht würde er auch zustimmen, wenn man sagte, sie sei besser begründet als jede andere Regierungsform; schade nur, dass sie die Menschen nicht bereits von sich aus in die Lage versetzt, den an sie gerichteten demokratischen Ansprüchen zu genügen. Das ist ein Argument, dass sich auch in der Moderne aufdrängt. In der Menge fehlt der Impuls, sich aktiv an der Gestaltung der Verhältnisse zu beteiligen, und mit ihm die Bereitschaft, dies verantwortlich, anerkannt und unter Beachtung aller anderen zu tun. Dem versucht Platon später in den *Nomoi* durch ein vielgliedriges System eigenständiger Mitwirkung abzuhelfen.

Zunächst aber überwiegen die Einwände: Platon stößt es ab, dass die Demokratie die Selbstbezogenheit der Bürger verstärkt, so dass der Einzelne, der nur noch Ansprüche stellt, sich um nichts mehr selbst bemühen will und zunehmend erwartet, dass man nicht nur mit dem Notwendigen, sondern auch mit dem Vergnüglichen (mit «ausländischen Lekkereien und dergleichen») versorgt werde. Was der Einzelne vielleicht noch an Initiative und Selbstständigkeit aufbringen könne, das werde ihm durch die Demokratie abgewöhnt. So werde der Einzelne mit der Zeit so behäbig, dass seine «Seele» schließlich unfähig zu «Weisheit» und «Besonnenheit» sei (559 b). Dann bilde sich niemand mehr aus eigenem Antrieb, neige aber vermehrt dazu, sich auf Nebensächliches und auf müßige Streitereien einzulassen (560 a).

Und schließlich folgt das aus dem Mund eines Philosophen vernichtende Urteil, der *andros demokratikos* werde unfähig, überhaupt bei einer «wahren Rede» (*logos alethes*) zu bleiben (561 b). Damit werde es auch für den Bürger gleichgültig, was er selbst und was andere sagen. Welche Folge das für alle haben muss, die bedeutungslos gewordene Reden über sich ergehen lassen, ist schon im antiken Athen offenkundig geworden. Vor diesem Hintergrund kann man verstehen, warum viele Zeitgenossen heute die Erfahrungen mit dem Missbrauch der digitalen Netzkommunikation gar nicht mehr brauchen, um die Lust an der Mitwirkung in einer Demokratie zu verlieren.

Platons eng mit seinen eigenen philosophischen Ansprüchen verbundene Kritik geht offenbar von Erfahrungen aus, die er im öffentlichen Leben seiner Vaterstadt selbst gewonnen hat. Was er über die Nivellierung der Antriebe, die Zunahme der Ansprüche bei sinkendem Eigenanteil und schließlich auch über den Bedeutungsverlust persönlicher und öffentlicher

Rede sagt, kommt uns bekannt vor, auch wenn wir es heute nicht allein mit der demokratischen Verfassung einer Gesellschaft, sondern eher mit dem Überangebot an Konsum und öffentlicher Zerstreuung verbinden. Doch wie dem auch sei: Allein die warnende Kritik, die wir in der *Politeia* finden, bringt uns größten Gewinn, wenn wir uns heute ernsthaft auf das Gelingen der Demokratie einstellen wollen. Und dabei kann uns der späte Platon eine Hilfe sein.

Sechstens: Politische Wende im letzten Werk. In seinem letzten Werk, an dem Platon nach den Erfahrungen in Syrakus zehn Jahre lang bis zu seinem Tod gearbeitet hat, belässt er es nicht bei der Kritik an den Strukturschwächen einer Demokratie, der es nicht gelingt, sich einer gewaltsamen Herkunft zu entwinden, ihre Bürger zur aktiven Mitwirkung heranzuziehen und die Spannungen zwischen Freiheit und Gleichheit aufzulösen. Mit Blick auf den konzeptionellen Anfang scheint er es sich leicht zu machen, so anspruchsvoll der Versuch auch ist, unterschiedliche politische Traditionen miteinander zu verknüpfen: Er sucht die Erfahrungen *dreier repräsentativer griechischer Stadtstaaten* aufzunehmen, indem er den Plan des Ganzen aus einer Beratung eines *Atheners*, eines *Spartaners* und eines *Kreters* hervorgehen lässt. Das zeigt Platons Bemühen, unterschiedliche politische Erfahrungen aus durchaus gegensätzlichen griechischen Staatsverfassungen aufzunehmen. Die weltgeschichtliche Innovation in Platons Alterswerk liegt darin, dass nur die zu Bürgern werden sollen, die sich *aus freiem Entschluss* dazu entscheiden und dies in Kenntnis der neuen Verfassung tun.

In den *Nomoi*, die wir als Platons politisches Testament ansehen können, wird das Verfassungsproblem nicht mehr im Dreierschema von *Timokratie*, *Oligarchie* und *Demokratie* verortet, sondern direkt, d. h. zur Vorbereitung der Neugründung einer *Magnesia* genannten Stadt, verhandelt. Die konzeptionelle Beratung überlässt Platon einem *Athener*, der in symbolträchtiger Umgebung beim Anstieg auf das Ida-Massiv, dem kretischen Wohnsitz des Gottes Zeus, mit einem *Spartaner* und einem *Kreter* die Modellsiedlung *Magnesia* erörtert. Gemeinsam nehmen sie eine panhellenische Perspektive ein, was ihnen erlaubt, die in Griechenland insgesamt gemachten Erfahrungen aufzunehmen und dennoch daran festzuhalten, den politischen Handlungsraum auf den Umfang einer Stadtkultur zu beschränken. Geistige Weite wird gesucht, aber die Dichte des menschlichen Lebenszusammenhangs bleibt gewahrt.

Was das Dreiergespräch im Einzelnen erbringt, kann als ein weit in die Zukunft vorausweisender Vorschlag angesehen werden: So kommen die drei Gründer überein, dass den Siedlern der neuen *polis* die alles Grundsätzliche regelnden Gesetze vor ihrer Verabschiedung *öffentlich bekannt* gemacht werden. Damit ist die Zustimmung der Bürger die formelle Bedingung für die Errichtung der Stadt; sie sollen «überzeugt» und mit Gründen «überredet» (*petheuein*) werden (723 a). Die *Freiwilligkeit der Einsicht* bleibt das zentrale Organisationsprinzip, und was es vorrangig einzusehen gibt, sind die alle verbindenden *Gesetze* (*nomoi*). Freiheit und Gleichheit sollen nicht nebeneinanderstehen, sondern sich wechselseitig bedingen. Damit ist der Vorbehalt gegen die initiale Gewalttätigkeit der Demokratie ausgeräumt.

Als größte Innovation der *Nomoi* kann gelten, dass es mit der «Ansprache an die Siedler» und den «einleitenden Vorreden» zu den verschiedenen Gesetzen, die der Stadt ihre Ordnung geben, erstmals eine *geschriebene Verfassung* des Gemeinwesens gibt! Sie bietet, so könnte man heute sagen, ein elementares, allen vorliegendes Regelsystem für das Verhalten aller Bürger. Beginnend mit der den Göttern und den Eltern geschuldeten Verehrung, dem Anspruch auf Ausführlichkeit, die den freien Bürgern die Möglichkeit der Wahl zwischen Handlungsalternativen lässt und somit «Wohlwollen» (*eumeneia*) und «Lernbereitschaft» (*eumathesteron*) gegenüber der Verfassung erzeugt (723 a). Platon denkt also bereits bei der Anlage der Gesetze daran, die Aufmerksamkeit der Einwohner zu erhöhen und ihren Handlungsspielraum auszuweiten. Dabei zeigen seine Beispiele, wie wichtig es ihm ist, die Einzelnen in ihrer *Freiheit* herauszufordern, ihren Anspruch auf *Bildung* zu fördern (724 a/b) und dabei dennoch ihre grundständige *Gleichheit* zu wahren.

Die Verehrung der Götter gehört zu den uns heute vielleicht am stärksten befremdenden Auflagen, denen alle Bürger gleichermaßen unterworfen sind. Wer sich dem verordneten Gottesdienst nicht fügt, hat mit uns heute gänzlich unangemessen erscheinenden Strafen zu rechnen. Das geht weit über den Charakter einer *Zivilreligion* hinaus, die im Bewusstsein unterschiedlicher religiöser Traditionen bürgerliche Einheit durch Einmütigkeit erzeugen soll. Durch den gemeinsamen Kultus sollen günstige Bedingungen für die Verlässlichkeit und Sittlichkeit der Menschen geschaffen werden.

Das dies unter Bedingungen einer Aufklärung durch die gemeinsamen politischen Bemühungen steht, machen die *Nomoi* allerdings auch bewusst: In der Eröffnung der sich über zwölf Bücher erstreckenden Erörterung fragt der die Beratung leitende Athener seine Gesprächspartner aus Kreta und Sparta, wer in ihrer Heimat als Gründer ihres Gemeinwesens gilt: Menschen oder Götter? Ihre übereinstimmende Antwort lautet: Götter. Der Athener scheint einverstanden. Doch am Ende der gesamten Erörterung fragt er seine beiden Begleiter erneut, wer denn nun nach erfolgter Gründungsdebatte für das neue Staatswesen verantwortlich sei. Und alle drei sind sich einig: Diese Gründung sei eine *Leistung der Menschen*, in deren Zuständigkeit auch deren weitere Erhaltung falle. Und tatsächlich spricht allein der Aufwand an Beratung und Begründung dafür, dass die hier geschaffene politische Organisation sich der Zuständigkeit der Gründer und der Bürger verdankt.

Damit bekräftigt Platon die Erkenntnis, dass die aus eigener Kompetenz geschaffene politische Ordnung eine *originäre Aufgabe der Menschen* ist. An den strengen Regeln zur öffentlichen Hochschätzung der Götter ändert das aber nichts, denn schließlich tragen die Götter die Verantwortung für die Welt, in der Menschen das Leben möglich sein soll. Das kann nur heißen, dass der Mensch mit der Verehrung des Göttlichen die Grenzen anerkennt, die ihm gesetzt sind. Er bekennt zu wissen, dass es höhere Mächte gibt, die er zu achten hat. Und wenn wir uns aus Platons anderen Schriften darüber belehren lassen, dass es jeweils das *Gute*, das *Wahre* und das *Schöne* ist, auf das uns ein Gott verpflichtet, dann wird auch verständlich, warum eine *polis* auf die Verehrung Gottes nicht verzichten kann: In ihr vergewissert sich der Mensch seiner eigenen Möglichkeiten und verpflichtet sich auf Werte, ohne die eine politische Gemeinschaft nicht lebensfähig ist.

Mit Blick auf die traditionelle Gliederung der griechischen Gesellschaft muss es schon den Zeitgenossen ganz phantastisch erschienen sein, dass die neue Verfassung *keine Standesunterschiede* mehr kennt! Entscheidend sind lediglich das jeweilige Können, die Charakterstärke und damit die bewährte Tugend der einzelnen Bürger, zu denen Platon, wie bereits in der *Politeia*, ausdrücklich auch die Frauen rechnet. Die Familie bleibt als basale Lebensform erhalten, und für Scheidungen gibt es ein rechtlich gesichertes Verfahren.

Alle Ämter in der Stadt werden ausnahmslos durch Wahl besetzt. Und auf die Beschreibung der Funktionen und der Qualifikation der Bewerber folgen zunächst und vor allen Dingen die Maßnahmen, die bei einem Versagen im Amt zu ergreifen sind. Die Einbindung der Bürger in die Mitwirkung an der Administration der Stadt geht so weit, dass man von einer Vollbeschäftigung auch durch Selbstverwaltung sprechen könnte. Nur kann man sicher sein, dass Platon niemanden von der Hingabe an die Erkenntnis und das Erleben des Schönen abhalten will. Seine Wertschätzung des wesentlich auf die Übung des Leibes gerichteten *Gymnasions* sowie von *Spiel* und *Symposien* bleibt auch in den *Nomoi* bestehen.

Die Vielfalt an bürgerlichen Aufgaben ist gewaltig. Ihre Aufzählung macht anschaulich, wie ernst Platon die Einzelheiten der politischen Organisation eines Gemeinwesens nimmt: Zunächst geht es, neben der *Verehrung der Götter*, um die (ebenfalls institutionell zu sichernde) *Achtung vor den Eltern*; dann muss die *Landverteilung* geregelt werden sowie die Frage, in welchem Umfang es *Eigentum* geben kann. Eigener Besitz ist nicht mehr, wie noch in der *Politeia*, verboten, wird aber restriktiv gehandhabt und schließt den Besitz von Gold und Silber aus. Von der sogenannten Weiber- und Kindergemeinschaft, mit der die *Politeia* bis heute für Gesprächsstoff sorgt, ist nicht mehr die Rede; aber jedem, der meint, er habe zu viele Kinder, wird empfohlen, den überzähligen Nachwuchs an kinderlose Staatsbürger abzugeben.

Eindrucksvoll ist die Liste der Aufgaben, die spezielle Ämter nötig machen: So gibt es gewählte «Beamte» (*Archonten*) für die Beachtung der Gesetze, für das Militär sowie für die Klärung und Entscheidung anstehender Aufgaben in einem Rat (*boulē*) mit 360 Mitgliedern, die jährlich zu wählen sind und die in zwölf Ausschüssen mit jeweils 30 Mitgliedern für alle anstehenden Fragen zuständig sind. Daneben gibt es noch einen «Nächtlichen Rat» (***) mit 37 erfahrenen Mitgliedern im Alter zwischen 50 und 70 Jahren, der wie ein oberstes Gericht für die Einhaltung der Gesetze zuständig ist. Hier wird jedem Mitglied ein jüngerer Bürger als Helfer zur Seite gestellt, der auf diese Weise durch Mitwirkung in die politische Praxis eingeführt wird. So kann der Nachwuchs beizeiten politische Erfahrungen sammeln.

Die Verwaltung der Stadt und die des Umlands sollen unabhängig voneinander arbeiten. Für die Marktaufsicht, für die Leibeserziehung und den schulischen Unterricht, für die Wettkämpfe, die kultischen Feste, die Bestattungen und die Disziplinarmaßnahmen gibt es ebenfalls gesonderte Zuständigkeiten. Schließlich kommt alles hinzu, was mit Eheschließung und Ehescheidung, mit der Gebäudeaufsicht, der Einnahme der gemeinsamen Mahlzeiten oder der Festlegung der Altersgrenzen bei der Wahrnehmung verschiedener Ämter verbunden ist. Überdies gibt es eine amtliche Zuständigkeit für den Wandel der Sitten und Gebräuche, woran man sieht, dass der gesellschaftliche Wandel schon in der Mitte des vierten vorchristlichen Jahrhunderts beachtlich gewesen sein muss.

Die *Nomoi* führen von Augen, dass es in der *polis* um die Sicherung und Wahrung einer *menschlichen Lebensform im Ganzen* geht. Es gibt einen Schutz der häuslichen Sphäre und damit einen Ansatz für eine Trennung zwischen öffentlichem und privatem Leben; doch im Zentrum steht die Ordnung eines einheitlichen Lebenszusammenhangs des *demos* im Ganzen. Dabei denkt Platon über die Grenzen der bisherigen Konkurrenten Athen, Sparta und Kreta hinaus. Dem dürfte auch die Bezeichnung der Stadt entsprechen: *Magnesia* spielt auf die griechische Landschaft in Thessalien an, in der gehäuft der «Stein des Heraklit» gefunden wurde, der *Magnet*, der durch seine Anziehungskraft auf andere Gegenstände bekannt ist. Die Neugründung soll über ihre Grenzen hinaus anziehend wirken und folglich Nachahmung finden.

So gesehen ist auch Platons Entwurf auf eine neue Zukunft der politischen Ordnung in Griechenland ausgerichtet. Doch der Ursprung einer jeden politischen Ordnung liegt in der einzelnen *polis*! Hier kann es gleiche Grundordnungen und Gesetze geben; ein größerer Flächenstaat soll daraus offenbar nicht entstehen. Eine über die Stadt- und Staatsgrenzen hinausreichende Verbindlichkeit soll nicht durch Zusammenlegung und Aufhebung der Grenzen, sondern durch Verträge eigenständiger politischer Gemeinschaften gesichert werden. Im Horizont der Gründung von *Magnesia* steht somit eine Föderation mit anderen Staaten, die verwandte Interessen haben. Die Humanität wird nicht durch die räumliche Extension der Grenzen, sondern durch die Verständigungsbereitschaft zwischen Verbündeten und ehemaligen Gegnern angezeigt – und natürlich durch die auf die Logik menschlicher Vereinbarungen gegründeten Verfahren politischer Organisation.

Siebtens: Politik als wahre Tragödie. In den *Nomoi* kommt Platon wiederholt auf ein Thema zurück, das in den Schlusspassagen der *Politeia* eine Rolle spielt und noch in der Moderne für zahlreiche Debatten gesorgt hat. Es betrifft die Stellung des *Theaters* zur Politik. Platon beklagt den fehlenden Wahrheitsgehalt der zur Aufführung gebrachten Stücke, so dass er es für besser hält, den «nur der Lust dienenden» Dichtern im Staat keinen Einfluss zu gewähren (607 c). Letztlich läuft das auf ein Verbot von Theateraufführungen hinaus, solange nicht erwiesen ist, dass sie der Wahrheit dienen – und wie sollte das jemals gelingen? Mit Blick auf diesen Punkt könnte man verstehen, dass Karl R. Popper den Vorwurf erhoben hat, Platon nehme die Praxis totalitärer Staaten vorweg.

Die in der *Politeia* erhobenen Bedenken gegen das Theater bleiben auch in den *Nomoi* bestehen; es ist offensichtlich, dass der Autor von den Tragödiendichtern seiner Zeit nur wenig hält. Er empfiehlt, die staatliche Zulassung von Theateraufführungen einer strengen Prüfung durch die leitenden Beamten zu unterstellen. Auch wenn er nicht mehr von einem generellen Verbot ausgeht, sondern nur höchste Ansprüche an die Qualität der Kunstwerke stellt, spricht aus Platons Vorschlag eine befremdliche Anmaßung. Da hilft es auch nichts, ihm zuzugestehen, dass er als Künstler diese Ansprüche stellt, um das Volk vor schlechten Aufführungen zu bewahren und die Verbreitung möglicher Unwahrheiten zu verhindern. Darüber haben nicht die Politiker zu entscheiden. Auch ein Volk sollte es sich verbieten, mehrheitlich über die Qualität von Kunstwerken urteilen zu wollen.

Doch was uns an diesem Punkt interessiert, hat nichts mit der ästhetischen Bevormundung durch die Politik zu tun. Für uns ist von Bedeutung, wie Platon in diesem seinem gleichsam testamentarischen Werk die Politik selbst bewertet. Und das hier von ihm mit größtem Nachdruck ausgesprochene Urteil ist auch für die Nachwelt von einigem Interesse. Denn Platon liegt an der Feststellung, dass angesichts der Ungewissheit, die auf allem politischen Handeln lastet, auch die *Politik als Kunst* zu begreifen ist. Und da sie das Schicksal der Menschheit insgesamt betrifft, muss man sie als größte und wichtigste Kunst ansehen, die dem Menschen überhaupt aufgegeben ist.

Um diese Bewertung zu verstehen, haben wir daran zu erinnern, dass Platon in seinen jungen Jahren selbst ein Tragödiendichter werden wollte. Erst unter dem Eindruck des Lebens und Sterbens des Sokrates hat er sich ganz der Philosophie verschrieben. Und damit hat er keine Wahl nach besserer Einschätzung seines Talents getroffen, sondern er hat sich für das entschieden, was für ihn den *menschheitsgeschichtlichen Vorrang* hat.

Bestätigt wird das dadurch, dass Platon auch als Philosoph ein Künstler von singulärem Rang geworden und geblieben ist: Das *Höhlengleichnis*, die Weiterführung des *Prometheus-Mythos* vom Diebstahl des Feuers, das himmlische Lob und der irdische Tadel der *Rhetorik* im *Phaidros* oder die ästhetische Meisterschaft in der Komposition des *Symposions* – alle diese Texte gehören zur Weltliteratur. Wenn Friedrich Nietzsche Platon mit allen Zeichen der Anerkennung als den «Erfinder des Romans» bezeichnet (GT 12), meint er die *literarische Meisterschaft* in der Darstellung einer Philosophie in dialogischer Form. Und wenn wir in Platons Brillanz nicht nur das literarische Können bewundern, sondern auch die anschauliche Orchestrierung des philosophischen Denkens in seiner gleichermaßen individuellen wie auch sozialen Form, so liegt darin auch eine Spitzenleistung dramatischer Kunst. Der *Dialog* ist zu einem philosophischen Kunstwerk *sui generis* geworden.

Doch im Licht seiner philosophischen Leistung scheint alles dies zum bloßen Mittel zu werden. Vorrang hat die *größere Kunst*, die damit als die *größte Kunst* überhaupt bezeichnet werden muss. So sagt es der wortführende Athener in den *Nomoi*. Und dabei sieht man sofort, dass es ihm nicht um eine Abwertung der Tragödiendichter geht, sondern allein um ein angemessenes Urteil über die Politik. Wenn Platon den Athener sagen lässt, dass die Politik die «größere Tragödie», ja, dass sie die «wahre Tragödie» sei (817 b), dann stellt er sie auf die höchste Stufe menschlicher Leistungen überhaupt.

Wie das zu verstehen ist, zeigt sich mit Blick auf ein Textstück im 7. Buch der *Nomoi*, in dem es um den Wunsch der nach *Magnesia* kommenden Theatergruppen geht, dort eine Tragödie zur Aufführung bringen zu können. Sie wissen, dass sie gehalten sind, zusammen mit ihrem Antrag auch den Text ihres Stückes einzureichen. Und nachdem die Stadtväter den Text gelesen haben, geben sie der Schauspieltruppe die folgende Antwort:

> «Ihr besten Fremdlinge [...], wir sind selber Dichter einer Tragödie, die, soweit wir dazu fähig sind, die denkbar schönste und zugleich beste ist. Jedenfalls ist unsere gesamte Staatsverfassung eine Darstellung des schönsten und besten Lebens, und gerade das, behaupten wir, ist in der Tat die einzig wahre Tragödie. Dichter seid also ihr, Dichter aber sind auch wir selbst, und zwar in derselben Gattung, eure Rivalen als Künstler und als Darsteller im schönsten Drama, das ja nur das wahre Gesetz seiner Natur gemäß vollenden kann, wie unsere Hoffnung lautet.» (817 b).

In dieser Antwort werden die Bittsteller, die Dichter von Tragödien, nicht blamiert, sondern mit vorzüglicher Hochachtung angesprochen. Die wird auch nicht durch die mitspielende Ironie gemindert. Den Stadtvätern ist es ernst mit der Aussage, dass sie selbst auch Künstler sind, die mit den Theaterleuten in derselben «Gattung», im selben «Genre», spielen – was nicht ausschließt, dass sie sich auch als ihre «Rivalen» (*antitechnoi*) bezeichnen.

Doch hier geht es Platon nicht um Einzelheiten der Rivalität der Politiker mit Künstlern, sondern um ein Urteil über die *Politik*, die alles übersteigt, was sonst von Menschen zu verantworten ist. Dem Generellen dieser Frage wurde selten die Beachtung geschenkt, die ihr zukommt.[10] Was uns heute daran zu interessieren hat, ist, dass sie auch das mögliche Ende der Politik betreffen kann.

Darauf spielt Platon an, wenn er im Vergleich mit den Künstlern die Frage stellt, welchen Sinn es für die Einzelnen hat, Politiker zu sein und seine Aufgabe gut zu machen. Und so wie sich die Tragödiendichter fragen lassen müssen, ob sie gute, überzeugende, lehrreiche und sehenswerte Tragödien verfassen, muss sich auch der Politiker fragen und fragen lassen, ob sich seine Tätigkeit lohnt und ob er sie gut oder weniger gut erfüllt. Platon betont, dass der Mensch nicht weiß, mit welchen «Mitteln» und mit welchen «Verhaltensweisen» er sein «Lebensschiff» am besten durch die «Fahrt» seines Daseins hindurchsteuern kann. Er hat alle seine Kraft darauf zu konzentrieren, dass ihm das riskante Unternehmen überhaupt gelingt, ohne sagen zu können, ob es letztlich auch das Richtige ist, was er in und mit alledem tut (802 b). Denn genau genommen sind die «Angelegenheiten des Menschen» (*anthropon pragmata*) den «großen Ernst» (*megalē spoudē*) nicht wert, den die Menschen darauf legen.

Schließlich sei der Mensch nicht mehr als ein «Spielzeug der Götter» (644 d; 803 b/c).

Tatsächlich ist es so, dass der Mensch auch aus der Sicht der Philosophen über keine Möglichkeit verfügt, sich klarzumachen, ob sich die Mühe des menschlichen Daseins überhaupt lohnt. Denn aus der Perspektive des Ganzen, in die er sich stellt, kann er nur die Gewissheit erlangen, dass er als Mensch die Ungewissheit über seine eigene Zukunft zu ertragen hat. Und obgleich er somit nur den Verdacht bestätigen kann, dass die «Angelegenheiten der Menschen des großen Ernstes nicht wert sind» (803 b), hat er in seinem politischen Handeln, das er vor den Augen und im Interesse aller vollzieht, den Ernst der großen Aufgabe aufzubringen.

Das Argument, das Platon zugunsten der exponierten Stellung des Politikers nennt, ist dessen Verantwortung für die *Wahrung des Friedens.* Der Politiker hat die vorrangige Aufgabe, den Krieg zu vermeiden, «um den Frieden möglich zu machen» (803 d). Und der Frieden, so darf man ergänzen, ist die Bedingung, die es ermöglicht, ein Gespräch zwischen den Vertretern aus Kreta, Sparta und Athen zu führen, das es erlaubt, einen Plan für die Gründung einer neuen Stadt zu entwerfen. Nur der Frieden erlaubt, in gemeinsamer Beratung über die Mittel und Ziele der Politik zu befinden und sie mit vereinten Kräften umzusetzen. Und wie anders sollte man eine Stadt errichten, ihr eine Verfassung geben und sie mit Leben füllen, wenn es nicht im Frieden geschähe?

Der Frieden ist, um es in einer modernen Wendung zu sagen, die «Bedingung der Möglichkeit» einer politischen Ordnung. Er ist eine *conditio sine qua non* des politischen Handelns und weit von dem entfernt, was später einmal «Pazifismus» genannt werden wird. Denn dass man die auf Frieden gegründete Lebensform gegen Angreifer verteidigen können muss, steht sowohl für Platon wie auch später für Kant außer Frage. Und mit der Friedensbedingung ist auch der Grund für die exponierte Stellung des Politikers genannt, der, um der Menschen willen, sein ganzes Können aufzubieten hat, seinen Auftrag im Einvernehmen mit allen Beteiligten zu erfüllen. In größtem Ernst hat er mit allen «Bällen» zu spielen, obgleich er nicht ausschließen kann, letztlich nicht mehr als ein «Spielball der Götter» zu sein.

Dabei kann der Politiker nicht ausschließen, dass eines Tages auch der Menschheit ein Untergang bevorsteht. Platon erinnert an den Mythos von den Erdzeitaltern: So wie die Götter sich von der Weltregierung zurückziehen können, um sie eine Weile lang dem Menschen zu überlassen, so können sie ihm die Herrschaft wieder entziehen und den Kreislauf der Elemente von Neuem beginnen lassen (268 d–274 e). Eines Tages steht das Ende aller Politik bevor und mit ihm das Ende der Menschheit. Das aber verstärkt nur den Anspruch, den Bestand und die Einheit der *polis* zu wahren. Die Menschen haben sich mit allen Kräften darum zu bemühen, der *Erkenntnis*, den *Tugenden* und insbesondere dem *Recht* Geltung zu verschaffen. Hierzu wird ihre ganze Kunst benötigt. Und die im Gespräch mit den Künstlern gebrauchte Metapher vom «Spielball der Götter» führt vor Augen, was es für den politischen Menschen heißt, angesichts einer ungewissen Zukunft *alle Kraft aus sich selbst* zu ziehen. Der Ernst dieser Aufgabe rechtfertigt gewiss kein Verbot der Bühnenkunst; aber er macht das Pathos verständlich, mit dem der Philosoph das riskante Kunstwerk der Politik verteidigt.

8. Partizipation bei Aristoteles. Die große Leistung des Aristoteles besteht darin, die Philosophie auf den Weg einer lehrbaren Wissenschaft gebracht zu haben. Sokrates verdanken wir den existenziellen Impuls und Platon die kunstvolle Durchbildung aller Fragen des Werdens und des Seins mit Blick auf die Führung des menschlichen Lebens. Aristoteles macht daraus in bewundernswerter Eigenständigkeit ein System, das auf Fortsetzung und Ausbau in Generationen angelegt ist. Es kann daher nicht wundern, dass die große Zeit des aristotelischen Denkens erst anbricht, nachdem die Philosophie im besten Sinn des Wortes zum «scholastischen» Lehrfach in Universitäten wurde, die erst unter dem produktiven Einfluss dieses Denkens zu ihrer disziplinären Form gefunden hat. Das zeitigt seine weltgeschichtliche Wirkung erst mit der neuzeitlichen Wiederaufnahme des aristotelischen *Naturrechts* und seiner Deutung als *Menschenrecht*.

Aristoteles ist viel zu eigenständig, um ihn generell als Schüler Platons zu bezeichnen. Aber in seiner politischen Philosophie hat er den Impuls aus den zehn Jahren seiner Mitarbeit in Platons Akademie aufgenommen, ebenjener Zeit, in der die *Nomoi* entstanden sind. Nach Platons Tod verlässt er Athen und hat selbst schon nicht mehr erleben können, dass es den in der Akademie verbliebenen Schülern möglich war, das große Werk redaktionell abzuschließen und in der Form der uns bekannten Sammlung von zwölf Büchern zugänglich zu machen.

In der *Politik*, die Aristoteles seinen Schülern gut 25 Jahre nach Platons Tod vorträgt, gibt er einen inhaltsreichen historischen und institutionell gegliederten Überblick über das gesamte Feld des politischen Wissens seiner Zeit und erörtert die Vor- und Nachteile der verschiedenen Staatsformen. Dabei kommen ihm die Erfahrungen zugute, die es selbst als Erzieher am Hof der makedonischen Könige machen konnte.

In der Bewertung von *Monarchie*, *Aristokratie* und *Demokratie* kommt er, wie schon Platon, zu dem Ergebnis, dass alle drei Formen gravierende Mängel haben. Auch er favorisiert eine *Mischform*, die er als *politie* bezeichnet. Platons Titel *nomoi* deutet auf das hin, was wir heute «Rechtsstaat» nennen, während *politie* wohl am besten mit «Bürgerschaft» übersetzt werden kann, verstanden als Vereinigung von «freien Bürgern», die den Gesichtspunkt der Gleichberechtigung in den Vordergrund rückt und sie in Verbindung mit einer differenzierten Gliederung von Aufgaben und Ämtern erörtert. Also bleibt auch hier das von Otanes exponierte Prinzip der *rechtlichen Gleichheit* gewahrt. Man sieht schon hier: Auf *Mischformen* kommt die Geschichte der Demokratie wie von selbst zurück, sobald die Staaten darangehen, sich demokratische Verfassungen zu geben. Strenggenommen müssten wir auch die amerikanische Verfassung von 1786 und alles, was anschließend nach ihrem Vorbild geschaffen worden ist, als «Mischform» bezeichnen.

Die Demokratie in Athen war mit der Niederlage im Kampf gegen die makedonischen Truppen bei Chaironea 338 v. Chr. am Ende, auch wenn die Besatzer die demokratische Verfassung formell noch bis 322 in Geltung ließen. Aristoteles schrieb seine *Politik* also bereits angesichts der dominierenden makedonischen Herrschaft, der er vorher als Erzieher des inzwischen an die Macht gelangten Königs Alexander gedient hatte. Der Tod des Philosophen im Jahr 323 oder 322 fällt in die Zeit, in der auch Alexander der Große auf seinem Indien-Feldzug stirbt.

Dass Aristoteles Platons frühe Kritik an den Staatsformen erneuert und dann selbst, ganz wie sein Lehrer, faktisch für eine Mischverfassung plädiert, kann als Nähe zwischen den beiden Philosophen und als Gleichtakt in der Verarbeitung der politischen Niederlagen von 404 und 338 v. Chr. sowie der darauf folgenden philosophischen Differenzierung zwischen verschiedenen Regierungsformen gewertet werden. Für Aristoteles, der den Aufstieg Alexanders vor Augen hat, birgt insbesondere die Monarchie die Gefahr, in eine Tyrannis umzuschlagen; doch es gibt mit Blick auf diese Gefährdung keinen nennenswerten Unterschied zur Oligarchie und zur Demokratie. Denn keine der genannten Regierungsformen ist mit der von Aristoteles ins Zentrum gerückten *Freiheit der Bürger* vereinbar. Immerhin zeichnet er die Demokratie dadurch vor allen anderen Staatsformen aus, dass er sie für die «erträglichste» hält (1289b).

In gewisser Hinsicht bietet eine demokratische Verfassung tatsächlich den größten Vorteil, weil sie dem Anspruch nach vorrangig auf die *Freiheit* der Einzelnen gegründet ist und auch eine *Gesetzesherrschaft* unter Bedingungen der Gleichheit vorsieht. Doch damit ist für ihn noch nicht hinreichend klargemacht, dass die Freiheit nicht allein darin bestehen kann, den jeweils eigenen Willen durchzusetzen, sondern in gleichen Teilen auch die Einfügung fordert, die ohne zusätzliche Bestimmungen nicht in der Lage ist, in der Wirklichkeit des politischen Lebens eine Rolle zu spielen. Freiheit besteht für Aristoteles darin, dass man «abwechselnd gehorchen und befehlen» kann.

Neben der *Freiheit* steht an nächster Stelle die numerische *Gleichheit*, die darin liegt, dass jeder, ohne seine wie auch immer beschaffenen Verdienste zu gewichten, bei Abstimmungen immer nur über *eine* Stimme verfügt (1317b). Und die große politiktheoretische Leistung des Philosophen besteht nun darin, die Vielfalt der einzelnen Aufgaben bewusst zu machen und damit zu zeigen, welche Tugenden und Rücksichtnahmen eine *polis* verlangt, wenn sie sowohl der menschlichen Natur wie auch der Eigenart der Gesellschaft angemessen sein soll. Die politische Organisation verlangt, dass die vereinigten Menschen in der Lage sind, den unterschiedlichen Anforderungen in der ganzen Breite der vielfältigen Aufgaben Rechnung tragen zu können. Einfache Mehrheiten aus numerisch *gleichen* und jeweils *freien* Individuen können dazu in keinem Fall bereits als ausreichendes Mittel angesehen werden.

Der Anspruch, der Komplexität des sozialen Daseins gerecht zu werden, ist ursprünglich auf den Menschen und seine Vermögen ausgerichtet. Und die Begründung geht für Aristoteles aus der wechselseitigen Angewiesenheit von Individuum und verfasster *polis* hervor: «Denn es ist eine unerlässliche Forderung, dass sowohl der einzelne Mensch, wenn er verständig sein will, als auch der Staat in seiner Gesamtheit dem besten Ziel zugekehrt und angeglichen sei.» (1314a) Hier steht Aristoteles dem platonischen Parallelogramm von Mensch und Staat besonders nahe.

Dazu gehört für Aristoteles, dass die Menge der Menschen sich in ihrer Vielfalt auf die Differenzierung der politischen Anforderungen einstellt. Diese werden von ihm wiederholt detailliert aufgeführt: Unterhalt der Bediensteten, Kosten für Künste und Handwerk, für Kriege und Waffen sowie für die Polizei; schließlich die Einrichtungen für die zahlreichen Ämter, die Gerichte und den Kultus. Das fasst er in die alles begründende Feststellung: «Denn der Staat ist keine beliebige Menschenmenge, sondern […] eine Vereinigung, die sich selbst zum Leben genügt.» (1328b) Hier wird die Anerkennung gesellschaftlicher Arbeitsteilung verlangt, das heißt: Wenn nur eine dieser Aufgaben unerledigt bleibt, ist die Lebenssicherung aller gefährdet. Wenn es heißt, dass der Staat eine «Gemeinschaft Gleichberechtigter» zu sein hat (1328a), dann bedeutet das auch, dass er eine Gemeinschaft ist, in der alle gleichermaßen gefährdet sind.

Was hier mit einer trivial erscheinenden Formulierung umschrieben wird, ist Ausdruck einer grundlegenden Wende in der Theorie der Demokratie, die Platon im *Politikos* und in den *Nomoi* eingeleitet hat: Es geht nicht länger allein um eine Umstellung in der Legitimation der politischen Herrschaft, sondern um eine Betrachtung des Ganzen einer politischen Gemeinschaft, der die politische Organisation auch in ihrer Vielfalt zu genügen und das Leben aller zu sichern hat. Und in dieser Wende spielt die *Erweiterung des Primats der Freiheit* eine wesentliche Rolle: Mit der Annahme der eigenen Freiheit stimmt jeder Bürger einer Ordnung zu, über die er gemeinsam mit seinesgleichen in wesentlichen Fragen selbst verfügen kann, die für ihn aber zahlreiche differenzierte Verpflichtungen mit sich bringt.

Der Begriff des «Teilhabens» (*metéchein*) an den Versammlungen und Ämtern bringt das zum Ausdruck: Man nimmt an etwas aktiv teil, zu dem man im Ganzen bereits gehört und dessen Ordnung man gerade dadurch zustimmt, dass man selbst tätigen Anteil daran nimmt. Das ist die ursprüngliche Erwartung, die Aristoteles an die politische Teilhabe und Teilnahme knüpft. Er verwendet hier den bereits von Platon für die «Teilhabe» an der begrifflichen Erkenntnis durch die Verwendung allgemeiner Begriffe eingesetzten Ausdruck, nämlich *metexis*, der in den *Nomoi* auch schon im Sinn von Teilhabe und Teilnahme vorkommt. Die Ironie in dieser Übernahme liegt darin, dass Aristoteles den Begriff, den er in der Verwendung für die *Teilhabe an den Ideen* entschieden ablehnt, für die Bezeichnung der *Teilhabe an der politischen Verwaltung* in so markanter Weise übernimmt, dass mit der Übersetzung seiner Schriften ins Lateinische daraus ein Zentralbegriff der neuzeitlichen Theoriebildung wird.[11]

Die Idee des «freien Bürgers» (*politēs eleutheros*) ist bei Aristoteles ausdrücklich auf die Voraussetzung einer politischen Ordnung bezogen. Auch wenn es für ihn ausnahmslos geltende Naturgesetze gibt, ist das mit einem Rechtsanspruch verknüpfte menschliche Handeln an die Gesetze eines Staates gebunden. Ausnahmen gibt es für den Anspruch auf Bestattung der Toten, wie ihn Aristoteles im Anschluss an die Antigone des Sophokles erörtert. Im Übrigen aber bindet er, wie es in der Antike (von wenigen Ausnahmen abgesehen) üblich ist, den Rechtsstatus an die Zugehörigkeit zu einer *polis*. Das betrifft auch die Stellung der *Sklaven*, denen, insbesondere wenn sie nicht-griechischer Herkunft sind, nach der Auffassung des Aristoteles mit ihrer Entrechtung kein Unrecht angetan wird.

Dass man Aristoteles hier nicht folgen kann, müssen wir nicht eigens betonen. Auch seine politische Geringschätzung der Frauen ist empörend. Beides haben wir zum Ausdruck zu bringen; es heißt aber nicht, Aristoteles und seine Lehren im Ganzen zu verwerfen; und es heißt schon gar nicht, alles in Acht und Bann zu tun, was in der Antike gängige Auffassung war. Denn würden wir uns durch unser Befremden zur Abkehr vom Erbe eines ganzen Zeitalters verleiten lassen, würden wir uns von wesentlichen Quellen unserer eigenen Einsichten entfernen. Überdies erlaubt uns die Kenntnis alter Vorurteile in unserem Einspruch gegen die Verblendungen der eigenen Gegenwart nur umso entschiedener zu sein.

Aristoteles verdanken wir, dass er besonderen Nachdruck darauf legt, die elementaren Rechte der *polis*-Bürger als «Naturrecht» (*politikon dikaion*) zu bezeichnen. Das war aus seiner Sicht ein philosophischer Gewinn, weil er der Überzeugung war, dass der Mensch «von Natur aus» ein politisches Wesen ist. Also hatte er das, was er mit seinem Ausdruck besonders akzentuiert, auch dem politischen Handeln zur vorrangigen Aufgabe gemacht. Der Nachteil aber war, dass diejenigen, die nach seiner Auffassung nicht zu der von ihm anerkannten politischen Gemeinschaft gehören, ausgeschlossen blieben. Doch kaum hatten neuzeitliche Autoren das Irrige dieser Auffassung erkannt, entfaltete die Prämisse des Begriffs des «Naturrechts» seine Kraft, und es galt als zwingend, dieses Recht für *alle* Menschen einzufordern.

In stark verkürzter Form ist das die historische Karriere des aristotelischen Begriffs des *Naturrechts*. Sie illustriert, was selbst die auf bloßes Begreifen beschränkte Logik in der Geschichte der Menschheit vermag: Je größer der Umfang der in Rede stehenden politischen Gemeinschaften ist, umso weiter ist auch der Kreis derer zu ziehen, die unter die Bestimmungen des «Naturrechts» fallen.

Als Thomas von Aquin den aristotelischen Begriff als *ius naturalis* aufnahm, musste er ihn auf alle Christen – und solche, die es noch werden wollten oder sollten – beziehen. Das aber war eine Population, die sich definitiv nicht mehr nur einem Staat zurechnen ließ. Und als dann schließlich 400 Jahre später der dominikanische Pater Bartolomé de Las Casas Zeuge des menschenvernichtenden Umgangs mit den Indios im neu entdeckten Amerika wurde und nach einem Begriff suchte, mit dem er die Menschen der Gewalt der Konquistadoren entziehen und dem humanistisch gebildeten Kaiser zum Schutz empfehlen konnte, kam er auf ebendiesen Begriff des *Naturrechts* zurück. Las Casas spitzte dann das den Menschen schützende *Naturrecht* auf den Begriff des *Menschenrechts* zu – ein bis heute unverändert aktuelles Beispiel für das produktive Potential der antiken Begrifflichkeit, auf das man verzichten würde, wollte man nur darauf achten, welcher missbräuchliche Gebrauch mit diesen Begriffen in der Antike betrieben worden ist.

Bei Aristoteles aber haben wir die Besonderheit, dass er sich als Systematiker veranlasst sah, die in der Sklavenhaltung und in der Erniedrigung der Frauen gegebenen Verstöße gegen die Menschheit auch noch rechtfertigen zu müssen. Er verteidigte die Sklaverei und bezeichnete die Frauen als weniger begabt. Wäre es nicht in der Sache wie auch mit den von ihm vorgebrachten Argumenten so skandalös, könnte man ihm die Offenheit zugutehalten, mit der er das fortgesetzte Vergehen der Menschheit gegen sich selbst zum Thema machte. Sie erlaubt uns heute, die Inkonsequenz zu beklagen, zu der gerade auch auf Konsequenz bedachte Philosophen fähig sind. Sklaven und Frauen, so glaubte Aristoteles tatsächlich argumentieren zu können, fehle die erforderliche Vernunft! Er spricht ihnen die Fähigkeit ab, das politische Leben angemessen zu verstehen, obgleich er ihnen wichtige Aufgaben im Haus oder bei der Erziehung der Kinder überträgt.

Wie wenig Aristoteles selbst seiner Behauptung von der fehlenden Vernunft der Sklaven und Frauen vertraut, gibt seine Empfehlung zu erkennen, den Sklaven an einem späteren Zeitpunkt seines Lebens in die Freiheit zu entlassen! Es kann auch niemanden versöhnen, dass dieser Vorschlag das schlechte Gewissen des Denkers verrät. Vielmehr muss es die Kritik noch entschiedener machen, wenn durch solche Zugeständnisse an die altgedienten Sklaven kenntlich wird, dass es auch in der Antike ein Unrechtsbewusstsein in der Sklavenfrage gegeben hat. Mit Blick auf die Benachteiligung von Frauen ist das weniger offensichtlich, aber gleichwohl ebenfalls greifbar. So legt Aristoteles in seinem Testament Wert darauf, dass seiner Frau ein Erbe zuerkannt wird, obgleich seine politische Lehre dafür plädiert, ihnen gar keinen Besitz und keine Rechte zuzugestehen.

Der Widerspruch in der Beweisführung für die Abwertung des humanitären Ranges von Frauen und Sklaven durch einen Denker wie Aristoteles tritt besonders hervor, wenn man hinzufügt, dass er seiner politischen Theorie einen *Begriff der Menschheit* zugrunde legt! Aristoteles verdanken wir die Formel vom Menschen als *zoon politikon*. Mit ihr soll gesagt sein, dass der Mensch – im Unterschied zu allen anderen Lebewesen – vornehmlich dadurch definiert ist, ein *von Natur aus auf Politik angewiesenes Lebewesen* zu sein. Dass diese These, in der Zurechnung wie auch in der Abgrenzung, eine gehaltvolle Aussage ist, wird man schwerlich bestreiten können. Und dass der Mensch zur *Natur* gehört, ist eine Einsicht, die ihn in seiner Herkunft, in seiner unauflöslichen Bindung an sein Leben, seinen Leib und seine elementaren Bedürfnisse treffend erfasst. Zugleich hebt sie ihn von den anderen Lebewesen ab, die zwar in Herden, Rudeln, Stämmen oder, wie man bei Bienen oder Ameisen auch sagt, in «Völkern» zusammenleben, ohne jedoch über die *Vielfalt der Gestaltungsfreiheit* in ein und derselben Gattung zu verfügen.

Diese Vielfalt zeichnet den Menschen tatsächlich aus. Die Freiheit des Menschen findet bereits in den verschiedenen Formen des Zusammenlebens ihren Ausdruck und zeigt sich in der Verbindung mit seinen nur ihm eigenen Fähigkeiten des Sprechens, Denkens und Urteilens. Sie treten in allem hervor, was der Mensch in Absprachen, Plänen und gemeinsamen

Leistungen zustande bringt. Und da auch von Frauen und Sklaven erwartet wird, dass sie sprechen, denken und urteilen können, ist es eine offenkundig abwegige Behauptung des Philosophen, wenn er die Ansicht vertritt, Sklaven und Frauen hätten keine Vernunft.

Gleichwohl bleibt die These des Aristoteles, alles was für den Menschen eigentümlich ist, also nicht nur sein Körper und seine sinnlichen Fähigkeiten, sondern auch seine geistigen Leistungen, gehöre zum *Ganzen der Natur*, nicht nur zutreffend, sondern auch theoretisch von eminenter Bedeutung. Mit dem Insgesamt seiner Kompetenzen schafft sich der Mensch eine Sphäre eigener Art, die Aristoteles dadurch anzeigt, dass er den Menschen in die *Nähe der Götter* rückt. Der Mensch, so heißt es wiederholt, stehe «zwischen den Tieren und Gott».

Als Naturforscher ist Aristoteles nicht in Verlegenheit, die Naturseite dieser Zwischenstellung zu illustrieren. Wir verdanken ihm die umfangreichste biologische Bestandsaufnahme der griechischen Antike, lange bevor ihm Plinius mit seiner *Historia Naturalis* (um 77 n. Chr.) nacheiferte. Doch auf der Gegenseite etwas Entsprechendes zur Nachbarschaft des Menschen zu den Göttern zu sagen, ist für ihn weniger aussichtsreich, weil er dem mythischen Götterhimmel nur noch symbolische Bedeutung zuerkennt und angesichts seines bereits entrückten Gottesbegriffs, der ihn als «unbewegten Beweger» ausweist, wenig Erhellendes zur Nähe wie auch zum Abstand des Menschen zu den Göttern sagen kann. Gewiss, das wache *Erkennen* und die gezielte *Wirksamkeit* machen den Menschen zu einem «bewegten Beweger», er kann *Urheber von etwas* sein, auch und gerade als ein Wesen, das Altes verändern und Neues gestalten kann. Daraus also lässt sich immerhin ein Spezifikum des Menschen gewinnen, das ihn dem in seiner Unbeweglichkeit alles bewirkenden Gott näherbringt und dennoch definitiv unterscheidet.

Dass Sprechen, Denken und Urteilen für sich keine zureichenden Abgrenzungskriterien des Menschen sind, wissen wir heute genauer als jemals zuvor. Denn die Fähigkeit zu kombinatorischem Denken, sprachförmiger Mitteilung und situativer Schlussfolgerung findet sich auch bei vielen Tieren, und angesichts der metaphysischen Distanz, in der sich Gott zur Sphäre des Menschen befindet, können wir nur sagen, dass alles Lebendige gleich weit von ihm entfernt ist. Gleichwohl bietet sich mit der Definition des Menschen als *zoon politikon* ein Unterscheidungsmerkmal an, ja, sie eröffnet ein weites Feld möglicher Bestimmungen, die zwar nicht auf Tiere, wohl aber auf den Menschen zutreffen.

So ist der Mensch das Tier, das *Rechte nötig* hat und mit ihnen *Gesetze braucht*, die ihrerseits *Einrichtungen* erfordern, die nach *Absprachen* und *Vereinbarungen* sowie nach *Versammlungen* und *Gerichten* verlangen. Das alles ist nur in Verbindung mit unzähligen technischen *Geräten* und *Maßnahmen* möglich, durch die der Mensch den von ihm besiedelten und beanspruchten Raum zum Erhalt eines Lebens sichert, eines Lebens, das er, wie wir wissen, auf höchst unterschiedlichen Niveaus führen kann.

Damit haben wir in größter Abstraktion das weite Feld kultureller Leistungen umschrieben, in dem sich der Mensch zum *zoon politikon* entwickelt. Und nur sofern es sich auf diesem zunehmend selbst gestalteten Terrain, im Verband mit seinesgleichen bewegt, gelangt er zu seinem spezifischen Selbstverständnis zwischen den Tieren und dem Gott, der ohne Bewegung alles bewegt. Also haben wir im *zoon politikon* den entscheidenden Begriff, in dem der Mensch zu sich selber findet. Und wenn es richtig ist, dass der Mensch das *zoon politikon* ist, kann das *Politische* als das treffendste, umfassendste und dennoch den Menschen nicht aus der Natur entlassende *Kriterium der Menschheit* gelten. Die Politik macht offenkundig, dass «Mensch» nicht nur als biologische Kategorie verstanden werden kann.

Die in verschiedenen Fassungen überlieferte *Ethik* des Aristoteles bietet den denkbar größten Reichtum an Beispielen für den realitätsgesättigten Humanismus dieses Denkers. Es wäre ihm gewiss sinnwidrig erschienen, die von ihm terminlogisch verselbstständigte Politik von der Ethik zu trennen. Die Politik schafft den Lebensraum, der nur unter den Bedingungen ethischen Verhaltens menschlich gestaltet werden kann.[12] Umso schwerer wiegt es, dass Aristoteles sich nicht zur Anerkennung des ganzen Menschen, einschließlich der Frauen und Sklaven, entschließen kann. Dabei wäre das für ihn so leicht gewesen, wie eine von Diogenes Laertius überlieferte Anekdote zu erkennen gibt: Als man Aristoteles vorwarf, er habe in seiner Großzügigkeit einen unwürdigen Menschen begünstigt, soll er geantwortet haben: dann habe er eben nicht dem begünstigten Individuum eine Wohltat erwiesen, sondern *dem Menschen überhaupt* (*anthropinos*).[13]

Wenn es nun so ist, dass Aristoteles die *Tyrannis* nicht anders als die

Monarchie, die *Oligarchie* und die *Demokratie* durch gravierende Schwächen belastet sieht, bleibt als Verfassung, in der er die politische Organisation als die Gemeinschaft «freier Bürger» realisiert sieht, nur die *politie* als die Form, die der Menschheit am ehesten angemessen ist. Ähnlich ist es bei Platon, der Monarchie, Oligarchie und Demokratie so schwere Mängel attestiert, dass er eine Gemeinschaft von freien und gleichen Bürgern, die sich in einer *öffentlich gerechtfertigten gesetzlichen Ordnung* zu einer proportionierten Teilhabe an allen Aufgaben zusammenfinden, nicht unter diesen Titeln empfehlen kann. Daher legt er in den *Nomoi* so großes Gewicht auf die «Gesetzesherrschaft» und verwendet im Titel einen Begriff, der dem des «Rechts-» oder des «Verfassungsstaats» nahekommt. Dabei übernimmt Aristoteles den Sinn von Öffentlichkeit, wenn er betont, dass unabhängig von der jeweiligen Staatsverfassung die *Erziehung* der Jugend eine gemeinsame Aufgabe des Staates zu sein habe (1337 a). Das Gleiche gilt für die *Gerichtsbarkeit*, die eine alle gleichermaßen betreffende Institution sein kann. Und der *Demokratie* ist er am nächsten, wenn er die «Teilhabe» zum entscheidenden Kriterium einer politischen Gemeinschaft erhebt.

Eine Besonderheit des Aristoteles liegt darin, dass er nicht vergisst, den naturalen Bedingungen des politischen Lebens besonderen Nachdruck zu verleihen: die Definition der politischen Gemeinschaft durch ihre «Autarkie» – als eine «Vereinigung, die sich selbst zum Leben genügt» (1328 b). In der Wahl dieser Begrifflichkeit liegt das Kunststück, sowohl ihre Eigenständigkeit wie auch ihre unauflösliche Bindung an das Leben zu betonen. Die *Notwendigkeit der Lebenssicherung* ist nicht in Frage zu stellen; zugleich aber steht für Aristoteles fest, dass es sich hier um ein *spezifisches Leben*, nämlich um das Leben von Menschen handelt. Das steht *ethischen Bedingungen*, die aus den Selbstansprüchen einer menschlichen Gemeinschaft erwachsen, nicht entgegen. Also ist das politische Handeln auf die Tugenden verpflichtet, unter deren Anleitung der Mensch erst zu seiner besten Form gelangt. So gehören auch hier Politik und das Selbstverständnis des Menschen zusammen.

Aristoteles hat in seiner *Politik* eine Verfassungslehre entworfen, die, nachdem sie durch die Vermittlung arabischer Gelehrter im hohen Mittelalter wiederentdeckt wurde, als Sensation begriffen wurde. Sie hat bis in die Gegenwart zum Grundlagenwissen der politischen Philosophie und der Naturrechtslehren gehört und ist in ihrer differenzierten Aufnahme natürlicher, sozialer und institutioneller Faktoren auch durch die politikwissenschaftliche Analyse der Gegenwart nicht überholt. Es würde zu weit führen, die vielfältigen Erwägungen auch nur benennen zu wollen, die Aristoteles in seiner lehrbuchhaften Weise zum Formenreichtum der Verfassungen und ihrer Mischformen anstellt.

Also begnüge ich mich mit der Feststellung, dass Aristoteles die Verfassung der *politie* auf die «Freiheit» und die «Gleichheit» der Bürger gründet (1317 a). Dabei fügt er, ganz im Sinn des sokratischen Diktums, hinzu, «über Freie zu herrschen» sei «schöner» und erfordere mehr «Tugend» als über «Sklaven» zu gebieten (1333 b). Ob ihm darin die zahllosen Tyrannen der Weltgeschichte zustimmen, muss man bezweifeln. Denn viele machen die Menschen selbst erst zu Sklaven, um sie leichter beherrschen zu können; und aus der Tatsache, dass sie sich nahezu ausnahmslos möglichst bis an ihr Lebensende an der Macht zu halten suchen, darf man schließen, dass sie ihre Tyrannenherrschaft auch als etwas ansehen, was sie anderen Lebensweisen vorziehen.

Die Schwierigkeiten, «über Freie zu herrschen», von denen Aristoteles spricht, liegen für ihn an den starken Meinungsschwankungen und in der Verführbarkeit der Amtsträger durch das Versprechen von mehr Macht und größerem Reichtum. Und er sieht, wie Platon, eine Schwäche der Demokratie darin, dass die letztlich bestimmende Mehrheit wankelmütig und verführbar ist. Deshalb empfiehlt er die «Mischverfassung» der *politie*, deren Lebensnähe sich auch darin zeigt, dass sie über Instanzen verfügt, die durch Prüfung und Korrektur der *polis* zu einer auf Dauer gestellten Lebensfähigkeit zu verhelfen suchen.

Verstehen wir die *politie* nicht nur als die relativ beste Verfassung, sondern auch als die verbesserte Form der Demokratie, dann ist Aristoteles in seinen Überlegungen nicht weit von der Einsicht entfernt, die wir als Summe aus der Entwicklung der politischen Verfassungen zu ziehen gedenken: *Dass die Demokratie die politische Form der Menschheit ist.*

9. Ciceros ideelle Rettung der Republik. Cicero gilt als «Platoniker». Mit dieser Auszeichnung ist nicht gemeint, dass er ein Platon-Anhänger im strengen Sinn gewesen ist. Aber im Spektrum der antiken Philosophenschulen neigte er, so offen er sich für vieles zeigte, was griechischen Ursprungs war, weder der Stoa zu, noch war er ein Schüler Epikurs. Wohl aber verstand sich Cicero, gut 250 Jahre nach Platons Tod, in der Tradition der platonischen Akademie. In philosophischer und auch in politischer Hinsicht stand er Platon nahe, obgleich er als prominenter Repräsentant der römischen Republik einem gänzlich anderen Traditionskontext zugehörte.

So war das Thema der Demokratie für ihn nicht mehr aktuell. Denn Rom hatte, noch bevor die Athener die persischen Eroberer besiegen konnten und bereits Jahrzehnte, bevor es in Griechenland gelang, eine Demokratie zu errichten, etwas aus der Sicht der Römer viel Besseres geschaffen: nämlich die *Republik*. Sie wurde nach der Verbannung des letzten Königs und mit dem Vorsatz, unter keinen Umständen wieder eine Königsherrschaft zuzulassen, bereits im Übergang zum 5. Jahrhundert ausgerufen. Und kurz darauf hatten die Römer ihre Verfassung ergänzt: Mit der Einrichtung des *Tribunats* hatten sie eine Institution nachhaltiger Mitwirkung des nicht zu den führenden Schichten gehörenden Volkes hinzugefügt. Dadurch war die aristokratische Senatsherrschaft tatsächlich eingeschränkt, und die Republik war durch ein demokratisches Element verstärkt, das in der Folge eine gelegentlich sogar bedeutende Rolle in der Geschichte der Stadt spielen konnte.

Je länger die Republik sich hielt, umso mehr Grund glaubten die Römer zu haben, sich mit ihrer Ordnung der Demokratie überlegen zu fühlen. Sie verfügten mit ihren *Konsuln*, *Censoren*, *Prätoren*, *Ädilen* und *Quästoren* (die es alle in Mehrfachbesetzung gab) über ein dichtes System der Administration und der Kontrollen, die einer demokratischen Mitwirkung nahekamen. Die kurzen Amtszeiten auf allen Ebenen sowie die große Zahl an legislativen Körperschaften (*comitien*), die Anordnungen und Gesetze verabschieden, Wahlen vollziehen und Rechenschaft einfordern konnten, eröffneten viele Wege der Mitwirkung. Allerdings nahmen mit der Zeit Korruption und Ämterkauf so bedenklich zu, dass auch die, ebenfalls bedrohten, Gerichte nur mit Mühe für Abhilfe sorgen konnten.

Dem *cursus magistratum* entsprechend, hatte Cicero alle Ämter bis einschließlich des Konsulats durchlaufen und war bis zum Senator aufgestiegen. Er kannte das System der Republik von innen heraus. Und als Anwalt war er mit den kriminellen Umtrieben gegen die Verfassung vertraut. Doch das brachte ihn nicht dazu, Zweifel an der Verfassung der Republik zu hegen. Im Gegenteil: In der Zeit ihrer größten Gefährdung durch Catilina, Pompeius, Cäsar, Brutus und Octavian (den späteren Kaiser Augustus) wurde er zu einem wortgewaltigen und wirkungsmächtigen Verteidiger der Republik. Seine Gegner waren der Überzeugung, dass die Republik nicht fallen könne, ehe Cicero nicht beseitigt war. Sie sorgten am Ende dafür, dass er dem von seinen Gegnern aufgehetzten Mob zum Opfer fiel. Er wurde von einer blutrünstigen Menge erschlagen, die seinen abgetrennten Kopf im Triumphzug durch die Straßen Roms getragen hat.

Als Anwalt, als Rhetor, als Ethiker und auch als vergleichender Theoretiker des Göttlichen, der damit neue Wege eines toleranten Umgangs mit der Religion aufweisen konnte, hat Cicero eine Bedeutung, in der er alle römischen Philosophen überragt. Und als politischer Theoretiker gehört er zu der kleinen Zahl von Philosophen, deren Einfluss neben Platon, Aristoteles, Hobbes, Locke, Kant und John Stuart Mill kaum zu überbieten ist. Seine Leistung liegt zum einen darin, dass er den grundlegenden Charakter des institutionell gesicherten *Rechts* erkannte, ohne den es nicht zu einer beständigen politischen Ordnung kommt; daher auch sein unbedingter Einsatz für die *Republik*. Zum anderen aber hat er, wie vorher nur Sokrates und Platon und nach ihm wohl nur noch Erasmus und Kant, die existenzielle Verbindung exponiert, die zwischen der *Menschheit*, in deren Namen Politik gemacht wird, und dem *einzelnen Menschen*, der für sie verantwortlich ist, besteht. Nur auf diesen Punkt kommt es im Folgenden an.

Der von Livius herangezogene Strukturvergleich zwischen Mensch und Staat nimmt die *Natur* in Anspruch, auf die man ohnehin in allem vertrauen muss, was dem Menschen gelingen soll. Der Mensch kann gar nicht anders, als auf die Verlässlichkeit der Natur zu setzen, und wenn er dabei sein Wissen zu Hilfe nimmt, sind es Erfahrungen des Gelingens oder Misslingens sowie die Kenntnis von Naturgesetzen, in deren Bestand er sich mit seinesgleichen einig weiß. Alles, was wir als *Technik* bezeichnen, setzt eine solche Kenntnis der Natur voraus. Sie ist im Spiel, wenn man Stadtmauern, Kriegsgeräte oder Schiffe baut. Die Kenntnis des beständigen Naturzusammenhangs wird aber auch genutzt, wenn Versammlungen einberufen, Gesetze öffentlich gemacht, Handel getrieben oder Verträge geschlossen werden. Auch Kriege setzen die Natur voraus, allein schon dadurch, dass sie mit Toten und Überlebenden rechnen und darin ein Maß für Sieg oder Niederlage erkennen.

Selbst mehr oder weniger friedliche Konflikte kann man unter Berufung auf die Natur lösen, wie das einleitend in Erinnerung gebrachte Beispiel der Verständigung zwischen den Vätern der Stadt und dem widerständigen Volk vor den Toren Roms im ersten Jahrzehnt des 5. Jahrhunderts zeigt. Der Naturbezug kann schon dadurch hilfreich sein, dass sich der Mensch selbst als Teil des lebendigen Zusammenhangs begreift, zu dem auch die Politik gehört. Der alles menschliche Dasein tragende Naturzusammenhang kann als so verbindlich begriffen werden, dass man sogar den Vorschlag machen kann, darauf die Besiegelung von Verträgen zu gründen. So kommt gegen Ende des 18. Jahrhunderts die Idee auf, die Garantieerklärung für künftige Friedensverträge nicht länger auf *Gott*, sondern auf die *Natur* zu gründen.

Doch systematisch gesehen greift der Vorschlag zu kurz, und dies nicht, weil Natur unterschiedlich verstanden werden kann, sondern weil es unabhängig von der Instanz, auf die man sich beruft, stets auf den *Menschen* ankommt, ob die Verträge eingehalten oder gebrochen werden. So ist im Naturbezug der ökologischen Katastrophe offenkundig, dass es nicht allein um die Natur geht, wie sie uns die Physik erkennen lässt; vielmehr geht es um die lebendige Natur der Pflanzen, Tiere und Menschen. Doch in beiden Fällen wäre es nur eine ergänzende Beschwörung dessen, worauf ein Vertrag sich ohnehin bezieht. Also kommt, wenn man mit der Berufung auf die Natur nicht in einer Tautologie enden will, als *garantierende Macht* nur der über *sich selbst verfügende Mensch* in Frage, der geloben kann, sich unter allen Bedingungen an den Vertrag halten zu wollen.

Wenn wir also den handlungs- und vertragsfähigen Menschen adressieren wollen, ist es zu wenig, nur davon auszugehen, dass er Haut und Haare, Mund, Zähne und Magen hat und der Schwerkraft unterworfen ist. Man muss ihn vielmehr als *verantwortlich handelnden Akteur* mit eigenen Ansprüchen und Absichten hinzuziehen. Und eben das versucht Cicero auf eine neue Weise deutlich zu machen, indem er den Menschen als *Person* (*persona*) anspricht, die ihre nur ihm als einzelnem Wesen zukommende *Würde* (*dignitas*) hat, die Ausdruck der Zugehörigkeit jeder Person zur *Menschheit* (*humanitas*) ist, die ihrerseits jede *Person* verpflichtet, ihre *Würde* darin zu zeigen, dass sie Teil ebendieser *Menschheit* ist und somit unter dem Anspruch der *Humanität* zu handeln hat.

Ciceros Aufstieg als Anwalt, Redner und politischer Repräsentant erfolgte in den Jahren zwischen 90 und 75 v. Chr. Er wurde von dem nach Rom geflohenen Platoniker *Philon von Larissa* unterwiesen, bereiste Griechenland, schloss auf Rhodos Freundschaft mit *Poseidonius* und stand nach seiner Rückkehr 77 v. Chr. als ein dem Adel näher gerückter *homo novus* vor dem aussichtsreichen *cursus honorum* der römischen Magistratslaufbahn. Ihn hat er mit Bravour durchlaufen: Er hat sich als *Quästor* in Sizilien sowie als *Ädil* und *Prätor* in Rom bewährt und bekleidete das Amt eines *Konsuls*. Nebenbei stieg er zum beachteten *Rhetor*, *Anwalt* und *Autor* auf. Nur so viel sei erwähnt, um sein gesellschaftliches Ansehen und seine Verbundenheit mit der Republik kenntlich zu machen.

Mit der Verschärfung der Krise der Republik wurde der Ton der Reden Ciceros eindringlicher. Sein Verweis auf die *Humanität* nahm einen appellativen Charakter an. Aus dem deskriptiven Kennzeichen für die menschliche Gattung wird eine *Norm*, hinter der die verpflichtende Instanz des Menschen in seiner Fähigkeit zum *Mitgefühl*, aber damit auch zum begrifflichen Anspruch auf *Beständigkeit* (*constantia*), *Verlässlichkeit* (*honestum*) und *Glaubwürdigkeit* (*fides*) steht. Der Ausdruck, den Cicero für diese integrale Gesamtrepräsentanz des einzelnen Menschen vor der Gesamtheit aller anderen Menschen wählt, ist der der *Person*.

Der Begriff stammt bekanntlich aus dem Vokabular des Theaters. *Persona* bezeichnet die Maske, die sich der Schauspieler vorhält oder vorbindet. Durch sie hindurch klingt die Stimme des Mimen, die man für den Ausdruck dessen halten soll, den die Maske symbolisiert. Mit dieser Herkunft erfasst *persona* im realen Handlungszusammenhang den Doppelsinn, der immer auch das *Selbstverhältnis* der sprechenden und handelnden Individuen in Erinnerung hält: Auch im Leben spielt der Mensch eine «Rolle», in der er sich darum zu bemühen hat, *aufrichtig*, *vertrauenswürdig* und *wahrhaftig* zu sein.

Mit der ethischen Karriere des Theaterbegriffs der *persona* erfuhr das Wort eine Aufwertung, die dem Ernst des moralischen Anspruchs entsprach, ohne die Herkunft verleugnen zu müssen. Damit kommt es für die Person darauf an, auch im realen Leben *der* Mensch zu sein, der er sein und bleiben möchte. Nur spricht sie hier nicht den Text, der zu einer vorgeschriebenen Bühnenrolle gehört, sondern sie hat als Mensch in aller *Freiheit* und in der Bestimmtheit der von ihm verlangten *Pflicht* die *Person* zu sein, als die er sich versteht.

Persona verlangt die *Selbstdarstellung* des Menschen; der Begriff ist zutiefst mit der Herausforderung verbunden, die das gesellschaftliche Dasein jedem Menschen abverlangt. Selbst «Authentizität» ist ein personaler Rollenanspruch, dem der Mensch zu genügen versucht. So entspricht der Begriff der *Person* in seiner komplexen Anlage dem Umfeld, in das Cicero ihn stellt, wenn er ihn mit der *Humanität* verbindet – einer *Menschlichkeit*, die zu zeigen die *Würde* des Einzelnen ausmacht. Auch für diese zum *Menschen* (und nicht erst zum *Amt* oder zur *herausragenden Aufgabe*) gehörende Haltung verwendet Cicero den Begriff der *dignitas*. Und alle drei Begriffe: *persona*, *humanitas* und *dignitas* zeigen an, dass der Mensch unter allen Bedingungen seines bewusst geführten Lebens keine monolithische Verfassung hat. Er ist von Irritationen und Zweifeln nicht frei.

Der Mensch ist somit kein umstandslos mit sich selbst identisches Wesen, sondern er hat in allen Lebenslagen ein *Verhältnis zu sich*, das ihn sich *so* oder *anders* verhalten lassen kann. Alle drei Begriffe setzen ebendieses Selbstverhältnis voraus, das es ihm erlaubt, so oder so zu sein. Und nur weil dies so ist, hat der Anspruch einen Sinn, sich als *Person* zu erweisen, seine *Würde* nicht zu verlieren und darin in seiner *Menschlichkeit* ein Beispiel für die *Menschheit* zu geben.

So wie wir in dem auf *Öffentlichkeit* zielenden Wirken des *Perikles* das singuläre Exempel für das demokratische Handeln eines athenischen Bürgers und in der philosophischen Grundlegung einer Politik durch *Platon* die auf *Wissen*, *Einsicht* und *Bildung aller* sowie in der durch *Gerechtigkeit* und *Gesetz* geregelten *Teilnahme der Bürger* die frühen Wendepunkte einer Politik im Geist der Demokratie erkennen, so verdanken wir den nächsten, bis heute wirksamen Impuls zu einer Ausweitung des Geltungsraums der Republik dem umfassend gebildeten *Marcus Tullius Cicero*. Er ist der einzige der großen Denker, der bis in die höchsten Staatsämter aufgestiegen ist, dabei von großem, über die Jahrhunderte fortwirkendem geistigen Einfluss war und sein Leben im Einsatz für seine politischen Ideale verlor. Und in allen seinen Leistungen sah er letztlich nicht mehr als eine menschliche Pflicht, die er auch seinen Sohn Marcus zu lehren suchte.

Es klingt, als wollte Cicero an die Rede des Menenius Agrippa anschließen, wenn er betont, die «Grundlage der Gesellschaft» sei die «Eintracht» (*fundamentum rei publicae concordia* [*est*]).[14] Sie kann es nach Cicero nicht ohne «Gerechtigkeit» (*iustitia*) geben. Und wenn er an Beispielen erläutert, wie es zu der Beziehung zwischen *Eintracht* und *Gerechtigkeit* kommt, setzt er stets *Tugenden* von handelnden Personen mit den gesellschaftlichen Folgen ihres Tuns in Verbindung. So hebt er das «Wohlwollen (*benevolentia*) der Menschen» hervor, das bei den einen die *Taten* ermöglicht und bei den anderen die *Empfänglichkeit* für die Wohltaten vergrößern kann. So könne ein Politiker die Zustimmung der Bürger durch nichts leichter gewinnen als «durch Uneigennützigkeit und Selbstlosigkeit (*abstinentia et continentia*)».[15] Und von aktiven Politikern erwartet er: «Gerechtigkeit, Verlässlichkeit (*fides*), Freigebigkeit, Mäßigung und Selbstbeherrschung (*temperantia*)».[16] So verstärkt sich bei Cicero die *Aufmerksamkeit auf die Dispositionen und Motive* des Tuns einzelner Personen! Das *Individuum als politischer Akteur* rückt mit Nachdruck in den Blick.

Als Mensch ist jeder mit seinesgleichen nicht nur in seiner anatomischen, physiologischen, psychologischen und intellektuellen Ausstattung verbunden, sondern er steht wie alle anderen Menschen unter einem Anspruch, der ihn, zusammen mit seinesgleichen, darauf verpflichtet, sich in allem, was er tut, *als Mensch* zu erweisen. Darin liegt seine *Humanität.* Folglich reicht es nicht, ihn indirekt über Gott oder die Natur zu verpflichten: Man muss *ihn selbst* ansprechen, wenn es darauf ankommt, ihn in seiner Verantwortung für sein Handeln herauszufordern.

Das ist durchaus mit dem Beispiel zu vergleichen, mit dem es Menenius Agrippa gelang, die widerstrebende Menge zur Rückkehr in die Stadt zu bewegen: Jeder Bürger hat einen Körper und kann somit vom eigenen leibhaftigen Lebensvollzug auf das nach Analogie eines Körpers zu begreifende Zusammenwirken der einzelnen Teile des allgemeinen Ganzen schließen. Die metaphorische Rede vom «Staatskörper» mit seinen «Organen» und «Gliedern» ist zwar späteren Ursprungs; aber die Analogie zwischen dem großen Ganzen der politischen Einheit und der körperlichen Verfassung des einzelnen Menschen ist bereits die semantische Bedingung für den von Menenius Agrippa und dann auch von Platon angestellten Vergleich.

Die hier herangezogene Analogie liegt auch bei Cicero zugrunde. Er trägt sie radikal nach «innen», wo das Herz liegt und die Seele ihren Ort haben soll. Aber die Parallele zwischen politischer und personaler Organisation verliert alles Körperliche, wird zu einer direkten Ansprache an den einzelnen Menschen überhaupt, der, als sei er ein zuständiger Anwalt seiner selbst, *nach Art einer Institution* begriffen werden kann. Angesprochen wird der Mensch in seinen handlungsleitenden «Organen» des Verstandes (*ratio*), der *verstehen* kann, was gemeint ist, und des Willens (*voluptas*), dem der Impuls über das Tun und Lassen zugeschrieben wird. So wird das politikfähige Lebewesen als *selbstbewusster* Akteur adressiert. Mit der Berufung auf die *Humanität* kommt aber auch die *Verantwortung des Einzelnen* hinzu, der nicht nur (was natürlich ist) für sein eigenes Leben und damit (was als sozial naheliegend zu gelten hat) für seine Nächsten Sorge trägt. Im Hintergrund steht die *Verantwortung für die Menschheit*, deren Teil jeder Mensch ist.

Dass für den Römer der Sprung vom Individuum zur Humanität nicht unmittelbar erfolgen muss, sondern mindestens noch die Verantwortung für die Stadt und das römische Volk dazwischen liegt, versteht sich auch für Cicero von selbst. Aber wir können sehen, dass er über eine Perspektive verfügt, in der Rom tatsächlich nur das Mittelglied in einer Vorstellungsskala bildet, die bis zur Gesamtheit aller Menschen auf der geographischen Einheit des Erdballs (*globus*) reicht – im Bewusstsein des als kosmisches Ganzes vorgestellten Universums.

In dieser Perspektive wird jeder Bürger als bloßer Teil der Republik, die ursprünglich nur eine von der Königsherrschaft befreite Stadtgemeinschaft war, inzwischen aber zu einer rechtlich verfassten *Inkorporation einer sozialen Einheit* geworden ist, zu einem von sich aus *verantwortlichen Teil der Menschheit*. Für deren Bestand hat sich jeder letztlich mit der gleichen Entschiedenheit einzusetzen, wie für die Erhaltung und Entfaltung der politischen Gemeinschaft, zu der er in seiner physischen Beschaffenheit und in seinen sozialen Verbindlichkeiten gehört. Unter dem Titel der *Humanität*, der für Cicero zunächst nicht mehr als den Status eines Begriffs (*conceptus*) oder einer Vorstellung (*idea*) anzeigt, dann aber auch auf die ethische Instanz einer auf ihre Würde achthabenden Einzelperson verweist, bringt *humanitas* die höchste Autorität einer nach *Art einer Weltrepublik verfassten Gesamtheit aller Menschen* auf den Begriff.

Im Begriff der Humanität wird ein Begriff von kaum zu überbietender Allgemeinheit zum *persönlichen Anspruch einer Einzelperson*. Neu an dieser Funktion eines über sich selbst urteilenden Richters ist die unbedingte *Individualität*, die in der verantwortlichen Erfüllung einer Aufgabe liegt.

Im Anschluss an Cicero kann man auch von *Personalität* sprechen. Solange sie keinem Zwang unterliegt, hat sie nur sich selbst gleich zu sein. Doch eben darin ist die Person nicht mit sich allein! Denn *als Person* hat sie eine über sich selbst hinausweisende Allgemeinheit, die in ihrem Selbstbegriff als *Mensch* enthalten ist. Und in diesem Selbstbegriff als Mensch repräsentiert sie die *Menschheit*. Und die *Würde* des einzelnen Menschen resultiert daraus, dass er Teil der Menschheit ist.

Man braucht nur lesen, wie sich Cicero auf seine Menschenwürde beruft. Vom Stolz, den *cursus officium* mit so großem Erfolg durchlaufen zu haben, ist da nichts zu spüren. Im Vordergrund steht die Verpflichtung, den Erwartungen, die mit der Zugehörigkeit zur Menschheit verbunden sind, zu genügen. Und dazu gehört der ganz und gar persönliche Anspruch, den Anforderungen an Verlässlichkeit, Aufrichtigkeit und Wahrhaftigkeit zu entsprechen. Dass sich Römer der klassischen Zeit dabei gewiss auch höchste Ziele setzten, darf als selbstverständlich gelten.

Die seinem Sohn *Marcus* in *De officiis* mit auf den Lebensweg gegebenen Ermahnungen machen kenntlich, wie persönlich Cicero seinen Anspruch auf die Wahrung menschlicher Würde versteht. Er ist vom Tonfall eines Ehrenträgers oder Amtsinhabers weit entfernt und spricht als hoffnungsvoller und besorgter Vater vertrauensvoll zu seinem geliebten Sohn. Wie die literarischen Ratschläge erkennen lassen, geht es dem Vater natürlich um die äußere Erfüllung dessen, was die Pflichten unter dem Anspruch auf Humanität und menschliche Würde erfordern; aber ihm ist vor allem daran gelegen, dass der Sohn das Geforderte *aus eigener Einsicht* und *mit innerer Anteilnahme* tut. Der letzte Satz der literarischen Korrespondenz spricht für sich: «So leb' denn wohl, mein Cicero, und sei überzeugt, dass du mir sehr lieb bist, dass du mir aber viel lieber sein wirst, wenn du über solche Ermahnungen und Untersuchungen [über die Pflichten im Namen der Humanität] Freude zeigst.» (*de off*, 3, 121) Cicero, dem Vater, lag daran, dass dieses persönliche Moment der Öffentlichkeit nicht verborgen blieb.

Es ist für sich bereits von philosophischer Bedeutung, dass Cicero die mit größter Eindringlichkeit geschilderten Prinzipien seiner politischen Ethik in der Form von Briefen an seinen in Athen studierenden Sohn Marcus Cicero niederlegt. Darin liegt mehr als nur eine literarische Akzentuierung, der die Individualisierung als Stilprinzip dient. Der Vater fordert eine Politik, die von verlässlichen Personen verantwortet wird. Und deren Grundsätze sind mit besonderem Nachdruck in einer persönlichen Form zu vermitteln, auch wenn sie in der Sache das Leben vieler betreffen. Für sie sollte selbstverständlich sein, dass es in einem politischen Gemeinwesen keine personale Verlässlichkeit gibt, solange es keine vertrauensvolle Zusammenarbeit gibt.

Zum Beleg der gewiss nicht aus Karrieregründen erfolgenden Exposition der Humanität mag es genügen, eine von Cicero immer betonte Auffassung anzuführen, die ihm, so fremdenfreundlich das römische Gemeinwesen auch gewesen sein mag, dem *homo novus*, aber gewiss keine besondere Anerkennung der alten Geschlechter gebracht hat: «Wer aber sagt, man müsse Rücksicht nehmen auf seine Mitbürger, nicht aber auf Ausländer (*externorum*), der hebt die alle umfassende Gemeinschaft der Menschheit (*communem humani generis societatem*) auf.» (*de off.* 3, 28.) Und es klingt wie ein Merkspruch für die Gegenwart, wenn wir lesen: «Am Aufenthalt in der Stadt aber Fremde zu hindern, das ist unmenschlich (*inhumanum*).» (3, 47) Zur Begründung hebt Cicero nicht etwa den Vorteil hervor, den die Römer von einem solchen Verhalten haben. Vielmehr sei es die Menschheit selbst (!), die dadurch Schaden nehme: «Denn es ist die Natur des Menschen, der wir folgen müssen; sie ist der Rücksichtslosigkeit [gegenüber anderen] am meisten feind (*maxima inimica crudelitas*).» (3, 46)

Wollte man zur Erklärung dieser Fokussierung auf das Individuum nach *epochengeschichtlichen Bedingungen* suchen, gelangte man augenblicklich über den engen Horizont der römischen Weltsicht hinaus. Gewiss wäre es möglich, Parallelen zur damals vorherrschenden stoischen und epikuräischen Ethik herzustellen, die, mit unterschiedlicher Akzentuierung der Vernunft oder des Gefühls, den Stellenwert des *Individuums* in Verbindung mit der *Universalität* ihrer Weltsicht betonen. Überdies wird Ciceros Auszeichnung der gleichermaßen persönlichen wie allgemeinen Perspektive auf das Ganze schon wenige Generationen nach ihm als Vorgriff auf den Kern der christlichen Lehre angesehen. Man traute dem Genie Ciceros zu, die religiöse Botschaft vorausgeahnt zu haben.

Eine weniger aufwändige Erklärung für Ciceros Aufwertung des Individuums liegt in seiner *Tätigkeit als Anwalt*, der sich mit den Voraussetzungen und Folgen der Handlungen einzelner Personen zu befassen hatte, um ihre mögliche Schuld im Licht der Strafbestimmungen zu beurteilen. Die Gerichtspraxis in Anklage und Verteidigung nötigte ihn, sich in die Lage der vor Gericht stehenden Personen hineinzudenken, um sie gerichtswirksam schildern zu können.

Einen Grund für die besondere Aufmerksamkeit Ciceros für das *Individuum* kann man auch darin sehen, dass zu seiner Lebenszeit gleich mehrere Machtpolitiker auftreten, die bereit waren, jede Rücksicht auf die republikanische Verfassung aufzugeben. *Pompeius* war nicht der Erste, dem diese Ambition nachgesagt wurde. Vor ihm hatte es bereits den Verschwörer *Catilina* gegeben, gegen den Cicero als Ankläger auftrat. Und *Cäsar* scheiterte mit seiner Alleinherrschaft, als er sich bereits am Ziel wähnte. Seinen Mördern unterstellte Cicero zu Recht die gleichen Absichten wie ihrem Opfer. Und weil er diese Unterstellung öffentlich äußerte, deshalb musste er sterben.

Es war Cicero, der das auch auf Wahrung der *humanitas* bedachte *Recht* als einen eigenständigen Faktor in die politische Debatte eingebracht hat. Desgleich kann er als Vordenker eines nicht bloß auf Eroberung und Unterwerfung anderer Völker angelegten globalen Anspruchs der menschheitlichen Politik gelten. Die römischen Kaiser scheinen sich daran gelegentlich zu erinnern, und bei Marc Aurel gibt es einen erkennbaren Nachhall des stoischen Kosmopolitismus, der bis in die Naturrechtslehren der frühen Neuzeit (etwa bei Pufendorf und auch bei Kant) reicht. Das ist auch eine Folge der Aufmerksamkeit, die Cicero bei den Kirchenvätern, dann in der Renaissance und bei dem bis in die Aufklärung nachwirkenden Erasmus von Rotterdam gefunden hat. Als Ideengeber eines Humanismus mit universeller Reichweite war er bis in die Debatten über die Gründung einer europäischen Union gegenwärtig. Man kann Cicero als den Denker ansehen, der mit seiner Verteidigung der Republik, mit der Akzentuierung des Rechts und der Einsicht in die Notwendigkeit der Verständigung der Völker den Weg in eine verfasste demokratische Ordnung wesentlich erleichtert hat.

Dazu hat gewiss auch seine Abhandlung *De re publica* beigetragen, in der er die alles fundierende Rechtsförmigkeit eines politischen Gemeinwesens entwickelt und mit eindrucksvollen Argumenten den Zusammenhang zwischen Natur und Politik herausarbeitet hat. Das Werk ist in seinen letzten Teilen nur in Bruchstücken überliefert. Aber darunter ist eine

Passage, die von den zahlreichen Lesern der Spätantike so oft referiert worden ist, dass sie aus den Zitaten mit großer Verlässlichkeit rekonstruiert werden konnte. Ein Abschnitt ist unter dem Titel *Scipios Traum* überliefert und bietet aus der Position des in himmlische Sphären entrückten republikanischen Helden einen Blick auf die (als *globus* vorgestellte) Erde.

Aus kosmischer Entfernung bietet sich dem Träumenden das Panorama einer Menschheit, die nur als ganze eine Zukunft haben kann. Wie weit der Blick auf das Erdenrund schweift, macht Cicero seinem römischen Publikum dadurch klar, dass er Scipio sagen lässt, man könne aus kosmischer Entfernung von Rom nur noch einen *Punkt* (*punctum*) erkennen. Und diese aus der Distanz in ihrer Gesamtheit überschaubare Menschheit sollte wissen, dass sich für sie nur dann noch günstige Aussichten auf das Kommende eröffnen, sofern sie lernt, ihren Wohnplatz auf der Erde zu schützen:

> «Die Menschen nämlich», so heißt es in der Wiedergabe von Scipios Traum, «sind unter dem Gesetz gezeugt, dass sie jenen Ball (*illum globum*), der wie ein Tempel in der Mitte steht [und Erde (*terra*) genannt wird], schützen sollen [...], und nicht Gefahr laufen, die menschliche Aufgabe (*munus humanum*) [...] zu fliehen.» (*De re pub.* 9, 15,15)

Scipio sagt nichts über die Ursachen, die den Bestand der Erde gefährden. Aber es kann kein Zweifel sein, dass er im Fehlen des humanen Zusammenhalts die größte Gefahr für die Erde erkennt. Also ist es die Pflicht aller Menschen, der drohenden Gefahr Einhalt zu gebieten. Sich dieser Verpflichtung zu entziehen, kommt einer Selbstpreisgabe gleich. Die «menschliche Aufgabe» ist eine Notwendigkeit geworden, die von allen anzuerkennen und praktisch-politisch zu befolgen ist.

Das ist die Botschaft, die der ruhmreiche Scipio aus seinem Traum in die gemeinsame Welt mitbringt. Cicero schließt sich ihr an und hält sie in *De re publica* für die Nachwelt fest. Das Buch, obgleich bis ins 19. Jahrhundert nur in Bruchstücken überliefert, wird zum Klassiker, der immer wieder von zahllosen Gelehrten bearbeitet, von Hunderttausenden von Schülern gelesen und von Generationen von Politikern zitiert wird.[17] Aber es dauerte bis in die zweite Hälfte des 20. Jahrhunderts, ehe Wissenschaftler und, mit weiterer Verzögerung, auch Repräsentanten der Politik zu der Einsicht gelangen, dass die Erdoberfläche von einem Wandel erfasst ist, der das Leben der Menschheit als Ganzes bedroht. Um im Bild zu bleiben, das man inzwischen auch als eine aus dem Weltraum aufgenommene Farbfotografie vor Augen haben kann: Die Erde, dieser «Tempel», den die Menschen brauchen, um überhaupt einen Glauben an sich selbst bewahren zu können, kann den Schutz, den die Menschen auf ihr suchen, nicht mehr gewähren. Deshalb sind es die Menschen, die den Erdball durch ihre humane Solidarität zu schützen haben, wenn sie denn überhaupt nach eigenen Vorstellungen weiterleben wollen.

III

Der lange Weg in die Moderne

10. Der humane Impuls des Evangeliums. Mit dem Fall der Römischen Republik schien die Demokratie definitiv vergessen. Das kann man als weiteren Beleg dafür ansehen, dass die beiden Staatsformen, Republik und Demokratie, als eng verwandt begriffen wurden. Und diese Verwandtschaft im praktischen Verständnis findet ihre Bestätigung auch darin, dass die nach mehr als einem Jahrtausend in einzelnen Städten wieder Beachtung findende Republik auch die Erinnerung an die Demokratie wieder lebendig werden ließ.

Nach der ersten nachchristlichen Jahrtausendwende beginnen einige durch Gewerbe, Handel und florierende Geldgeschäfte selbstständig gewordene italienische Stadtstaaten ihre Unabhängigkeit gegenüber den kaiserlichen Oberherren kenntlich zu machen und nennen sich «Republik». Die historische Erinnerung an die Anfänge Roms dürfte dabei maßgebend gewesen sein. Man greift bewusst auf die ältere Form einer gemeinschaftlichen, rechtlich geordneten Herrschaft zurück. So konnten sich Venedig, Florenz und Genua als Republiken etablieren, obgleich in ihren Mauern alte oder neue fürstliche Geschlechter mit offenkundigen Vorrechten dominierten.

Das führte in der Renaissance wiederholt zur historischen Rückbesinnung auf die republikanische Tradition Roms, am eindrucksvollsten in Machiavellis Erinnerung an die von Livius geschilderten Jahrhunderte nach der Vertreibung der Könige mit nachfolgender Errichtung der Republik.[1] Bei Machiavelli ist das mit der Tragik verbunden, dass er sich als Verfechter der Republik durch die politischen Umstände genötigt glaubte, einer verwahrlosten Verfallsform der cäsarischen

Herrschaft durch vagabundierende Condottieri das Wort reden zu sollen.[2]

Der Übergang in die Neuzeit hinterlässt nur vereinzelte Spuren, die sich auf direkter Linie zu den Anfängen von Demokratie und Republik zurückverfolgen lassen. Ragusa, das unter dem Einfluss von Venedig stehende heutige Dubrovnik, ließe sich als frühneuzeitliches Beispiel nennen. Von weitreichender Wirkung sind hingegen die theoretischen Herleitungen, wie sie gelehrte Humanisten vorlegen. Das zeigt sich eindrucksvoll am Beispiel des Erasmus von Rotterdam, der durch seine Belesenheit, seine europäische Reputation, seinen Einfluss auf den das Jahrhundert dominierenden König und Kaiser Karl V., durch seine Stellung zum weltpolitischen Großereignis der Reformation – und letztlich allein durch seine intellektuelle Unabhängigkeit – zur Brückenfigur im Übergang zur Moderne wurde.

Es ist der von vielen Gegensätzen geprägte geschichtliche Verlauf, der uns zum Sprung von Cicero zu Erasmus nötigt: Schon den direkten Weg vom *antiken* zum *neuzeitlichen Humanismus* zu suchen, ist gewagt, zumal es dazwischen alles andere als ein politisches, philosophisches und literarisches Vakuum gegeben hat. Man braucht nur an die großen fränkischen und staufischen Kaiser, an Denker wie Augustinus, Anselm von Canterbury, Thomas von Aquin, Wilhelm von Ockham, Nikolaus von Kues oder an den für sich schon eine neue Epoche begründenden Dante Alighieri zu denken, um sich bewusst zu halten, worüber wir uns hinwegsetzen, wenn wir den Sprung von Cicero zu Erasmus wagen.

Aber wir haben das Glück, in zeitlicher Nähe zu Cicero die Entstehung einer Weltreligion dokumentiert zu finden, über deren widersprüchliche Geschichte man zwar vieles sagen kann, aber gewiss nicht, dass sie als fortgesetztes Zeugnis einer philosophisch kultivierten *Humanität* zu verstehen ist – von *Demokratie* und *Republik* ganz zu schweigen. Doch in ihrem Ursprung, im Evangelium ihres Gründers, ist das Christentum das eindrucksvolle Bekenntnis zu einer gelebten und praktizierten Humanität. Und da diese Botschaft in der Geschichte der christlichen Religion nur selten ganz vergessen, vielmehr wiederholt und in vielen Varianten erneuert worden ist, kann man das historische Exempel des Auftritts der christlichen Lehre als Beleg für eine epochenübergreifende Einsicht und Einstellung anführen, die Antike und Moderne verbindet.

Die humane Unmittelbarkeit des christlichen Glaubens, der es wagt, das selbstverschuldete Leiden des Menschen an sich selbst ins Zentrum seiner Zuversicht zu stellen, hat im ersten Jahrhundert der neuen Zeitrechnung und im Zentrum der antiken Welt ein Zeugnis für die Humanität der Heilsgewissheit gegeben. In ihr konnte ein Mensch für seinesgleichen sterben. Im Vertrauen auf die Einheit von Mensch und Welt hat er zu einer die Grenzen von Völkern und Sprachen überschreitenden Mobilisierung des menschlichen Glaubens an die Menschheit – und über sie dann auch zu Gott – geführt.

Der initiale Impuls der neuen Religion liegt in der *Neubestimmung des Verhältnisses des Menschen zu seinesgleichen.* Ausschlaggebend ist der *Primat der Mitmenschlichkeit* in der Erwartung einer persönlichen Beziehung zu seinem nicht einfach nur für «alles», sondern vornehmlich immer «für den Menschen» zuständigen Gott, den jeder Mensch mit «Du» ansprechen kann. Diese Personalisierung Gottes wird dadurch gesteigert, dass er als «Vater» eines «Menschensohns» angesehen werden kann, zumal der Gott in dieser Beziehung seine absolute Vormachtstellung nicht verliert, wohl aber, in unfassbarer und umso beglückenderer Paradoxie, den Menschen nicht nur überhaupt, sondern auch persönlich nahekommt.

Das Beispiel eines für seinesgleichen sterbenden Individuums geht mit einer radikalen *Individualisierung* des einzelnen Menschen einher. Sie sieht von allen sozialen und politischen Besonderheiten ab, achtet nicht auf die vorgängige Mitgift und Bildung und ist gleichgültig gegenüber dem die Kulturgeschichte der Menschheit dominierenden Unterschied zwischen den Geschlechtern, zwischen Reichen und Armen sowie zwischen Mächtigen und Schwachen.

Von der strikten Prämisse der weltlichen Gleichheit rücken die führenden Vertreter der christlichen Lehre später zwar mit Blick auf die Stellung ihrer Priester wieder ab; hier dominieren dann doch wieder Männer, die sich schriftkundig machen und als Leiter ihrer Gemeinden über größeren Einfluss verfügen. Aber da die Lehre immer wieder auf das *Beispiel* zurückgeht, das der Gründer in seinem Leben und Leiden gegeben hat, bleibt das Kernstück der christlichen Botschaft durchgängig präsent: Es ist er *einzelne Mensch,* dem, auch wenn er nicht zur Gemeinschaft der Gläubigen gehört, geholfen werden muss. Das wird im *Gebot der Hilfeleistung* deutlich, für das sowohl das Beispiel des «barmherzigen Samariters» steht wie auch die Erzählung einer über alle politischen und sozialen Schranken hinwegsehenden Heilung eines Knechts des Hauptmanns der römischen Besatzungsmacht. Überdies macht die christliche Botschaft keinen Unterschied zwischen Frauen und Männern – und die Kinder sind ihr ausdrücklich willkommen. Wem an der Humanität liegt, der muss auch das für bemerkenswert halten.

Hinzu kommt, dass es gegenüber denen, die das Wort, aus welchen Gründen auch immer, nicht erreicht, weder Zwang noch Gewalt geben darf. Wenn jemand nicht durch eigene Einsicht zum Christen wird, dann muss man ihm seinen abweichenden Willen und Glauben lassen. Wie immer die nachfolgende Praxis der christlichen Kirchen ihren Ursprungsimpuls auch verkannt oder missachtet hat: In seinem Ursprung ist das Christentum auf die strikte Achtung vor der Existenz und dem Willen des einzelnen Menschen, auf die Botschaft einer über alle biologischen, sozialen und politischen Unterschiede der Menschen erhabenen theologischen Bedeutung der Einzelnen und damit auf einen metaphysischen Vorrang der Individualität gegründet.

Wie weit der für seine Botschaft sterbende Jesus dabei geht, lässt sich am Beispiel seines Anspruchs auf eine entschiedene Lösung von den Fesseln der Tradition kenntlich machen: In *Lukas* 9, 60 lesen wir von einem angehenden Jünger, der, bevor er Jesus folgen will, einer nicht nur bei den Juden als vorrangig geltenden Sohnespflicht nachkommen möchte. Der Jünger spricht: «Herr, erlaube mir, dass ich» [bevor ich dir nachfolge] «hingehe und meinen Vater begrabe.» Aber Jesus spricht zu ihm: «Lass die Toten ihre Toten begraben; gehe du aber hin und verkünde das Reich Gottes!»

Diese auf schroffe Weise inhuman wirkende Aussage kann einem den Atem verschlagen; aber sie scheint, wie auch in *Matthäus* 8, 22, tatsächlich in diesem Sinn gesprochen worden zu sein. Sie bringt die Gleichgültigkeit gegenüber allen äußeren Konventionen zum Ausdruck – unabhängig von der alten Religion, die Jesus für unzulänglich hält. Aber er hätte dennoch den Wunsch eines Sohnes achten können, bei der Bestattung seines Vaters anwesend zu sein, ganz gleich nach welchen Gepflogenheiten das geschieht. Dass darin auch ein persönlich vorrangiges Bedürfnis eines Menschen liegen kann, scheint ohne Belang zu sein. Das überrascht, weil die Antwort Jesu doch zeigt, dass er die Menschen lehren will, ihr persönliches Heil als vorrangig anzusehen. Denn seine «frohe Botschaft» legt den Menschen nahe, ihr eigenes Leben und damit auch die Stimme ihres eigenen Herzens wichtig zu nehmen.

Tatsächlich lässt Jesus, wie es scheint, den Jünger ziehen, damit der seine Sohnespflicht erfüllen kann, und nimmt ihn anschließend in den Kreis seiner Anhänger auf. Hinzu kommt, dass Jesus wie kein anderer Religionsgründer vor oder nach ihm Nächstenliebe predigt, für die man ja auch durch die Anteilnahme nach dem Tod eines Nächsten ein Zeichen setzen kann. Hier kündigt sich ein Personalismus reinsten Gewissens an; nur von ihm ist eine Hingabe an das Göttliche zu erwarten, mit der die Menschheit der eigenen Person nicht aufgegeben, sondern bekräftigt wird. Hier schließt der christliche Glauben nahtlos an den Humanismus Ciceros an, der die Würde einer sich selbst treu bleibenden Person zu wahren sucht.

Man muss sich nur den in vielen Episoden überlieferten Lebensweg dieses Jesus von Nazareth ins Bewusstsein rufen, um auch ohne aufwändige Deutung (und ohne religiöse Voreingenommenheit) erkennen zu können, wie entschieden die christliche Lehre von den Äußerlichkeiten des sozialen Lebens absieht. Der Überbringer der existenziellen Heilsbotschaft kommt unter erbärmlichen Verhältnissen in einem Stall (in der Gesellschaft von «Ochs» und «Esel») zur Welt, und die ersten Besucher sind Hirten von den umliegenden Feldern. Ob er, noch «in den Windeln» in einer Futterkrippe liegend, tatsächlich Besuch von drei Weisen, gar von «Königen» aus einer der reichsten Gegenden des Orients erhält und mit Kostbarkeiten beschenkt wird, können wir getrost als Hinzufügung späterer Berichterstatter ansehen; hier dürfte der so verständliche wie ahnungslose Wunsch am Werk gewesen sein, den armselig zur Welt gekommenen «Gottessohn» wenigstens durch weltliche Reichtümer aufzuwerten.

Doch wer solche Ergänzungen für nötig erachtet, dürfte die Pointe der «Weihnachtsgeschichte» verfehlen, die von Verfolgung, Flucht und realer Armseligkeit erzählt, damit jeder erkennen kann, wie unerhört der Lebensweg dieses allein auf sein Wort und seine Taten konzentrierten Menschen ist, der dann als Wanderprediger, Autodidakt und «Rabbi», gar als verspotteter «Gottessohn», der allen das «Heil» und die «Erlösung» verheißt, aber vollkommen erniedrigt, verhöhnt und von einem brutalen Wachpersonal schmachvoll zu Tode gequält, sein kurzes Lebens endet.

Wenn man in der Geschichte des Denkens nach Parallelen zu dieser Biographie des Jesus sucht, kann man sich an die niedrige Geburt und den im Stand des «Steinmetzen» nicht sonderlich geschätzten Sokrates erinnert fühlen, vielleicht auch an den einen oder anderen Sklaven, der zum geschätzten Komödiendichter, zum bekannten Philosophen oder zum Revolutionär aufsteigt. Aber diese Beispiele, so erstaunlich sie sind, bleiben unvergleichlich, weil Jesus ohne äußeren Zwang die Nähe zu den Hilflosen, Kranken und Kriminellen sucht, um auch aus deren Sicht von dem sprechen zu können, was immer auch zum Menschlichen gehört.

Dieser Jesus heilt «Aussätzige», legt Wert auf die Verbindung zu den geächteten «Zöllnern» und lässt im heilsgeschichtlichen Versprechen seiner Botschaft keine Unterschiede zwischen den Geschlechtern, Religionen und Nationen zu. *Als Menschen sind alle gleich* – und vor Gott sind sie allesamt mit ihrem Verlangen nach Erlösung gerechtfertigt –, wann und wie immer sie in ihrem allemal kindlichen Glauben zu ihm gefunden haben.

Hinzu kommt, dass die Texte des *Neuen Testaments* ohne politische Ambitionen zu sein scheinen. Der «Menschensohn» ist weit davon entfernt, ein soziales Programm zu verkünden oder auch nur die Befreiung von der römischen Fremdherrschaft zu fordern. Er ist als das Gegenteil eines Aufrührers anzusehen. Wer ihn aus postrevolutionärem Sensationsbedürfnis nachträglich zu politisieren sucht, hat das eigentlich Umstürzende dieses Zeugen einer menschheitlichen Botschaft nicht verstanden. Gewiss: Der Umgang, den er mit den Gegnern der Juden pflegt, und seine praktizierte Toleranz gegenüber seinen jüdischen Verfolgern sind bereits in seiner Zeit von eminenter politischer Bedeutung. Auch die hochsymbolische Tatsache, dass schon kurz nach seiner Geburt in jenem Stall, in dem seine vor dem jüdischen Machthaber fliehenden Eltern Zuflucht gefunden haben, die drei sternkundigen Sendboten aus dem «Morgenland» mit kostbaren Geschenken ihre Aufwartung machen, hat einen schwerlich zu übersehenden politischen Nebensinn: Er weist, wie auch die Missionserwartung des Christentums, nicht nur über die Grenzen Judäas, sondern auch weit über die des Römischen Reiches hinaus. Sie ist auf die *Menschheit als ganze* und damit auf den *ganzen Erdkreis* gerichtet.

Auch die Haltung der frühen Christen ist beispiellos in der Geschichte der Menschheit: Inmitten einer Unzahl anderer politischer und religiöser

Lebensformen scheint man keine Absicht zu haben, andere zu einer Änderung zu bewegen, und schon gar nicht, sie dazu zu zwingen! Es genügt, wie Paulus es vorführt, vom jeweils eigenen Verhältnis zu Gott *Zeugnis* abzulegen – und darin anderen ein *Beispiel* zu geben. Mit Recht wird diese apolitisch erscheinende Haltung als «Toleranz» bezeichnet. Sie offenbart ein letztlich auch politisch überlegenes Bekenntnis zur Gesamtheit aller Menschen.

Das christliche Friedensgebot, wie es in der *Bergpredigt* verkündet wird, lässt die überkommene politische Praxis wie einen Atavismus erscheinen. Hätte das frühe Christentum eine politische Lehre, könnte auch sie nur auf *Freiheit* und *rechtliche Gleichheit* gegründet sein; sie hätte die *personale Würde* des Einzelnen zu achten und müsste unter Berufung auf den göttlichen Willen die *Menschlichkeit* im Umgang mit jedem einzelnen Menschen wahren. Es kann nicht wundern, dass gelehrte Römer sich durch die christliche Botschaft an die Lehre Ciceros erinnert fühlten, der in Rom, zwei Generationen vor der Kreuzigung in Jerusalem, von seinen rachsüchtigen Verfolgern geköpft worden ist.[3]

Man könnte versucht sein, die *Bergpredigt* als die ethische Leitlinie eines politischen Programms zu deuten, das sich nur in der Einhaltung humanitärer Grundsätze realisieren ließe. Doch das würde über das hinausgehen, was in der christlichen Heilsbotschaft verkündet wird. Und es würde der Trennung zwischen religiöser Lebensführung und politischem Handeln widersprechen. Das eine schließt das andere zwar nicht aus; doch in der christlichen Lehre besteht kein Ableitungsverhältnis zwischen Religion und einer daraus folgenden Politik.

Hier bietet die christliche Botschaft großen Spielraum, weil sie den Individuen die denkbar größte Freiheit lässt. Jesus beschränkt sich auf die Neubestimmung der Beziehung des Menschen zu «seinem» Gott. In der zwischenmenschlichen Konsequenz bleibt die Nachfolge Jesu auf die Verpflichtung zur *Nächstenliebe* beschränkt. Sie könnte man mit der römischen *concordia* vergleichen, die jedoch in ihrem politischen Kern auf das Bewusstsein des einmütigen Widerstands gegen Feinde gerichtet ist. Allerdings ist die *concordia* bereits in Ciceros Anspruch auf *Humanität* und *menschliche Würde* von dieser Ursprungskondition des politischen Handelns freigesetzt. Und so könnte man die Nächstenliebe als eine wenn nicht zwingende, so doch vieles erleichternde Vorbedingung des Menschenrechts und somit als eine günstige Bedingung auf dem Weg zur Rehabilitierung der Demokratie ansehen. Nur um deutlich zu machen, dass diese Deutung nicht aus der Luft gegriffen ist, berufe ich mich auf einen in diesem Punkt unverdächtigen Zeugen: auf Friedrich Nietzsche. Der hielt die Demokratie für ein «verbessertes und auf die Spitze getriebenes Christentum».[4]

11. Humanismus als politisches Programm. Mit der Anerkennung des Christentums durch das Römische Reich vollzog sich ein Wandel, der nicht nur die Präsenz der Gemeinden im alltäglichen Leben, sondern auch das Verhältnis zum Staat veränderte. Der Gottesdienst musste nicht mehr im Verborgenen stattfinden, sondern konnte in öffentlich kenntlich gemachten, architektonisch zunehmend verselbstständigten Wahrzeichen Gottes gefeiert werden. Der Dienst im Auftrag des Staates galt als Auszeichnung, und die Teilnahme an Kriegshandlungen wurde auch für die Christen zu einer bürgerlichen Verpflichtung.

Mit Blick auf die nachfolgenden Jahrhunderte bestand die gewiss wichtigste Veränderung darin, dass sich mit wachsender Größe und der Ausbreitung in ganz Europa die Kirche eine an der Politik orientierte rechtliche Ordnung gab. Nach dem Zerfall der Einheit des Römischen Reiches führte sie dazu, dass sich der Primas der westlichen, der «römisch-katholischen» Kirche nach Art eines weltlichen Herrschers etablierte. Die Glaubensgemeinschaft gab sich einen an das römische Recht angelehnten rechtlichen Status, schlichtete religiöse Streitigkeiten nach dem Modell öffentlicher Gerichtsbarkeit und befehligte eigene Truppen.

Im Westen Europas, auf den sich die folgenden Hinweise beschränken, war der wohl wichtigste nächste Schritt die Anerkennung des Papstes als legitimierende Instanz der fränkischen, staufischen, sächsischen und später habsburgischen Kaiser. Das Vorrecht zur Krönung der Herrscher nutzte die päpstliche Kirche zur Mehrung ihrer eigenen Macht, die sie immer auch politisch verstand. So wandelte sie sich von einer allein auf den Glauben heilsbedürftiger Individuen gegründeten Gemeinschaft, deren Zusammenhalt wesentlich auf dem Ethos einer Nachfolge der Botschaft des Gekreuzigten beruhte, in eine hierarchisch aufgebaute, mit weltlichen Gütern reichlich versehene Machtorganisation. Als Stellvertreterin Gottes beanspruchte die Kirche weit über menschliches Ermessen hinausgehende Befugnisse und überbot mit ihrer Berufung auf einen für alle Menschen zuständigen Gott noch die weltanschauliche Anmaßung römischer Caesaren. Das hat die spätere Zersplitterung der Kirche begünstigt.

Das Unglück dieser päpstlichen Herrschaft ist, dass sie überhaupt entstehen und so viele Jahrhundert überdauern konnte. Die mit dem geschichtlichen Auftritt des Christentums augenblicklich einsetzende (und bis heute nicht versiegte) Vervielfältigung christlicher Konfessionen, die zunehmende Diversifikation der europäischen Kultur, das Vordringen außereuropäischer Religionen und das wachsende Selbstbewusstsein der europäischen Städte und Regionen führten schon zur Hochzeit des sogenannten Mittelalters zu zahllosen politischen Konflikten und mündeten in eine unaufhaltsame Erosion der Macht des Vatikans.

Im 14. Jahrhundert führen die Spannungen zwischen Kaiser und Papst zum zeitweiligen Exil der Päpste in Avignon. Bedeutende Autoren wie Dante Alighieri, Marsilius von Padua und Wilhelm von Ockham optierten grundsätzlich für eine Trennung zwischen politischer und geistlicher Macht. Unter dem Einfluss der zunehmenden Beschäftigung mit den antiken Autoren wird diese Einsicht gefördert und nachhaltig verbreitet. Sowohl in Dantes *De monarchia* (1321) wie insbesondere auch in seiner 1320 abgeschlossenen *Divina Commedia* wird ein *Humanismus* bezeugt, für den sich erst im nachfolgenden Jahrhundert ein epochenbildender Begriff findet. Leitend ist hier das Verständnis der *Liebe*, für die nach neuen Formen des weltlichen wie auch des religiösen Ausdrucks gesucht wird. Dante gelingt das Kunststück, alle Spielarten der menschlichen Liebe literarisch bewusst zu machen, und ihr dennoch den höchsten geistigen, ja, göttlichen Stellenwert zu geben. Auch wenn Dante den Begriff nicht verwendet, ist seine Dichtung doch der Gipfelpunkt einer *humanen Aneignung* der Welt.

Je mehr die römische Kirche im Kampf um ihren Machterhalt den spirituellen Ursprung ihres christlichen Glaubens aus dem Blick verliert, umso stärker sind ihre Gläubigen vom Wunsch einer Nachfolge Christi erfüllt. Die mit den Namen John Wycliff, Jan Hus und Martin Luther verbundene Kirchenspaltung bahnt sich in einem Zeitraum von mehr als 150 Jahren an. Nehmen wir die Verfolgung der «freien Geister» (*spiriti libertati*), die Verbrennung der Margarete Porète und den Prozess gegen Meister Eckart hinzu, sind es mehr als 200 Jahre, in denen die Spaltung aufbricht.

Luther steht in dieser durch existenzielle Frömmigkeit und humanistische Gelehrsamkeit geprägten Tradition. Er hat den Mut, das Unerhörte des christlichen Glaubens auch den einfachen Menschen, denen er ursprünglich verkündet worden war, nahezubringen. Theologisch half ihm der Begriff der rational gar nicht fassbaren *Gnade*, und publizistisch konnte er die Vorzüge nutzen, die der Siegeszug des *Buchdrucks* bot. Hinzu kamen die Vorteile durch die wissenschaftlichen Leistungen der Humanisten, die nicht nur kritische Editionen, sondern auch verlässliche Volksausgaben der Bibel ermöglichten. Mit den neuen Texten war es leichter, das «Volk» (griechisch: *demos*) zu erreichen, das sich in den Jahren der Reformation zunehmend selbst politisch – und zwar durchaus schon «demokratisch» – verstand. Das ist durch vereinzelte Forderungen in den Bauernaufständen oder im Verlangen nach einer «demokratischen» Wahl der Gemeindepfarrer belegt.[5]

Die historische Umwälzung wäre ohne die Vorarbeit der Humanisten nicht zu verstehen. Die frühe Renaissance-Philosophie Lorenzo Vallas und Giannozo Manettis hat die Aufmerksamkeit der Gelehrten gefunden und damit dem Humanismus neue Aktualität verliehen. Sie befreiten den Begriff von der ihm schon bei Seneca zugewachsenen ethischen Engführung und gaben ihm seinen ursprünglichen Bedeutungsreichtum zurück, der von der *Erziehung des Einzelnen*, über den aktiv ausgefüllten *personalen* und *institutionellen Rang* bis hin zum *integren politischen* Handeln reicht. In dieser Fassung, in der er vornehmlich das einschließt, was alsbald als Ideal der «Bildung» angesehen wurde, wirkte er in vielen Ländern Europas und wurde zu einem Epochenbegriff, der im deutschen Sprachraum die Besonderheit hatte und hat, die durch die Reformation entfremdeten Geister zu verbinden.

Zur philosophischen Vorgeschichte des humanistischen Aufschwungs gehörte der Plan eines jungen italienischen Gelehrten, der das Prinzip konziliarer Beratung und Entscheidung nicht länger auf innerkirchliche Fragen beschränkt sehen wollte. Er suchte den Vatikan mit einem 900 Punkte umfassenden Programm zur Einberufung eines «Weltkonzils» (*consilium universale*) zu bewegen, auf dem die Vertreter aller Religionen und aller philosophischen Schulen ihre Streitigkeiten erörtern und in Mehrheitsentscheidungen beilegen sollten. Doch der Plan missfiel der Kurie, und nachdem man dort den Eindruck hatte, der von vielen bewunderte junge Adlige lasse von seiner Idee nicht ab, wurde er Opfer einer heimtückischen Vergiftung.[6]

Die Rede ist von Pico della Mirandola, in dem man den Begründer des neuzeitlichen *Humanismus* sehen kann. Ihm verdanken wir die nach seinem Tod publizierte Abhandlung *De dignitate homini*, die den Grundgedanken Ciceros nicht nur ins Zentrum menschlicher Selbstschätzung rückt, sondern ihm durch eine theologische Auszeichnung metaphysisches Gewicht zu verleihen sucht. Gott, so ist die Annahme, steht im Zentrum der Welt, von dem aus er die Schöpfung dirigiert, die sich in konzentrischen Kreisen von außen nach innen steigert: Das Unbelebte hat seinen Platz auf den äußersten Bahnen, die lebendigen Wesen hingegen bewegen sich auf den inneren Zirkeln. Je größer und vielfältiger ihre Fähigkeiten sind, umso näher stehen sie dem Zentrum, in dessen Mitte schließlich der *Mensch* zu finden ist.

An diesen Platz, so Pico, hat Gott den Menschen gestellt, um in ihm ein ihm entsprechendes Gegenüber zu haben. Die Würde des Menschen ist somit, ähnlich wie in den überkommenen Hierarchien der politischen Ämter, an die Stellung des Menschen gebunden, die ihn von allen anderen Lebewesen abhebt und ihm zugleich eine singuläre Beziehung zur höchsten Macht verschafft. In dieser Stellung als Gegenüber Gottes liegt die Auszeichnung, die Pico als Verpflichtung empfindet, sich seiner zentralen Stellung als *würdig* zu erweisen. Seine Position im Angesicht Gottes zeichnet den Menschen aus und legt ihm eine besondere Verantwortung auf. Bescheidenheit angesichts seiner Einbindung in ein Ganzes, dem er sich verdankt, und das exponierte Selbstbewusstsein, sich einer singulären Herausforderung zu stellen, fallen hier zusammen. Sie verbinden sich im menschlichen Ernst, um dem Doppelanspruch der humanen Existenz zu genügen: zum einem gegenüber *Gott* und zum anderen gegenüber der *Welt*, zu welcher der Mensch zwar selbst gehört, für die er dennoch, wie wir schon von Ciceros Scipio wissen, besondere Verantwortung trägt.

Dass Pico in seiner Auffassung nicht alleine steht, zeigt sich schon früh im *Humanismus* eines *Adrian von Utrecht*, der als Lehrer des Erasmus von Rotterdam, als Ratgeber der Kaiser Maximilian und Karl V. und als leider nur für kurze Zeit amtierender Papst *Hadrian VI.* als vielseitig wirksamer Vermittler zwischen Brabant, Spanien und Italien gewirkt hat. *Erasmus* nimmt den Impuls seines Lehrers auf und gibt ihm eine historische Reichweite, die im ganzen westlichen Europa, und zwar auf beiden Seiten der Reformation, mit besonderem Einfluss auf Thomas Morus, Melanchthon, Bodin und Montaigne bis in die Zeit Goethes und Wilhelm von Humboldts gewirkt hat. Da seine Nähe zur Politik beachtlich war, aber seine Schriften heute selbst in der Politikwissenschaft vergessen zu sein scheinen, ist an ihn zu erinnern.

Für einen «Humanisten» versteht es sich von selbst, dass er vor allem anderen auf den Wert der *Erziehung* und der *Bildung* verweist. Also konnte Erasmus es nicht bei seiner kommentierten Neuausgabe zunächst des *Neuen*, dann auch des *Alten Testaments* belassen, so groß der Arbeitsaufwand und schließlich auch die Breitenwirkung war, die in verlässlichen Übersetzungen in die Volkssprachen seiner Zeit bestand. Mit den *Adigia*, einer mehrfach erweiterten und ausführlich kommentierten Stellensammlung mit den Spruchweisheiten der Antike, legte er ein Buch vor, das fast 300 Jahre bei den Angehörigen der gebildeten Stände als unentbehrlich galt. Das philologisch-humanistische Verdienst des Erasmus hat auch Luther stets anerkannt, trotz aller Verärgerung darüber, dass er den scharfzüngigen Kritiker des römisch-katholischen Kirchensystems nicht auch auf die Seite der Reformation ziehen konnte.

Ganz auf der Linie seiner humanistischen Interessen liegt eine kleine populäre Schrift, in der Erasmus mit literarisch pointierter Ironie den Mangel an Urteilskraft und persönlicher Einsicht vornehmlich bei seinen höher gestellten Zeitgenossen beklagt. In seinem *Lob der Torheit* (*Laus stultitiae*, 1509) hält er der herrschenden Unbildung seiner Epoche den Spiegel vor. Damit erfüllt er die erste Pflicht des Humanisten, die Menschen zum selbstständigen Denken, zum Erwerb des erforderlichen Wissens, zum Respekt vor ihresgleichen und zur Beachtung der Leistungen der Gelehrsamkeit und der Kunst zu erziehen. Doch Erasmus begnügt sich nicht damit, die Bedeutung der Schule und der Bildung zu exponieren.

Mit seinem zweiten literarischen Meisterstück, *Der Klage des Friedens* (*Querela pacis*, 1517), fordert Erasmus die Menschheit als ganze eindringlich dazu auf, endlich *Frieden* zu halten. Damit stimmt er als Erster die Reihe der neuzeitlichen Friedensrufe an, die Immanuel Kant 1795 noch einmal verstärkt.[7] Die allegorische Form, in der Erasmus hier die Göttin des Friedens Klage über die Kriegsversessenheit der Menschen führen lässt, erlaubt ihm, seine kompromisslose Kritik an den Kriegsherren aller Zeiten vorzutragen. Dabei spart er weder große noch kleine Potentaten aus, und bezieht auch die hohe Geistlichkeit der Kirche, einschließlich des Bischofs von Rom, mit ein.

Die *Querela pacis* vergisst auch nicht, dass einflussreiche Bürger, Händler und Bankiers zu den für den Krieg Mitverantwortlichen gehören, obgleich Erasmus einer der Ersten sein dürfte, der die friedensstiftende Leistung des Handels erkennt. «Der Friede», so sagt er, «macht durch den Warenumtausch (*rerum commerciis*) alles zu gemeinsamem Besitz (*omnia communia*).»[8] Damit ist seine ökonomische Einsicht auch Ausdruck eines ausgeprägten *sozialen Interesses*, das der von ihm favorisierten, auf *Gleichheit und Freiheit* basierenden *republikanischen Regierungsform* bereits eine *demokratische Pointe* gibt. Oder, um die gesellschaftskritische Potenz dieses Gedankens kenntlich zu machen: Der Handel, der in jenen Jahren zum fürstlichen Reichtum der Banken führt und später den Aufstieg des Kapitalismus ermöglicht, ist nicht auf diese Entwicklung festgelegt. Im Gegenteil: Der durch ein universelles Tauschprinzip im Prinzip alles gleichmachende Handel lässt es zumindest als möglich erscheinen, dass alle Menschen am Wohlstand teilhaben.

Die Klage der Friedensgöttin betrifft alle Übel des Krieges, die sie in bewegenden Worten zu schildern weiß: Sie spricht von verbrannten Städten, Kirchen und Klöstern, von vernichteten Kunstwerken und Bibliotheken sowie von der um sich greifenden Sittenlosigkeit. Und der Skandal, den sie beklagt, liegt darin, dass alle diese Kriege im «Namen des Volkes» geführt werden. In Wahrheit aber entscheidet das Volk nicht nur nichts, sondern es wird noch nicht einmal gefragt, obgleich es doch, nach Erasmus, «allein das Volk» (!) ist, das unter den Kriegsgräueln zu leiden und am Ende die Lasten aller Streitigkeiten zu tragen hat: «Die Ursachen fast aller Kriege», so heißt es, «liegen in Dingen, die mit dem Volk (*populus*) nichts zu tun haben.» Als die «Hauptursache aller Kriege» könne die Eroberung von Land und Leuten gelten, und, so fragt die Friedensgöttin schon im nächsten Satz, was hat das «mit den Interessen des Volkes zu tun?» (Ebd.)

Das Volk ist das zentrale Thema auch, wenn es um die durch die Kirche und ihre Priester praktisch-politisch vergessen gemachte Botschaft des Christentums geht: In eindringlicher Auslegung führt Erasmus vor, dass die christliche Lehre sowohl in ihrer geschichtlichen Anlage wie auch in ihrer zentralen Absicht auf «den Frieden und die gegenseitige Liebe» ausgerichtet ist (5, 379). Davon sei zwar in den Schriften und in den Predigten weiterhin die Rede, aber ihr Sinn sei vergessen. Das ganze Leid werde auf denen abgeladen, denen durch die christliche Botschaft das Heil versprochen werde.

Dass dies im Jahr des Thesenanschlags in Wittenberg veröffentlicht wird und von Luther überall und ausschließlich, von Erasmus hingegen nur in gelehrten Kreisen die Rede ist, gehört zu den Paradoxien des Reformationsgeschehens. Hinzu kommt die Tatsache, dass Erasmus auch die *Freiheit* begründet, von der Luther zwar theologischen Gebrauch macht, deren grundlegende politische Bedeutung er jedoch verkennt. Das hindert den Reformator nicht, dem ihm in Kirchenfragen letztlich nicht folgenden Humanisten die Verkennung des Freiheitsproblems vorzuwerfen.[9]

Dieser Vorwurf hat weder in den Schriften noch im Verhalten des Erasmus einen triftigen Grund. Man muss im Gegenteil sagen, dass es Erasmus ist, der ein historisch und systematisch gerechtfertigtes Freiheitsverständnis entwickelt, das den Erfordernissen des neuzeitlichen Staates sowie den anzuerkennenden Gegensätzen des religiösen, kulturellen und politischen Lebens angemessen ist. Luther hingegen hat allein die Glaubensfreiheit der ihm folgenden Christenmenschen im Blick. Im Verständnis des Reformators verdankt sich sein von tiefer religiöser Inbrunst erfüllter Glaube ausschließlich der Gnade Gottes; nur durch sie werde der Mensch zur Nachfolge Christi befreit; und nur in dieser Nachfolge könne die Freiheit des Menschen bestehen.

Den ausschließlich religiös ausgerichteten Freiheitsbegriff Luthers kann Erasmus, wie er in *De libero arbitrio* darlegt, zwar theologisch nachvollziehen, aber er hält ihn für politisch unzureichend.[10] Denn Luther verfehlt nicht nur die Realität der von ihm erhöhten Glaubensvielfalt, sondern er verkennt die grundlegende Bedeutung der bürgerlichen Freiheit auch für die Zukunft der Reformation. Als vielgereister Europäer kennt Erasmus die Meinungsgegensätze zwischen den Nationen, selbst wenn sie in enger Nachbarschaft leben. Und er hat eine Vorstellung von den Konflikten, die der Menschheit mit den Entdeckungsreisen und dem einsetzenden Welthandel bevorstehen. Er hat die politische Zukunft der Völker im Blick und sucht nach einem Verständnis von Freiheit und Gleichheit, das den Menschen in ihrer realen Verschiedenheit angemessen ist. Was bei Pico in einer konziliaren Beratung zu einer universalen Übereinstimmung aller führenden Auffassungen in Religion und Wissenschaft führen soll, ist bei Erasmus dem politischen Prozess selbst überantwortet. Dem aber kann man nur unter den Prämissen einer alle Bürger umfassenden Freiheit und Gleichheit gerecht werden. Hier liegt der Ausgangspunkt für ein bis weit in die Moderne vorausweisendes Verständnis der Politik, das der Republik nähersteht als der Monarchie. Es fällt nicht schwer, darin auch sozialstaatliche und demokratische Elemente auszumachen.

Die Wahrnehmung der Lasten und Leiden des Volkes findet bei Erasmus nicht beiläufig statt. Seine Briefe von den Reisen quer durch Europa berichten von den Gasthäusern und Pferdestationen zwischen London, Leuven, Basel, Venedig und Rom. Aber er hat nicht nur einen aufmerksamen Blick für die Lage der einfachen Leute. Er hat auch ein Herz für sie und empfindet Mitleid mit den Armen. Davon zeugt eine unerhörte Aussage in seiner wichtigsten politischen Schrift, die als Meilenstein auf dem Weg zur Rehabilitierung der *Republik* und zur Wiederentdeckung der *Demokratie* gelten kann: Erasmus spricht von der Bedeutung der *Gerichtsbarkeit* im Staat, die unabhängig zu urteilen hat und allein nach Maßgabe einer an der Gleichheit der Bürger ausgerichteten *Gesetzlichkeit* verfahren darf. Dennoch soll es hier eine die «Armen» betreffende Ausnahme geben.

Von den Armen (*pauperi*), so Erasmus, wisse jeder, dass sie in der größten Zahl aller Fälle von der Rechtsprechung benachteiligt werden. Ihnen fehlen nicht nur die materiellen Mittel zur Verteidigung, sondern auch die institutionellen Voraussetzungen, für ihre Rechte zu sprechen. Deshalb habe die Obrigkeit die besondere Pflicht, ihnen durch ein ihnen mit Verständnis begegnendes Recht zu helfen! Der Staat habe den Armen mit dem größten Wohlwollen und mit aktiver Unterstützung entgegenzukommen. Die Passage, in der er diese Haltung begründet, ist von größter politiktheoretischer Bedeutung, weil sie vieles vorwegnimmt, was erst spät in der Sozialgesetzgebung der jüngeren Zeit Beachtung gefunden hat:

> «Die Gesetze mögen die Gesamtheit (*universum*) berücksichtigen, dass keinem Unrecht geschehe, nicht dem Armen (*pauperi*), nicht dem Reichen, nicht dem Berühmten, nicht dem Unbedeutenden, nicht dem Sklaven,

> nicht dem Freien, nicht den Beamten (*magistratui*), nicht dem Privatmann. Aber sie sollen doch die Tendenz haben (*in hanc partem magis propendeant*), den Schwächeren (*imbecillioribus*) zu helfen, weil die Stellung der Niederen mehr der Ungerechtigkeit ausgesetzt ist (*quod humiliorum fortuna magis exposita sit iniuris*).[11]

Der Text, in dem sich dieser Rat findet, ist die Schrift zur *Erziehung christlicher Fürsten*, die Erasmus 1515 für die Enkel des Kaisers Maximilian geschrieben und mit diesen seinen Zöglingen beraten hat. Den Auftrag dazu hatte ihm der Kaiser persönlich gegeben, mit dessen Genehmigung die Unterweisung 1517 auch als Buch erschien. Der Inhalt hat sowohl auf den Älteren der beiden, den späteren Karl V., wie auch auf Ferdinand, den späteren Erbherzog von Österreich, Eindruck gemacht.[12] Ferdinand, der später seinen Bruder wiederholt vertritt, soll die Schrift auswendig gekannt haben; er hat sie in seinen Reden häufig zitiert. Karl hat offenbar noch bei seinem zuvor noch von keinem anderen deutschen Kaiser gewünschten und schließlich gegen größte Widerstände durchgesetzten vorzeitigen Amtsverzicht unter dem Eindruck der Lehren des Erasmus gestanden. Der Humanist hatte ihn gelehrt, ein Fürst, der sich seinem Amt nicht mehr gewachsen fühle, solle es in andere Hände legen – notfalls auch in die eines bürgerlichen Menschen! Die *Institutio*, obgleich an Fürstensöhne gerichtet, enthält die *erste neuzeitliche Konzeption einer republikanischen Staatsverfassung.*

Im Bewusstsein der Leistung Ciceros und noch vor Machiavellis Lob auf die von Livius geschilderten geschichtlichen Anfänge der Republik[13] stellt Erasmus deren Grundgedanken in den Mittelpunkt einer politischen Verhaltens- und Verfassungslehre. Da sie für den humanen Kontext der neuzeitlichen Wiedererinnerung an Republik und Demokratie wegweisend sind, müssen einige wenige Punkte Erwähnung finden.

Da ist zunächst die auch in modernen Verfassungen mögliche Vereinbarkeit von Monarchie und Republik. Schon Augustus hat sie für sein Imperium behauptet, dies aber ohne strikte Bindung an das Recht. Doch eben darauf legt Erasmus den größten Wert. Die *Freiheit* eines jeden Bürgers muss gesichert sein, und die auf die *Gleichheit aller* gegründete Gerechtigkeit hat als das oberste Ziel der Regierung des Fürsten zu gelten. Und wenn ein Herrscher den Eindruck hat, seinem Amt nicht mehr gewachsen zu sein, dann ist es seine Pflicht, die Regierung in andere Hände zu legen – auch dann, wenn eine auf die Blutsverwandtschaft gegründete Erbfolge nicht gegeben ist.

So kann eine Revolution aus der Sicht eines umsichtig denkenden Reformisten aussehen, dem schon Luthers Reformation unbedacht erschien. Gefahrlos war aber auch der Vorschlag des Erasmus nicht: Allein die Empfehlung einer möglichen Aufhebung der Erbfolge hätte als Verstoß gegen die bestehende gottgewollte Ordnung angesehen werden können.

Doch auch unabhängig von diesem Vorschlag muss die *Institutio* als ein durchgängiges *Plädoyer für die Republik* gewertet werden. So wird der Staat nicht nur fortlaufend *republica* genannt, sondern Erasmus richtet alles staatliche Geschehen auf die Wahrung des Rechts und auf die Sicherung der «gemeinsamen Freiheit» (*libertas communis*) (5, 194/5) aus. Dafür hat er zahlreiche Argumente aus der antiken Literatur, wie zum Beispiel das von Sokrates und Aristoteles überlieferte schöne Wort, dass es eines Menschen unwürdig sei, über Unfreie zu herrschen. Es sei vielmehr sowohl den Göttern wie auch den Menschen gemäß, nur «über Freie, die freie Entscheidung haben», die Herrschaft auszuüben.[14] Das kann Erasmus durch ein anschauliches christliches Pendant ergänzen: «Gott selbst habe», so paraphrasiert er ein Wort des Paulus, «um nicht mit Zwang zu herrschen, den Engeln und Menschen den freien Willen gegeben, damit seine Herrschaft großartiger und erhabener sei». Und Erasmus fügt die Frage hinzu, auf die er gewiss mühelos hätte antworten können: «Und kommt sich irgendeiner mit dem Titel ‹Herr› großartig vor, weil er über Bürger, die von Furcht erfüllt sind, wie über das Vieh herrscht?» (5, 196) Folglich muss auch der Mensch, wenn er als Regent über Menschen eingesetzt ist, der wichtigste Garant ihrer Freiheit sein. Nur unter dieser Voraussetzung hat es Sinn, das Staatsziel des «allgemeinen Nutzens» (*utilitas commune*) als verbindlich zu erklären (ebd.).

Unter der Bedingung der *Freiheit* kann die *Gerechtigkeit* schon für Erasmus als eine Art Funktionsbedingung des staatlichen Zusammenlebens gelten. Denn nur auf der Grundlage gemeinsamer Rechte kann erwartet werden, dass jeder aus eigener Einsicht das tut, was ihm im Zusammenhang mit seinesgleichen richtig erscheint. Nur so kann es zu einem «Verhältnis gegenseitigen Austausches» kommen, wie Erasmus es auch zwischen einem wahren Herrscher und seinem Volk für angemessen hält (5, 202/3). Denn der Herrscher gehört selbst zum Ganzen der

Gesellschaft, in der er seine Aufgabe nach Art eines Steuermanns zu erfüllen hat.

Um dies zu veranschaulichen, greift der neuzeitliche Humanist auf den Vergleich zurück, mit dem es Menenius Agrippa gelungen war, die junge römische Republik zu retten: auf den Vergleich zwischen dem Staat und dem einzelnen Menschen. Überdies zieht Erasmus eine Passage aus Platons *Phaidros* heran, die ihm erlaubt, auch der Seele und dem Geist eine Rolle in der Lenkung und Leitung des Körpers zuzuweisen: Die «Herrschaft des Fürsten über das Volk», so sagt er, sei «nichts anderes als die der Seele (*animus*) über den Körper.» (5, 190/1) Denn sie «verstehe mehr (*magis sapiat*) als der Körper», gehe also in ihrer Erkenntnis über die Belange und die Reichweite des Körpers hinaus und könne somit auch mehr zu seinem Nutzen tun. Und wie um deutlich zu machen, dass dem nach Analogie der Seele steuernden Herrscher keine Stellung außerhalb des Körpers zukomme, wird augenblicklich die Begrifflichkeit gewechselt und der Herrscher wird mit dem Herzen verglichen: «Was das Herz im Körper der Lebewesen ist, das ist der Herrscher im Staat.» Und wenig später kommt dann auch die Analogie mit dem Verstand (*ratio*) zur Geltung: Es ist der verpflichtende Zusammenhang von Freiheit, Gleichheit und Gerechtigkeit, in dem sich der Herrscher vor allen anderen auszuzeichnen hat, indem er die anderen an «Güte, Weisheit und Wachsamkeit zu übertreffen» sucht.

Das ist die Lehre, die Erasmus seinen beiden fürstlichen Zöglingen erteilt, von denen wir wissen, dass sie sich in ihren königlichen und kaiserlichen Ämtern wiederholt an sie erinnert haben. Dabei hat es ihnen der Lehrer besonders leicht gemacht, indem er ihnen das von ihnen Verlangte in einer ihnen jederzeit konkret vor Augen stehenden Relation veranschaulicht hat: «Und in dem Maße, in dem die Beamten (*magistratus*) das Volk übertreffen, muss der Herrscher die Beamten übertreffen.» (5, 192/3)

12. Der epochale Schritt zum Menschenrecht. So bedeutsam die überlieferten Texte in ihrem historischen Kontext auch immer gewesen sein mögen, und so unverzichtbar sie sind, wenn die Geltung und die Reichweite des Humanitätsbegriffs im politischen Kontext anschaulich werden sollen: Als bloße Texte bringen sie die Unmittelbarkeit an Kraft nicht auf, die nötig ist, um durchschlagend politisch wirksam zu sein. Dazu bedarf es einer anderen politischen Wirkungsgröße, deren Anspruch nicht nur viele Menschen betrifft, sondern die so konkret erfahren werden kann, dass sie spürbare politische Effekte erzielen muss. Eine solche Wirkungsgröße muss einerseits *generell* und *grenzüberschreitend* sein, andererseits aber unmittelbar als *individuell* und *existenziell* erfahren werden können. Und das ist dann der Fall, wenn die politisch handelnden Personen in ihrem Selbstverständnis betroffen sind und zugleich erwarten können, dass hier ein *Problem* liegt, das eine große Zahl von Mitmenschen, letztlich sogar *alle* Menschen angeht. Diese Verbindung dürfte in den alten Zentren von Demokratie und Republik, in Athen und Rom, gegenwärtig gewesen sein, von einer ausdrücklich angestrebten globalen Reichweite aber wird man erst in der *Neuzeit* sprechen können.

Die neue weltweite Wirkungsmacht gab es mit der Entdeckung Amerikas und der Eroberung der karibischen Inseln und großer Teile des Festlands durch die *spanische Conquista*. Denn alle seefahrenden Nationen Europas suchten sich zu beteiligen und alsbald waren auch viele Völker der Welt, entweder als Täter, Nutznießer oder als Opfer, davon betroffen.

Mit den spanischen Eroberern kamen auch franziskanische und dominikanische Ordensleute über den Atlantik, die durch das Wort missionieren wollten. Und unter den Siedlern, die es auch sofort gab, waren es Personen, denen an einem guten Verhältnis zu den Bewohnern der neu entdeckten Länder lag. Einer von ihnen war der junge *Bartolomé de Las Casas*, der seit 1502 zunächst als Soldat der Conquista gedient hatte. Seine Erfahrungen veranlassten ihn schon nach kurzer Zeit, Priester zu werden. Sein Eindruck war, dass die für Inder gehaltenen Eingeborenen weder Eroberer noch Bewacher brauchten. Nach dem, was er in den ersten Jahren erfahren hatte, wollte er ihnen mit Belehrung und Beistand dienen.

Nach seiner Priesterweihe war Las Casas als Feldprediger tätig und wurde auch zum Siedler in Kuba, wo er unter Beachtung christlicher Grundsätze eine *Encomienda* betrieb.[15] Unter dem Einfluss der Predigt eines Dominikaner-Priors bekam er jedoch Zweifel, ob das unter den vorgefundenen Bedingungen überhaupt möglich sei. Die Zweifel veranlassten ihn, seine Tätigkeit als Landwirt aufzugeben, die ihm unterstellten Indios in die Obhut des Gouverneurs zurückzugeben und wieder nach Spanien zurückzusegeln.

Das war 1514. In Spanien hatte König Ferdinand II. bereits 1512 erste

Gesetze zum Schutz der Indios erlassen. Deren Bestimmungen empfand Las Casas jedoch als unzureichend. Er machte eine Eingabe bei der königlichen Behörde, und tatsächlich gelang es ihm, Ende 1514 vom König empfangen zu werden. Doch der König starb wenig später und sein Sohn, der fünfzehnjährige Karl, der in dieser Zeit mit den Lehren des Erasmus von Rotterdam bekannt wurde, kam ins Amt. Es gelang Las Casas bereits im Sommer 1515, den jungen König für sein Anliegen zu gewinnen. Und so erstaunlich es klingt: Er wurde zum *Universellen Prokurator* aller Indios in Westindien ernannt und war in diesem Amt nicht nur der Repräsentant des Königs, sondern auch Berichterstatter des spanischen *Indienrats*.

Sein weiterer Lebensweg, auf dem es ihn immer wieder nach Mittelamerika zieht, lässt Las Casas zum ständigen Mahner, Kritiker und schließlich auch Chronisten der wechselvollen Geschichte der spanischen Eroberungen in Mittelamerika werden.[16] Er leitet eine Erkundung in dem durch die Goldsuche besonders verheerten Peru, war mehrere Jahre im heutigen Nicaragua und Guatemala tätig, wird auf Vorschlag des inzwischen als Kaiser residierenden Karls V. zum Bischof von Chiapas, der größten Diözese im westlichen Mexiko, ernannt, kehrt aber 1546, nachdem ihm dort durch sein Eintreten für die Indios durch die Oberen seiner eigenen Kirche die weitere Amtsführung unmöglich gemacht wurde, nach Spanien zurück.

Dort tritt er als Zeuge im Prozess gegen Konquistadoren auf, die ihre Befugnisse überschritten hatten. 1550 erwirkt er bei seinem König und Kaiser eine auf fünf Jahre befristete Aussetzung aller weiteren Eroberungen. Überdies wird er erneut Berichterstatter des *Indienrats*. Die vorrangige Arbeit im Alter aber ist seiner vierbändigen *Historia de las Indias* gewidmet, die zwar in Spanien, angeregt durch ein kirchliches Veto, nicht verbreitet und nicht zitiert werden darf, aber in viele Sprachen übersetzt und in ganz Europa gelesen wird. Das Werk enthält eine anschauliche Chronologie der Verbrechen an den Einwohnern der okkupierten Gebiete in Mittel- und Südamerika und ist noch heute erschütternd zu lesen.[17]

1542 beruft sich Las Casas in einer Petition an den *Indienrat* auf das *Menschenrecht* der indigenen Bewohner. Es scheint die erste literarisch verbürgte Erwähnung des Grundrechtes aller Menschen sein: *las reglas de los derechos humanos*.[18] Zur Begründung konnte Las Casas sich dabei nicht nur auf seine Vertrautheit mit der Lebensweise der Indios und auf seine persönliche Anteilnahme an deren Schicksal berufen. Die allgemeine philosophische Begründung für das Menschenrecht sah er im «Naturrecht» eines jeden Menschen, wie es durch die Lehre des Thomas von Aquin nach den Schriften des Aristoteles entwickelt worden war. Bei Las Casas kommt der Humanismus mit seiner Stärkung des individuellen Selbstbewusstseins und der Überzeugung von der besonderen Würde der menschlichen Person hinzu. Der einzelne Mensch wird als Exempel der Menschheit begriffen, und deshalb verdient er einen exzeptionellen Schutz.

Die vorausgehende Karriere des scholastischen Naturrechts ist beachtlich. Dazu hat die Anerkennung der scholastischen Philosophie durch die römische Kurie beigetragen. Aber es war durch seine antiken Wurzeln offenkundig, dass es nicht auf die Anhänger eines christlichen Glaubens beschränkt werden konnte. Der Ausdruck «Naturrecht» (*ius naturalis*) stellte außer Zweifel, dass es jedem Menschen «von Natur aus» zukommt. Man brauchte das «Naturrecht» also nur auf das einzige rechtsfähige Naturwesen zu beziehen, und schon wurde daraus das «Menschenrecht». Doch es hat lange gedauert, bis es zu dieser die Politik in den nachfolgenden Jahrhunderten prägenden Präzisierung kommt. Dazu bedurfte es auch der Integration in den juristischen Kanon des öffentlichen Rechts, in dem es erst später zur disziplinären Anerkennung gelangt. Und politisch wirksam wurde es erst in der durch die Aufklärung stimulierten republikanisch-demokratischen Bewegung in Europa und in den amerikanischen Kolonien.

Las Casas greift dem vor und trifft mit dem Ausdruck «Menschenrecht» den Nerv eines unter Anleitung eines humanistischen Lehrers erzogenen Monarchen wie Karl V. Wenn man zur historischen Herleitung nicht gleich auf Aristoteles und Thomas von Aquin (oder auf einige ebenfalls an Aristoteles geschulte arabische Denker) verweisen will, kommt Las Casas das Verdienst zu, erstmals in einem exponierten politischen Kontext das «Menschenrecht» eingefordert zu haben.

Angesichts der Vorgänge, mit denen der vornehmlich praktisch tätige Las Casas in den neu entdeckten Ländern und in Spanien zu tun hatte, mag die Vermutung, die ihn mit Thomas von Aquin und Aristoteles in Verbindung bringt, abwegig erscheinen. Er war kein Mann der Wissenschaft. Aber seine historischen und theologischen Interessen schließen die Kenntnis des Naturrechts nicht aus. Nur: dass ausgerechnet er vom «Menschenrecht» spricht, könnte einen zunächst vor Entsetzen starr werden und dann angesichts seiner Abstraktionsfähigkeit nur staunen lassen: Wer heute liest, wie Las Casas in seiner Geschichte der Entdeckung der neuen Länder zum Augenzeuge des Verhaltens jener sich «Christen» nennenden, auf ihn jedoch wie «Raubtiere» wirkenden Menschen wird, dem erscheint es rätselhaft, wie es ihm überhaupt möglich war, den Namen des «Menschen» für die Auszeichnung eines so großen, auf Unantastbarkeit dringenden Anspruchs, wie das *Menschenrecht* ihn erhebt, zu verwenden. Denn was er schildert, sind «Menschen», die in ihrer Gier nach Gold innerhalb weniger Jahre Millionen friedfertiger Ureinwohner hinschlachten, ohne jedes Mitgefühl zerstückeln, verbrennen oder an ihre Hunde verfüttern.

Die ausführlichen Berichte des Bartolomé des Las Casas rühren das Gefühl zahlloser Leser in Europa. Aber sie ändern an den inhumanen Zuständen in den neu entdeckten Ländern so gut wie nichts. Der Kaiser war auf den Zustrom an Gütern und Gold angewiesen, weil seine Herrschaft in Spanien und im Deutschen Reich sowie seine Kriege gegen die zahlreichen europäischen Widersacher Unsummen verschlangen. Es gelang ihm auch nicht, der Habgier seiner eigenen Landsleute Einhalt zu gebieten; die Kurie, der spanische Klerus, der Adel und die Kaufleute bleiben unbeeindruckt und leisten nachhaltigen Widerstand. Angesichts der sich ausbreitenden Reformation glaubten die Männer der Kirche auf die Macht und das Gold nicht verzichten zu können. Und da sich zunehmend auch andere Staaten an der Unterdrückung und Ausplünderung überseeischer Völker beteiligten, nahm die Begehrlichkeit der Europäer zu. Das Volk litt unter der Häufigkeit der Kriege, deren Schrecken sich durch das verstärkte Streben nach nationaler Geltung, vermehrt durch die konfessionellen Gegensätze und die zunehmende Wirksamkeit der Waffen, unablässig vermehrten. Zugunsten der Menschen lässt sich immerhin sagen, dass sich bei einigen europäischen Zeitgenossen Empörung regte. Und es gab auch gelehrte Kommentatoren, die sich Gedanken machten, wie sich die Zustände ändern lassen könnten.

Zu ihnen gehörte der in Toledo lehrende Naturrechtstheoretiker Francisco Suarez, der in einem einflussreichen Lehrbuch des Völkerrechts die Regierungsform der *Demokratie* in Erinnerung bringt.[19] Nur sie, so legte er dar, könne den Problemen einer Staatslenkung, die zahllose rechtliche Bedingungen zu beachten und deren Wahrung auch zu kontrollieren hat, gerecht werden. Nur eine Demokratie könne unter den Bedingungen zunehmender Verbindung zwischen den Völkern und einer von allen Menschen zu tragenden Verantwortung den Aufgaben einer allen Menschen dienenden Regierung gewachsen sein.

Damit war die Mauer des Schweigens über die *Demokratie* durchbrochen: Unter den Bedingungen der Neuzeit, die mit den Entdeckungsreisen, mit der allgemeinen Zunahme des Verkehrs und des interkontinentalen Handels anhebt, wird diese lange vergessene Regierungsform endlich wieder eine Option! Und dennoch dauert es noch gut 150 Jahre, bis der Begriff auch in das allgemein verwendete Vokabular der politischen Philosophie zurückkehrt.

Dabei hat das *Völkerrecht* eine nicht geringe Rolle gespielt. Zwar ging es in ihm vorrangig darum, die Verkehrswege und die territorialen Besitzstände der Handel treibenden Nationen zu sichern. Doch es gab auch ein Motiv, das die Beschäftigung mit dem *Menschenrecht* begünstigte: Die zunehmende Last der Kriege. Sie wurden mit steigender Unerbittlichkeit der Gegensätze geführt und brachten angesichts der sich steigernden Wirksamkeit der Waffentechnik eine immer stärker anwachsende Bedrohung der Truppen und der Zivilbevölkerung.

In dem Verlangen nach einer allseitigen Wahrung der staatlichen Zuständigkeiten fand das *Völkerrecht* größte Aufmerksamkeit und wurde zur juristischen Paradedisziplin. Da es auch um die Sicherheit der staatlichen Akteure sowie um belastbare Garantien für die jeweils erzielten Vereinbarungen ging, waren zunehmend auch Glaubens- und Überzeugungsbestände einzelner Personen betroffen. Um hier verlässliche Vereinbarungen möglich zu machen, erwies sich das Menschenrecht als brauchbares Mittel. Es war in der Lage, der zunehmenden Differenzierung in den Erwartungen, Bekenntnissen und Bedürfnissen der Personengruppen und Individuen Rechnung zu tragen.

Dass sie keineswegs nur nationalen und religiösen Unterschieden geschuldet waren, belegt ein Beispiel, das ursächlich mit Fortschritten in der Militärtechnik zu tun hatte, wenn sie es ermöglichte, Gifte gegen den Feind einzusetzen: Hier forderte ein bedeutender Schweizer Völkerrechtler bereits 1758 ein Verbot von Vernichtungswaffen, die gar keinen Kampf von Mann gegen Mann mehr erfordern. Sie galten als «unehrenhaft», verstießen also nicht nur gegen die Selbstachtung von Offizieren, sondern auch gegen die Würde des Menschen. So heißt es über den Einsatz einer chemischen Waffe, wie sie heute generell verboten ist: Dieses «verfluchte Mittel» sei ein «Feind des menschlichen Geschlechts».[20] Also müsse die Menschheit grundsätzlich vor ihren eigenen Erfindungen geschützt werden. Absolute Verbote dieser Art setzen Normen mit universeller Geltung voraus, die jedes einzelstaatliche Recht binden – also menschenrechtlichen Charakter haben.

13. Weltoffenheit und Öffentlichkeit. Dass der weltweite Handel ebenso wie das Völkerrecht einen gemeinsamen Raum der Erfahrung, des Wissens und des Handelns benötigt, liegt auf der Hand. Zu ihm gehört die *Möglichkeit offener Kommunikation.* Sie kann natürlich nicht auf den Austausch politischer Erfahrungen und Ansichten beschränkt werden, denn sie wird bekanntlich schon in den antiken Anfängen der Wissenschaft benötigt und betrifft nahezu alles, was Menschen interessiert. Und ohne die Ausweitung des *historischen Horizonts* über den mediterranen Raum hinaus und ohne die Überschreitung historisch vorgegebener Grenzen hätte sich die Wissenschaft in Renaissance und Moderne nicht entwickeln können. Mit dem Buchdruck hat sich der öffentliche Austausch der Kenntnisse wesentlich verstärkt und beschleunigt. Dadurch ist die *Öffentlichkeit* selbst zu einer zunehmend auf Aktualität und umfassende Vielfalt angelegten Sphäre des gesellschaftlichen Lebens geworden.

Nach der traditionellen Aufteilung der Aufgaben ist die Regulierung des Wissens- und Meinungsverkehrs eine staatliche Obliegenheit. Aber die macht an den Grenzen der einzelnen Staaten nicht halt. Die Buchdrucker hatten stets mehr zu tun, wenn die Zensur in den Nachbarstaaten Neuerscheinungen oder vermehrte Auflagen verboten hatte. Und im Zeitalter der Wissenschaften sowie unter dem Anspruch politischer, religiöser und literarischer Verständigung war der grenzüberschreitende Austausch von Erfahrungen, Wissen und Meinung nahezu so wichtig wie der internationale Handel, der, neben der Grenz- und Friedenssicherung, das zentrale Schutzgut des Völkerrechts war und ist. In der politischen Relevanz kann der Meinungsaustausch zwar nicht mit dem Warenverkehr konkurrieren, aber nebensächlich ist die Wahrung der Öffentlichkeit sicherlich nicht.

Vorrangiger Streitpunkt in den Debatten über die Öffentlichkeit ist deren Beschneidung durch Maßnahmen der *staatlichen Zensur*. Sie war insbesondere in England umstritten, wo der König sie als Machtprivileg im Kampf gegen seine bürgerlichen Kritiker behauptete. Als die Bürgerlichen 1640 im englischen Parlament die Mehrheit stellten, hoben sie sämtliche Zensurbefugnisse auf. Aber als dann in der öffentlichen Meinung Kritik an der Politik der bürgerlichen Mehrheit laut wurde, fanden die gerügten Volksvertreter die öffentlichen Klagen über sie bedrohlich und führten die erst 1640 aufgehobene Zensur bereits 1643 wieder ein.

Dieser skandalöse Widerruf einer kurz zuvor getroffenen historischen Entscheidung forderte den Protest des prominentesten Wortführers der bürgerlich-presbyterianischen Mehrheit, *John Milton*, heraus. In einer epochemachenden Abhandlung kritisierte er die Wiedereinführung der Zensur als eine nicht nur aller Politik, sondern auch aller Wissenschaft und Kunst widersprechende Maßnahme und forderte erneut die Abschaffung der Zensur. In seiner in der Form einer Parlamentsrede unter dem Titel *Areopagitica* 1644 publizierten Abhandlung[21] begründete Milton die Unerlässlichkeit einer die Kultur und die Politik allererst ermöglichenden Leistung der Öffentlichkeit und erreichte tatsächlich die Revision durch das Parlament. Der Vorgang belegt einmal mehr, dass es nicht leicht ist, öffentliche Kritik zu ertragen. Doch eben dazu muss man in einer Republik – und erst recht in einer Demokratie – in der Lage sein.

Sokrates hatte ein Zeichen der Tapferkeit darin gesehen, seine Meinung auch dann zu vertreten, wenn man eine Mehrheit gegen sich hat. Daran hat sich in der Moderne nichts geändert. Auch in Republik und Demokratie gehört Mut dazu, gegen öffentliche Kritik bei seiner eigenen Meinung zu bleiben und sie in der öffentlichen Debatte zu vertreten – möglichst mit Argumenten, die in der Lage sind, aus Gegnern Befürworter werden zu lassen.

Etwas mehr als 120 Jahre nach Erasmus' epochemachender Abhandlung über *De libero arbitrio* gehört die *Areopagitica* zu den wichtigsten neuzeitlichen Texten zur Verteidigung der menschlichen *Freiheit*. Von Freiheit, das ist die These Miltons, könne ohne uneingeschränkte öffentliche Meinungsäußerung (*public opinion*) gar nicht gesprochen werden. Und deren Bedeutung sei durch den Buchdruck nur gewachsen. Denn nun könne alles Geschriebene in großer Auflage und in mehrfacher Wiederholung überall verfügbar sein und somit jeden Bürger erreichen; also müssen sich auch alle *so* äußern können, wie es ihrer Auffassung entspricht.

Schon in der Antike hat die Öffentlichkeit die Politik, das Recht und die Wissenschaft ermöglicht; in der neuen Zeit, in der das von Milton adressierte Parlament selbst öffentlich zu handeln hat, sind sowohl die geographische Ausdehnung wie auch der Bevölkerungsumfang der Staaten gewachsen. In ihnen habe das Gewicht der *Erziehung* und des *Wissens* zugenommen, und es komme nun auf jeden Bürger an, so dass es einer Verkehrung des politischen Willens eines Volkes gleichkäme, wollte man die Vielfalt der Erkenntnisse und Meinungen durch Verbote einzugrenzen suchen. Was die antike Kultur groß gemacht habe, nämlich der freie Austausch der Ansichten und Einsichten, sei auch in der modernen Gesellschaft unverzichtbar – auch um es möglich zu machen, die Wahrheit von Nachrichten und Aussagen öffentlich zu überprüfen. Nur so könne das Volk eine Chance zur Beurteilung politischer Vorgänge haben, und das Parlament könne in der Erwartung handeln, mit dem Volk einig zu sein. Souverän gehandhabt, kann die Öffentlichkeit der Belehrung der Politiker durch das Volk und des Volkes durch seine Politiker dienen. Sie ist das unverzichtbare Medium einer wechselseitigen Erziehung zur Politik.

Die von Milton betonte Kontinuität zwischen antiker und moderner Gesellschaft gibt zunächst dadurch zu denken, dass er die technischen, kulturellen und politischen Innovationen seiner Zeit nachdrücklich betont, ohne von seiner historischen Parallele abzulassen. Da wir davon ausgehen, dass seine Argumente noch für unsere Gegenwart unverändert gültig sind, ist es wichtig zu sehen, dass er keineswegs unterstellt, in öffentlichen Reden und in gedruckten Büchern seien nur Wahrheiten zu finden. Die Tatsache, dass es Täuschung, Lüge und bewusste Irreführung auch in gedruckten Büchern, Zeitungen und Flugschriften gibt, bringt Milton nicht von seiner Überzeugung ab, dass die Öffentlichkeit der unter allen Bedingungen benötigte Lebensraum für das politische Dasein einer Gesellschaft von Menschen ist.

So ist die allgemeine Verbreitung von Lügen kein Argument *gegen*, sondern vielmehr *für* Öffentlichkeit. Hier kann, wenn nicht elementare Persönlichkeitsrechte verletzt sind, ganz ohne die administrative Bevormundung durch eine Zensurbehörde für eine vor aller Augen vollzogene

Korrektur gesorgt werden, etwa durch öffentlichen Widerspruch oder durch die zuständige Gerichtsbarkeit.

Die Beweisführung Miltons, in der er sich auf die Bedeutung der Öffentlichkeit für die Entfaltung der griechischen Kultur und die Entstehung der antiken Demokratie beruft, gibt nicht den geringsten Grund für die Beschränkung des Begriffs der Öffentlichkeit auf die Moderne, wie das in jüngeren Publikationen verschiedentlich geschehen ist. Milton betont damit vor allem die unerlässliche Beziehung zwischen der Regierung und dem Volk, die im Modus der Verständigung verbunden sein müssen, wenn ein Staat zu einer *republikanischen Einheit* finden soll. Und wo immer das gelingt, kann die Öffentlichkeit auch als eine *conditio sine qua non* der *Demokratie* bezeichnet werden.

Milton ist auch in anderer Hinsicht exemplarisch für den Geist der Moderne: Er stützt sich zwanglos auf die *Geschichte* und könnte dabei in der in seiner Zeit einsetzenden *Querelles des Anciens et des Modernes* eine vermittelnde Position vertreten: Denn er hält den Streit für ein unentbehrliches Mittel zur Klärung fraglicher Positionen. Damit ist der Meinungsgegensatz alles andere als ein Zeichen des Epochenbruchs. Die *Querelles* verstärken vielmehr die Verpflichtung, die Verbindungen zwischen Antike und Moderne zu prüfen, um sich im Bewusstsein der, trotz aller Unterschiede, bestehenden Gemeinsamkeiten der beiden Epochen um wegweisende Neuerungen zu bemühen.

So hat bereits Erasmus die Aufgabe des Humanismus verstanden; und wenig später findet sich seine Auffassung in der Geschichtsphilosophie des Vernunftzeitalters wieder: *Die Geschichte der Menschheit wird als eine sich entwickelnde Einheit wahrgenommen.* In ihr gibt es einen, so die vorherrschende Annahme, durch einen göttlichen Gründungsakt in Gang gekommenen Prozess, den man «Geschichte der Menschheit» nennen und, trotz seiner unüberschaubaren Erstreckung in der Zeit, als ein in sich zusammenhängendes Geschehen begreifen kann, das von der alles überspannenden Öffentlichkeit überwölbt ist. Diesem Grundmodell, dem auch Miltons *Paradise lost* folgt, schließt eine besondere Auszeichnung älterer Zeiten nicht aus. Die aber muss keineswegs die Kräfte schwächen, die uns ermutigen, die Gegenwart mit Blick auf eine bessere Zukunft zu bewältigen.

In diesem Sinn gelingt es Pierre Bayle mit seiner differenzierenden Kritik der historischen Überlieferung, der Aufklärung Zugang zu ihrer eigenen Vorgeschichte zu verschaffen. Damit wird der Grund für eine Geschichtsbetrachtung der Menschheit gelegt, die im 18. Jahrhundert zur Aufarbeitung der Geschichte der griechischen und römischen Antike, zur historischen Rekonstruktion der biblischen Erzählungen und dann, bei Rousseau, Herder und Kant, zu anregenden «Mutmaßungen» über die Ursprünge der Menschheit führt. Aber schon früher ist durch die literarische Leistung von «Utopien», wie sie in der Nachfolge von Thomas Morus mehr als 200 Jahre lang die Phantasie von zahlreichen Autoren herausgefordert haben, anschaulich geworden, wie sehr der Mensch dazu neigt, das vorstellbare Ganze einer den Kosmos einbeziehenden Welt durch seine Tätigkeit auszufüllen.

Das grundlegend Neue der utopischen Weltoffenheit ist auch hier, dass Raum und Zeit, Erdoberfläche und Geschichte in einen Zusammenhang gebracht werden, in dem eine die innere Einheit tragende Größe wirksam ist. Und die kommt durch das Handeln der Menschen zur Geltung: Menschheit ist das, was in den überdauernden Leistungen der sich historisch entwickelnden Gattung als geistiger Anspruch zur Geltung kommt, ein Anspruch, in dem sich auch der einzelne Mensch in seinen Gründen und Zielen versteht. Dabei wird die Erde als der alle Völker und Kulturen umfassende Großraum begriffen, in dem die Menschheit, ungeachtet aller äußeren und inneren Unterschiede, wie «eine Familie» angesehen werden kann.

Ungeachtet aller religiösen Gegensätze und in Anerkennung ihrer Verschiedenheit in unterschiedlichen Weltgegenden und zu verschiedenen Zeiten, wird diese Menschheit als das *Subjekt ihrer eigenen Geschichte* begriffen. In ihr, so ist die Annahme, müssen sich die Individuen nicht nur als *grundsätzlich gleich* verstehen: Sie haben auch nach gleichen Regeln des Verstehens und des Begründens zu verfahren, die es ihnen erlauben, sich durch *Mitteilung* und, in offenen oder strittigen Fragen, durch *Verhandlungen* zu verständigen. Wo etwas weiterhin gegensätzlich beurteilt wird, da bleibt die Zuständigkeit der schlichtenden *Instanz der Vernunft*, an der alle Menschen teilhaben.

Wer darin eine Überschätzung eines einzelnen menschlichen Vermögens beargwöhnt, sollte sich darüber aufklären lassen, dass die Vernunft niemals bloß als das Vermögen eines einzelnen Menschen angesehen werden kann. Sie muss vielmehr als nachprüfende, klärende und schlichtende Instanz begriffen werden, die allen Menschen offensteht, weil sie bei allen Beteiligten schon durch den *Gebrauch der Sprache*, durch die *begriffliche Verständigung* in Einverständnis und Widerspruch sowie nicht zuletzt durch die Epochen, Kulturen und große Distanzen übergreifenden *Techniken* Differenzen überwinden und Einigkeit herstellen kann. Überdies setzt sie in allen ihren Aussagen auf *öffentliche Nachvollziehbarkeit*. Die Vernunft hat also eine implizite *soziale Funktion*, die sie nur erfüllen kann, weil sie selbst *öffentlich verfasst* ist. Und nach der in der Moderne vorherrschenden allgemeinen Überzeugung kann sie damit auch in ihrer Logik insofern als *politisch* angesehen werden, als sie Unterschiede klärt, sie benennt und sie damit zum Gegenstand von Beratungen macht, die einen vereinbarten Umgang auch mit den bleibenden Gegensätzen ermöglichen.[22]

Mit der bereits in ihrer Konstitution und Funktion sozial und öffentlich angelegten Vernunft öffnet sich der gesamte Raum der Geschichte und der Gegenwart. Das Zeitalter, das Milton mit seiner der Antike und dem neuzeitlichen Humanismus verpflichteten *Areopagitica* einleitet, wird wenig später als «Zeitalter der Vernunft» oder auch einfach als das der «Aufklärung» benannt. Wer «Aufklärung» wörtlich nimmt, könnte auch vom «Zeitalter der Öffentlichkeit» sprechen.

Dass damit keine bloße Äußerlichkeit, nicht nur reine Vernehmlichkeit oder Verlautbarung, erst recht kein «Gerede», wie Heidegger meinte, bezeichnet ist, das zeigt sich am Gegenstand der Politik: Alles, was die politischen Theoretiker der auf Milton folgenden Generationen beschäftigte, war: Wie der Politik zu einer Öffentlichkeit zu verhelfen sei, die den Bürgern eine wissende und tätige Mitwirkung ermöglicht. Damit war nicht nur die Möglichkeit zu einer aktiven Teilnahme und Teilhabe derer gemeint, um die es in der Politik wesentlich geht. Locke, Montesquieu und Rousseau, um nur die einflussreichsten Autoren der nachfolgenden Jahre zu nennen, sahen darin auch eine Gewähr für die Erhöhung des Anteils der Vernunft am gemeinschaftlichen Handeln. Und die beiden politischen Großereignisse, mit denen für viele schon das Ende des Zeitalters der Aufklärung erreicht ist, haben durch umfängliche *Information*, allgemein nachvollziehbare *Gesetzgebung*, *Wahlen von Deputierten*, *parlamentarische Debatten* oder durch die Einsetzung von *durch Mehrheiten legitimierten Regierungen* immer auch dafür gesorgt, die Mitwirkung selbst öffentlich zu machen. Sie haben bereits durch den willentlichen Vollzug der politischen Veränderungen durch sich selbst eine Öffentlichkeit geschaffen, die man, in Korrespondenz zur «Weltgeschichte», «Weltöffentlichkeit» nennen kann.

Weltoffenheit und Öffentlichkeit sind zwei sich historisch entwickelnde Tatbestände, die mit der Entfaltung organisierter Kulturräume, mit staatsförmiger Verwaltung, der Bildung eigenständiger Religionen, der Entstehung der Märkte und mit der Verbreitung der Wissenschaften zu konstitutiven Bestandteilen der Menschheit werden. Aber es genügt nicht, Weltoffenheit und Öffentlichkeit zu den äußeren Begleiterscheinungen im Werden und Wachsen der Menschheit zu rechnen. Sie sind vielmehr zu Momenten der inneren, der emotionalen und intellektuellen Verfassung des Menschen geworden, ohne die er sich – zusammen mit seinesgleichen – gar nicht als Teil der Menschheit begreifen könnte. So ist die implizite Weltoffenheit zusammen mit der konstitutiven Öffentlichkeit des Bewusstseins zu einer anthropologischen Elementarbedingung des menschlichen Selbst- und Weltverhältnisses geworden.

Wie lange sie schon wirksam sind, ist eine offene kulturgeschichtliche Frage. Werkzeuggebrauch, globale Verbreitung des Feuers oder die Fähigkeit zu Generationen überspannender Verständigung sind frühe Anzeichen einer über die bloße Gegenwart hinausgehenden Kommunikation; sie führt zur anschaulichen und begrifflichen Verfestigung von Räumen und Zeiten. Die mehrere Jahrtausende umfassende Überlieferungsgeschichte der menschlichen Kulturen wäre ohne diese menschliche Verfassung gar nicht möglich. *Aufklärung* ist kein Epochenmerkmal, das es bei den Griechen in einer sophistischen und unter dem Anspruch der Vernunft dann noch einmal im 17. und 18. Jahrhundert in moderner Variante gegeben hat. Sie ist vielmehr ein konstitutives Merkmal des Menschen, eine wesentlich zu ihm gehörende Leistung, ohne die er nicht der wäre, als den wir ihn zu begreifen haben. Es zeigt an, dass sich der Mensch dieser seiner Offenheit für die Welt und für seinesgleichen nicht nur bewusst zu sein hat, sondern dass er dieser stets auch selbst verpflichtet ist.

Zu dieser Verfassung des Menschen gehören seine *Freiheit* und seine *Gleichheit*, die man auch in ihrer elementaren *Verwandtschaft*, als die ursprünglich zu ihm gehörende *Gegenseitigkeit* bezeichnen kann. Sie gehört zu seiner geistigen Verfassung wie die körperliche Entsprechung seiner beiden Hände, die sich so eindeutig unterscheiden, wie sie in Aussehen und Leistung notwendig zusammengehören. Und wie die rechte Hand auf die linke und die linke auf die rechte Hand angewiesen sind, um den Menschen in der für ihn kennzeichnenden Weise etwas anfassen und behandeln lassen zu können, so gehören zum einzelnen Menschen immer auch andere Menschen – in der ebenfalls konstitutiven gesellschaftlichen Mehrzahl –, um überhaupt etwas begreifen und verstehen zu können. Darin liegt für jeden Einzelnen eine ihn allererst ermöglichende Notwendigkeit und zugleich das Glück seiner humanen Existenz. Mit dem Gebrauch, den jemand von seiner eigenen Freiheit macht, setzt er nicht nur die Freiheit derer voraus, mit denen er umgeht; er erkennt sie auch praktisch allein dadurch an, *dass* er mit ihr umgeht und sie dabei als *verständige*, *einsichtige* und damit immer auch als *freie* Mitmenschen begreift.

Diese Gegenseitigkeit angesichts einer individuellen Aufmerksamkeit für die Welt, die man als Einheit begreifen muss, wenn man in ihr gemeinsam erfolgreich sein möchte, kann man wie einen objektiven Tatbestand der Welt ansehen. Entscheidend ist dabei, dass man sie unter den praktischen Bedingungen gemeinsamen Handelns tatsächlich so zu verstehen hat, wenn nicht alles gemeinsame Handeln von vornherein zum Scheitern verurteilt sein soll. Und darin, dass uns diese Unterstellung so leichtfällt, ja darin, dass man sie eigentlich für selbstverständlich hält, zeigt sich, dass bereits unser Bewusstsein auf diese *Gemeinsamkeit im Selbst- und Weltverständnis* eingestellt ist. Wir haben, so als sei es uns angeboren, ein auf Kommunikation und Kooperation eingestelltes Bewusstsein, das die wechselseitige Freiheit und Gleichheit eines jeden bereits als Funktionsbedingung seines Verstehens und seines Mittellens unterstellt.

Wenn wir nicht davon ausgehen wollen, dass es sich hier um eine von Natur aus, gleichsam physiologisch vorgegebene Struktur im Hirn des Menschen handelt, sondern um eine Folge der frühen interaktiven Entwicklung des menschlichen Bewusstseins handelt, können wir von einem evolutionären Ertrag nicht einfach nur der gesellschaftlichen, sondern der bereits spezifisch menschheitlichen Organisation des menschlichen Lebens ausgehen. Sie tritt in der *soziomorphen Verfassung* des menschlichen Bewusstseins hervor. Und damit es überhaupt als *Selbstbewusstsein* in Erscheinung tritt, setzt es die *Gegenwart anderer Menschen* voraus, auf die es sich in allen seinen bewussten Akten bezieht. Es ist damit nicht nur auf etwas anderes in der Welt überhaupt bezogen, sondern im *Modus möglicher Mitteilung* immer schon auf *andere seiner selbst* gerichtet. Es ist die *Verständigung* selbst, die das *Gemeinsame der Menschen* nicht nur als *Faktum* konstatieren lässt, sondern die das Eigentümliche und Einzigartige der Menschen allererst hervorbringt. *Also hat der Mensch einen generativen Anteil an seiner Natur. Er erschafft sich selbst, indem er sich verständigt.* Und damit gehören *Weltoffenheit* und kommunikative *Öffentlichkeit* zu den konstitutiven Elementen sowohl seiner gesellschaftlichen wie auch seiner individuellen Verfassung.

Und wenn sich dieses menschliche Bewusstsein als steuernde Instanz eines sich als frei und gleichberechtigt begreifenden Individuums versteht, kann diese Person in Übereinstimmung mit sich selbst und ihren Mitmenschen nur unter den Bedingungen einer *Demokratie* mit sich selbst einverstanden sein. In der Folge der politischen Anerkennung dieser in sich selbst bereits gesellschaftlich verfassten Konstitution des Menschen können sich die Mitglieder einer Gesellschaft nur unter der Bedingung der Achtung vor ihrer personalen Eigenständigkeit verbinden. Die aber können wir, nach allem, was wir bislang wissen, in politischer Perspektive nur unter den Konditionen einer demokratischen Ordnung finden.

14. Konstitution und Föderation. Der bereits in seiner Funktionsweise zum Ausdruck kommende soziale Charakter der Vernunft macht es möglich, die von ihr erwarteten Leistungen auf *Institutionen* zu übertragen. Im Bereich der Politik sind das, wie es schon Aristoteles verstand, *Versammlungen* und *Gerichte*. Es sind die Einrichtungen, in denen gesprochen, zugehört und verstanden wird und die es erlauben, dass Menschen gemeinsam handeln. Im heutigen politischen Sprachgebrauch geht es also um *Behörden, Parlamente, Gerichte* oder um *militärische Organisationen.*

Der enorme Zuwachs an Zuständigkeiten und ihre Verdienste in der Bestimmung elementarer, d. h. lebensnotwendiger Rechte, legitimer Aufgaben und institutioneller Kompetenzen haben die gesellschaftliche und politische Bedeutung der Jurisprudenz gesteigert. Und es ist von unschätzbarem Wert, wenn sie auch dem Menschenrecht im Katalog der elementaren Rechte einen fundieren Platz zuweist. Doch den Anstoß zu seiner Entwicklung hat nicht die Jurisprudenz gegeben. Was hier sachlich und geschichtlich ausschlaggebend war, habe ich am Beispiel des Wirkens von Las Casas zu sagen versucht: Die Anteilnahme am Schicksal von Opfern der mit brutaler Gewalt vorangetriebenen Kolonisierung stand am Anfang. Es war ein durch den christlichen Glauben kultiviertes menschliches Mitgefühl, das in Verbindung mit dem ebenfalls christlich intensivierten *Naturrecht* ausschlaggebend gewesen ist. Entscheidend also war die in die Grundrechte eingegangene *Humanität*, ohne die unverständlich wäre, was *Person*, *Würde* und *Menschheit* bedeuten. Damit ist nicht bestritten, dass in anderen kulturellen Räumen und über andere Wirkungsstränge des allgemeinen Rechts der Universalität des Menschenrechts vorgearbeitet wird.[23]

Zu einem humanistischen Schub im neuzeitlichen Europa kam es durch die politisch befeuerten religiösen Gegensätze in Folge der Reformation. Die Kämpfe zwischen den Glaubensgemeinschaften wurden mit kompromissloser Härte ausgetragen; innerhalb der Staaten kam es zu sozialen Aufständen und zu Bürgerkriegen; die Staatengemeinschaft in Europa verfiel in einen kriegerischen Dauerzustand und nötigte Tausende europäischer Siedler zur Flucht nach Amerika. Und angesichts der Erfahrungen in ihren Heimatländern wurde am neuen Ort die *Toleranz* zum wichtigsten Menschenrecht. Freiheit und Gleichheit waren hier wesentlich mit dem Verlangen der Siedler verbunden, in ihren Gemeinden auch ungestört ihren Glauben leben zu können. Auch dieses Verlangen bestätigt, dass der christliche Glaube ein nicht unwesentliches Movens in der Entwicklung republikanisch-demokratischer Ansprüche gewesen ist. Im Jahrzehnt vor den Befreiungskriegen standen die Provinzen an der amerikanischen Ostküste im Zentrum einer religiösen Erweckungsbewegung, deren Begeisterung bis in die Sprache der *Declaration of Independence* nachwirkt.

Ausschlaggebend war dann jedoch die Empörung über das Steuerdiktat durch die englische Krone. Die Handel treibenden Staaten brauchten die Eigenständigkeit, um überhaupt so arbeiten und leben zu können, wie es die entwickelten Wirtschaftsprozesse erforderten. Also suchten sie sich von der Abhängigkeit vom «Mutterland» zu befreien. In Europa war es das soziale Elend auf dem Land und in den Elendsquartieren der rasch wachsenden Städte, das die politischen Unruhen in England und Frankreich schürte. So war es auch die pure Not, die Menschen zur Auswanderung nötigte. In Amerika hatten sie sich dann den Funktionsbedingungen einer

Konkurrenzökonomie anzupassen, die es ihnen erleichterte, auf ihren eigenen kulturellen und religiösen Ansprüchen zu bestehen. Das wiederum kam der Artikulation ihrer politischen Ansprüche zugute.

Es sind also keineswegs allein die spezifischen Anspruchsbedingungen einer Ethnie, einer Kultur oder einer Religion, die den Handlungsdruck in einer Gesellschaft bestimmen. Es waren zunehmend auch die Anforderungen, die durch Ökonomie, Technik und veränderten Lebensstandard stimuliert wurden. Und je mehr sich die Arbeits- und Lebensbedingungen der Menschen annäherten, desto stärker glichen sich die Ansprüche und Forderungen der Menschen aneinander an. Das ist der Prozess, der die Moderne bestimmt und die Generalisierung der elementaren Rechte begünstigt. Wer daher heute immer noch sagt, Menschen aus nicht-europäischen oder nicht-westlichen Kulturen würden das Menschenrecht gar nicht verstehen, ja, sie seien unfähig, es überhaupt auf sich zu beziehen, verkennt die Dynamik der menschlichen Entwicklung.

Folglich lässt sich das, was die Entstehung des modernen Staates mit seinen ihm eingeschriebenen Rechten bestimmt, durchaus von den europäischen Ausgangsbedingungen ablösen und auf die Verhältnisse in anderen Weltgegenden beziehen. Ja, sie ist in ihrer viele Jahrhunderte und verschiedene europäische Kulturen umfassenden Entwicklung selbst schon der Beleg für den gleichermaßen globalen wie auch humanen Charakter der ihr innewohnenden Logik: So ist die Entwicklung zur Demokratie wesentlich durch die *Dynamik des Freiheitsanspruchs* der Bürger und ihrer damit möglich gewordenen *Kultur* gefördert worden. Sie bedarf der Versicherung durch Verträge und Vereinbarungen, die sich in England schon früh mit der *Magna Charta* eine Tradition geschaffen hatte und an die 1679 und 1689 mit der *Habeas-corpus-Akte* und der *Bill of Rights* angeschlossen werden konnte. Damit waren die Rechte des Volks wenigstens in einem Fall formell anerkannt und durch die unterschiedlichen Zuständigkeiten von Parlament und Krone auch formell geregelt. Sie haben in *John Locke* ihren theoretischen Anwalt gefunden, der dem damit zur Realität gewordenen Staatsverständnis auch eine philosophische Rechtfertigung mitgegeben hat.

Das Fundament war für Locke durch die ursprüngliche Inbesitznahme der Natur durch menschliche Eigentätigkeit gelegt. Im dadurch möglich werdenden politischen Raum kommt dem Volk die tragende Rolle zu, indem es seinen Willen durch freie und öffentliche Meinungsäußerung und durch die Wahl seiner Vertreter zum Ausdruck bringt. Der mehrheitliche Wille des Volkes wird in den Beschlüssen des *Parlaments* konkretisiert und konzentriert, wobei dessen Stellung durch die *Gewaltenteilung* gesichert ist.

John Locke hatte seinen kontinentalen Anhängern die Überlieferung des englischen Parlamentarismus voraus. Unter Androhung des Entzugs der Unterstützung für den politisch geschwächten König erzwang der englische Adel bereits 1215 n. Chr. Zugeständnisse, die immerhin einem Teil des Volkes Einfluss auf die Politik der Krone ermöglichten. So war der König an die Billigung von Haushaltsmitteln durch seinen Adel gebunden, der sich damit Mitsprache bei grundsätzlichen Fragen, insbesondere bei Entscheidungen über die Kriegsführung, sicherte. Die *Magna Charta* garantierte somit einem Teil der Untertanen Einfluss auf die Landespolitik. Daran knüpfte die *Bill of Rights* des Jahres 1689 an. Die Repräsentanten des ganzen Volkes forderten vom neuen König, Wilhelm von Oranien, das Zugeständnis elementarer Rechte für das frei gewählte Parlament, das die uneingeschränkte Kompetenz zur Gesetzgebung beanspruchte – und dies so, dass auch der König an die vom Parlament beschlossenen Gesetze gebunden sein sollte. Überdies hatte er eine nur dem Gesetz folgende Gerichtsbarkeit anzuerkennen, musste auf Folter und grausame Strafen verzichten und hatte den Bürgern Meinungsfreiheit einzuräumen. Der zehn Jahre zuvor noch von König Karl II. erlassene *Habeas-corpus-Akt* blieb in Kraft, so dass auch elementare Rechte der vor Gericht stehenden Bürger Anerkennung fanden.

Damit war ein bedeutender, nicht nur formaler Schritt zur Anerkennung von *Menschenrechten* getan. Die philosophische Rechtfertigung, die John Locke schon kurz nach der *Glorious Revolution* von 1689 für deren leitende Prinzipien entwickelt, geht von der *Eigenständigkeit des einzelnen Bürgers* aus, begründet die *Legitimität des Eigentums* unter der Voraussetzung eines Erwerbs durch eigene Leistung und unterstellt die *Freiheit eines jeden selbstbewussten Individuums*. Auf diese Weise benennt Locke die auch vom königlichen Oberhaupt anzuerkennenden Voraussetzungen des Staates. Folglich gibt es einen elementaren Vorrang der Gemeinschaft eigenständiger Bürger, in deren Kompetenz die Gesetzgebung, die Entscheidung über die Verwendung der Steuern sowie über Krieg und Frieden liegt. Damit ist die Prämisse für die Gewaltenteilung zwischen Parlament und Regierung exponiert. Und um der Gemeinschaft insgesamt die Gewähr zu bieten, dass nach Recht und Gesetz geurteilt wird, muss auch für die Unabhängigkeit der Rechtsprechung gesorgt sein.

Das Prinzip einer Teilhabe an der herrscherlichen Gewaltenteilung, um die es im langjährigen Kampf zwischen König und Adel immer ging, wird damit auf ein begriffliches Fundament gestellt, das die elementaren Rechte des Einzelnen mit den Erfordernissen der Lenkung und Leitung eines Volkes in Einklang zu bringen sucht. Mit dem Argument des Vorrangs der teils angeborenen, teils individuell erworbenen Rechte des Einzelnen hätten die frühen Anwälte des bürgerlichen Staates mühelos auch Anarchisten werden können. Doch sie wurden es nicht, weil sie die Notwendigkeit einer gesamtstaatlichen Verwaltung der politischen Gemeinschaft anerkannten. Das war Ausdruck der parallelen Einsicht in das ursprüngliche *Recht des selbsttätigen Individuums* einerseits und in die *Notwendigkeit einer gesamtgesellschaftlichen Ordnung* andererseits. Diese Ordnung schließt notfalls auch den Zwang gegen widerstrebende Einzelne ein, muss ihnen freilich auch die Sicherheit bieten, dass mit ihnen nicht willkürlich verfahren wird. Ihnen war bewusst, was schon die Idee der Demokratie begründet hat: *Freiheit* und *Gleichheit vor dem Gesetz* gehören zusammen.

Es findet sich auch im *Prinzip der Gewaltenteilung* wieder, die bereits ein originäres Element in der römischen Republik gewesen ist. Es diente der Sicherung der jeweils zugeteilten staatlichen Gewalt durch die wechselseitige Kontrolle gleichberechtigter oder übergeordneter Amtsinhaber sowie durch die Mehrheit des Volkes. Bei Locke aber findet eine vollkommene Umkehr in der Begründung der Gewaltenteilung statt. Ausgangspunkt ist das «Naturrecht» (*natural right*) des Individuums. Es umfasst das Recht des Einzelnen auf *Leben*, *Freiheit* und *Besitz*; es ist allein auf Handlungen bezogen, für die der einzelne Mensch in Übereinstimmung mit seinen eigenen Ansprüchen selbst verantwortlich ist. Während wir unter «Leben» im politischen Kontext den Anspruch auf Schutz vor Verletzungen durch andere, somit die *Wahrung der Integrität des Körpers* verstehen können, betrifft die «Freiheit» wesentlich das Recht, seine *eigene Meinung* zu haben und in seinen Handlungen sowie in seinen örtlichen Bewegungen *nicht eingeschränkt* zu sein.

Das dritte Moment des Naturrechts, die Garantie des «Besitzes», betrifft den später abschätzig als (anarchismusverdächtigen) «Besitzindividualismus» des Bürgers abgetanen Anspruch auf den rechtmäßigen Erwerb und Gebrauch von vornehmlich materiell verstandenen Gütern. Aber es ist nun einmal so, dass man Besitz und Individualität nicht voneinander trennen kann; das eine fordert das andere, schließlich muss jeder seinen eigenen Körper «haben», um überhaupt er selbst zu sein und in dieser Selbstgewissheit die Freiheit zu haben, das zu tun, was er von sich aus will. Und um mit seinem Körper etwas erreichen zu können, braucht jeder Mensch in der Regel auch gegenständliche Mittel, über die er verfügen kann.

Das Ausmaß dieser Verfügung bedarf einer gemeinverträglichen Regelung. Tatsächlich bezieht sich der größte Teil der politischen Konflikte auf die sogenannten Verteilungsfragen, die hier in immer neuen Varianten aufgeworfen werden – auch in Gesellschaften, die erklärtermaßen auf Eigentum und Besitz verzichten. Also hat man hier immer wieder von Neuem für möglichst grundsätzliche Regelungen zu sorgen, die gleiche Teilhabe an Besitz und Lebenschancen gewähren. Wenn dies ernsthaft und mit Anteilnahme am Leben der Mitmenschen geschähe, brauchte man in der «sozialen Frage» gar kein grundsätzliches Problem mehr zu sehen.

Alle drei Momente der politischen Wirksamkeit des menschlichen Individuums führen auf ihre Weise vor, dass der Mensch unter keinen Umständen so eindimensional ist, einfach nur mit sich identisch zu sein: Das *Leben* hat er wesentlich als ein ihm durchaus bewusstes Gut, von dem er weiß, dass es ihm darin gut oder weniger gut gehen kann; die *Freiheit* ist ihm bewusst, angesichts der Alternativen, die er hat und in denen er denkt; und der *Besitz* ist in seiner elementaren Form der Inbegriff der Mittel, die ein notwendig auf körperliche Bewegungsfreiheit angewiesener Mensch benötigt, um eigenständig leben zu können. Ein Minimum von eigenem Besitz braucht er gerade auch dann, wenn ihm daran liegt, zu zeigen, dass ihm eigene Besitztümer vergleichsweise gleichgültig sind.

Von Bedeutung ist die weit verbreitete Überzeugung, dass sich das Menschenrecht *von selbst versteht*. Für jeden Menschen, so kann Thomas Jefferson als Autor der Unabhängigkeitserklärung vom 4. Juli 1776 im Namen aller behaupten, sei es «self-evident», dass die *gleiche Geburt* und die

Ausstattung mit unveräußerlichen Rechten zu den unbestreitbaren Tatsachen des menschlichen Daseins gehören. Davon seien alle Menschen derart überzeugt, dass sich das Menschenrecht auf Freiheit, Gleichheit und persönliches Glück von selbst erkläre:

> «We hold these truths to be self-evident, that all men are created equal, that they are endowed by their Creator with certain unalienable Rights, that among these are Life, Liberty and the pursuit of Happiness.»

Nach den Jahrtausenden der Verkennung und Verleugnung sowohl der von Geburt an bestehenden *Gleichheit* wie auch der *unveräußerlichen Rechte* klingt dieser Satz wie ein Hohn. Weder das *Lebensrecht* noch die ursprüngliche *Gleichheit* der Personen, noch die *Freiheit, nach eigenem Urteil glücklich* zu werden, sind im politischen Umgang der Menschen wirklich selbstverständlich. Ein Grund sich zu schämen ist und bleibt es auch, wenn wir die Augen davor verschließen, dass diese angeblich selbstverständlichen Wahrheiten überall, wo Menschen leben, also auch in den Neuengland-Staaten Nord-Amerikas unablässig verkannt und missachtet worden sind.

Und dennoch hat Jeffersons Eröffnungssatz in der Unabhängigkeitserklärung der Neuengland-Staaten seine Wahrheit darin, dass alle Menschen in ihrer Lebenspraxis von der «Selbstverständlichkeit» der Wahrheit ihrer fundierenden Gleichheit auszugehen haben. Sie anzuerkennen, sollte das natürliche Anliegen eines jeden sein. Nur darf man diese Wahrheiten nicht so verstehen, als wären sie nicht begründungsfähig. Das Selbstverständliche liegt darin, dass alle ernsthaften Gründe wie von selbst dafür sprechen, dass die Menschen von Natur aus zwar weder im mathematischen noch im physischen oder biologischen Sinn als «gleich» angesehen werden können, wohl aber im gesellschaftlichen und politischen Sinn *gleichberechtigt* sind. Das ist die Wahrheit, die Jefferson als *self-evident* versteht.

Die 13 britischen Kolonien, die am 4. Juli 1776 in Philadelphia ihre Unabhängigkeit vom englischen Königreich erklärten, hatten bereits ihren einmütigen Widerstand gegen ihr englisches «Mutterland» erprobt, nachdem der König nicht bereit gewesen war, den Kolonien eine Mitwirkung im Londoner Parlament einzuräumen, und sich überdies geweigert hatte, von seinen überhöhten Steuerforderungen abzugehen. Sie hatten schon wenige Monate zuvor ihre Absicht bekundet, sich von England loszusagen. Der Entwurf der Erklärung, mit der die Trennung vom englischen Königreich ausgesprochen wurde, war mit den Vertretern der Einzelstaaten abgestimmt. Dabei hatte der Autor nur in einem Punkt eine Änderung vornehmen müssen: Die Vertreter der Südstaaten hatten erklärt, nur dann zur Zustimmung bereit zu sein, wenn das im Entwurf stehende *Verbot der Sklaverei* gestrichen werde.

Mit Blick auf die nachfolgende Geschichte der USA war das ein Unheil verheißender Punkt. Denn er lässt im Zentrum der *Declaration* einen Widerspruch stehen, der das ganze Dokument wertlos machen könnte. Wie wir wissen, war diese Gefahr auch durch die Gründung des neuen Staates nicht beseitigt. Im Bürgerkrieg der sechziger Jahre des nachfolgenden Jahrhunderts drohte die Einheit des Staates an der Sklavenfrage zu zerbrechen. Zunächst aber war man froh, dass die Gründung der Vereinigten Staaten an dieser Frage nicht scheiterte.

Bei der zweiten Zusammenkunft der Vertreter der amerikanischen Staaten im Juli 1776 wurde zunächst der Text der Unabhängigkeitserklärung (mit der Enthaltung der Abgeordneten des Staates New York) beschlossen. Angehängt wurde eine Zusatzerklärung, die den Abfall von der englischen Krone moralisch und politisch rechtfertigte. Damit war die Trennung definitiv. Doch es kostete noch zehn Jahre, bis die Entscheidung militärisch durchgefochten und eine Einigung über die Verfassung des neuen Staates erzielt war. Erst danach konnte die neue Verfassung der *Vereinigten Staaten von Amerika* beschlossen und die Regierung unter der Leitung des ersten Präsidenten, George Washington, vereidigt werden.

Bis in unsere Tage versteht man wenig von der Geschichte der Vereinigten Staaten, wenn man die religiös motivierte Vorgeschichte der Unabhängigkeitserklärung und der darauf folgenden Verfassungsgebung nicht beachtet. Die Hoffnungen, mit denen die ersten so tatkräftigen wie frommen Siedler gekommen waren, hatten sich durch eine *Erweckungsbewegung* in der Mitte des 18. Jahrhunderts noch einmal verstärkt. Die biblischen Gebote und Verheißungen wurden als verbindlich für alle Amerikaner angesehen, die dem aus Gegensätzen, historischer Schuld und Standesdünkel bestehenden Europa den Rücken zugekehrt hatten. Hatte nicht der Gott des *Alten Testaments* die Königsherrschaft als Regiment des Teufels verurteilt, so dass sowohl die Loslösung von England wie auch die

Gründung einer Republik als eine heilige Verpflichtung angesehen werden mussten? Daran hat Thomas Paine, einer der ersten Anwälte der Unabhängigkeit, 1775 noch einmal erinnert.[24]

Die Verfasser der Unabhängigkeitserklärung hatten bereits das Menschenrecht für sich in Anspruch genommen und sich auf allgemeine republikanische Grundsätze für eine politische Gemeinschaft festgelegt. Ihre Vorstellungen bewegten sich in den Bahnen, die durch die religiöse Überlieferung, an der die *Pilgrim Fathers* festgehalten hatten, vorbereitet waren, denen aber auch die politische Philosophie John Lockes verpflichtet war. Dementsprechend begründeten die Gründerväter die Menschenrechte aus dem biblischen Schöpfungsglauben: «Alle Menschen sind gleich geschaffen» und «der Schöpfer hat ihnen bestimmte unveräußerliche Rechte verliehen», zu denen «Leben, Freiheit und das Streben nach Glück gehören».

Von einer naturrechtlichen Begründung der Menschen- und Bürgerrechte war wenige Wochen vor der Verabschiedung der Unabhängigkeitserklärung, am 12. Juni 1776, auch der Konvent von Virginia in der *Virginia Declaration of Rights* ausgegangen: «*All men are by nature equally free and independent, and have certain inherent rights.*» Dass die Menschenrechte sowohl theologisch wie auch naturrechtlich begründet werden konnten, wurde nicht als Widerspruch empfunden. So sprach die Unabhängigkeitserklärung davon, dass das Volk der Vereinigten Staaten nun den Rang einzunehmen gedächte, zu dem «die Gesetze der Natur und des Gottes der Natur» es berechtigten. Auch für die protestantischen Naturrechtsphilosophen Hugo Grotius, John Locke und Samuel Pufendorf, deren Schriften bei den einflussreichen Rechtsanwälten der Kolonien in hohem Ansehen standen, bestand zwischen Naturrecht und biblischer Offenbarung kein Widerspruch, denn beide ließen sich auf Gott als gemeinsamen Urheber zurückführen. Dadurch konnte man den Eindruck haben, das Naturrecht werde durch die ethischen Normen der Bibel inhaltlich konkretisiert.[25]

So hatte Locke die Gleichheit der Menschen aus der biblischen Schöpfungsgeschichte, genauer: aus *Genesis* 1,26ff., abgeleitet. Hier ist von der *Gottebenbildlichkeit* des Menschen die Rede, was für den gläubigen Menschen besser als alles andere die Unantastbarkeit des Status des Menschen und der Menschheit kenntlich macht. Aus diesem Gleichheitsprinzip folgten für Locke die Freiheits- und Teilhaberechte des Einzelnen und darüber hinaus der Grundsatz, dass eine Regierung nur mit Zustimmung der Regierten Macht ausüben darf.

Das ist ein zentraler Gedanke der Unabhängigkeitserklärung, da er das Recht der Kolonisten begründet, sich von der britischen Monarchie zu lösen und ihr politisches Leben selbst in die Hand zu nehmen. In diesem Anspruch sind *Republik* und *Demokratie* ursprünglich verbunden.

Die meisten Amerikaner der Revolutionsgeneration waren wie Locke davon überzeugt, dass die Natur die von Gott geschaffene Wirklichkeit sei, die von seiner Vorsehung (*providence*) durchwaltet werde. Sie verstanden sich – allen voran der die Truppen gegen die Engländer befehligende George Washington – als Werkzeuge in der Hand der Vorsehung, die durch sie die Unabhängigkeit, die «Glorreiche Sache» bewirke, zum Wohl nicht nur des eigenen Volkes, sondern der ganzen Menschheit.

Nachdem die Eigenständigkeit als beschlossener und politisch gesicherter historischer Ausgangspunkt angesehen werden konnte, kam es 1781 mit der Verabschiedung der «Konföderationsartikel» zur Einigung auf einen formellen Bund der 13 Staaten, die in ihrer *Gerichts-* und *Steuerhoheit* selbstständig blieben und in allen Beschlüssen *Einstimmigkeit* voraussetzten. Doch das vereinbarte Verfahren der Kooperation erwies sich als umständlich und mit Blick auf viele Erfordernisse als untauglich. Deshalb war schon nach wenigen Jahren die allgemeine Überzeugung, dass man eine *Verfassung* für einen von allen getragenen, aber auch mit Rechten gegenüber den Einzelstaaten ausgestatteten *Gesamtstaat* mit eigenen Zuständigkeiten benötige.

Damit war trotz großer Meinungsverschiedenheiten (etwa zwischen dem städtisch geprägten Staat New York und den eher ländlich dominierten Staaten wie Virginia und Georgia) die Chance groß, dass es in den 1787 geführten Verhandlungen zu einer Einigung auf die Verfassung eines eigenständigen Staates kommen konnte. Und tatsächlich einigte sich der Verfassungskonvent (die *Philadelphia Convention*) nach wenigen Beratungsmonaten im September 1787 auf einen Text. Es folgten fast anderthalb Jahre für Beratung über die Annahme der Verfassung durch alle Bürger und die Durchführung erster Wahlen. Ende März 1789 konnte George Washington vom ersten Wahlmännergremium des neuen Staates zum ersten Präsidenten gewählt werden. Im Mai 1789 trat er das Amt an. Auf ihn folgten 1792 John Adams und 1798 Thomas Jefferson.

Für die abschließenden Beratungen über den Text der Verfassung in der *Philadelphia Convention* hatten die Delegierten den Ausschluss der Öffentlichkeit vereinbart. Umso intensiver war die Debatte in den Gremien der Einzelstaaten und in den Zeitungen. Besondere Aufmerksamkeit fanden Artikel unter dem Pseudonym *Publius*, die bis ins Frühjahr des nachfolgenden Jahres hinein erschienen.

Die Texte standen alsbald in dem Ruf eines aus genauer Kenntnis geschriebenen *Kommentars* zur Verfassungsdebatte. Sie fanden auch in Europa Beachtung und hatten Einfluss auf die nach 1789 geführten Diskussionen in der Nationalversammlung, die 1792 in Paris eine republikanische Verfassung für Frankreich verabschiedete. Im selben Jahr erschienen dort die mit *Publius* gezeichneten Zeitungsartikel als Buch. Mit der kurz darauf erfolgenden Publikation der Sammlung in New York wurden auch die Namen der drei Verfasser der Artikel bekannt, die allesamt Mitglieder des Verfassungskonvents im Jahre 1787 gewesen waren.

Die Autoren waren *Alexander Hamilton*, Abgeordneter für New York, *James Madison*, Delegierter Virginias, und *John Jay*, der ebenfalls für New York in der *Philadelphia Convention* vertreten war. Alle drei hatten sich schon auf dem Weg von der Unabhängigkeit zur Republik Verdienste erworben und waren inzwischen in hohen Ämtern für das Gemeinwohl tätig: Hamilton, der wohl die meisten Texte geschrieben hat, war von 1789 bis 1795 Finanzminister im Kabinett Washingtons; James Madison, der seit 1776 als Delegierter Virginias tätig war, wurde 1809 nach Jefferson der 5. Präsident der Vereinigten Staaten; und John Jay war seit 1789 der Oberste Bundesrichter der Republik.

Die zum Buch vereinigte Sammlung der Artikel, die nunmehr unter dem Titel *The Federalist Papers* bekannt und vielfach neu ediert und in alle Sprachen der Welt übersetzt ist, gilt heute als vorrangiger Quellentext nicht nur zur Geschichte der Vereinigten Staaten, sondern auch zur Konstitution der modernen Republik. Sie kann als Gründungsschrift der modernen Demokratie gelesen werden. Ihr bleibendes Verdienst liegt darin, für eine starke *zentralistische Organisation* eines großen Flächenstaates unter nachdrücklicher Betonung einer *föderalen Gesamtstruktur* zu argumentieren.

Mit der Gründung der so verfassten Vereinigten Staaten von Amerika ist die Demokratie in der Moderne angekommen – obgleich es bei der

Gründung noch starke Vorbehalte gegen den Begriff der *Demokratie* gab. Der Staat nannte sich «Republik», und die erste Partei, die auch die ersten beiden Regierungen stellte, war die *Republican Party*, der sich George Washington und sein Finanzminister Alexander Hamilton anschlossen. Aber als Thomas Jefferson mit einer Neugründung gegen die erste Partei antrat, nannte er sie bereits 1791 *Democratic Party*. Mit ihr gewann er die Wahlen zur dritten und vierten Amtsperiode in der Präsidentschaftsfolge und sorgte dafür, dass sich die Welt an diese lange Zeit nur Athen vorbehaltene Bezeichnung gewöhnte.

Die *Vereinigten Staaten von Amerika* sind damit der zweite bedeutende Staat in der Geschichte der Menschheit, der das Wagnis eingegangen ist, sich unter den Titel der *Demokratie* zu stellen. Noch Rousseau hatte die Demokratie als eine Verfassung für ein Volk von Göttern bezeichnet, die «für Menschen nicht geeignet» sei.[26] Doch keine dreißig Jahre nach seinem vielzitierten Diktum wird – *von Menschen für Menschen* – ein Staat mit einer demokratischen Verfassung gegründet! Es ist ein deutliches Zeichen, dass die *Federalists*, namentlich Alexander Hamilton, die «Pluralität» betonen, die unter den Bedingungen der föderalen Vielfalt mehrerer Staaten gedeihen könne. Das ist eine bleibende Einsicht für die Staaten, die in der modernen Welt stets in enger Nachbarschaft mit anderen Staaten leben.

Die *Federal Republic* der Vereinigten Staaten von Amerika ist als Exempel für die *äußere Form* eines Staates anzusehen, dem es möglich ist, mit der Vielfalt von Einsichten und Ansichten politisch angemessen umzugehen. Die *Föderalität* ist die politische Organisationform unter der Bedingung der anerkannten und politisch zumutbaren Verschiedenheit der Positionen. Hinzu kommt, dass die *Opposition* in den Parlamenten der Einzelstaaten sowie im Repräsentantenhaus und im Senat selbst *Verfassungsrang* genießt.

Der so vefasste Staat kann seine Anerkennung angemessen tatsächlich nur unter den Konditionen einer parlamentarischen Demokratie finden. So gesehen ist die *Föderation*, die auf allen ihren Ebenen das Gegeneinander der Parteien nicht nur zulässt, sondern erwartet und fördert, die *Form der Politik*, die zu ihrer Vervollständigung der *Demokratie* bedarf. Sie bietet die Verfassung, die sich ein großer und in der Folge ständig wachsender Flächenstaat mit einer bunt gemischten Bevölkerung aus Menschen unterschiedlicher Herkunft und Konfessionen selbst gegeben hat. Sie hält sich für einen «Schmelztiegel», in dem alle Nationalitäten willkommen sind – durchaus in dem Wunsch, dass sie so zu einer historisch neuen Einheit finden. So bietet sich mit den Vereinigten Staaten erstmals die ausdrückliche Chance, dass die Menschheit zu einer exemplarischen Einheit findet, die für alle Menschen zum Vorbild werden kann.

IV

Kants republikanische Wende zur Demokratie

15. Eine politische Theorie der Menschheit. Der vorerst letzte Schritt einer philosophischen Fortsetzung der menschheitlichen Selbsterziehung zur Demokratie vollzieht sich in der politischen Theorie Immanuel Kants. Er hat bis ins hohe Alter gebraucht, um zu erkennen, dass *Republik* und *Föderalität* notwendige institutionelle Formen des Staates sind; und erst in seiner letzten Schrift war er in der Lage, sich auch für die *Demokratie* zu öffnen. Die Demokratie ist die politische Form, in der sich *vernunftgeleitete Individuen* im Bewusstsein ihrer *Freiheit* und in Wahrung ihrer *rechtmäßigen Gleichheit* zu einer alle gleichermaßen verpflichtenden Handlungsweise verbinden, so dass jedem persönliche Sicherheit und die besten Entwicklungschancen geboten werden. Und sie ist die einzige Regierungsart, die sich auf ein *Verfahren permanenter Selbstverbesserung* verständigt: Republik und Demokratie sind aus eigener Logik, und wo immer es den Bürgern angemessen erscheint, auf die *Reform* verpflichtet.

Das damit gestellte Problem hatte schon Platon und Aristoteles beschäftigt, als sie sich bemühten, der *polis* eine Kontinuität zu geben, in der das politische Ganze im Gleichgewicht mit der Vielfalt individueller Bestrebungen gehalten werden kann. Erziehungs- und Bildungsprogramme, öffentliche Aufklärung und persönliche Mitwirkung der Bürger waren die Mittel, das Ganze durch innere Anteilnahme und tätige Beteiligung der Individuen zu einer lebendigen, möglichst dauerhaft bestehenden Einheit werden zu lassen. Und als Cicero miterleben muss, wie die rechtliche Verbindlichkeit der Republik zerfiel, suchte er sein auf *persona* und *dignitas* gegründetes Konzept einer auf die innere Einheit aller Menschen zurückgreifenden *humanitas* dagegen aufzubieten.

Um diese Bemühungen allgemein überzeugend zu machen, mussten erst die dazu erforderlichen Kräfte entdeckt und entwickelt werden. Das haben nach dem humanitären Impuls des *Christentums* erst der *Humanismus* und das ihm verpflichtete *Natur- und Menschenrecht* vermocht. Deren vereinter Anstoß war in der Lage, dem *Menschenrecht* mit Hilfe der *Öffentlichkeit* und im Medium der *Vernunftaufklärung* auch im Programm der *Demokratie* zu einem verheißungsvollen geschichtlichen Neubeginn zu verhelfen.

So weit war die Politik mit der Gründung der *Vereinigten Staaten von Amerika* und der wenig später nachfolgenden *Französischen Republik.* Was noch fehlte, war eine Einsicht, deren Bedeutung erst mit den Wirren der *Französischen Revolution* und der mit ihnen auftretenden *Gewalt* offenkundig wurde: Diese Einsicht ist auf die sich erstmals in ihrer kulturellen Einheit begreifende Menschheit bezogen. Sie betrifft den Menschen in seiner Beziehung zur Gesamtheit aller Menschen und verlangt von jedem Einzelnen, sich nicht nur als aktives Moment des Ganzen, sondern auch als deren paradigmatisches Element anzusehen: Jeder hat sich als Teil des sozialen Ganzen zu verstehen, und er sollte das in seinem Handeln zum Ausdruck bringen.

Der einzelne Mensch, der als Individuum Mitverantwortung für die Gemeinschaft der Menschen trägt, muss begreifen, dass er als *Person* ein konstitutives Moment der Menschheit ist. Also hat er darauf zu dringen, dass ihn die Gemeinschaft so respektiert, wie er selbst von ihr geachtet werden will. Das schließt nicht nur das wechselseitige Verlangen nach einem *friedlichen Umgang der Menschen* miteinander ein, sondern fordert mit dem Verzicht auf den Einsatz von Gewalt die kategorische Präferenz der *Reform.* Sie wird mit Kant zum einzig zulässigen Procedere rechtsförmiger Entwicklung der Politik und damit zum genuinen Mittel demokratischer Selbstentfaltung.

Es ist Kants Anspruch auf Übereinstimmung der fundierenden ethischen Überzeugungen mit der politischen Organisation, der zu einer neuen Begründungslage führt. Das hat es natürlich schon früher als Erwartung an den Staatsmann und den einzelnen Politiker gegeben; offenkundig ist es in dem, was Platon und Cicero vom politisch handelnden

Menschen erwarten und wozu Erasmus die beiden ihm anvertrauten Fürstensöhne erziehen möchte. Es ist der Impuls, der Las Casas zu seinen Petitionen an den spanischen König geführt hat und von dem John Milton in seinem Eintreten für die Öffentlichkeit geleitet war. Auch Locke und Montesquieu appellieren in diesem Sinn an das Ethos des verantwortungsbewussten Staatsmanns. Aber erst bei Kant werden die politischen und moralischen Ansprüche an den Staat und an die Person des Einzelnen derart miteinander verwoben, dass sie eine neue, eine demokratische Einstellung zur Politik erforderlich machen.

Kant geht von einer Einheit aus, die man nicht erzwingen kann, für die man aber – *im Interesse aller* und nach dem *Selbstanspruch eines jeden* – argumentieren und in größtmöglichem Einverständnis mit sich und seinesgleichen leben kann. Erst sie erlaubt, den von Platon als unverzichtbar angesehenen *Gewaltverzicht* als Generalprämisse der Demokratie anzusehen. Das geschieht, indem Kant unter dem Anspruch seines weltweiten Friedensgebots die *Reform* zum einzig gangbaren Weg in eine menschliche Zukunft erklärt. Kant hat erst spät gesehen, dass er damit der *Demokratie* zu einer Begründung verhalf, die ihr bis dahin noch fehlte. Sie erlaubt uns nun zu sehen, wie die Freiheit des Einzelnen ursprünglich auf die Gleichheit aller Menschen bezogen ist, so dass es nicht nur möglich, sondern notwendig ist, die Demokratie als die genuine politische Form der Menschheit zu erkennen.

In den politikwissenschaftlichen Darstellungen der Geschichte der politischen Theorie spielt Immanuel Kant, wenn überhaupt, nur eine untergeordnete Rolle. Das ist verständlich, wenn man bedenkt, dass er sich erst in seinem letzten Lebensjahrzehnt mit einer politischen Monographie zu Wort meldet. Nimmt man hinzu, dass es sich um eine Gelegenheitsschrift mit dem ironischen Titel *Zum ewigen Frieden* handelt, scheint die Geringschatzung Kants verständlich.

Doch trotz der thematischen Randständigkeit der Politik in seinem publizistischen Schaffen ist Kants Beitrag zur Philosophie der Politik von eminenter systematischer und historischer Bedeutung. Das wird niemanden überraschen, der anerkennt, dass Kant eine Epochenwende in der theoretischen wie auch in der praktischen Philosophie herbeigeführt hat. Dennoch erscheint es unwahrscheinlich, dass er, gleichsam im Vorbeigehen, auch in der Politik einen Paradigmenwechsel eingeleitet hat. Also bedarf es eines genaueren Blicks auf die kleine *Friedensschrift* von 1795, in der Kant die Wende begründete. Dabei wird deutlich, dass wir nicht mehr bloß von einer «kopernikanischen Wende» des philosophischen Denkens, sondern in Anerkennung des von ihm inaugurierten Paradigmenwechsels von einer *epistemischen Wende* zur *politischen Theorie der Menschheit* zu sprechen haben. Ihr gibt er wenig später in seinem letzten großen Werk, in der *Metaphysik der Sitten*, ein kritisch-systematisches Fundament.

Die Großtat des Kopernikus bestand für Kant darin, dass er das Kreisen (*revolutio*) der Himmelskörper (vornehmlich die Umdrehung der Sterne um die Erde) dadurch aufzuklären vermochte, dass er die Erde nicht länger (wie etwa Ciceros Scipio) als stillstehenden Mittelpunkt der Welt ansah, um den sich die Sonne, die Planeten und die Sterne drehen. Mit Blick auf das Sonnensystem nahm Kopernikus vielmehr die Sonne als relativ feststehenden Mittelpunkt an, um den sich die jeweils auch selbst rotierenden Planeten in großen elliptischen Kreisen bewegen. Zu diesen Planeten gehörte im Modell des Kopernikus auch die Erde mit dem sie umkreisenden Mond.

Den Vergleich mit Kopernikus sucht Kant in seiner ersten Vernunftkritik: Indem Kopernikus die Sonne als Zentralgestirn ihres Systems «in Ruhe» ließ, gelang es ihm, die Bewegung der um sie kreisenden Planeten zu erklären. Und nach dieser Analogie stellt sich Kant die Elementarbegriffe des Menschen wie Werkzeuge in einer zentralen Ruhelage vor, nach der sich die von ihnen begriffenen Gegenstände zu richten haben. Mit diesem methodologischen Kunstgriff gelingt es, die kategoriale Ordnungsleistung der Begriffe anschaulich zu machen und zu erklären, wie es dem menschlichen Verstand möglich ist, der Mannigfaltigkeit der Sinneseindrücke durch die vergleichsweise geringe Zahl von Kategorien Herr zu werden.

Die Parallele zur *Friedensschrift* besteht darin, dass Kant nicht länger den *Staat* als das Zentrum ansieht, auf das sich die Menschen in ihren politischen Aktivitäten zu beziehen haben. In seinem Modell ist es die *Menschheit*, die mit ihren Bedürfnissen, Handlungen und Prinzipien als das *Gravitationszentrum* der Politik anzusehen ist. Die *Menschheit* ist es, die dem Staat seine Stellung und seine Ausrichtung vorgibt.

Wenn die Parallele nicht gleich auffällt, so liegt es daran, dass Kant seine Überlegung zur Verfassung und zu den Aufgaben des Staates im Vokabular der klassischen Lehren vorträgt. Auf den ersten Blick scheint er nur zu wiederholen, was in der Tradition unter der Souveränität eines Staates verstanden wird. Und den Lesern seiner *Friedensschrift* scheint er lediglich anzubieten, was ihnen als Zeitgenossen der *Amerikanischen* und *Französischen Revolution* ohnehin selbstverständlich geworden sein dürfte. Kant macht kein Aufhebens von seiner Innovation, wenn er im ersten Präliminarartikel, mit dem er seine kleine Schrift eröffnet, durch nichts verrät, welche historische Reichweite seine durch und durch traditionell erscheinende Definition des Staates mit seiner Auslegung erhält: «Der Staat», so heißt es da lakonisch, «ist eine Gesellschaft von Menschen, über die Niemand anderes, als er selbst zu gebieten und zu disponiren hat».[1]

Von der apodiktischen Kürze abgesehen erscheint daran wahrhaftig nichts revolutionär. Denn dass die Menschen in ihrem politischen Zusammenschluss den Staat als die begründende und bestimmende Größe ihres Handelns ansehen, ist ein Konsens, der mit dem Begriff der «Souveränität» des Staates auch seinen weithin anerkannten terminologischen Ausdruck findet. Allerdings wäre es zu wenig, die Souveränität nur auf die staatliche Leitung zu beziehen. Was vom Staat gefordert wird, braucht einen Rückhalt im Willen der «Gesellschaft von Menschen», die den Staat bildet. Sie ist es, die als der eigentliche Souverän im Handlungsfeld des Politischen anzusehen ist.

Schon Platon hatte in den *Nomoi* zu zeigen versucht, dass es nicht ein Gott ist, dem die Gründung der mustergültigen Stadt *Magnesia* zu verdanken ist; vielmehr komme allein den Menschen das Verdienst der Errichtung und Verwaltung eines Staates zu. In der Sache sind auch Cicero und Erasmus von dieser Prämisse ausgegangen, wenn sie die vom Menschen einzuhaltenden Prinzipien der Freiheit und der rechtlichen Gleichheit, der Würde und der Menschlichkeit in den Vordergrund rücken. So wird man auch den Beitrag anderer Theoretiker des Politischen einschätzen dürfen. Aber so weit wie Kant mit seiner Forderung, in der Eidesformel, mit der sich Staaten die Wahrung des Friedens (und damit auch ihre wechselseitige Existenz) garantieren, die Berufung auf «Gott» zu streichen und durch «Natur» zu ersetzen, ist vor ihm niemand gegangen. Kant unterstellt die gesamte Staatstätigkeit, wann und wo immer sie vollzogen wird, allein der Verantwortung durch den Menschen. Damit wird die Politik als ganze auf das gemeinsame Handeln der Menschen gestellt, und wer auch immer für sie verantwortlich ist, hat sie auf Prinzipien zu gründen, deren Geltung allein auf der Beschaffenheit und dem Selbstverständnis der Menschen beruht.

Doch das ist philosophisch nicht der entscheidende Punkt. Von Bedeutung ist vielmehr, dass Kant in seinem Staatsverständnis über sein Zeitalter hinausdenkt. Zwar bleibt er bei der Präferenz des jeweils eigenen Landes und hält am Organisationsvorrang des einzelnen Staates fest; doch mit Blick auf die Bedürfnisse und Ansprüche der Menschen sieht er sich genötigt, der Politik eine Ordnung zu geben, die mit möglichst allen Lebensformen auf dem Erdball vereinbar ist und deren Subjekt die *Menschheit* ist.

In Kants Definition des Staates als einer menschlichen Gemeinschaft, deren Zweck sich nur in der *selbstbestimmten Verfügung der «Gesellschaft von Menschen» über sich selbst* erfüllt, liegt die Innovation somit nicht in der provozierenden Direktheit, in der dem Staat nur der Status eines bloßen *Mittels* zur menschlichen Verfügung zugewiesen wird. Entscheidend ist vielmehr, dass Kant den Staat nur deshalb als bloßes *Mittel* kennzeichnen kann, weil er einem *Zweck* zu dienen hat, der aus der Sicht des Menschen nicht mehr zu überbieten ist. Und das ist die *Sicherung und Wahrung der Menschheit* selbst. Kant begreift den Staat als *Instrument einsichtiger Selbstbestimmung in der Verfügung aller Menschen.* Diese Gesamtheit aller Menschen hat sich als eine allen Menschen Freiheit und Gleichheit garantierende rechtsfähige Einheit zu begreifen. Und unter dieser Prämisse wird der *Weltbürger* zum Organ einer *Weltpolitik*, die unabdingbar wird, wenn die *Würde des Einzelnen* in der Gesamtheit der *Menschheit* geschützt und gewahrt werden soll.

Die Nüchternheit, mit der Kant von allen Äußerlichkeiten absieht und sich nur auf die rechtlichen, institutionellen und individuellen Bedingungen konzentriert, sollte uns nicht übersehen lassen, wie groß die weltpolitische Aufgabe ist, die aus seinem Paradigmenwechsel folgt. Sie fällt nicht so auf, weil Kant den Einzelstaat in seiner territorialen Zuständigkeit belässt, ihn aber der zwingenden Logik eines Rechts, dem er selbst zugestimmt hat, unterstellt. Das ist ein unerhörtes Programm, dessen Radikalität leicht übersehen werden kann, weil auf den ersten Blick alles so bleiben kann, wie es bislang war. Die Einzelstaaten bleiben und erfüllen weiterhin die wesentlichen Aufgaben, in der Gestaltung und Verwaltung eines Landes und seiner Bevölkerung. Aber im Ganzen unterstehen sie den Gesetzen und Geboten in einer *Föderation*, deren Repräsentanten über die Einhaltung der nach Maßgaben umfassender Rechte vereinbarten Regeln wachen.

Damit steht für Kant nicht länger der einzelne Staat im Mittelpunkt aller politischen Verbindlichkeiten. Der Philosoph begreift vielmehr den Staat als eine in die internationale Ordnung eingebundene Einrichtung, die sich allein nach den nur vom Menschen vorzugebenden Prinzipien zu richten hat. Auch hier erfolgt ein *Standpunktwechsel* von der machthabenden gesellschaftlichen Ordnung, in welcher der Mensch seine politischen Aufgaben zu finden hat, hin zur *autonomen politischen Zielsetzung des Menschen*, die ihre Bestimmtheit allein durch die alle Menschen verpflichtenden *Vernunftprinzipien* erhält. Der Mensch ist *frei*, und er hat die Wahl für die *gesetzliche Ordnung* zu treffen, die ihm diese Freiheit in der Gemeinschaft mit seinesgleichen gewährt.

Kant ist gewiss nicht der Erste, der die Politik auf Vernunftprinzipien zu gründen sucht. Das Menschenrecht, das er den politischen Vorgaben der Vernunft entnimmt, gehört bereits zum Forderungskatalog, der mit der Unabhängigkeitserklärung der Neuenglandstaaten weltpolitisch wirksam geworden ist. Überdies ist das Menschenrecht seit dem 16. Jahrhundert zum Fanal aller Kritik an Kolonialismus, Völkermord und Sklavenwirtschaft sowie an der Willkür des politischen und klerikalen Feudalismus geworden. Hier steht Kant bereits in einer Tradition, die auch in der politischen Philosophie vor ihm wirkungsmächtige Vertreter gefunden hat.

Das Entscheidende aber ist, dass Kant dieser Hinwendung zur Menschheit ein Fundament gegeben hat, das allen epistemischen, ethischen und ästhetischen Leistungen des Menschen eine von den kulturell überkommenen Unterscheidungen abgelöste und nur vom *Selbstverständnis des Menschen* ausgehende Begründung gibt. Und hier steht die *Würde des Menschen* im Mittelpunkt, die verlangt, dass die elementaren *Rechte des Menschen überall auf der Welt* gewahrt und gesichert sind. Doch die Verbindlichkeit dieser Wahrung und Sicherung ist nur gegeben, wenn sie *weltweit im Interesse aller Menschen* möglich ist. Also schließt Kants Neubestimmung des *Ausgangspunktes* aller Politik in der rechtlich geschützten *Würde* eines jeden Menschen die Exposition des *Zieles aller Politik* in der institutionellen *Verantwortung der Menschheit* als ganze ein. *Die grund-*

legende Legitimation der Politik wird mit deren globaler Garantie verknüpft. Am Anfang steht der Rechtsschutz des Individuums, der aber erst als politisch verlässlich gelten kann, wenn am Ende für eine alle Menschen umfassende Rechtsprechung gesorgt ist.

In dieser Doppelung des menschheitlichen Schutzes der Menschheit *für* sich selbst und *vor* sich selbst liegt Kants Wendung in der Begründung und Ausrichtung der Politik. Damit stellt er sie als ganze auf einen neuen Grund. Die Zumutung, die mit ihr verbunden ist, zeigt sich mit jedem Blick auf die Politik, die wir kennen und die uns tagtäglich in der gewohnten Weise begegnet. Man versteht daher gut, dass die um ein Verständnis der Realpolitik bemühten Theoretiker wenig Neigung zeigen, Kants Gelegenheitsschrift ernst zu nehmen. Doch niemand kann leugnen, dass die Standards, die Kant mit seiner doppelten Exposition der menschlichen Würde und der rechtlichen Ordnung gesetzt hat, längst zu dem Maß geworden sind, nach dem wir im Kleinen wie im Großen die Politik bewerten.

16. Menschheit als reales und ideales Fundament. Kants Philosophieren ist auf drei Fragen zugespitzt, die er dann selbst in eine einzige überführt: «*Was kann ich wissen? Was soll ich tun? Was darf ich hoffen?*» Diese Fragen laufen nach Aussagen, die Kant in seinen Logik-Vorlesungen wiederholt gemacht hat, auf die *eine* Frage zu: «*Was ist der Mensch?*»[2] Wer, wie Kant, sein lebenslang offenbar mit Hingabe betriebenes Metier, die *Philosophie,* auf diese Weise kondensiert, der kann nicht teilnahmslos zur Kenntnis nehmen, dass die zu seiner Zeit entstehende Biologie der Frage nachgeht, ob es das Lebewesen Mensch überhaupt in der Form einer einzigen Gattung gibt. Die Frage entstand mit der seit der Mitte des 18. Jahrhunderts um sich greifenden Debatte über den Unterschied zwischen den Menschen verschiedener Hautfarbe. Die mitunter starken Differenzen in Aussehen und Verhalten der Menschen wurden von Medizinern und Biologen, vor allem aber von Verfassern der hoch im Kurs stehenden Abenteuer- und Reiseliteratur als Ausdruck elementarer Wesensunterschiede zwischen den Menschen angesehen. Dafür stand der neue Begriff der «Rasse» zur Verfügung, der für die einen lediglich eine *Variation innerhalb einer Gattung*, für die anderen jedoch einen fundamentalen *Gattungsunterschied* anzeigte.

Kant, der für seine häufig gehaltenen Vorlesungen über *Physische Geographie* und *Anthropologie* nach literarischen Quellen suchte und dafür mit Vorliebe auch Berichte der weltreisenden Entdecker und Händler nutzte, verfolgte die Debatte aufmerksam und übernahm auch manches voreilige, heute als «rassistisch» zu wertende Urteil seiner Gewährsleute, ohne die Möglichkeit weiterer Klärung zu haben. Doch als er sich 1775 erstmals in einer Publikation zum Thema der Menschenrassen äußerte, stand für ihn fest, dass die Menschen zu einer «Familie» gehören und einem einzigen «Stamm» entspringen.[3] Für ihn haben die Unterschiede zwischen den damals sogenannten «Menschenrassen» ihren Grund in äußeren Ursachen, die vornehmlich mit dem Klima und der geographischen Beschaffenheit ihres Lebensraumes zusammenhängen. Als *Gattung*, so seine Überzeugung, bilden alle Menschen jedoch eine *Einheit*, von der er glaubt, dass sie den Menschen verpflichtet, eine weltumspannende einheitliche Kultur zu entwickeln. Darin sieht er das Ziel jenes «Fortschritts», den zu befördern er als die bestimmende Aufgabe der menschlichen «Kultur» ansieht. Menschliche Erkenntnis, kritische Wissenschaft und Aufklärung haben sich diesem Ziel zu verpflichten.

Kants zentrales Argument, das ihn trotz der zu seiner Zeit noch lückenhaften historischen und biologischen Kenntnisse in seinem Urteil so sicher sein lässt, ist die durchgängige Zeugungsfähigkeit der Menschen auch über die vermeintlichen Wesensunterschiede der menschlichen «Rassen» hinweg: Wo immer Alter und Geschlecht es zulassen, können auch bei großen äußeren Unterschieden zwei Menschen zu Eltern werden, wobei es in der nachfolgenden Generation zu einer Mischung der markanten Merkmale kommt. In der Folge weiterer Generationen können sich die am Anfang noch bestehenden Differenzen entweder sehr bald oder aber nach einem längeren Zeitraum wieder verlieren.

Als Kant zehn Jahre später noch einmal auf das Thema der menschlichen «Rassen» zurückkommt, hat sich die Bestimmtheit in seinem Begriffsgebrauch verschärft: «Der Begriff einer Race ist also: *der Klassenunterschied der Thiere eines und desselben Stammes, so fern er unausbleiblich erblich ist.*»[4] Diese unabänderliche Erblichkeit von Unterschieden gibt es aber bei den Menschen nicht! Im Austausch der Geschlechter kann sich jede äußere Differenz zwischen den Menschengruppen verlieren. Die Menschen gehören somit zu *einer* Gattung und bilden *eine Einheit*. Und eben davon gehen alle moralphilosophischen und politiktheoretischen Schriften Kants aus.

Was damit auch gesagt ist: Der Mensch ist ein sich in Verbindung mit seinesgleichen *entwickelndes* und *bildendes Wesen*; es lebt als niemals bloß «natürliches», sondern immer auch «vernünftiges» Wesen in einem Zusammenhang, den Kant in seiner zur Reife gelangten kritischen Theorie als «Kultur» bezeichnet. Und Kultur ist der spezifisch menschliche Kontext, in dem die Menschen allererst zu denen *werden*, als die sie im entwickelten Zustand begriffen werden können.[5] Dabei steht für Kant die Kultur letztlich im Singular: Sie bezeichnet die Einheit, in der die Menschen unter Einsatz ihrer Vernunft zur *Menschheit* werden, in der sie sich zunehmend mit eigener Kraft und unter dem Druck wachsender, von ihnen auch selbst erzeugter Verbindlichkeiten zu entfalten und zu erhalten haben.

Ein *zweiter*, nicht mit dem Natur- und Kulturbegriff des Menschen verbundener Anstoß, der wesentlich zur Profilierung des Menschheitsbegriffs bei Kant geführt hat, ist die *Declaration of Independence* und ihre Begründung durch die alle Menschen umfassende *Virginia Bill of Rights*. Hier wird das Menschrecht zum universell geltenden Prinzip staatlicher Politik erhoben. Bereits darin liegt eine beispiellose *Kehrtwende der Politik*, die definitiv nicht mehr nur als primär *europäisches* Ereignis angesehen werden kann, sondern eine durch politische Praxis verstärkte *globale* Geltung beansprucht und sie, wie wir wissen, tatsächlich auch gewinnt. Im nachfolgenden Kampf der neuenglischen Kolonien für ihre Unabhängigkeit sowie in der (durch die selbstständig gewordenen Amerikaner tatkräftig unterstützten) *Französischen Revolution* vollzieht sich ein auch im öffentlichen Bewusstsein so erfahrener *weltpolitischer Vorgang*.

Als Philosoph war Kant ein Fürsprecher der von Philadelphia ausgehenden Bewegung. Er scheint sie augenblicklich im Licht seiner Vernunftkritik verstanden zu haben, die im Medium der Erkenntnis das zu vollziehen sucht, was auch im politischen Leben gelingen muss. Mit dieser Erwartung verschrieb sich der kritische Philosoph der Erkenntnis im Bewusstsein der Verantwortung für die Menschheit. Denn so wie mit der *Bill of Rights* die Menschheit zum Subjekt der Weltpolitik erklärt wird, versteht Kant nunmehr auch die Menschheit als die *politische Instanz* aller Menschen, die sich in allen Bereichen des menschlichen Handelns als letztlich entscheidendes Forum der Urteilsbildung zu begreifen hat.

Die *Kritik der reinen Vernunft* ist im Ganzen ein Beleg für die These, dass Kant mit diesem Werk dem «Zwecke der Menschheit» dienen möchte (A 850/B 878). Und wenn er hoffte, mit seinen Überlegungen die «Fußsteige» der bisherigen Philosophie zur «Heerstraße» ausweiten zu können, spricht daraus ein durchaus auch kämpferisch verstandener menschheitlicher Optimismus, der seinen Rückhalt in den gestärkten politischen Erwartungen seines Zeitalters findet. Das gilt auch für die sich mehrende politische Metaphorik, mit der Kant seiner Zuversicht, dass der «kritische Weg allein noch offen» ist, Ausdruck gibt: Die «Regierung der Vernunft» (B 860/A 832) hat auf der «Gesetzgebung der Vernunft» (B 868/A 841) zu beruhen. Unterstellt man, dass nicht nur die Menschheit, sondern auch ein Volk sich selbst aufzuklären hat, hört man aus den Formulierungen Kants die verbreitete Rede von der «Regierung des Volkes» und der «Gesetzgebung durch das Volk» heraus.

Von seinen ersten Schriften an hat Kant eine Zuversicht in die Fortschritte der Wissenschaften erkennen lassen. Und sein Denken ist seit der Magister-Dissertation von 1747 und seiner acht Jahre später folgenden *Naturgeschichte* viel zu sehr von der Dynamik der kosmischen Vorgänge und der Entfaltung des Lebens inspiriert, um seine geschichtliche Zuversicht allein von der aktuellen politischen Entwicklung abhängig zu machen. Aber in seiner die erste Kritik bewegenden Bemühung um die Sicherung der «*Kultur* der menschlichen Vernunft» (A 850/B 878) schwingt eine politische Erwartung mit, die man schwerlich nur als Folge der methodischen Sicherung des «transzendentalen» Fundaments der menschlichen Erkenntnis ansehen kann.

Das stärkste philosophische Echo hat der durch die *Bill of Rights* begleitete weltpolitische Aufbruch dann in Kants kleinen geschichts- und kulturpolitischen Schriften gefunden. Die wichtigsten erscheinen kurz nach der Veröffentlichung der ersten Auflage der *Vernunftkritik*. Man kann zwar nicht sagen, dass Kant Formulierungen aus den Dokumenten der amerikanischen Unabhängigkeitsbewegung übernimmt. Davon kann erst mit der erklärten Präferenz für die Menschenrechte, die Republik und die Demokratie in den Schriften der neunziger Jahre die Rede sein. Aber der Nachdruck, mit dem er bereits 1784 von der «weltbürgerlichen Absicht» und von einer Politik im Namen der «Menschheit» spricht, lässt eine gesteigerte Gewissheit erkennen (8, 23). Und als Untertan in einer Monarchie von Gottes Gnaden unverblümt zu erklären, das Oberhaupt könne «doch nur ein *Mensch*» sein (8, 23), lässt auch ein ausdrücklich politisches Selbstvertrauen des Philosophen erkennen.

Noch im selben Jahr hält Kant es für «beinahe unausbleiblich», dass ein Publikum, dem man Freiheit gewähre, «sich selbst aufkläre», so dass eine «Weltbürgergesellschaft» entstehen könne (8, 36f.). Und wenn er von den «heiligen Rechten der Menschheit» spricht (8, 39), zu deren Anwalt jeder werden kann, der den «Muth» aufbringt, sich seines eigenen Verstandes zu bedienen (8, 35), spricht der Autor der Vernunftkritik, dem ein neues welthistorisches Selbstvertrauen zugewachsen ist. Er hat als Gelehrter nicht nur zu seinen Lesern, sondern zum «eigentlichen Publicum, nämlich zur Welt» gesprochen. Und er hätte es als «ungereimt» empfunden, vom Weltbürger anzunehmen, er wolle «selbst wieder unmündig» sein (8, 38).

Die Folgen der Politisierung für das Philosophieren Immanuel Kants zeigen sich nicht nur in der Ausweitung seines Themenhorizonts, in dem nun auch Aufsätze wie die über die *Aufklärung*, die *Anfänge der Menschheit* oder über das Verhältnis von *Theorie und Praxis* in der Politik zu finden sind. 1785 erfolgt ein epochemachender Schritt, in dem die Menschheit nicht mehr bloß als Gesamtheit der sich selbst als vernünftig begreifenden Gattungswesen verstanden wird: In der *Grundlegung zur Metaphysik der Sitten* erklärt Kant, was diese Selbstzuschreibung der Vernunft für den Menschen – gerade auch in seinem individuellen Verhalten – bedeutet: *Menschheit wird zum ideellen Gehalt einer jeden menschlichen Person!*

Menschheit ist damit nicht mehr nur die Spezifikation aller «Mensch» genannten Lebewesen. Der Begriff umfasst auch die zu jedem Menschen gehörende *personale Einheit* mit ihrer *Verantwortlichkeit* für das, was sie sagt und tut.[6] Und in diesem Sinn muss jeder *sich selbst* (!) zu dieser Menschheit rechnen können. «Menschheit» bleibt zwar der Ausdruck für die Eigenart aller Menschen als vernunftbegabte Lebewesen. Aber sie ist zugleich der Selbstbegriff für die der «Zurechnung» fähigen Wesen, die für das einstehen, was sie sagen und was sie tun. Und mit Blick auf diese Fähigkeit beansprucht jeder verantwortlich von sich sprechende Mensch eine zu ihm gehörende *Idealität*, die er auch seinesgleichen zuschreibt. Sie liegt in nichts anderem als in der Selbstbezeichnung des Menschen als *Person*.

In der Rede des Menschen, der von sich selbst *als Mensch* spricht, tritt diese Doppelung von *realer Benennung* und *idealem Verständnis* wie von selbst hervor, sobald er Ansprüche an sich und andere Menschen stellt.[7] Folglich kann die von Kant als zwingend angesehene Verbindung von Realität und Idealität des menschlichen Selbstbegriffs ohne besonderen Aufwand von jedem verstanden werden. Wie anders wäre es möglich, dass der kategorische Imperativ, wie ihn Kant in der *Grundlegung* vorstellt, geradezu populär werden konnte? «Handle so, daß du die Menschheit sowohl in deiner Person als in der Person eines jeden andern jederzeit zugleich als Zweck, niemals bloß als Mittel brauchst.»[8] So lautet der *kategorische Imperativ*.

In der hier offenkundig werdenden Doppelrolle bezieht sich «Menschheit» zum einen auf *alle Menschen überhaupt* und zum andern auf den *intelligiblen Selbstbegriff*, den *jedes Individuum von sich selber* hat. Mit einer paradox erscheinenden Denkbewegung gelingt es Kant, den Begriff der Menschheit durch Internalisierung zum *Selbstverständnis* eines jeden Menschen zu erklären und ihn damit so zu universalisieren, dass kein menschliches Wesen ausgeschlossen ist. So wird der Begriff der Menschheit die denkbar *umfänglichste* und zugleich *eindringlichste Selbstbezeichnung* des Menschen, der sich selbst den Titel der *Person* zueignen kann.

In der Entsprechung von personaler Individualität und gattungsspezifischer Universalität liegt nach Kant die singuläre *Würde* des Menschen. Diese Würde ist jedem Menschen eigen, unabhängig von allen Leistungen und Ämtern; sie steht aber auch *nur* dem Menschen in seinem bloßen Dasein zu! Mit einem Schlag sind es nicht mehr die Staats- und Kirchenfürsten, denen die höchste Auszeichnung zukommt. Die Würde bleibt allein dem Menschen in seiner natürlichen Existenz – als «sinnlich-vernünftiges Wesen», wie Kant gerne sagt – vorbehalten. Und in dieser seiner Menschlichkeit avanciert er zum einzigen und zugleich höchsten Würdenträger überhaupt. Was der politischen Welt damit an äußerer Rangbezeigung genommen wird, das gewinnt der einzelne Mensch mit seiner Würde an unüberbietbarem moralischem Gewicht, das seinerseits durch die Politik geschützt und gesichert werden muss.

Die Verbindung von *Menschheit* und *Würde* ist uns bereits bei Cicero in dem Begriffspaar von *humanitas* und *dignitas* begegnet, die schon in der Antike über die tragende Instanz der *persona* verbunden werden. Die Erinnerung an Cicero liegt auch deshalb nahe, weil Kant im Vorfeld der Arbeit an seiner *Grundlegung* mit einer 1783 erschienenen neuen Cicero-Interpretation von *De officiis* bekannt wurde, einem Text, den er schon als Schüler schätzen gelernt hatte.[9] Auch durch die Neuübersetzung des Textes durch Christian Garve stand ihm Ciceros Trias von *Menschheit*, *Würde* und *Person* lebhaft vor Augen. Gleichwohl wird daraus etwas unerhört Originelles, nämlich die bereits zitierte Maxime des kategorischen Imperativs: «Handle so, daß du die Menschheit sowohl in deiner Person als in jeder Person eines jeden andern jederzeit zugleich als Zweck, niemals bloß als Mittel brauchst.»

Zu Kants Zeiten konnte diese uneingeschränkt für alle Menschen geltende höchste moralische, auch für das Recht Verbindlichkeit beanspruchende Forderung noch als Ungeheuerlichkeit gelten. Heute erscheint sie wie eine Selbstverständlichkeit, die man nach den ersten Artikeln der *Menschenrechts-Charta* der Vereinten Nationen oder des *Grundgesetzes* der Bundesrepublik zitiert. Dass es mit dem Schutz der menschlichen Würde in der politischen Praxis hingegen schlecht bestellt ist, muss freilich gleich hinzugefügt werden. Zu monieren ist auch der Irrtum, der die Freiheit der menschlichen Person als absolute Ungebundenheit jedes Einzelnen versteht, die jeden Zwang verbietet. Das Gegenteil ist richtig, was man mit einem einzigen Wort Kants einsichtig machen kann, der das Recht als die «Befugnis zu zwingen» definiert (6, 231).

Dass der Irrtum von der absoluten Ungebundenheit des einzelnen Menschen nicht nur jede gesellschaftliche Verbindlichkeit in Frage stellt und zugleich die innere Verknüpfung von Freiheit, Gleichheit und Gesetzlichkeit verkennt, sollte offenkundig sein. Sie wäre nur akzeptabel, wenn es auf der Welt auch nur einen einzigen Menschen gäbe, der nicht damit rechnen müsste, jemals auf seinesgleichen stoßen zu müssen. Bei Kant liegt die Freiheit des als Mensch unter Menschen lebenden Menschen darin, dass *jeder* sich einer Selbstgesetzgebung unterstellen kann, in der er sich seiner *Zugehörigkeit zur Menschheit* vergewissert. Die Freiheit ist in jedem Fall mit dem Bewusstsein einer «Gesetzgebung» verbunden, welcher der freie Mensch im Bewusstsein seiner Zugehörigkeit zur Menschheit seine «Beistimmung» zu geben hat (8, 350).

Keine andere Einsicht eines neueren Philosophen dürfte ein größeres Echo in der politischen Nachwelt gefunden haben als Kants Plädoyer für die singuläre Auszeichnung der *Menschheit* und ihre aus freiem Anspruch erfolgende Wahrung der *Würde* der einzelnen Person. Einzigartig dürfte auch sein, dass eine Forderung, wie sie Kants kategorischer Imperativ erhebt, alle disziplinären Grenzlinien des Rechts und der Moral durchbricht und zu einem existenziellen Anspruch wird, der die Achtung der Menschheit in der Person eines jeden anderen mit der korrespondierenden Selbstachtung des Einzelnen verbindet, der hier zu handeln hat. Wer sich nicht selbst als Mensch schätzen kann, wird sich auch mit der Wertschätzung seiner Mitmenschen schwertun. Und wem die Menschheit in der eigenen Person nicht das eigene vorrangige Anliegen ist, dem dürfte es unmöglich sein, nicht nur seine Mitmenschen oder sich selbst von der eigenen Menschlichkeit zu überzeugen.

Schon der beißende Spott über die «Staatsoberhäupter» aller Zeiten, mit dem ein so ernsthafter Autor wie Kant seine *Friedensschrift* eröffnet, sollte aufmerken lassen.[10] Gemeint sind alle Politiker, «die des Krieges nie satt werden». Mit ihnen, das kann man vom ersten Satz an wissen, ist kein Staat mehr zu machen und Zukunft kann es mit ihnen schon gar nicht mehr geben. Kants Verlangen nach Frieden schließt einen radikalen Politikwechsel ein, den er in seiner Schrift mit neuen Argumenten fordert. Vor allem aber steht die Politik in einer den neuen Realitäten entsprechenden *weltpolitischen Perspektive*, in der zwar die Staaten als Akteure weiterhin unverzichtbar sind, die jedoch dem neuen politischen Subjekt des «*Weltbürgers*» verpflichtet sind.[11]

In Kants Definition des Staates als einer menschlichen Gemeinschaft, die ihren Sinn und ihre Bestimmung in der selbstbestimmten Disposition der «Gesellschaft von Menschen» gewinnt, liegt die Innovation somit nicht nur in der provozierenden Direktheit, mit der Kant den Staat als ein bloßes Mittel bestimmt, das allein der menschlichen Verfügung unterworfen ist. Der Staat kommt zu seiner mit Autorität vertretenen Souveränität auch nicht dadurch, dass er sich auf verdienstvolle Traditionen, soziale Hierarchien, theologische Institutionen oder natürliche Vorzüge berufen kann. Kant befreit den Staat von allen vorgegebenen Verheißungen und Versprechen; er begreift ihn als *Instrument kollektiver Selbstbestimmung* in der Verfügung von Menschen, die sich zu einer allen Menschen Freiheit und Gleichheit garantierenden rechtsfähigen politischen Einheit verbinden. Welche kulturellen Identitäten er darüber hinaus ausbildet, hängt von vielen geschichtlichen und gesellschaftlichen Kräften ab, also bestimmt nicht nur von politischen Konstellationen.

Die Nüchternheit, mit der Kant von allen Äußerlichkeiten und von allen Spekulationen auf Größe und über sich hinausweisende Herrschaft absieht, macht klar, dass er das Ideal einer politischen Autarkie verfolgt, die weltpolitisch ohne Beispiel ist. Und mit ihm empfiehlt er ein politisches Ziel, das die Realisierung eines so noch nie zuvor konzipierten welthistorischen Plans ermöglichen soll. Der zielt auf die zunächst nur Europa, letztlich aber alle Kontinente umfassende *Föderation* aller sich auf die Wahrung eines globalen Friedens verpflichtenden Staaten.

Im Licht dieses singulären Ziels verliert sich auch das Erschrecken über Kants Verzicht auf alles historische Dekor: über die funktionalistische Nacktheit der Staatsdefinition, mit der Kant seine Überlegungen zur Friedenssicherung eröffnet. Nur Staaten, die sich gut verwalten und im föderalen Verbund der Staaten verlässliche Partner und verträgliche Nachbarn sind, bieten allen Menschen die Chance, nach gleichen Rechtsgrundsätzen zu leben. Nur so kann man hoffen, dass die Menschheit nicht den «höllischen Künsten» der Kriege zum Opfer fällt oder lediglich als sozial oder regional begrenztes Idyll einzelner Menschengruppen erfahren werden kann.

Es sind somit nicht allein die historischen Konditionen, nach denen die Ziele und Maßstäbe der Politik zu bewerten sind, sondern es ist letztlich die hier in Freiheit und Gleichheit vereinte «Gesellschaft von Menschen», die ihnen erlaubt, in größerer Sicherheit und mit größtmöglichen Chancen *gemeinsam zu leben*. Damit nimmt Kant älteste Vorstellungen der Demokratie und der Republik auf, und es wäre darin zunächst und für sich nichts umstürzend Neues auszumachen. Doch mit Blick auf dieses Ziel stellt sich der Eindruck ein, dass Kants «Frieden ohne Vorbehalt» gar nicht mehr bloß *politisch* ist, sondern letztlich auch auf *moralische Beweggründe* gegründet ist.

17. Frieden als globales Erfordernis. Ein nicht geringes Problem der neuen Staatsauffassung haben Kant und seine Leser mit einem immer wieder von Realpolitikern wie von methodenbewussten Theoretikern vorgebrachten Verdacht, der Friedensentwurf speise sich letztlich doch nur aus *moralischen Motiven*, die im Milieu harter Interessenpolitik gar nichts zu erreichen vermögen. Auch der Verdacht, Kant sei ein Vorläufer des später so genannten «Pazifismus», gehört zum festen Bestand der Einwände, die jedoch den Kern des Vorhabens verfehlen. Richtig ist allerdings, dass es sinnwidrig wäre, den Frieden von moralischen Erwartungen freizuhalten. Sich auf friedliche Weise zu verständigen, gehört zu den elementaren Fähigkeiten des Menschen; sie zu üben und zu pflegen ist zu den elementaren Tugenden eines humanen Verhaltens zu rechnen. Und der Mensch sollte alles daransetzen, auch seine Meinungsverschiedenheiten und Konflikte mit den Mitteln der Einsicht und der wechselseitigen Verständigung auszutragen.

Doch es gibt Handlungslagen, in denen Menschen weder durch gutes Zureden noch durch listige Ablenkung davon abzubringen sind, Gewalt anzuwenden. Und hier bleibt nicht selten als letztes Mittel die Anwendung von Gegengewalt. Das gilt sowohl in der zivilen Verbrechensbekämpfung wie auch in der Politik. Gewalttäter einfach gewähren zu lassen, käme einer Selbstpreisgabe der Bedrohten gleich. Also bedarf es der Polizei und auch des Militärs, um sich vor der Vernichtung durch andere zu schützen. Das ist eine grundsätzliche Einsicht, von der auch Kant nicht abrückt, wenn er einen «ewigen Frieden» fordert.

Kant vergisst auch die Sicherheitsinteressen nach den Bedingungen des Völkerrechts nicht. Sie gehören für ihn in den engeren Bereich der Rechtsphilosophie und werden in seiner wenig später erschienenen *Rechtslehre* (§§ 54–60) behandelt. Hier gibt es für ihn auch ein «Recht zum Kriege», sofern ein zweifelsfrei bestehender Rechtsbruch vorliegt (§ 56). Sicher ist für ihn, dass allein der gute Wille politisch nur zu leicht ohnmächtig sein kann und gar nichts ausrichtet.

Wie ernst Kant den Verdacht nimmt, er könne mit seinem Friedensentwurf nur ein auf ethischen Erwartungen beruhendes Wunschgebilde vor Augen führen, zeigen seine Erwägungen, die er im Abschnitt über die «Garantie des ewigen Friedens» anstellt: Für ihn ist entscheidend, dass es *allgemeine Vernunftgründe* für den Frieden gibt, die sich auf der Grundlage rechtlich verbindlicher Verträge umsetzen lassen. Da genügt es dann, dass sich überhaupt Individuen finden, die eine politische Abneigung gegen Kriege hegen, weil sie unkalkulierbar sind, verbrecherische Regungen begünstigen und einer rationalen Verständigung im Wege stehen. Natürlich sind Menschen willkommen, die den Frieden aus humanitären und damit vielleicht auch aus moralischen Motiven fordern. Aber eine aussichtsreiche Friedenspolitik lässt sich allein mit ihnen nicht realisieren.

Tatsächlich blendet Kant alle bloß moralischen Erwägungen aus und rechnet mit dem Gegeneinander der Bedürfnisse und Absichten der Kontrahenten. Seine Überlegungen sind immer auch auf die Machtinteressen und die Machtkalküle der Staaten und ihrer Repräsentanten berechnet. Kant vertraut nicht auf die Erklärung guter Absichten und menschenfreundlicher Versprechen. Sein Urteil über die habituelle Verlogenheit von Politikern könnte abschätziger nicht sein. Er ist sich im Klaren, dass die Staaten und die sie lenkenden Fürsten weiterhin rücksichtslos auf ihren Vorteil setzen. Doch genau hier sucht er den Hebel anzusetzen, mit dem sich erreichen lässt, dass sie vom Frieden die größeren Vorteile erwarten als vom Krieg.

Und die vermutet Kant mit Recht in der Tendenz, dass die Mehrheit der Menschen Konfliktlösungen bevorzugt, die möglichst wenig Verluste und berechenbare Vorzüge bringen. Dafür braucht auch die Mehrheit der Bürger nicht vorrangig moralisch zu sein; es reicht, wenn sie nüchtern, besonnen und jeweils auf ihren Vorteil bedacht sind. Freiheit, Gleichheit und unbehinderte Urteilsbildung vorausgesetzt, reicht zur politischen Vorbereitung eines dauerhaften Friedens das *Vertrauen in die Natur des Menschen*! Und «Natur» meint hier alles, was zu den empirischen Bedingungen des Daseins gehört.

Kants Vertrauen in die «Mechanik» des alltäglichen Lebens mag man als zu optimistisch kritisieren. Aber da keine Politik ohne den Optimismus möglich ist, dass Vorschläge Einzelner bei einer größeren Zahl von Menschen Unterstützung finden, dass Vereinbarungen verstanden und Gesetze, aus welchen Gründen auch immer, Zustimmung finden, wird man Kant hier keine unzulässige Vermischung von Moral und Politik vorwerfen können. Wer dafür geschätzt wird, dass er *Kritik* für notwendig hält, *Aufklärung* als unverzichtbar ansieht und das *Menschenrecht* für unabdingbar erklärt, dem kann man nicht zum Vorwurf machen, dass er der Menschheit, die aus alledem auch ihren Vorteil zu ziehen vermag, zutraut, ihren Weg in eine mehrheitlich von ihr gewünschte Zukunft zu finden. Man kann hier zwar manche Einwände machen, aber es wäre ein bloßes

Vorurteil, von einem Überwiegen moralischer Ansprüche zu sprechen. Was uns argwöhnisch machen könnte, ist Kants Vertrauen in den natürlichen und letztlich den Menschen fördernden Gang der Dinge. Aber diesem Vertrauen kann man nur mit eben dem Mittel entgegentreten, das man als Kants Spezialdisziplin ansehen kann: mit nichts anderem als mit *grundsätzlicher Kritik*, die bekanntlich ohne Einwände im Detail nicht zu haben ist.

Vor dem von Kant unterstellten Naturhintergrund ist das oberste Ziel «Frieden ohne Vorbehalt» gewiss nicht schlecht gewählt; es kommt dem Verlangen nach Sicherheit, verlässlicher Handlungsplanung und nach Phasen der Entspannung und Ruhe entgegen. Zwar dürfte kaum ein anderer Denker nach Heraklit so viel Verständnis für die antagonistischen Neigungen der Menschen sowie für ihre Lust an Opposition und Separation aufgebracht haben wie Kant; das belegt seine Rede von der «ungeselligen Geselligkeit der Menschen».[12] Aber die erzeugt nicht nur Gegensatz; der Mensch leidet auch unter den Folgen seiner Unverträglichkeit und schätzt daher das Verlangen nach friedlichen Umständen. Und ihnen verdankt der Mensch den größten Teil seiner kulturellen Leistungen. Für Kant steht außer Zweifel, dass der Krieg das zerstört, was nur im Frieden aufgebaut, genutzt und genossen werden kann. Doch wenn ein Mensch so angegriffen wird, dass er in seinem Leben bedroht ist, dann hat er das ursprüngliche «Notrecht», sich mit allen Abhilfe versprechenden Mitteln zu wehren. Das gilt auch für menschliche Gemeinschaften und für Staaten.[13] Kant, so kann man einem erst im 20. Jahrhundert aufgekommenen Begriff zusammenfassen, ist kein Pazifist.

Gleichwohl ist das oberste Ziel des Friedens mit Bedacht gewählt. Es passt zu den empirischen Konditionen der auf kulturelle Leistungen ausgerichteten menschlichen Natur. Es geht ihm nicht um eine die ganze menschliche Geschichte umfassende Ächtung des Krieges. So konnte er noch in einem fünf Jahre vor der *Friedensschrift* veröffentlichten Text den Typus des tapferen Offiziers, der dem Tod unerschrocken entgegentritt, als mustergültiges Beispiel für die «Erhabenheit» menschlichen Handelns anführen.[14] Im geschichtlichen Rückblick gehört auch der Krieg zu den Triebkräften der menschlichen Kultur.

Wenn Kant jedoch 1795 mit solcher Entschiedenheit als Gegner des Krieges auftritt, hat das einen historisch neuartigen Grund: Nach seinem

Urteil ist die Natur des Krieges in seinem Zeitalter dabei, sich *grundsätzlich zu ändern*: Der Krieg ist kein Geschehen mehr, das Sieger auf der einen und Besiegte auf der anderen Seite zurücklässt; er birgt vielmehr die Gefahr in sich, gar keine Sieger mehr, sondern auf allen Seiten *nur Verlierer* zurückzulassen und letztlich alle Beteiligten zu vernichten. Der Krieg kann die Zerstörung der Zivilisation zur Folge haben und die Menschheit als ganze zum dauernden Opfer des Kriegsgeschehens machen. Hier könnte dann die Rede vom «Ewigen» im wörtlichen Sinn zur Geltung kommen: Die Menschheit könnte sich unwiderruflich selbst zum Schweigen bringen. Hier würde dann das zur traurigen Wirklichkeit, worauf Kants satirische Bemerkung in der Vorrede zur *Friedensschrift* zielt: Wo heute weltweit Menschen leben, könnte nach dem Krieg nur noch ein «Friedhof» sein (8, 343).

Auf diese Epochenwende in der menschheitlichen Kriegsgeschichte bringt Kant in der Friedensschrift die Sprache gleich zweimal: Das erste Mal im *ersten Abschnitt*, wenn er den *sechsten Präliminarartikel* vorstellt: Hier ist die Einsicht leitend, dass die kommenden Kriege keine Gerechtigkeit mehr kennen werden: In Zukunft könnte bei allen Beteiligten das Vertrauen in die «Denkungsart des Feindes» zerstört sein. Denn die von allen Seiten zum Einsatz gebrachten «höllischen Künste» sind «an sich selbst niederträchtig». In der Logik wechselseitiger Missachtung wird jeder Krieg zwangsläufig zum «Ausrottungskrieg», der «alles Recht» zerrüttet. Der «ewige Frieden» kann nur «auf dem großen Friedhofe der Menschengattung» stattfinden (8, 347).

In der Erläuterung zum dritten *Definitivartikel* führt Kant am Beispiel der kolonialen Kriege vor, dass die europäischen «Handlungsgesellschaften» in Asien, Afrika und Mittelamerika nur noch ihre Geschäftsinteressen verfolgen. Sie beuten den natürlichen Reichtum der Länder aus und zerrütten die gewachsene kulturelle und politische Ordnung der dortigen Gesellschaften. Das geschieht, «indem sie Unrecht wie Wasser trinken» und sich dabei in ihrer eingebildeten «Rechtgläubigkeit für Ausgewählte» halten (359).

Stärker als die hier angesprochenen Kolonialisten können sich die Menschen ihrer Menschlichkeit gar nicht entledigen. Und genau das bewirkt der Krieg, den Eroberer bedenkenlos allein für Geschäfts- und Machtinteressen führen. Im 20. Jahrhundert war es sogar in Europas Mitte möglich, den «totalen Krieg» zu propagieren und dafür jubelnde Zustimmung der künftigen Opfer zu ernten.

Davon konnte Kant noch nichts wissen. Aber er wusste schon mit Blick auf die zu seiner Zeit ausgefochtenen Kriege den politischen Funktionsverlust des Krieges eindringlich vor Augen zu führen. Man kann unterstellen, dass Kant mit den «höllischen Künsten» sowohl an die Waffentechnik wie auch an die Organisationsform der modernen Kriege denkt. Vor allem aber wird klar, was unter den neuen Formen der Kriegsführung mit Sicherheit Schaden nimmt: *Mit dem absoluten Geltungsverlust der Gerechtigkeit und der humanen Selbstachtung geht alles zugrunde, was mit der Idee der Menschheit verbunden ist.* Für Kant steht außer Zweifel, dass die Kriege der Zukunft unter keinen Umständen jemals wirklich gewonnen werden können. Damit gilt für ihn als sicher, dass dann alles, was für den Menschen nicht nur moralisch, sondern auch politisch als bedeutungsvoll gelten kann, verloren ist.

Unter dem Titel der *Definitivartikel* reformuliert Kant die Prinzipien der republikanischen Verfassung und erläutert sie in ihrem inneren Zusammenhang. Dabei belässt er es nicht bei *Freiheit* und *Gleichheit*, sondern fügt ein weiteres Prinzip, die «*Abhängigkeit* aller [Bürger] von einer einzigen gemeinsamen Gesetzgebung», hinzu. Kants im engeren Sinn *politisches Verständnis* zeigt sich im Fall der *Freiheit* darin, dass es ihm nicht genügt, die Bürger darauf zu verpflichten, Handlungen zu vermeiden, durch die sie anderen Unrecht tun. Das laufe letztlich auf die «leere Tautologie» hinaus: man tue kein Unrecht, wenn man nur keinem Unrecht tut (350). Kant hält es vielmehr für unerlässlich, den Akt politischer Gesetzgebung als Kriterium mitzudenken. Also definiert er die Freiheit als «die Befugniß, keinen äußeren Gesetzen zu gehorchen, als zu denen ich meine Beistimmung habe geben können» (350). Hier ist es schon nicht mehr allein der (für alle sichtbare und damit äußere) *Gebrauch der Freiheit*, der eine republikanische Verfassung fordert; es wird auch die «Beistimmung» verlangt, also der *individuelle Anteil*, den man an seinen Handlungen nimmt. Hier wird offenkundig, wie nahe Kant schon in der *Friedensschrift* dem Grundprinzip der Demokratie gekommen ist.

Auch die *Gleichheit* bezieht Kant auf den politischen Prozess, wenn sie nicht einfach nur die Gleichstellung vor dem (und durch das) Gesetz bedeuten soll. Ihm geht es auch hier um das *aktive Tun der Bürger* in ihrer wechselseitigen Beziehung zueinander. Gleichheit bedeutet, dass keiner seinesgleichen zu etwas «rechtlich verbinden» kann, ohne dass er *sich selbst* «zugleich dem Gesetz unterwirft, von diesem auf dieselbe Art [...] verbunden werden zu können» (ebd.). Kant legt also beide Grundbegriffe so an, dass ihnen nur unter republikanischen Bedingungen Genüge getan werden kann. Und in beiden Fällen kann man hinzufügen, dass sie erst in einer demokratischen Ordnung zur Entfaltung gelangen können.

Auch das lässt erkennen, wie schwer es Kant im selben Abschnitt wird, die Demokratie zu verwerfen, weil sie angeblich (nach seiner hier noch Rousseau verpflichteten Auffassung) keine auf Mehrheiten gestützte Meinungsbildung zulasse. Zum Glück korrigiert Kant diesen Irrtum mit Nachdruck und mit besten Gründen schon im nächsten Buch. Sachlich gesehen ist die Korrektur jedoch schon im *Ewigen Frieden* erfolgt, wenn Kant – allein unter Berufung auf sein Verständnis von Gleichheit und Freiheit – dem Erbadel jede Existenzberechtigung abspricht (8, 351). Doch solange er mit Rousseau meint, die Demokratie sei auf das Prinzip der Einstimmigkeit aller Bürger verpflichtet, kommt er nicht weiter. Er empfindet ein auf ausnahmslosen Konsens verpflichtendes Verfahren mit Recht als «Unform», weil es niemals «repräsentativ» sein könne. Deshalb sieht er sich hier noch genötigt, eine derart verengt konzipierte Demokratie aus dem Kanon der republikanischen Verfassungen auszuschließen.

Nachdem Kant jedoch durch die sich in den Neuenglandstaaten einspielende Politik sowie durch das Verfahren im revolutionären Pariser Parlament klar geworden war, dass die Demokratie keineswegs auf Einstimmigkeit gegründet sein muss, war er sicher, dass nur sie dem Repräsentativsystem auf allen ihren Entscheidungsebenen zu entsprechen vermag. Und damit wurde er zum *Anwalt der Demokratie*! Nur gesagt hat er es in der Friedensschrift noch nicht. Ein frühes Indiz seiner Distanz zum Modell der ausnahmslosen Einstimmigkeit war indessen, dass er nie der Ansicht Rousseaus folgte, die Demokratie sei nur etwas für vollkommene Geschöpfe.[15]

Also fällt es ihm später leicht, das verengte Demokratie-Verständnis Rousseaus, dem er stets dankbar war, dass er ihn in früheren Jahren gelehrt hatte, den Wert und die Würde eines jeden Menschen zu schätzen, hinter sich zu lassen.[16] Er kann davon ausgehen, dass diese Staatsform nicht darauf angewiesen ist, mustergültige Bürger zu haben. Man braucht keineswegs erst die Bürgerschaft auszuwechseln, ehe eine Demokratie politisch erfolgreich sein kann.

So zu urteilen, ist ein Sieg der besseren politischen Einsicht, dessen philosophiegeschichtliche Bedeutung man gar nicht hoch genug schätzen kann. So hätten auch Platon und Aristoteles argumentieren können, denn faktisch sind auch sie bereits dem Mehrheitsprinzip gefolgt. Kant aber macht ein Urteil ohne Vorbehalt daraus und korrigiert eine seit mehr als zweitausend Jahren immer wieder erneuerte Auffassung. Das ist ihm möglich, weil der Mensch inzwischen zu einem weltweit agierenden politischen Wesen geworden ist, das seinesgleichen nirgendwo mehr aus dem Weg gehen und somit überall auf der Welt zu seinem Feind werden kann. Und angesichts der Zunahme der Vernichtungskraft seiner Waffen kann er sich an jedem Ort der Welt selbst zum Verhängnis werden.

Den philosophiegeschichtlich epochalen Positionswechsel macht Kant, wie gesagt, erst zwei Jahre nach der Publikation der *Friedensschrift* ausdrücklich, und zwar in seinem politiktheoretischen Hauptwerk, der *Rechtslehre* in der *Metaphysik der Sitten*. Liest man hier die einschlägigen Paragraphen 51 und 52 in Verbindung mit den Ausführungen in der *Friedensschrift*, wird man nicht sagen können, Kant sei leichtfertig zum Befürworter der Demokratie geworden. Er hat nicht nur die *rechtlichen Implikationen der demokratischen Verfassung* auf neue Weise bestimmt, sondern auch den *moralischen Anteil* benannt, ohne den die Demokratie nicht gedacht werden kann. Das heißt aber nicht, dass seine Forderung zum vorbehaltlosen Friedensschluss als «rein moralisch» zu verstehen ist.

In der *Friedensschrift* stand Kant noch ein weiteres Argument für die Demokratie zur Verfügung, das sich aus dem *dritten Prinzip* ergibt, welches er neben *Freiheit* und *Gleichheit* zugunsten der republikanischen Verfassung aufführt. Zwar gilt auch der hier gemeinte Grundsatz der «*Abhängigkeit* aller von einer einzigen gemeinsamen Gesetzgebung» (8, 349) in vollem Umfang für die *Republik*; doch er fordert eine individuelle *Anteilnahme*, die unmittelbare *Mitwirkung eines jeden* und damit die *demokratische Einbindung* der Individuen verlangt.

Tatsächlich ist es Kants Prinzip der «Abhängigkeit aller von einer einzigen gemeinsamen Gesetzgebung», das eine existenzielle Verstärkung des Prinzips der Gleichheit zum Ausdruck bringt: Der Einzelne wirkt hier nicht nur in der *freien* und *gleichen* Weise an der republikanischen Gesetzgebung mit, sondern er hat zu akzeptieren, dass er, so wie jeder andere Bürger auch, den beschlossenen Gesetzen *unterworfen* und ihnen in der gleichen Weise *verpflichtet* ist.

Damit geht Kant davon aus, dass jeder in der gleichen rechtlich bestimmten Weise den Folgen einer politischen Entscheidung ausgesetzt bleibt. Also hat jeder Bürger im Guten wie im Bösen an ihnen zu tragen. Es ist daher nicht abwegig, von der *existenziellen Dimension* des Prinzips der Abhängigkeit zu sprechen. Und was das bedeutet, wird am Beispiel einer Entscheidung für oder gegen den Krieg erläutert, die von jedem einzelnen Menschen im Bewusstsein seiner persönlichen Betroffenheit zu fällen ist: Jeder hat zu bedenken, welche Opfer der Krieg für ihn selbst bringen kann, ob er nun selbst mit ins Gefecht ziehen muss oder zu Hause mit seinem Leben und seinem Vermögen für die Schäden haftet. Nicht zuletzt die Steigerung der Vernichtungskraft der Kriegswaffen hat die Konsequenz, dass jeder, ganz gleich, wie weit das Kriegsgeschehen entfernt ist, zu den direkt betroffenen Opfern gehören kann.

Die polemische Spitze der *Friedensschrift* ist gegen die «Staatsoberhäupter» gerichtet, die es sich erlauben, den Krieg durch ihre Untertanen oder durch Söldner ausführen zu lassen. Und auch diese antifeudalistische Stoßrichtung der Darstellung hat eine *demokratische Implikation*. Sie wird nur noch deutlicher, je mehr wir uns vergegenwärtigen, was die Entscheidung für den einzelnen Bürger bedeutet: Jeder Einzelne kann seine individuellen Gründe haben, die im *einen Fall dafür*, im *anderen* aber auch *dagegen* sprechen können. Die logische Konsequenz dieser Überlegung für oder gegen den Krieg ist, dass ausnahmslos *alle* Bürger an der Entscheidung zu beteiligen sind.

Kant ist zwar der Ansicht, dass sich ein *Volk* schwerlich für einen Krieg entscheiden werde, in dem es letztlich nur Opfer zu erbringen hat. Aber nach allem, was wir inzwischen über die propagandistische Erzeugung demokratischer Kriegsbegeisterung lernen mussten, ist es unerlässlich, dass jeder seine *persönliche* Lage überdenkt und seine Entscheidung vor seinem Gewissen prüft. Hier nur von einer *republikanischen* Beteiligung zu sprechen, liefe auf eine Unterbestimmung des Mitwirkungsanspruchs hinaus. Der persönlichen Verantwortung des Bürgers wird erst in einer *Demokratie* Rechnung getragen, die weiterreichende Mitwirkungsrechte bietet.

So weit denkt Kant an dieser Stelle offenbar noch nicht. Aber es sollte uns zu denken geben, wie rasch er die Staatsform der Republik durch die der Demokratie ergänzt: Kaum lässt er sich davon überzeugen, dass Demokratien nicht, wie Rousseau es gefordert hatte, Einstimmigkeit erfordern, optiert auch er für die Demokratie.

Das geschieht, noch ehe er es ausdrücklich in der *Rechtlehre* seiner *Metaphysik der Sitten* begründet, bereits an einer anderen, höchst prominenten Stelle der *Friedenschrift*. Die hier in der Form eines Widerspruchs gegen die Rede von der «Philosophenherrschaft» vollzogene Wende darf man als Demokratisierung der politischen Stellung der Philosophen verstehen: In einem die Form des zu seiner Zeit üblichen Friedensvertrages ironisierenden *Geheimen Artikel* fügt Kant einen Passus ein, der auf das Gegenteil dessen hinausläuft, was die Überschrift verheißt: Kant fordert, dass vor Abschluss eines Vertrags die *Philosophen* zu einem Urteil über das in der Verhandlungen erzielte Ergebnis befragt werden. Die Philosophen sollen also ein Urteil über die getroffene Vereinbarung abgeben. Dazu heißt es in dem von Kant in satirischer Absicht als «geheim» bezeichneten Artikel:

> «Die Maximen der Philosophen über die Bedingungen der Möglichkeit des öffentlichen Friedens sollen von den zum Kriege gerüsteten Staaten zu Rate gezogen werden.» (8, 368)

Der von Kant im Schriftbild hervorgehobene Text wird zum einen durch den Zusatz kommentiert, die Philosophen würden ihren Rat nicht nach der Art von geheimen Räten, sondern «frei und öffentlich» abgeben, mögen sie auch von der Obrigkeit («stillschweigend», versteht sich) zum Gegenteil aufgefordert sein. Zum Verständnis ist zu ergänzen, dass Kant natürlich weiß, dass man das Urteil von Philosophen nicht geheim halten kann. Philosophieren ist ein öffentliches Geschäft, von dem Philosophen schwerlich auf Geheiß der Obrigkeit Abstand nehmen. Also dürfte ein «geheimer Zusatz» dieser Art nur die Folge haben, dass alles, was den Friedensvertrag betrifft, *öffentlich* zur Sprache kommt.

Zum anderen erheben die Philosophen nicht den Anspruch, von den Staatsmännern auch tatsächlich gehört zu werden. Sie wollen auch nicht selbst mit am Verhandlungstisch sitzen. Ihnen genügt das uneingeschränkte *öffentliche Wort*. Damit verabschiedet sich Kant definitiv von der auf Platon zurückgehenden Vorstellung, die Philosophen sollten «wie

Könige» herrschen. Die knappe Begründung belegt Kants kritische Distanz auch in diesem Fall, der seine eigene Zunft betrifft:

> «Daß Könige philosophiren, oder Philosophen Könige würden, ist nicht zu erwarten, aber auch nicht zu wünschen: weil der Besitz der Gewalt das freie Urtheil der Vernunft unvermeidlich verdirbt.» (8, 369)

18. Republikanismus auf der Schwelle zur Demokratie. In der Tradition der Staatstheorie war die Aufmerksamkeit jahrhundertelang vornehmlich auf den Ursprung, die Gliederung und die Regierungsform des *einzelnen Staates* gerichtet. Mit der Frage nach dem Völkerrecht sind die Probleme der *Beziehung der Staaten untereinander* hinzugekommen. Durch sein vorrangiges Interesse an einem Frieden, der allen Menschen zugutekommen soll, ist Kant auf internationale Fragen bezogen. Sein Verdienst ist es, sie durchweg in eine globale Perspektive zu rücken. Allein seine Kritik am Kolonialismus macht das zwingend. Aber auch seine Einsicht in die Notwendigkeit des internationalen Handels sowie in den unbegrenzten Austausch des Wissens rückt das Friedensproblem in einen die Menschheit als ganze betreffenden Kontext. Es ist also zu fragen, wie die Prinzipien der Staatsorganisation über die Grenzen des Einzelstaates hinaus wirksam sein können.

Das sucht Kant in zwei denkbar naheliegenden und in der Theorie auch leicht zu bewältigenden Schritten zu erreichen: Der erste zielt auf die *zwischenstaatliche Organisation der Zusammenarbeit* in einer «*Föderation*» und der zweite erfolgt mit dem *Postulat eines weltweit gültigen Rechtsstatus*, der schlichter nicht benannt werden könnte: Kant spricht vom «*Weltbürger*», den es rechtlich zu institutionalisieren und international zu schützen gilt.

Das von Kant entworfene Modell des politisch zu realisierenden Weltfriedens kann nicht zuletzt deshalb so einfach erscheinen, weil es an den Fundamenten der Weltordnung nichts ändert. Es behält den *Staat* als die Grundorganisation bei, fordert, dass dieser in seinem Inneren eine jedem Menschen gerecht werdende Ordnung herstellt und sich darauf konzentriert, mit seinen Nachbarstaaten in Frieden zu leben. Dazu bedarf es einer *Föderation* friedenswilliger Staaten, zunächst im regionalen, dann auch im kontinentalen Umfeld, die bereit sind, im Interesse des Friedens zu kooperieren.

Es hängt dann von den auf diese Weise verbundenen Regierungen ab, was sie an gemeinsamen Einrichtungen schaffen. Man wird Institutionen benötigen, die der gegenseitigen Verständigung, der wechselseitigen Hilfe oder der Schlichtung von Streitfällen dienen. Kant ist so klug, gar nicht erst zu versuchen, dazu Vorschläge im Einzelnen zu machen. Aber es dürfte klar sein, dass eine *Föderation* Raum für einen weltpolitischen Gestaltungswillen bietet.

Anders ist es bei der Organisation des weltweiten Handels, auf den die föderierten Staaten in wachsendem Umfang angewiesen sind. Es ist klar, dass die Welt auf diese Weise immer stärker zusammenwachsen muss. Aber selbst hier kann man darauf verzichten, einen Vorschlag zum künftigen Weltverbund der Staaten zu machen. Denn auch hier bleibt die Ausgangsbedingung bei den Einzelstaaten so unverändert wie beim Kooperationsmodell der Föderation, an die Kant zunächst im europäischen Kontext denkt.

Dass er eine derartige Föderation auch mit Blick auf den Weltzusammenhang für möglich und letztlich auch für wirksam hält, kann man dem Umstand entnehmen, dass er den föderalen Zusammenschluss überhaupt zur Friedenssicherung vorschlägt. Er denkt an eine Föderation nach «öffentlichen Zwangsgesetzen» und scheint sogar eine «Weltrepublik» für möglich zu halten (8, 357). Aber da er sicher ist, dass die Einzelstaaten einen verpflichtenden Zusammenschluss mit anderen «durchaus nicht wollen», wird wohl nur ein «(freilich immer wachsender) Völkerstaat (*civitas gentium*)» entstehen (8, 357). Kant dürfte bekannt gewesen sein, wie groß die Schwierigkeiten der in einem gemeinsamen Kampf unabhängig gewordenen Neuenglandstaaten waren, sich unter dem Dach eines gemeinsamen föderalen Staatswesens zu vereinen. Wie schwer dürfte es erst sein, eine «*Weltrepublik*» zu bilden. Also wird es wohl das Beste sein, in pragmatischer Bescheidenheit einen «*Völkerstaat*» unter den Bedingungen der *Föderation* für möglich zu halten.

Es ist ein Zeichen des Realismus, dass Kant die pragmatische Lösung für besser hält, als gar keine Aussicht auf eine irgendwann mögliche «*Weltrepublik*» zu haben. Sie mag zwar verlockend erscheinen, weil in ihr der Weltfrieden mit dem inneren Frieden des Weltstaats zusammenfiele. Doch Kant glaubt nicht an dessen Realisierung, weil ihm das Interesse der etablierten Einzelstaaten gegenübersteht. Also favorisiert er, in realistischer

Einschätzung der Beharrungskräfte der bestehenden Staaten, den eher möglichen «*Völkerstaat*», wie er den Friedensbund auch nennt.

Je größer die Zahl der Staaten auf der Erde ist, umso wichtiger wird der weltrechtliche Zusatz, den Kant im dritten Definitiv-Artikel macht: Hier nämlich kommt erstmals der (von Kant seit den frühen achtziger Jahren verwendete) Titel des «*Weltbürgers*» zum Einsatz, der den unschätzbaren Vorzug bietet, den einzelnen Menschen als das politische Basiselement der Menschheit zur Geltung zu bringen. Dabei ist es nicht ohne Bedeutung, dass Kant die politische Auszeichnung des einzelnen Menschen als konstitutives Grundelement einer sich selbst als politisch verstehenden Menschheit mit der denkbar größten Selbstverständlichkeit behandelt. Dass er von der begrifflichen Innovation kein Aufhebens macht, soll anzeigen, dass er sie für *unverzichtbar* und im Übrigen für längst *geboten* hält. Darin kann er sich auch dadurch bestätigt sehen, dass der Begriff des Weltbürgers in der politischen Sprache seiner Zeit bereits in Gebrauch ist.

Der alltägliche Ursprung des Begriffs bietet das erste Moment einer Erklärung: Wenn jeder Mensch als «Erdenbürger» bezeichnet werden kann, liegt nichts näher, als ihn in seiner politischen Zugehörigkeit zur Gesamtheit aller Menschen einen «*Weltbürger*» zu nennen. Der «Weltbürger» steht unter dem Schutz des Menschenrechts und muss somit ohne Unterschied als *frei* und *gleich* angesehen zu werden. Damit befindet er sich auch in *gleicher Abhängigkeit* von der Gesetzgebung eines *jeden* politisch anerkannten Landes. Freiheit und Gleichheit sind hier vornehmlich auf das *Geschlecht*, die *natürliche Herkunft* und die *Religionszugehörigkeit* bezogen. Wenn also Kant alle Menschen als «Weltbürger» ansieht, dann schließt das ein, dass sie *alle politisch gleichberechtigt* sind.

Vor diesem Hintergrund verdient es besondere Beachtung, dass Kant den Weltbürger gar nicht erst in seinem originären Status, sondern allein mit Rücksicht auf seine «Abhängigkeit» von der politischen Gesetzgebung vorstellt. Die rhetorische Strategie, die Kant hier verfolgt, verknüpft den Rechtstitel des Weltbürgers unmittelbar mit dessen Missbrauch in der Kolonialgeschichte der europäischen Länder. Dabei setzt er voraus, dass es ein *Weltbürgerrecht* gibt, das weltweit gelten muss. Das heißt: Mit der ersten Erwähnung dieses Weltbürgerrechts warnt Kant vor dessen Missbrauch. Der soll durch die Einschränkung des Weltbürgerrechts auf die

«Bedingungen der allgemeinen *Hospitalität*» verhindert werden. «Weltbürger» zu sein, heißt nicht, überall auf der Welt ein «Gastrecht», sondern nur ein «Besuchsrecht» beanspruchen zu können.

Nach Kant können «Weltbürger» nicht mit dem Anspruch auftreten, nach Gutdünken überall auf der Welt zu Hause zu sein. Sie sind Bürger dort, wo sie als Staatsbürger geführt werden. Und dort steht ihnen das Recht auf Freizügigkeit zu: Sie können in alle Weltgegenden reisen und sollten auch überall als Besucher willkommen sein. Aber mit dem «Besuchsrecht» soll nach Kant *kein Bleiberecht* verbunden sein. Wer länger bleiben will, braucht eine Erlaubnis, über die der Staat zu entscheiden hat, der den Fremden als Besucher aufgenommen hat.

Diese gravierende Einschränkung ist Kants Konsequenz aus den Erfahrungen mit den modernen Eroberern, die sich zunächst als Gäste eingefunden und sich dann wie Herren gebärdet haben. Damit wurde den besuchten Ländern und Menschen schwerer Schaden zugefügt. Die Fortsetzung dieser inhumanen Praxis, mit der auch die politische Eigenständigkeit der von ungebetenen Gästen heimgesuchten Staaten zerrüttet oder verhindert worden ist, muss also verhindert werden.

Da die koloniale Verheerung großer Teile der Erde als eine der wesentlichen Ursachen für die Kriege in der Welt anzusehen ist, denkt Kant bereits bei der ersten Erwähnung des Weltbürgerrechts an die Schranken, die den Weltreisenden aufzuerlegen sind. Tatsächlich hat der Kolonialismus den Krieg nicht nur in die eroberten Länder getragen; er ist schließlich auch zur dominierenden Ursache für die Kriege in Europa selbst geworden. Heute zieht er die Instabilität und die Armut in großen Teilen der Welt nach sich und bietet dem Terror immer neue Vorwände. Überdies sind die Verbrechen der ehemaligen Kolonialmächte ein fortwirkender Anlass für die Unruhen und Kriege in den Ländern, die sie einst erobert haben. Die damit einhergehende Zerstörung der tradierten Kulturen lässt die Menschen bis heute nicht zur Ruhe kommen. Davon konnte Kant allenfalls eine Ahnung haben; aber seine scharfe Kritik am Kolonialismus und seine Prognose, dass dadurch die «Gerechtigkeit» alles Ansehen verlieren wird, verrät seine Ahnung von irreparablen Folgen.

Mit Blick auf den Frieden setzt Kant also den richtigen Akzent, wenn er die politische Gewährung des «Weltbürgerrechts» an die Bedingung einzelstaatlicher Auflagen knüpft, die den Kontakt nicht verhindern, aber der Gefahr der Einmischung vorbeugen. Hier haben wir ein Beispiel dafür, dass Kants Politikkonzeption nicht «eurozentristisch» ist. Im Übrigen aber darf man nicht vergessen, welcher grundsätzliche Gewinn mit seiner Fassung des *Weltbürgerrechts* verbunden ist: Der einzelne Mensch, woher er auch immer stammen mag, hat ein Recht darauf, in jedem Staat willkommen zu sein! Er darf nicht schon an den Grenzen abgewiesen werden, sondern er muss empfangen und gastlich behandelt werden. Danach kann er jedoch zum Verlassen des Gastlandes verpflichtet werden.

Damit versucht Kant nicht, die Staaten der Welt auf eine generelle Form des Asyls festzulegen. Er empfiehlt vielmehr eine Maßnahme, die sowohl dem Schutz eines Ankömmlings wie auch dem Selbstschutz der Staaten dient. Kant verlangt, die Aufenthaltsbegrenzung festzuschreiben, um zu verhindern, dass Menschen ein längerfristiger Verbleib im Gastland gewährt wird, die den Interessen des besuchten Landes schaden oder schaden können.

In humanitärer und menschheitspolitischer Perspektive ist entscheidend, dass mit der von Kant vorgeschlagenen Aufnahme des «Weltbürgers» in seine Friedenskonzeption der *Übergang in eine globale politische Sphäre* juristisch verankert wird. Während die Berufung auf das Menschenrecht in nationaler Verantwortung Raum für Unschärfen und Vorbehalte lässt, bietet die zwingende Vorschrift eines globalen Besuchsrechts den Vorzug größtmöglicher Eindeutigkeit. Und wenn die Instanz, welche die Rechtsnorm legitimiert, nicht nur der Mensch oder die Menschheit, sondern der in sich bereits juridisch gefasste Begriff des Weltbürgers ist, liegt darin ein Gewinn an politischer Autorität. Hier ist die Sphäre einer bloß humanitären oder moralischen Argumentation verlassen; vielmehr wird eine Bestimmung vorgegeben, die rechtsstaatliche Verbindlichkeit nach sich zieht. Mit dem Weltbürger als weltpolitischer Instanz beginnt die Umsetzung des Menschenrechts in eine Verfassung, die alle Menschen einbezieht.

19. Natur und Politik. Man mag es für eine protokollarische Petitesse halten, dass Kant empfiehlt, beim Abschluss eines Friedensvertrages nicht länger dessen «Gewähr» durch Berufung auf den Namen Gottes zu beschwören. Er zieht es vor, die «Garantie» des Friedens nicht in der Beschwörung eines religiösen Beistands zu suchen, sondern im Vertrauen auf «die große Künstlerin *Natur*» zu erklären (8, 360). Der Vorschlag entspringt keiner Abneigung gegen Glauben oder Religion. Kant hat bekanntlich die Rede von Gott auch unter den Bedingungen einer wissenschaftlichen Zivilisation als gerechtfertigt, ja, als moralisch erforderlich angesehen; er hat zwar gezeigt, dass die Existenz Gottes weder bewiesen noch bestritten werden kann, aber er hat in moraltheoretischer wie auch in politischer Hinsicht gute Gründe vorgetragen, Gott gerade auch unter philosophischen Prämissen als eine nur schwer verzichtbare Größe des menschlichen Selbstverständnisses anzunehmen.

Wenn er sich in der *Friedenschrift* dagegen ausspricht, die Anrufung Gottes in die Schlussformel eines Vertragstextes aufzunehmen, schließt das keineswegs aus, dass die beteiligten Politiker sich persönlich den Schutz und den Beistand ihres Gottes erbitten. Aber bei dem Bemühen, den Frieden herbeizuführen und zu einem geschichtlichen Tatbestand werden zu lassen, geht es um reale, von *allen Menschen*, Gläubigen und Nicht-Gläubigen, eingesehene geschichtliche Tatbestände. Und da die günstigen Umstände für die Geltung eines Friedensvertrags in jedem Fall Bedingungen fordern, deren Realität auf dem «Verhältnis von Ursachen und Wirkungen» beruht (8, 362), deren Abfolge in der Naturordnung festgelegt ist und für alle Menschen (auch für die nicht-gläubigen) verbindlich sein sollen, muss von Gott keine Rede sein.

Also sollte angesichts der Erwartung, dass bei den politisch anzunehmenden und künftig erhofften Friedensverträgen zunehmend auch mit Partnern gerechnet werden muss, die weder dem christlichen Glauben noch einer anderen Religion angehören, die Berufung auf Gott entfallen. Schließlich geht es bei der Stiftung und Sicherung eines Friedens um *Konstellationen realer Kräfte*, die, nach dem Verständnis Kants, ihren *Grund in der Natur* und nicht in übernatürlichen Gewalten haben.

Was Kant dann im Einzelnen zum Verhältnis von Natur und Politik sagt, verdiente eine eigene Abhandlung: Er geht davon aus, dass es in der Politik kein Ereignis gibt, dem keine Naturursachen zugrunde liegen. Damit denkt er nicht allein an mechanische Kräfte im engeren Sinn, sondern auch an den «Mechanism der Natur», zu dem alle lebendigen Naturvorgänge auf der Erde gehören. Unter dem Titel der *Physischen Geographie* hat Kant darüber fast vierzig Jahre lang Vorlesungen gehalten, und so fällt es ihm leicht, das Zusammenspiel von Natur und Politik auch im Erdmaßstab anschaulich zu machen.

Die dabei demonstrierte Weite des Blicks zeigt sich auch darin, dass Kant sich nicht scheut, sogar den *Krieg* unter die «Ursachen» geschichtsträchtiger Entwicklungen zu rechnen. Zu diesen gehört aus seiner Sicht bereits die Verteilung der Menschen über die ganze Erde. Denn die Vielfalt der Kulturen und Lebensformen oder die Indienstnahme von Tieren wie dem Pferd oder dem Elefanten als «Kriegswerkzeug» (8, 363) wurde nicht unwesentlich durch den Krieg gefördert. Schließlich kann man den Krieg auch zu den Ursachen rechnen, die den Menschen genötigt haben, in «mehr oder weniger gesetzliche Verhältnisse» zu treten (8, 363).

Damit kommt der *Krieg* auch als Ursache *der* Einrichtung in Frage, die für Frieden sorgen soll; das unterstellen nahezu alle philosophischen Staatstheorien von Platon bis Hobbes. Und auch der Friedensentwurf hält daran fest, dass die staatliche Organisation, obgleich sie ihre Entstehung ursächlich dem Krieg verdankt und überdies im Staat das dominierende Subjekt des Krieges namhaft machen kann, die Autorität aufbringen können muss, dem Krieg Einhalt zu gebieten. Es liegt somit für Kant kein Widerspruch darin, dass ausgerechnet die einstigen Alleinunternehmer der Kriege, also die Staaten, die weltgeschichtliche Wende einleiten können, in der es gelingen soll, den Krieg aus der Politik zu verbannen.

Wer die Dialektik der Naturgeschichte des Menschen beachtet, wird auch verstehen, warum Kant, gerade in Anerkennung dieser geschichtlichen Tatsache, sagen kann, sogar das «Problem der Staatserrichtung», so hart es auch klinge, sei «selbst für ein Volk von Teufeln (wenn sie nur Verstand haben) auflösbar» (8, 366). Diese ungeheuerlich erscheinende Aussage bereitet nicht nur Kant-Anhängern Schwierigkeiten. Doch das müsste nicht sein, wenn sie bedenken würden, dass sich der Staat auch hier als der in Großbuchstaben geschriebene Mensch erweist: So wie nur der Mensch als Urheber von Kriegen in Frage kommt, so kann man auch nur vom Staat, der als Subjekt von Kriegen auftritt, erwarten, dass er die Macht und die Autorität hat, Kriege nicht nur zu beenden, sondern überhaupt zu vermeiden. Auch «Teufel», vielleicht sogar gerade sie, können um ihr Leben fürchten. Und wie wir wissen, sterben auch im Staat die «Teufel» nicht aus.

Einen Widerspruch muss die Rede von einem «Volk aus Teufeln» auch deshalb nicht enthalten, weil selbst die Leistungen der Vernunft nur wirklich überzeugen können, wenn sie eine Kenntnis des Unvernünftigen voraussetzen, um in ihrem Eintreten für die Vernunft wirklich überzeugen können. Der Antagonismus in der menschlichen Vernunft reicht tiefer, als es sich das kindliche Vertrauen in das Gute vorstellt. Nur in Kenntnis der Abgründe der menschlichen Vernunft kann man hoffen, dass sie sich nicht vertrauensselig auf politische Konflikte einlässt, wenn sie unter realen Bedingungen Erfolg haben will.

Kant hält es sogar für möglich, dass die Leistungen der Vernunft auf einem Fundament basieren, das als ihr Opponent angesehen wird. So kann die Vernunft unter Bedingungen entstehen, die als materiell und mechanisch angesehen werden. Auch Geist und Bewusstsein, mit deren Mitteln sich der Mensch über die Natur erhebt, beruhen auf der Mechanik der physischen Kräfte! So ist es für Kant kein abwegiger Gedanke, den Menschen sowohl als *Natur-* wie als *Vernunftwesen* zu verstehen. Deshalb ist es ihm möglich, die Meinung zu vertreten, dass die «republikanische Verfassung» dem Recht des Menschen «vollkommen angemessen» sei und es dennoch für den Menschen «die schwerste» Aufgabe darstellt, «eine Republik zu errichten und zu erhalten» (8, 366).

Nach Kants wenig später auch ausdrücklich vollzogenen Aufwertung der *Demokratie* gilt diese Aussage für beide Staatsformen. Denn mit Blick auf die Demokratie trifft zu, was Kant an dieser Stelle über die Garantiefunktion der Natur sagt: Auch wenn wir nicht wissen, auf welche Weise das möglich ist, so sorgt doch die lebendige Natur dafür, dass der Mensch über Vernunft verfügt. Und die erlaubt es ihm, «wenn nicht gleich ein moralisch-guter Mensch, dennoch ein guter Bürger zu sein» (8, 366). Mehr noch: Die Natur «zwingt» ihn, seine Vernunft zu gebrauchen, wenn er denn überhaupt leben will. Und da Vernunft ohne Freiheit nicht zu haben ist, liegt in der die Natur allererst ausmachenden Kausalität kein Widerspruch zur Freiheit des Menschen. Im Gegenteil: Ohne die Naturkausalität könnten wir nicht handeln; und nur weil wir handeln können, haben wir die Möglichkeit zu wissen, was es heißt, etwas aus freien Stücken zu tun.

Die wenigen Bemerkungen über das Bedingungsverhältnis von Natur und Freiheit sowie über das von Kant eingehend behandelte Verhältnis von Natur und Politik dürften kenntlich machen, dass es hier sowohl um elementare Fragen des menschlichen Selbstverständnisses wie auch um akute Probleme des politischen Handelns geht. Wenn etwa durch den

Raubbau an der Natur das von Kant vorausgesetzte «Gleichgewicht» zwischen den Kräften der Natur und der Kultur (8, 367) gestört wird, hat das gravierende Folgen für das grundsätzliche Verhältnis von Natur und Politik. Daraus folgt, dass ein verlorenes Vertrauen in die Parallelität der Entwicklung von Natur und Kultur unmittelbar Folgen für die Selbstschätzung des Menschen und damit auch für die Zuversicht haben dürfte, mit der wir versuchen, politische Prozesse zu steuern. So kann man die Überlegungen im *Anhang* der *Friedensschrift* als den Versuch lesen, trotz aller Gefährdungen, insbesondere durch die «Mißhelligkeit zwischen der Moral und der Politik», die Einheit zwischen Natur und Politik zu wahren.

Es ist dies ein Versuch, der schon in seiner Absicht überraschen könnte, weil sich in der Kant-Interpretation die Überzeugung festgesetzt hat, dass Kant mit seiner Trennung von Natur und Vernunft nicht nur Sinnlichkeit und Begrifflichkeit zu Opponenten macht, sondern auch Moral und Recht voneinander separiert. Niemand kann in Abrede stellen, dass Kant diese Entgegensetzungen in moraltheoretischen Erörterungen benötigt. Er braucht die Opposition aus systematischen Gründen, weil sich in ihr die Vernunft überhaupt erst zu ihrer Eigenständigkeit entwickelt. Aber mit dieser Opposition ist, wie insbesondere der Anhang der *Friedensschrift* vor Augen führt, nicht schon alles gesagt, was für die Weltorientierung und die Lebensführung der Menschen unerlässlich ist! Hier tritt die Notwendigkeit hervor, das systematisch Getrennte, sofern es durch den Antagonismus der menschlichen Bestrebungen nicht überwunden werden kann, doch wenigstens «einhellig» zu machen, so dass es mit dem Verständnis von Recht, Politik und Moral vereinbar ist. Eben darauf sind die Überlegungen gerichtet, mit denen Kant seine *Friedensschrift* zum Abschluss bringt.

20. Moral und Politik im Medium der Öffentlichkeit. Die Vermittlung, um die sich Kant im letzten Teil des *Anhangs* unter dem umständlichen Titel *Von der Einhelligkeit der Politik mit der Moral nach dem transzendentalen Begriffe des öffentlichen Rechts* bemüht, gehört zu den schwierigsten Aufgaben, denen sich Kant mit seiner Theorie des Friedens stellt. Denn alles, was er an Kritik vorbringt, und vor allem das, was er zur Sicherung des Friedens vorträgt, bliebe philosophisch bedeutungslos, wenn nicht gesagt werden könnte, was der weltweite Aufwand an Organisation dem

Menschen in seinem Welt- und Selbstverständnis nicht nur an *Einsichten*, sondern auch an *Hoffnungen* bietet.

Wir erinnern uns an die drei Leitfragen, mit denen Kant die Aufgaben der Philosophie umschreibt: «*Was kann ich wissen? Was soll ich tun? Was darf ich hoffen*»? Die vierte Frage, in der die vorangehenden zusammenlaufen: *Was ist der Mensch?*, macht deutlich, dass der Mensch, der weder auf *Wissen* noch auf *Moral* und *Recht* verzichten kann, auch ohne *Hoffnung* nicht leben kann. Dabei muss man jedem zugestehen, auch religiöse Hoffnungen zu hegen.

Doch die sind in ihren Erwartungen und Gebräuchen oft schon auf kleinstem Raum derart unterschiedlich und gegensätzlich, dass man auf sie keinen Weltfrieden gründen kann. Es versteht sich daher von selbst, dass Kant religiös inspirierte Antworten auf die Frage nach dem «ewigen Frieden» ausschließt. So ernst für ihn die metaphysische Rede vom «Postulat der Unsterblichkeit» ist, so fern liegt es ihm, Trost mit der biblischen Aussicht auf den «ewigen Frieden» zu spenden. Und die Assoziation mit der bloßen «Friedhofsruhe» hat er bereits mit dem ersten Satz der Friedensschrift in den Bereich der Satire verwiesen. Die Grenzen des menschlichen Wissens sind so eng gezogen, dass es nicht den geringsten Grund gibt, der es erlaubte zu sagen, was für den Menschen nach seinem Tod kommt. Aber dass es *nichts* anderes zu hoffen geben sollte als die bloße Aussicht auf einen politischen Frieden – so unerhört und jedes Opfer es wert wäre, politisch tatsächlich den Frieden zu erreichen und zu sichern –, wäre es, auch unabhängig von aller Politik, unerträglich, sich in einem ansonsten hoffnungslosen Zustand einrichten zu wollen. Was bliebe vom menschlichen Leben übrig, wenn es ohne jede Hoffnung auskommen müsste?

Kant hat in seiner *Kritik der ästhetischen Urteilskraft* das «Schöne» und das «Erhabene» als das beschrieben, worin sich Hoffnungen erfüllen können. In der *Tugendlehre* seiner *Metaphysik der Sitten* weckt er weitgespannte moralische Erwartungen – spricht von der gegenseitigen «Liebe» der Menschen, dem daraus erwachsenen «Wohlwollen» und von ihrer im «Abstande von einander» (!) gewahrten «Achtung». Er verheißt ein mitmenschliches Zusammenleben auf einem «durch die Natur zur wechselseitigen Beihülfe» vereinigten «Wohnplatz» «vernünftiger Wesen»,[17] die keiner Drohung oder Gewalt mehr bedürfen. Hier ist vom Besten einer menschlichen Gemeinschaft die Rede, deren ethischer Impuls offensichtlich ist, deren Ausgriff auf ein wie immer vorgestelltes Jenseits allerdings immer nur subjektiv sein kann.

Auf die Herstellung einer Verbindung zwischen der rechtlichen Sicherung des Friedens und der Erfüllung der mit dem Frieden verbundenen moralischen Erwartungen läuft die ganze Abhandlung zu. Also wird im *Anhang* nach Möglichkeiten gesucht, die «Mißhelligkeiten» zwischen Politik und Moral zu beheben. Dabei geht es Kant im *ersten Teil* um die teils *politischen*, teils *ethischen Motive*, ohne die es gar nicht zu einer republikanisch gesonnenen innerstaatlichen Friedensstiftung kommen kann; und im abschließenden *zweiten Teil* des *Anhangs* wird, in atemberaubender Kürze, umrissen, auf welche Weise *Recht und Moral miteinander so verbunden* sind, dass sich darin der «Sinn» aller Politik auf eine Weise erfüllt, die auch dem Einzelnen die Möglichkeit eröffnet, darin sein «Glück» zu finden!

Die besondere Pointe liegt hier darin, dass die Erfüllung der mit der Verbindung von Recht und Moral geförderten Hoffnung nicht erst in ferner Zukunft (und auch nicht erst am Ende der Geschichte) in Aussicht gestellt wird; sie sollte sich vielmehr *jederzeit* einstellen können, wann immer es gelingt, Moral und Recht in Einklang zu bringen.

Im *ersten* Teil der Erörterung führt Kant die Unterscheidung zwischen dem «moralischen Politiker» und dem «politischen Moralisten» ein und stellt einmal mehr unter Beweis, wie brillant er als Stilist sein kann. Ein «politischer Moralist» ist derjenige, der, wann immer es ihm opportun erscheint, die Moral im Munde führt, ohne das geringste Interesse zu haben, sich an sie auch zu halten. Dem politischen Moralisten werden Grundsätze zugeschrieben, die vom «Geist der Chicane» geleitet und darauf berechnet sind, von der eigenen Verantwortung abzulenken. Sein Prinzip ist das *divide et impera*, und was ihn einzig interessiert, sind der Erhalt und der Zuwachs der eigenen Macht.[18]

Der «moralische Politiker» hingegen bemüht sich, seine Pflicht zu erfüllen und seine Aufgaben zum Wohl aller auszuführen; sein politisches Talent zeigt sich darin, Lücken im Gesetz zu nutzen, um Neuerungen einzuführen. So kann er zum *Reformer* sogar gegen die bestehenden Machtverhältnisse werden. Man hat den Eindruck, Kant habe sich schon vorab in eine Lage versetzt, wie sie wenige Jahre später von den preußischen Reformern im Dienst eines zwar zaudernden, aber gleichwohl absolutistischen Königs zu meistern war. Sie durften nicht in den Geruch revolutionärer Machenschaften geraten und hatten dem Monarchen politische Fortschritte abzulisten. So sieht schon Kant die Möglichkeit, unter einem autokratischen Herrscher einer republikanischen Verfassung vorzuarbeiten, ohne darüber zum Revolutionär zu werden.

Wünschenswert wäre es natürlich, offen für die *Reform* eintreten zu können und als Anwalt der Republik wirksam zu werden.[19] Dann könnte der Politiker vorbehaltlos für die Wahrung der Menschenrechte eintreten und so den Beweis erbringen, dass Recht und Moral zusammenstimmen. Es ist diese sowohl aus der Sicht des Rechts wie aus der Perspektive der Moral erwünschte und unter den Bedingungen der Wahrheit und der Wahrhaftigkeit kategorisch geforderte «Einhelligkeit» der beiden Kräfte, auf die es Kant im *ersten Teil* des Anhangs ankommt. Denn solange die durch eine Verfassung garantierte Republik noch nicht geschaffen ist, bedarf es der geschickten Nutzung der sich bietenden Freiräume, um den Handlungsraum auf der Grundlage des Menschenrechts und im Interesse von mehr Eigenständigkeit der Bürger zu nutzen.

Im abschließenden *zweiten* und wesentlich kürzeren *Teil* des *Anhangs* zeigt Kant, was ihn sicher macht, dass Recht und Moral wechselseitig aufeinander angewiesen sind: Das Medium, in dem sich diese Wechselwirkung vollzieht, ist die *Öffentlichkeit*! Sie ist es, die schon in den Anfängen der Politik jedes Verstehen und jede Verständigung ermöglicht. Sie ist die Sphäre, in der die ersten Gedanken der Vorsokratiker ihre Wirksamkeit entfalten, in der die Einsichten über den Menschen, die Natur oder den Anfang aller Dinge ausgetauscht werden, und in welcher die Konzeptionen des Universellen und des Individuellen zum Element der Weltwahrnehmung werden. Erst dadurch konnte, wie Herodot es darstellt, schon im 6. vorchristlichen Jahrhundert in Persien wie in Griechenland über Freiheit, Gleichheit und Demokratie gesprochen werden.

Kant hat sich zu den historischen Vorgängen der schrittweisen Herstellung des Rechtsstaats nicht geäußert. Aber die *Öffentlichkeit* hat er als Autor und akademischer Lehrer jederzeit bewusst vorausgesetzt. Publikum und Publizität werden benötigt, um Aufklärung, Wissenschaft und Erkenntnis möglich zu machen. Und im Anhang zur *Friedensschrift* setzt er das Adjektiv «transzendental» (ein Wort, das mit Kant nicht vertraute Leser bis heute mit «transzendent» verwechseln) mit allgemeiner «Verständlichkeit» gleich! In einem inzwischen populär gewordenen Brief von 1794, also ein Jahr vor Abfassung der *Friedensschrift*, sieht Kant die «transzendentalen» Leistungen des Verstandes darin, dass sie eine Vorstellung «für jedermann gültig» und damit «*communicabel*» machen.[20]

Vorbehaltlose Leser von Kants *Kritiken* kann das nicht überraschen. Deshalb sollte es auch niemanden wundern, dass Kant nun den Begriff der *Öffentlichkeit* als die generelle *Bedingung der Verständlichkeit und Verstehbarkeit von Recht und Moral* exponiert. Denn in der Öffentlichkeit sind beide auf das engste verbunden. In ihr gehören sie den Menschen, allein dadurch, dass sie *bewusst* sind und auch *bewusst* zum Einsatz kommen müssen, sowohl *äußerlich* wie auch *innerlich* zu. Man kann *vom einen* nicht sprechen, ohne an *das andere* zu denken! Was nichts anderes heißt, als dem auf Erkenntnis und Verständlichkeit angelegten Bewusstsein selbst den Charakter der impliziten Öffentlichkeit zuzuschreiben.

So hätte Kant schon in seiner ersten Kritik urteilen können, denn alles Transzendentale ist auf Öffentlichkeit sowohl angewiesen wie auch ausgerichtet. Im *Anhang* zur *Friedenschrift* nimmt er nun auf diese innere Korrelation von Bewusstsein und Öffentlichkeit Bezug: Gewiss, Kant hätte auch *nur* vom *Bewusstsein* sprechen können. Aber seine Referenz auf die Öffentlichkeit stellt außer Zweifel, dass hier ein *gesellschaftlicher*, nur *politisch* zu sichernder *Tatbestand* gemeint ist, der nicht nur das Bewusstsein von Recht und Moral, sondern auch ihre gesellschaftliche Geltung verbindet.

Also stellt Kant im Anhang mit *einem einzigen Wort* klar, dass Recht und Moral nicht getrennt werden können. Dieses Wort ist: *Publicität.* Zwar haben Recht und Moral ihre spezifische Geltungssphäre, aber in ihrem Vorkommen, sowohl beim Einzelnen wie auch in den gesellschaftlichen Handlungsbereichen, sind sie im Medium wechselseitiger Verständlichkeit miteinander verbunden: Das *Recht* liegt in der äußeren Übereinstimmung von Handlungen und gesetzlichen Bestimmungen; und die *Moral* zeigt sich in der Übereinstimmung von Motiven und vernünftigen Gründen mit dem äußeren Tun der Menschen.

Das Gemeinsame in der Differenz kann man sich am Beispiel der vorher anschaulich gemachten Extreme verdeutlichen: Der «politische

Moralist» und der «moralische Politiker» können das, was sie sein wollen oder sind, nur sein, indem sie Moral und Recht im menschlichen *Bewusstsein* – und damit als handelnde Personen auch *öffentlich* – verbinden. Der eine, der «politische Moralist», kümmert sich weder um Recht noch um Moral, sucht aber den *Anschein* der Rechtmäßigkeit und Aufrichtigkeit zu erwecken; der andere, der «moralische Politiker», ist hingegen bemüht, dem Recht und der Moral in seinem Handeln gerecht zu werden. In der Öffentlichkeit setzt der Erste alles daran, sowohl seine *Gesetzestreue* wie auch seine *Moral* vorzutäuschen, während dem anderen daran liegt, ernsthaft ein *Beispiel* für die *Vereinbarkeit von beidem* zu geben.

Es ist dies eine Verbindung, die nach dem verbreiteten Vorurteil für «idealistisch» gehalten wird. Doch Kants Beispiele zeigen, dass ihr Zusammenhang im Licht des gesellschaftlichen Faktums der Publizität eine *Realität* darzustellen hat! Denn in der Öffentlichkeit kommt auch *Vorstellungen*, *Begriffen* und *Ideen* der Status einer gesellschaftlichen Wirklichkeit und Wirksamkeit zu. Zugleich darf die Öffentlichkeit als das Medium angesehen werden, in dem sich alles Geschehen nicht nur verstärkt, sondern auch beschleunigt.

Das mag noch als Trivialität erscheinen, wenn es im ersten Schritt darum geht, den Begriff des Rechts auf die «Maxime» der menschlichen Handlungen zu beziehen. Aber schon hier wird der innere Antrieb eines Menschen, also seine «Maxime», mit Notwendigkeit auf die gesellschaftliche Realität des Rechts bezogen:

> «Alle auf das Recht anderer Menschen bezogene Handlungen, deren Maxime sich nicht mit der Publizität verträgt, sind unrecht.» (8, 381)

Der darin liegende systematische Gewinn tritt aber erst zutage, wenn Kant in diese Definition ausdrücklich auch die *Politik* einbezieht und sie zwingend auf alles bezieht, was überhaupt mit dem Anspruch des Politischen auftreten will. Dann muss alles, was überhaupt politisch ernst genommen werden will, nicht nur allgemein verständlich sein, sondern diesem Kriterium auch genügen wollen:

> «Alle Maximen, die der Publizität *bedürfen* (um ihren Zweck nicht zu verfehlen), stimmen mit Recht und Politik vereinigt zusammen.» (8, 386)

Hier wird die republikanische Politik, die auf einer Übereinstimmung mit dem Recht beruht, zum Gegenstand einer «Maxime», die selbst Ausdruck nicht nur eines ernsthaften, sondern letztlich auch eines *moralischen Wollens* ist! Das klingt unscheinbar, ist jedoch, wenn wir es im Rahmen der kritischen Systematik verstehen, die Kant zugrunde legt, von größter Bedeutung. Es besagt, dass *die Errichtung und die Erhaltung einer Republik immer auch eine moralische Aufgabe ist!* Und nehmen wir das hinzu, was Kant im ganzen Buch bereits voraussetzt und zwei Jahre später auch ausdrücklich über die *Demokratie* sagt, dann ist sie es, die zu schaffen und zu erhalten die *moralische Pflicht* eines jeden Menschen ist. Allgemeiner gesprochen: Es liegt im Interesse der Menschheit, die Politik in die *Form einer Demokratie* zu überführen und sie als *Demokratie* zu bewahren.

Diese Konsequenz liegt im Schlussabschnitt der Schrift auf der Hand. Sie braucht nach den voranstehenden Äußerungen über die Vereinigung von Recht und Moral durch die «Maxime der Publicität» auch gar nicht näher erläutert zu werden: Denn das menschliche Wollen muss *öffentlich* geäußert werden, um den Titel des Politischen zu verdienen. Außerdem ist offensichtlich, dass etwas nur dann als *moralisch* gelten kann, wenn es sich auf Gründe berufen kann, die *allgemeiner Zustimmung* fähig sind. So gesehen gehört auch die *Moral* in den öffentlichen Raum – ein Raum überdies, auf den das *menschliche Bewusstsein* in allen seinen epistemischen Leistungen angewiesen ist, wenn es seiner transzendentalen Aufgabe der *communicatio* gerecht werden soll.

Alles hängt hier daran, dass Recht schon in seiner Beratung und Begründung *öffentlich* sein muss. Nach den Anforderungen, die unter den neuzeitlichen Bedingungen ebenfalls selbstverständlich sind, kommen nur Gesetze in Frage, die *öffentlich beraten und beschlossen* sind. Und nach dem unterstellten republikanischen Prinzip muss jedes Gesetz unter den Bedingungen *allgemeiner Zustimmung* stehen. Diese lassen sich unter den Konditionen des modernen Staates nicht ohne *Wahlen*, nicht ohne *parlamentarische Beratung* und *mehrheitliche Beschlussfassung* erreichen.

Wenn also das *Recht* nur unter dem postulierten Prinzip der *Publizität* gültig sein kann, gilt das auch für die *Moral*, die dem Recht bei jeder vernunftgeleiteten *Kritik* und vor allem in jeder begründeten *Reform* die Richtung zu weisen hat. Mag sich die Geltungssphäre des Rechts noch so sehr auf die äußere Sphäre des allgemein nachvollziehbaren Handelns beziehen: Im Zusammenhang des gesellschaftlichen Lebens kann der einzelne Mensch nicht davon absehen, dass es *auf ihn selbst* und damit auf sein *Urteil*, auf sein *Handeln* und damit zugleich auf seine eigene Absicht ankommt.

Damit hat der *moralische Politiker* den Primat, der weiß, dass es auch im Zusammenleben der Menschen mit ihresgleichen ohne *Wahrheit*, *Aufrichtigkeit* und mitmenschliche *Anteilnahme* nicht geht. Nur der Mensch, der selbst auf eine verlässliche Beziehung zu seinesgleichen setzt, nur eine Person, für die Gerechtigkeit nicht allein in der Erfüllung äußerer Verbindlichkeit besteht, sondern die anderen beistehen und helfen will, nimmt den Zusammenhang von Recht und Moral ernst.

Letztlich also braucht man einen *moralischen Impuls*, wenn man das politische Ziel eines «ewigen Friedens» verfolgen will. Gewiss kann man schon zum Friedenspolitiker werden, wenn man erkannt hat, dass im Krieg alles in Chaos, Zerstörung und Tod enden muss. Um aber ein solches Ende rechtzeitig mit Tat- und Überzeugungskraft abzuwenden, muss man begriffen haben, dass dieses Schicksal nicht nur alle anderen, sondern auch den Akteur selbst ereilen kann. Also handelt ein politisch verantwortlich Handelnder spätestens hier nach Art eines moralischen Politikers, der aus eigenem Antrieb einen Frieden ohne Vorbehalt herbeiführen will. Damit ist gezeigt, dass unter Bedingungen der Öffentlichkeit ein um Erfolg bemühter Politiker moralisch argumentieren und moralisch handeln muss.

Auf diese Weise erhält die so abstrakt erscheinende Aussage des Titels einen konkreten, jeden Menschen betreffenden Sinn: Die Republik (und wie wir wenig später erfahren: erst recht die Demokratie) hat einen von Anfang an bestehenden moralischen Sinn. Sie fordert die Anteilnahme eines jeden Menschen. Sie ist gerade nicht für Götter gemacht, sondern vornehmlich *für Menschen*, die erkannt haben, dass sie ohne Politik nicht die bleiben können, die sie bleiben müssen, um menschlich zu leben und mit sich selbst – und ihren Nächsten – einverstanden zu sein.

Von alledem sagt Kant in seiner *Friedensschrift* viel zu wenig. Das ist ihm selbst auch bewusst, wenn er zum Schluss in Aussicht stellt, «weitere Ausführung und Erörterung» bei «anderer Gelegenheit» folgen zu lassen. Das geschieht dann kurze Zeit später in der *Rechtslehre* der *Metaphysik der Sitten*. Aber bevor Kant den Hinweis auf «weitere Ausführung und Erörterung» macht, beendet er die Friedensschrift mit einem Satz, der erklärt, worin die «eigentliche Aufgabe der Politik» besteht. Er bestätigt den engen Zusammenhang zwischen der *Politik* und dem *Leben des einzelnen Menschen*. Damit tritt die *Humanität* der republikanischen Konzeption des Politischen anschaulich hervor, und es kann niemanden wundern, dass Kant, der *Recht* und *Moral* aus methodischen Gründen so entschieden trennt, beide im Rahmen von Republik und Demokratie so nachdrücklich miteinander verknüpft, dass man zunächst gar nicht glauben mag, dass hier ein Rigorist und Kritiker, in dessen Ethik die Sinnlichkeit angeblich gar keine Rolle spielt, das Ziel allen politischen Handelns definiert. Kant sagt:

> «Denn wenn sie [gemeint sind: «Recht und Politik vereinigt»] nur durch Publicität ihren Zweck erreichen können, so müssen sie dem allgemeinen Zweck des Publicums (der Glückseligkeit) gemäß sein, womit zusammen zu stimmen (es mit seinem Zustande zufrieden zu machen), die eigentliche Aufgabe der Politik ist.» (8, 386)

Ein Volk «mit seinem Zustande zufrieden zu machen», ohne damit in Widerspruch zum allgemeinen Recht zu stehen, ist die denkbar bescheidenste und dennoch umfassendste Bestimmung des Ziels der Politik.[21] Welcher tiefere Sinn sich damit für Kant ergibt, erhellt aus dem, was man Kants *Epilog* zur Schrift über den *Ewigen Frieden* nennen kann. Darauf kommen wir im Beschluss zurück.

V

Ein Jahrhundert sucht nach neuen Wegen

21. Friedensidyll im Jahrhundert der Kriege. Die kleine Schrift *Zum ewigen Frieden* erschien im Sommer 1795, als in Paris die revolutionäre Begeisterung noch nicht abgeklungen war. Kants Text fand in Frankreich wohlwollende Aufnahme und wurde rasch in zwei Raubdrucken verbreitet, noch ehe er in lizensierter Form auch in Frankreich in den Handel kam. Zusammen mit Schiller wurde der Philosoph zum Ehrenbürger der französischen Nation ernannt. In Deutschland schrieb Friedrich Schlegel eine begeisterte Rezension, und die vom Revolutionseifer erfüllte Jugend begann von dem 71jährigen Autor zu schwärmen, der in der geistigen Welt Europas zwar bekannt, aber auch umstritten war. Seine These, dass sich die Existenz Gottes nicht beweisen lasse, hatte ihm Misstrauen und Feindschaft eingebracht, und seine Bücher galten als schwer lesbar. Die *Friedensschrift* hingegen war eingängig formuliert und wurde rasch populär.

Doch mit dem Auftritt Napoleons war Kants Friedensruf schnell wieder vergessen. Die Kriege, mit denen Napoleon Bonaparte die Nachbarstaaten überzog, empörten die Europäer und forderten ihre kriegerische Gegenwehr heraus. Mit seiner Selbstkrönung zum Kaiser demonstrierte der General und Konsul alsbald, wie gleichgültig ihm die bürgerlichen Ziele waren, trotz des *Code Civile*, den er als Eroberer überall zur Geltung zu bringen suchte. So brachte er den in ganz Europa regierenden Adel sowie alle durch den Usurpator bedrohten Bürger gegen sich auf und ließ den Wunsch nach Frieden in weite Ferne rücken.

Die durch Napoleon ausgelösten Kriege endeten zwar 1815 mit seiner Niederlage in *Waterloo* und zogen die um Frieden bemühten Beschlüsse des *Wiener Kongresses* nach sich. Aber das Machtgefüge in Europa war so nachhaltig gestört, dass sich von Spanien über Italien, Griechenland, die Türkei, die Krim, Österreich, Dänemark, Preußen und Frankreich eine unablässige Folge von Kriegen anschloss, die selbst mit dem *Ersten Weltkrieg* nicht zu einem Ende kamen. Immerhin besann man sich in diesem Krieg, angeregt durch den amerikanischen Präsidenten Woodrow Wilson, der an der Princeton University auch Philosophie gelehrt hatte, auf Immanuel Kants *Friedensschrift*. Ihr entnahm er die Anregung zur Gründung des *Völkerbunds*.

Erst der Zweite Weltkrieg erschöpfte die Kräfte Europas so nachhaltig, dass sich an ihn eine längere Zeit des Friedens anschloss. Aber das galt nur für Europa: Die Kolonialkriege, die schon im 19. Jahrhundert vornehmlich von Europäern geführt worden waren und die, wie alle Kriege der Moderne, an technischer Effizienz und Grausamkeit ständig zugenommen hatten, kamen zu den nach den Revolutionen in den USA und Frankreich unablässig geführten Kriege hinzu. Dazu gehört auch der amerikanische Bürgerkrieg, der zwischen 1861 und 1865 um ein zentrales Ziel der Demokratie, die rechtliche Gleichheit aller Bürger, geführt wurde. Formell trug die Partei des demokratisch gewählten, republikanischen Präsidenten Abraham Lincoln den Sieg davon. Aber jedem Zeitzeugen war klar, mit wie viel Glück die Einheit der Republik und die Demokratie mit ihrem wichtigsten Gut, der Gleichheit der Bürger, gerettet worden war. Wie fragil die Lage blieb, hat bereits das auf den Friedensschluss folgende tödliche Attentat auf Lincoln kenntlich gemacht.

In diesem Jahrhundert, in dem es nichts weniger gab als Frieden und in dem kaum etwas fragwürdiger erschien als die Demokratie, schrieb Friedrich Nietzsche einen Text, in dem er den Frieden und die Demokratie als gesicherte Errungenschaften der Geschichte darstellte. Der für seine kulturell motivierte Kriegsbegeisterung bekannte Autor trägt 1880 eine sozialwissenschaftlich informierte Analyse vor, in der er zu beweisen sucht, dass die Zukunft der Politik gar nicht anders als *demokratisch* sein kann. Mitten im Jahrhundert der postrevolutionären Kriege und der unerbittlichen Kämpfe um die Demokratie träumt der vorher und nachher auf die schöpferischen Potenzen des Krieges setzende Denker vom *Frieden* und von einer alle Gegensätze ausgleichenden politischen Logik der *Demokratie*.

In seinen frühen Schriften war Nietzsche als Anwalt der frühgriechischen Streitkultur hervorgetreten und hatte sich mehrfach emphatisch auf Heraklits Rede vom Krieg als dem «Vater aller Dinge» berufen. Er ließ keine Gelegenheit aus, das Lob des Krieges anzustimmen. Und wie ernst das gemeint war, hat er 1870 vor dem deutsch-französischen Krieg durch seine Meldung zum preußischen Kriegsdienst unter Beweis gestellt, obgleich er nach seiner kurz zuvor erfolgten Berufung nach Basel vom Wehrdienst befreit war. Später kann er sich in seinem *Zarathustra* das «Paradies» nur als einen Ort im «Schatten der Schwerter» vorstellen. Er verwirft die «Humanität» und das «Menschenrecht» und hört es gern, wenn ihn jemand einen «*Antidemokraten*» nennt.

Doch in einer kurzen Phase seines Denkens äußert sich Nietzsche als Anwalt der Demokratie und wird, gleichsam wider Willen, zum *Humanisten*, richtet das Ziel der Politik auf die «*Menschheit*» aus und spricht wie ein biblischer Apostel vom *Frieden*. An diese erstaunliche Verwandlung, in der Nietzsche für die Zeit einer Alpenwanderung für die *Demokratie* votiert, muss man erinnern, um die Dramatik des Kampfes um das *Menschenrecht* und die *Demokratie* auch im philosophischen Meinungsstreit zu verdeutlichen. Dazu genügen wenige Aphorismen in dem 1880 erschienenen zweiten Band von *Menschliches, Allzumenschliches* unter dem Titel: *Der Wanderer und sein Schatten*.

In diesem Werk sind die Aphorismen in eine Rahmenhandlung eingefügt, die den Leser glauben machen soll, der Autor sei an einem schönen Sonnentag bei einer Wanderung in hohen Bergen von seinem ihn beharrlich verfolgenden «Schatten» angesprochen worden, der sich als kluger und eigenständiger Gesprächspartner erweist. Der Schatten begleitet seinen leibhaftigen Urheber und bleibt mit ihm bis zum Untergang der Sonne (seiner Ursache im strengen Sinn) im Gespräch. Am Ende ist der Wanderer untröstlich, dass mit dem Sonnenuntergang auch sein Schatten verschwindet. In der Abschiedsszene wird klar, dass alle 350 Aphorismen wie ein Protokoll der Unterredung verstanden werden sollen. Man hat den Eindruck, dass Nietzsche sich hier bemüht, mit größerer Offenheit gegenüber abweichenden Positionen zu urteilen. Das Gespräch lässt Züge des *Ausgleichs* erkennen, der zu *Kompromiss* und *Zugeständnissen* führen kann, *Urteilskraft* erfordert und somit einen eher politischen Charakter hat.

So scheint es Nietzsche hier nicht darauf anzukommen, die Positionen seiner früheren Jahre mit ihrer Präferenz für Krieg und Gewalt, für Sklavenwirtschaft und strenge Zucht nach dorischem Vorbild zu wiederholen. Er optiert eher für Athen als für Sparta. Erstmals äußert er Verständnis für die ausgleichende Leistung eines abwägenden Urteils, das auch gegensätzliche Interessen verbinden kann. Damit beginnt das in strengem Sinn politische Handeln, so wie wir es als Leser noch heute verstehen. Also kann man mit guten Gründen sagen, dass Nietzsche hier nicht einfach nur seine konträre Position in einem vorgegebenen politischen Spektrum behauptet, sondern selbst politisch zu urteilen sucht.

Nietzsche entdeckt ein politisches Prinzip, von dem er sich viel verspricht und dem er einen höchst zeitgemäßen Namen gibt: Er nennt es das «Princip des Gleichgewichts» und sieht darin ein schon von den griechischen Sophisten vertretenes und weiterhin zukunftsfähiges Regulativ der Politik überhaupt. Und so sehr er argwöhnt, dieses Prinzip werde vornehmlich von den «Schwachen» genutzt, um sich in Verhandlungen mit den «Starken» Vorteile zu verschaffen, so hält er das jeweils erzielte «Gleichgewicht» doch für einen, wie er beinahe unbeholfen sagt, «sehr wichtigen Begriff für die älteste Rechts- und Morallehre» (*MA* II, *WS* 22; 2, 555f.). Es ist, so darf man trotz der *physikalischen* Herkunft und der *ökonomischen* Verwendung des Begriffs ergänzen, ein überaus passender *politischer* Terminus, weil er die Schwierigkeit, politische Lösungen zu finden, ins Bild rückt. Ein Gleichgewicht ist stets von situativ gegebenen Kräften bestimmt und kann bei deren Verschiebung rasch verlorengehen. Es bedarf der Bestimmung im *Augenblick* und somit auch einer Situationen treffend erfassenden *Urteilskraft*.

Es muss daher nicht wundern, dass Nietzsche die Geltung des «Princips des Gleichgewichts» nicht auf die ältere Zeit beschränkt. Wenn er festhält, Gleichgewicht sei «die Basis der Gerechtigkeit,» dann gilt das auch für seine Gegenwart, die Raum für politische «Klugheit» lasse, sofern sie Rechtszustände als «zeitweilige Mittel [...] anräth». Dabei ist es Nietzsche wichtig, das Recht nicht etwa als «Ziel», sondern tatsächlich nur als «Mittel» der Politik anzusehen (ebd.).

Was damit empfohlen wird, lässt jede Form einer diktatorischen Verfügung über das gesellschaftliche Ganze hinter sich. Bestimmend ist allein die «Selbst-Erhaltung» der Gesellschaft mit ihrem «Vernunft-Räderwerk»

(*WS* 33; 2, 565) – freilich vertreten durch die stets als Akteure benötigten *Individuen*. Ohne sie geschieht in einer Gesellschaft nichts, was politische Aufmerksamkeit verdient, und es spricht für Nietzsches politische Urteilskraft, dass er die Rolle des Individuums, trotz seiner Beachtung ökonomischer und sozialer Zusammenhänge, stets in den Vordergrund rückt. Gleichwohl geht Nietzsche schon hier, wie dann auch später in seiner Lehre vom «Willen zur Macht», von einer strikten Gegensätzlichkeit der Kräfte aus, die er wiederholt mit einem Seitenblick auf das physikalische Gegeneinander von Kräften beschreibt. Ihn interessiert der *Prozess* – das Geschehen im Gegeneinander der konfligierenden politischen Kräfte. Staatsverfassungen, die feste Ordnungen vorgeben und in der Regel die primäre Aufmerksamkeit der politischen Theoretiker auf sich ziehen, kommen bei Nietzsche nicht vor.

Umso mehr muss es überraschen, dass der Wanderer gegen Ende des Gesprächs mit dem Schatten ein Lob der Demokratie anstimmt:

> «Die Demokratisirung Europa's ist unaufhaltsam: wer sich dagegen stemmt, gebraucht doch eben die Mittel dazu, welche erst der demokratische Gedanke Jedermann in die Hand gab, und macht diese Mittel selber handlicher und wirksamer: und die grundsätzlichsten Gegner der *Demokratie* (ich meine die Umsturzgeister) scheinen nur deshalb da zu sein, um durch die Angst, welche sie erregen, die verschiedenen Parteien immer schneller auf der demokratischen Bahn vorwärts zu treiben.» (*WS* 275; 2, 671)

Der Autor spricht hier wie ein überzeugter Demokrat, der uns erklärt, warum wir uns über die Zukunft der Demokratie keine Sorgen machen müssen. Denn selbst die «grundsätzlichsten Gegner der Demokratie», die nichts anderes als den «Umsturz» wollen, können nur abschreckend wirken und müssen somit selbst Zweifler davon überzeugen, dass es zur Demokratie keine Alternative gibt.

Das ist ein bemerkenswertes Argument, das auch im Nachhinein bezwingend wirkt, wenn man sich vorstellt, welche Feinde schon gegen die Demokratie angetreten und wie viele davon im 19. und 20. Jahrhundert am Werk gewesen sind. Zu bedauern ist nur, dass es ihnen, anders als vom Wanderer vermutet, nur zu oft gelungen ist, die Demokratie zu zerstören. Davon konnte Nietzsche zwar nichts wissen;[1] aber da er mit der griechischen Geschichte vertraut war, hätte er bedenken können, dass es vor mehr als zweitausend Jahren den Gegnern der attischen Demokratie durchaus gelungen ist, der ersten Demokratie der Geschichte ein lange Zeit definitiv erscheinendes Ende zu bereiten. Es hat so vernichtend gewirkt, dass erst neuzeitliche Autoren den Mut aufgebracht haben, die Demokratie erneut als mögliche Staatsform in Erwägung zu ziehen.

Sehen wir von den historischen Gegenbeispielen aus der Zeit vor Nietzsche ab, können wir ihm zugestehen, dass er ein beachtliches Argument in Vorschlag bringt. Es besagt, dass die *Demokratie* eine Staatsform bietet, die in der Lage ist, sich durch das *Prinzip des Gleichgewichts* selbst zu stabilisieren. In ihr entfällt das Übergewicht, das in Monarchie oder Aristokratie durch die Vormacht des herrschenden Personals gegeben ist. Nur die Demokratie eröffnet allen Bürgern die Chance, an der Willensbildung beteiligt zu sein. Hier müssen alle aus eigener Kraft dafür sorgen, Einfluss auf das Ganze zu nehmen. Nietzsche ist es wichtig zu betonen, dass dies «jedermann» kann und dass dazu «handliche und wirksame Mittel» zur Verfügung stehen sollten. Damit kann er nur die Wahlbeteiligung der Bürger und deren Mitwirkung in Versammlungen und Parlamenten meinen.[2]

Nietzsches großes Wort kommt ohne nähere Hinweise auf die demokratische Verfassung aus. Und dafür, dass seine Auslegung des Prinzips des Gleichgewichts allen Bürgern Möglichkeiten der Einflussnahme bietet, gibt es ein bezwingendes Indiz. Der Aphorismus, der mit der These von der Unaufhaltsamkeit des Aufstiegs der Demokratie in Europa beginnt, trägt den Titel: *Die Zeit der Cyclopenbauten*. Im Text, der auf den zitierten Satz folgt, spricht Nietzsche ausschließlich davon, wie diese «Cyclopenbauten» möglich sind und welche Folgen für die menschliche Kultur zu erwarten sind.

Mit den Cyclopen, den einäugigen Riesen, ohne die es nach Nietzsche nicht zu den monumentalen Vorarbeiten der Kultur gekommen wäre, sind jene gemeint, «welche jetzt bewusst und ehrlich für die Zukunft arbeiten» (ebd., 2, 671).[3] Und nachdem Nietzsche, anschaulich und nicht ohne Mitgefühl, das Schicksal dieser schwer arbeitenden Klasse geschildert hat, kommt er auf die «Demokratisierung Europa's» zurück, und es wird klar, dass er der Ansicht ist, diese Regierungsform könne einen Ausgleich auch für die «geistige und leibliche Verknechtung» der schwer arbeitenden Menschen bieten. Ihnen kommt zu Hilfe, dass ihre Machtmittel in der Demokratie «handlich und wirksam» sind. Daran knüpft Nietzsche die Vision, dass alles «allmählich immer höher und geistiger verstanden» werden könne. Damit ist es die *Demokratie*, die er als Fundament einer künftigen Kultur begreift – wohl auch dadurch, weil sie es zu ermöglichen scheint, dass die «Menschheit» in Anerkennung aller in ihr bestehenden Gegensätze als Wirkungseinheit fortbesteht. Dabei ist die Demokratie nur «Mauer» und «Spalier» (ebd., 2, 672) und, wie auch das Recht, ein bloßes *Mittel der Kultur*!

Das in Erwartung einer Steigerung der Kultur angestimmte Lob auf die Demokratie hindert Nietzsche nicht, sie schon wenige Aphorismen später scharf zu kritisieren: So meint er, der «Sieg der Demokratie» führe nur dazu, dass die Politiker dem Volk «schmeicheln» (*WS* 292; 2, 684), dass alles unter Gesichtspunkten der Nützlichkeit kalkuliert wird und den «alten Kutschen» mit «alten Rädern» und auf «alten Straßen» nur «neue Pferde» vorgespannt werden (*WS* 293; 2, 685). Das ist ein Urteil, das man gewiss nur auf den ersten Blick fällen kann; und man muss es Nietzsche nachsehen, dass er sich nicht näher mit den Verfahrensweisen einer Demokratie befasst. Er irrt (wie schon Rousseau), wenn er annimmt, die Demokratie setze «Einstimmigkeit» voraus, und versteht offenbar nicht, welchen Freiheitsspielraum die Demokratie lässt, wenn sie die «Nichtbeteiligung» von Bürgern zulässt (*WS* 276; 2, 672f.).

Im Gespräch des Wanderers mit seinem Schatten ändert das aber nichts an seinen hohen kulturellen Erwartungen an die Demokratie. Und da er sie damit begründet, dass sie allen am Aufbau der Kultur Beteiligten eine Chance zur politischen Mitwirkung bietet, haben wir auch die (im Vergleich zu früheren Aussagen) überraschende *Hochschätzung der körperlichen Arbeit* als vorrangiges Politikum in dieser Phase von Nietzsches Denken anzusehen. Er fordert ausdrücklich eine Würdigung des «Werths der Arbeit» und äußert eine bemerkenswerte Kritik an den sozialen Verhältnissen in der industrialisierten Welt: «Die *Ausbeutung* des Arbeiters war, wie man jetzt erst begreift, eine Dummheit, ein Raub-Bau auf Kosten der Zukunft, eine Gefährdung der Gesellschaft.» (*WS* 286; 2, 682) Und politisch beachtlich ist, dass Nietzsche die Ausbeutung nicht aus mitfühlender Anteilnahme an den Arbeitern beklagt, sondern weil er die gesellschaftlichen Kosten der sozialen Geringschätzung verurteilt und das Risiko für den Bestand der Gesellschaft als Gefahr für alle bewertet: «Jetzt hat man nun schon fast den Krieg», so schreibt er 1879, «und jedenfalls werden die Kosten, um den Frieden zu erhalten, um Verträge zu schließen und Vertrauen zu erlangen, nunmehr sehr gross sein, weil die Thorheit der Ausbeutenden sehr gross und langdauernd war.» (Ebd.)

Diese und andere Aussagen könnten sich seiner im Sommer 1879 verstärkten Lektüre volkswirtschaftlicher Schriften verdanken. Autoren, die Nietzsche zur Kenntnis nimmt, wie John Stuart Mill und Henry Charles Carey, waren nicht nur bedeutende Ökonomen, die vom Wert der Arbeit wussten; sie sind auch als Anwälte der Demokratie und des Friedens hervorgetreten. Und natürlich waren ihm Auffassungen von Sozialisten und Kommunisten bekannt.

Gewiss hat seine Vertrautheit mit dem politischen Zeitgeist auch in den letzten Aphorismen im *Wanderer* Spuren hinterlassen, wie man sie sonst bei Nietzsche nicht findet. So beklagt er, dass die «Maschine» dem Arbeiter «seinen Stolz, sein individuell Gutes und Fehlerhaftes» und somit «sein Bisschen Humanität» entzieht:

> «Früher war alles Kaufen von Handwerkern ein *Auszeichnen von Personen*, mit deren Abzeichen man sich umgab: der Hausrath und die Kleidung wurde dergestalt zur Symbolik gegenseitiger Werthschätzung und persönlicher Zusammengehörigkeit, während wir jetzt nur inmitten anonymen und unpersönlichen Sclaventhums zu leben scheinen» (*WS* 288; 2, 682f.).

Hier scheint Nietzsche, wenige Monate nach der Aufgabe seiner Basler Professur, am Punkt äußerster Entfernung von seinen Anfängen angelangt.

Dennoch wird man nicht sagen können, dass er bis zu diesem Zeitpunkt zu einem insgesamt gereiften politischen Urteil gelangt ist. Im selben Zeit- und Textzusammenhang findet sich die Ankündigung eines Mittels «zum wirkliche[n] Frieden» (!), das man nur im besten Sinn des Wortes als unpolitisch ansehen kann. Nietzsche sieht zwar richtig, dass es in vielen Fällen «Eroberungsgelüste» sind, die sich etwa hinter der Begründung von Ausgaben für die Rüstung verstecken. Aber schon das bloße Argument für die «Vertheidigung» hält er für ein Zeichen der «Immoralität»! Die liegt für ihn bereits darin, dass man dem politischen Nachbarn eine «schlechte», sich selbst aber eine «gute Gesinnung» unterstellt.

Für die Zwischentöne in der menschlichen Verständigung, auf die sich der Psychologe Nietzsche beim einzelnen Menschen so gut versteht, hat er in der Politik offenbar kein Ohr – obgleich doch gerade hier die Hoffnung, dass schon eine Drohung etwas bewirken könne, keine geringe Rolle spielt. Nietzsche versteigt sich zu der Bemerkung, dem politischen Nachbarn keine gute Gesinnung zuzuschreiben, sei eine «Inhumanität, so schlimm und schlimmer als der Krieg». Und was er dann empfiehlt, steht in der besten Tradition der *Bergpredigt*, über die zu spotten er später nicht müde wird:

> «*Sich wehrlos machen, während man der Wehrhafteste war* [...], das ist das Mittel zum *wirklichen* Frieden, welcher immer auf einem Frieden der Gesinnung ruhen muss.» (*WS* 284; 2, 678)

Es scheint die Wirkung des ihn hier begleitenden «Schattens» zu sein, der Nietzsche an diesem Sonnentag derart erstaunliche politische, soziale und sogar moralische Bekenntnisse entlockt. Es ist, als hätte ihn der zur Demokratie gehörende Gewaltverzicht dazu verleitet, sich die Bedingungen der gewünschten Kultur vorzustellen, die allein der von ihm ersehnten *ästhetischen Produktivität* gutgeschrieben werden könnte. Doch spätestens in seinem kurz danach in Angriff genommenen *Zarathustra* nimmt er es wieder ernst, dass die Verhältnisse noch längst nicht so weit sind, von der allgemein gegebenen Bedingung des Friedens ausgehen zu können. Dann nämlich setzt er erneut auf die Kriegsrhetorik seiner frühen Jahre. Und zur Tragik seines Werkes gehört, dass seine Rede vom «Willen zur Macht», vom «Übermenschen» und vom «Kampf» von Lesern seiner Bücher so wörtlich genommen werden kann, dass der denkbar größte Abstand zu dem erreicht ist, was Nietzsche unter Kultur versteht.

Man kann noch nicht einmal sagen, dass ihm diese Gefahr entgangen wäre. Seine Urteile über seine eigene Zeit sind von Spott, Skepsis, ja, Verachtung erfüllt. Gelegentlich ahnt er, dass die dominierenden Kräfte seines Jahrhunderts dem Abgrund zutreiben, so dass nur ein «Jahrhundert der Kriege» die Folge sein kann. Es ist auch nicht ausgeschlossen, dass sein Urteil über die Demokratie einer parodistischen Absicht entsprungen ist, die in Gegenwart seines aufmerksamen Zuhörers, des von der Sonne stammenden und zugleich ganz der Erde verbundenen *Schattens* den Charakter einer ernsthaften zeitgeschichtlichen Diagnose angenommen hat. Aber es ist auch nicht ausgeschlossen, dass sich in den Urteilen des Wanderers die guten politischen Erfahrungen Nietzsches in seiner Schweizer Wahlheimat niederschlagen. Schließlich ist der Schatten, mit dem er spricht, selbst ein «Schweizer», jedenfalls einer, den die Sonne über der Schweiz auf deren schöne Berge wirft.

22. Individualität und Repräsentation. Nietzsches Aphorismus ist eine Idylle, die schon ein Tagtraum war, als sie 1879 ersonnen wurde. Sie kam durch nichts, was in den nachfolgenden Jahren und Jahrzehnten geschehen ist, der Wirklichkeit näher. Gleichwohl enthält sie wichtige Einsichten, wie etwa die in die politische Logik eines *Gleichgewichts der Kräfte*. Darüber hinaus vergegenwärtigt uns Nietzsche durch die Art, in der er uns eine soziologisch und ökonomisch angereicherte Einsicht nahebringt, eine Idee, die von Anfang an mit dem Begriff der Menschheit verbunden ist, aber erst im Bezug auf die Demokratie ihr mögliches politisches Gewicht zu erkennen gibt. Gemeint ist die *Idee der Individualität* – und mit ihr auch die niemals bloß rationalen Kräfte, die sie freisetzen kann. Es geht somit immer auch um das *Gefühl*.

Den Zusammenhang von Vernunft und Gefühl bewusst zu halten, ist dem politischen Denken nach dem vermeintlichen Scheitern der Aufklärung schwerer gefallen als je zuvor. Mit der Präferenz für individuelle, letztlich nur durch ein Gefühl vermittelte romantische Momente werden nicht nur Stimmungen und Gefühle stärker gewichtet; sie werden aufgewertet und im Weltverhältnis als derart vorrangig angesehen, dass sie rationalen Leistungen vorgezogen werden. Nach den Traditionsbrüchen durch die Politik im Übergang zum 19. Jahrhundert kommt das vielen Menschen, nicht zuletzt auch denen, die sich zu den Verlierern im revolutionären Umsturz rechnen, durchaus gelegen.

In dieser Lage avancierte ein von der Natur in besonderer Weise mit *Gespür* und *Willenskraft* versehenes Individuum mit Namen *Napoleon* zum Hoffnungsträger einer neuen Zeit. Mit seinem Auftritt auf der politischen Bühne finden die vielstimmigen Debatten an der Spitze des Staates ein Ende. Als kommandierender General und Konsul kann er staunenswerte Erfolge feiern. Und als er sich schließlich selbst zum Kaiser krönt, damit der revolutionären Republik schon nach einem knappen Jahrzehnt ein Ende macht und, in Anwesenheit des Papstes, einem modernen Imperium zu einen triumphalen historischen Auftritt verhilft, gilt es vielen als erwiesen, dass die Herrschaft eines genialen Einzelnen der schwerfälligen Abstimmungsmaschinerie einer Republik hoffnungsvoll überlegen ist.

Eine solche Wertung begünstigt den Aufstieg Napoleons zum kaiserlichen Alleinherrscher, der in wenigen Jahren zur entscheidenden Größe auf dem Schachbrett der staatlichen Mächte wird. Viele glauben, mit ihm werde ein neues «Prinzip» in der Menschheitsgeschichte wirksam. Hegel meinte in Jena, in ihm den «Weltgeist zu Pferde» gesehen zu haben, und Goethe, der ihn persönlich traf, sah in Napoleon ein «schöpferisches Genie». Für Nietzsche, der über Napoleon mit scharfem Blick für seine Schwächen und in Kenntnis seines heillosen Scheiterns urteilt, gilt er als ein «vollkommen zu Ende gedachter und ausgearbeiteter Typus eines Triebes», wie man ihn nur in der «antiken Menschheit» finde (M 245). Also als eine aus der Zeit fallende Größe auch hier.

Damit ist der Stimmungswechsel angezeigt, der sich im Übergang vom 18. zum 19. Jahrhundert zwischen Aufklärung und Romantik vollzieht und zu einer Änderung in der Einstellung zur Politik führt. Er irritiert die Gemüter bis heute. Während die einen daran festhalten, dass es letztlich nur öffentlich erörterte Gründe sein können, nach denen die Politik zu bewerten sei, kommt bei anderen die Überzeugung auf, es komme letztlich nur auf das richtige Gespür, auf die Bewahrung einer identitären Tradition oder eines nationalen, ethnischen oder religiösen Erbes an.

Im 20. Jahrhundert werden daraus «Bewegungen» unter Anleitung sogenannter «Führer», denen es genügt, unbeirrte Entschlossenheit zu demonstrieren und Lösungen nur für ihre Gefolgschaft in Aussicht zu stellen. Diese Bewegungen beschränken sich darauf, Lösungen lediglich den Menschen zu versprechen, die ihnen folgen. Jede Verbindlichkeit gegenüber dem Volk, den Bürgern oder der Menschheit wird aufgekündigt. Die postnapoleonischen Führer bleiben mit sich und den Massen, die sie in ihren Bann ziehen, allein und sind für die Politik verloren. Der Gewinn, der aus ihrem historischen Auftreten gezogen werden kann, ist ganz auf das abschreckende Beispiel beschränkt, das sie denen geben, in denen sie selbst nur eine Gefahr für ihre Herrschaft sehen. Ihr Politikverständnis geht auf in der Unterscheidung zwischen *Freund* und *Feind* und deren unbedingter Zuständigkeit für die einen und der rücksichtslosen Abwehr aller anderen.[1]

Als Theoretiker taugen diese Politiker und ihre Laudatoren noch nicht einmal dazu, einen Epochenschnitt zwischen Aufklärung und Romantik zu markieren. Was sich mit dem Übergang ins 19. Jahrhundert einstellt, ist eine stärkere Aufmerksamkeit für die sinnlichen und emotionalen Kräfte, die, wie die stürmische Entwicklung in den Sozial-, Natur- und Technikwissenschaften, zu massiven Aufklärungsschüben führt. Allen voran geht der Theologie Friedrich Schleiermacher, dem die Romantik zu einem vertieften Gottesverständnis verhilft, das es ihm erlaubt, eine weit über seine Profession und seine Konfession hinausreichende, höchst rationale und zugleich das Gefühl bereichernde Aufklärung anzustoßen. Die Rechtwissenschaften perfektionieren ihre Systematik, die Ökonomie etabliert sich als selbstständige Wissenschaft und gibt den Anstoß zur Entwicklung der Soziologie. Und die Biologie bereitet die heilsame Kränkung vor, die Darwin einer Menschheit nicht ersparen kann, die nicht wahrhaben will, dass sich unter ihren evolutionären Vorläufern auch Affen finden. Und nicht nur bei Schleiermacher, sondern auch bei seinem schärfsten Kritiker Friedrich Nietzsche gehen Romantik und Aufklärung Hand in Hand.

In der Politik wird daraus ein an unterschiedlichen Fronten geführter Meinungsstreit zwischen nationalen und sozialen Ideologien, der seinen Tiefpunkt im Vorfeld der Machtübernahme durch italienische Faschisten und deutsche Nationalsozialisten erreicht. Hier leistet der von postrevolutionären Anhängern des *Ancien Régime* beeindruckte und mit der Romantik kokettierende Staatsrechtler Carl Schmitt massiven Vorschub für den verhängnisvollsten Führerkult, den die Geschichte erlebt hat. Bei ihm mündet die kalkulierte Bewunderung für ein angebliches Genie wie Adolf Hitler in die Wegbereitung eines nicht weniger kalkulierten politischen Verbrechens. Von dem zum Ressentiment regredierten Gefühl blieb nur noch der Hass, dessen Kalkül Millionen von Menschen zum Opfer fielen.

Ob die historische Romantik tatsächlich eine einschneidende Veränderung gebracht hat, muss man schon angesichts der unterschiedlichen Reaktionen der Zeitgenossen auf den Epochenbruch der Revolution in Zweifel ziehen: Der frühe Kant-Schüler Johann Gottfried Herder, einer der einflussreichsten Theoretiker der Humanität, stand den Ereignissen in Paris voller Abneigung gegenüber, während Wilhelm von Humboldt, Kantianer auch er und ebenfalls ein bedeutender Theoretiker der Humanität, sich in seinen jungen Jahren von der Revolution begeistern ließ, ohne den mechanischen Zukunftsoptimismus der sich zur Aufklärung bekennenden Akteure zu teilen. Friedrich Schlegel schrieb eine hymnische Besprechung über Kants *Friedensschrift* und feierte Dantes *Göttliche Ko-*

mödie als die epochale Innovation der lyrischen Dichtung, der Europa, ohne die geringste Einbuße an intellektueller Präsenz, eine der nachhaltigsten Schöpfungen aus menschheitlichem Gefühl verdanke.

Noch bevor Kant dazu kam, die Grundsätze seiner politischen Philosophie zu formulieren, verfasste der im kritischen Geist erzogene *Wilhelm von Humboldt*, damals ein gerade examinierter Jurist, ein Buch, das den gesamten Bereich der Staatstätigkeit unter dem Titel *Ideen zu einem Versuch, die Gränzen der Wirksamkeit des Staates zu bestimmen* umfasst. Im grundsätzlichen Einverständnis mit dem Versuch eines Volkes, sein eigenes Schicksal in die Hand zu nehmen, plädiert Wilhelm von Humboldt auf den ersten vierzig Seiten seines Textes für eine Revolution der politischen Denkungsart, die über alles hinausgeht, was die politische Theorie seit ihren Anfängen bestimmt. Auch Kants drei Jahre später publizierter *Friedensentwurf* wäre von dem Vorwurf, den Humboldt allen anderen Staatstheoretikern macht, betroffen, hätte er nicht das *Menschenrecht* zum Ausgangspunkt seiner Konzeption der Republik gemacht und die *Würde des Einzelnen* ins Zentrum seiner Forderungen gestellt.

Der geplante Buchtitel sagt schon das Wesentliche: Der Autor möchte, anders als alle Staatstheoretiker von Platon bis Rousseau, nicht den Staat in seinem Aufbau beschreiben und begründen; er möchte die Staatsmacht *begrenzen*! Und das deshalb, weil man in der Vielfalt der mehr oder weniger vollständig aufgezählten Aufgaben das Wichtigste, nämlich die «Individuen beinah zu vergessen scheint».[5] Die Provokation ist offenkundig: In Humboldts Abhandlung über den *Staat* geht es nicht primär um die Staatsverfassung, sondern um die *Individuen*, die den Staat ausmachen.[6]

Auch hier könnte man ein romantisches Motiv vermuten. Doch Humboldt verfolgt eine umfassende rationale Absicht: Nur Individuen sind für das empfänglich, worum es doch allen Staaten in Theorie und Praxis geht: die *Sicherheit*, die *Zufriedenheit* und das *Glück* der Menschen, Ziele, die jeder für sich, und somit *individuell*, erfahren können muss. Überdies seien nur Individuen in der Lage, *tugendhaft* und *einsichtig* zu sein. Und wenn einzelne Menschen über *Vernunft* verfügen, können sich alle positiven Erfahrungen und Einstellungen auch in der Gruppe, ja, sogar in der Menge einstellen.

Zur Bekräftigung seiner Diagnose beruft Humboldt sich nicht nur auf *Kants Grundlegung zur Metaphysik der Sitten* und dessen *Kritik der prak-*

tischen Vernunft. Wie sehr Kant ihm in der Schlusspassage der *Friedensschrift* zugestimmt hätte, konnte er noch nicht wissen. Er hätte sich aber auch auf den Vorrang, den *Platon* in der *Politeia* auf die *Erziehung* legt, in der sich die Talente und Fähigkeiten der Einzelnen entwickeln, berufen können. Aber der junge Humboldt zitiert Aristoteles: «Was einem Jeden, seiner Natur nach, eigenthümlich ist, ist ihm das Beste und Süsseste. Daher denn auch den Menschen das Leben nach der Vernunft, wenn nemlich darin der Mensch besteht, am meisten beseligt.»[7]

Die beiden Kriterien, die Humboldt in seinem Text besonders hervorhebt, sind die *Freiheit* und die Fähigkeit, *Situationen* erkennen und beurteilen zu können. Es ist unschwer zu sehen, dass er damit Qualitäten benennt, die sich nicht nur beim Einzelnen finden; sie zeichnen beide in besonderer Weise auch die Gesellschaftlichkeit des Menschen aus. Denn die Freiheit zeigt sich nicht nur im Verhältnis zum anderen Menschen, sondern sie hat sich auch in der *Eigenständigkeit* und *Unabhängigkeit des eigenen Denkens* zu erweisen.

Warum Humboldt mit der *Freiheit* auch die *Situation* so exponiert, wird augenblicklich klar, wenn er ihre Bedeutung für die «Mannigfaltigkeit» hervorhebt. Denn die Besonderheit einer menschlichen Gesellschaft besteht für ihn darin, dass sie die von ihr wie von keiner anderen Lebensform benötigte *Vielfalt* nicht nur bewahrt, sondern auch *steigert*. Also kommt es in der Politik auf nichts so sehr an wie auf die Entfaltung der *Vielfalt von Situationen* in Verbindung mit der ihr entsprechenden Bemühung, die Individuen in Stand zu setzen, ihnen durch «Originalität» gewachsen zu sein.

Die «Idee», die Humboldt in seinem Buch vorstellt, ist vor allem darauf gerichtet, die «Kraft der Individuen» und damit ihre Produktivität zu fördern. Für ihn liegt die «ganze Größe des Menschen» darin, seine *Originalität* in größtmöglicher Vielfalt entwickeln zu können. Und deshalb kommt es für den Staat vorrangig darauf an, beste Chancen für die «Bildung» – und das heißt für ihn immer auch: für die Entfaltung ihrer Originalität – zu schaffen.[8]

Diesem Ziel dient alles, was Humboldt in den Hauptteilen seines Buches kenntnisreich entwickelt. Man erkennt, dass er Staatswissenschaft studiert hat und sich unter Umständen mit seinem Text auch für eine staatliche Laufbahn empfehlen könnte. So macht er deutlich, wie wichtig ihm die Aufgaben der Verteidigung, der Polizei und der Justiz sind. Zugleich kommt es ihm auf die Förderung der schulischen Erziehung, der Bildung sowie die Entfaltung von Wissenschaft und Wirtschaft an. Zurückhaltung zeigt er nur, wenn es gilt, dem Staat soziale Aufgaben zu übertragen. Hier überwiegt seine Überzeugung von der Kraft der Liebe und vom Vorrang der Familie; sie können die besten Bedingungen für die Erziehung der Kinder bieten. Er hält es für verfehlt, den Staat als Unternehmer in die Pflicht zu nehmen. Stattdessen favorisiert er private Initiativen zur Entwicklung und Förderung der wirtschaftlichen Kraft eines Landes.

Wilhelm von Humboldt drängt es nicht, eine Position im Justizdienst einzunehmen. Mit eigenen Mitteln versehen, kann er es sich leisten, die Entscheidung für einen Brotberuf nicht zu überstürzen. Er schreibt seine bedeutenden Aufsätze über das Verhältnis der Geschlechter, über die Bedeutung der Liebe sowie über den Geist der Menschheit; doch mit deren Publikation lässt er sich ebenso Zeit wie mit der Veröffentlichung seiner *Ideen*.[9]

Durch glückliche Umstände wird Humboldt zunächst in den diplomatischen Dienst und dann in die Bildungspolitik gezogen. Die wenigen Monate seiner ministeriellen Zuständigkeit für das höhere Bildungswesen in Preußen und die Universitätsgründung in Berlin haben Epoche gemacht: Sie bieten ihm 1807 die Gelegenheit zu zeigen, wie er die in jungen Jahren verfassten *Ideen* versteht. Erst danach hat er Zeit, sich vorrangig mit seinen Forschungen zur Mannigfaltigkeit der menschlichen Kulturen und Sprachen zu befassen. Und daraus wird dann das enzyklopädische Vorhaben einer alle Sprachen umfassenden Wissenschaft. In ihr betreibt Wilhelm von Humboldt auch mit empirischen Mitteln das, was ein bedeutender Philosoph seiner Zeit unter dem Titel einer *Phänomenologie des Geistes* 1807 mit rein begrifflichen Mitteln zu erreichen suchte.

So romantisch die Rede von *Individualität*, *Originalität*, *Mannigfaltigkeit* und *künstlerischer Produktivität* auch klingen mag: Der Nachdruck, den Wilhelm von Humboldt auf *Vernunft*, *Erkenntnis* und die *Wissenschaften* legt, lässt nicht daran zweifeln, dass er in allen seinen Tätigkeiten ein Anwalt der Aufklärung und des rationalen Handelns bleibt. Auch seine frühen Aufsätze sind im Geist der Aufklärung geschrieben. Die *Ideen* wurden erst 1851 aus dem Nachlass publiziert, fanden aber in

Deutschland keine angemessene Resonanz und dürften bis heute nur in den Kreisen der Humboldt-Forschung bekannt sein.

Doch John Stuart Mill, dem führenden Theoretiker des englischen Liberalismus, fiel das Werk bereits kurz nach der Veröffentlichung auf, und er lobte es überschwänglich. Ja, er scheut sich nicht, Humboldts nachgelassene Schrift als die größte philosophische Leistung nach Sokrates zu bezeichnen.[10] Darin muss man keine Übertreibung sehen, wenn man die paradigmatische Individualität des historischen Sokrates sieht und erkennt, dass in der Einzigartigkeit des griechischen Weisen niemals bloß der personale Eigensinn dieses Mannes, sondern die gleichermaßen existenzielle wie konstitutive Bedingung des Philosophierens zu finden ist. So hatte schon Platon das Wirken des Sokrates verstanden.

Noch nicht einmal Platon scheint auf Mill einen vergleichbaren Eindruck hinterlassen zu haben. Und wenn es so ist, dass Sokrates hier keine andere Gestalt der philosophischen Tradition gleichkommt, muss man Wilhelm von Humboldt in der Tat dafür rühmen, die *Individualität* so nachdrücklich ausgezeichnet zu haben. Darin ist er in der Tat singulär! Zwar wird die Individualität auch von manchen anderen neuzeitlichen Denkern (wie etwa Montaigne, Leibniz, Montesquieu, Rousseau oder Kant) betont; aber in der politischen Auszeichnung der Individualität ist Wilhelm von Humboldt eine Ausnahme.

John Stuart Mill merkt man die Freude an, in Wilhelm von Humboldt einen aus einer ganz anderen geistigen Tradition stammenden *Liberalen* anzutreffen! Der preußische Adlige stellt nicht nur die Freiheit über alles andere; er steht auch dem englischen Geschäftsmann darin nahe, dass er die sozialen Leistungen des Staates möglichst beschränkt sehen möchte. Dabei dürfte sich der überall nach neuen Wegen suchende Mill seinem jugendlichen Vorgänger schon darin nahe gewusst haben, dass Humboldt alles befürwortet, was die *Originalität* und *Produktivität* der Menschen zu fördern vermag. Hier hat Humboldt später besonderes Gewicht auf die *Bildung*, die *Wissenschaften* und die *Künste* gelegt, ohne den Anspruch an die persönlichen und privaten Initiativen zu ermäßigen.

Darin hat ihm Mill nicht widersprochen. Obgleich Zeit seines Lebens dem Liberalismus verbunden, sah er sich selbst genötigt, vom Dogma der unbedingten Privatheit eines jeden Vermögens abzuweichen und soziale Leistungen des Staates für möglich, sinnvoll, ja für dringend erforderlich zu halten. Die Not in den industriellen Zentren war einfach nicht zu übersehen und die Kritik, insbesondere der auch in Produktion und Verwaltung unersetzlich gewordenen Frauen, war nicht zu überhören.

Mit Blick auf die Entwicklung nach Kant ist festzuhalten, dass die Romantik nicht zur Einschränkung der Rationalität des politischen Denkens geführt hat. Der rechtlich zu sichernde *Freiheitsanspruch* wurde nicht abgeschwächt. Auch hier kommen Mill besondere Verdienste zu. In seiner Rechtfertigung des Prinzips der *Repräsentation* legt er mit Blick auf die institutionelle Vertretung des Volkes Wert darauf, die Stellung der Individuen zu stärken. Seine zwei Jahre nach seiner *Freiheitsschrift* veröffentlichten *Considerations on Representative Government* (1861) zeigen, wie es auch angesichts einer größer und vielfältiger werdenden Bevölkerung keine größere Gewähr für Gleichheit und Gerechtigkeit geben kann, als sich an den seit der amerikanischen Revolution populär gewordenen Grundsatz der *Stimmabgabe durch jeden Bürger* zu halten. Dabei ist es möglich, dass jeder Wähler, unabhängig von sozialen Bindungen, für «seinen» Abgeordneten votieren kann. Darin liegt eine institutionelle Korrespondenz zwischen den einen Staat tragenden Bürgern und den Personen, die sie in Parlament und Regierung vertreten.

Mit den in der Wahl abgegebenen Stimmen geht ein Teil der politischen Verantwortung für eine Legislaturperiode auf wenige vertrauenswürdige Personen über, die ihrerseits weitere Delegationen vornehmen können. Das Verfahren ist unverzichtbar, wenn es eine sachlich konzentrierte und in wichtigen Stationen auch nachvollziehbare Willensbildung in einer politischen Organisation geben soll. *Erst durch Repräsentation kann eine Demokratie als ganze, in Anerkennung des Willens eines jeden Einzelnen, handlungsfähig werden.* Selbst die Berufung auf eine «Basis» vermag, wenn verlässliche Entscheidungen, durchgängige Präsenz und Kontinuität in der sachlichen Problembewältigung verlangt werden, Wahlen (und mit ihr Delegation und Repräsentation) nicht zu ersetzen. Es gehört zu den großen Leistungen Mills, dies unter Rückgriff auf seine eigenen institutionellen Erfahrungen als Abgeordneter im Unterhaus begründet und erläutert zu haben. Am Beispiel der Verbindung von gleichberechtigter Stimmabgabe und politischer Vertretung kann er zeigen, was eine demokratisch fundierte und allemal auf Repräsentation der Vielen durch ausgewiesene Einzelne gegründete politische Ordnung zu leisten vermag.

Die Repräsentation sichert die Individualität sowohl an der *Basis* wie auch in den darauf gründenden *Verwaltungs-* und *Regierungsämtern* eines Staates. Denn «unten» zählt jeder *Einzelne*, und «oben» gehören zu jedem Amt die *Personen*, die verantwortlich sind. Die einfache Stimmabgabe eines Bürgers sichert seine persönliche Mitwirkung im Ganzen der politischen Organisation; und die Repräsentation sorgt für die Identifikation aller Individuen, die bereit sind, allgemeine Aufgaben zu übernehmen. Auf keiner Ebene gibt es eine Prärogative der Herkunft, des Geschlechts oder des Besitzes. Im Staat haben alle Bürger Bedeutung – nur durch das, was sie können und wollen, wie sie sich in politischen Institutionen repräsentieren und was sie als Parlamentarier und Minister zu leisten vermögen.

Auch Hinweise auf die überragende Kompetenz Einzelner oder auf die Betroffenheit einer situativ aktivierten Basis können nicht dazu führen, die Legitimation der im Parlament vertretenen Repräsentanten zu umgehen. Die bis heute immer wieder vorgebrachten Einwände gegen die Repräsentation ändern am Vorrang einer durch allgemeine Wahlen konstituierten Körperschaft nichts. Entscheidend ist nur, dass der einzelne Mensch die Basis ist und bleibt, auf der die politische Ordnung im Ganzen ruht. Und diese Ordnung muss durch das *Recht* gesichert sein – eine Bedingung, die in England selbst zur Tradition der politischen Institutionen, zur Praxis des Zusammenwirkens von Krone, Parlament, Regierung und Gerichten gehört und für derart verlässlich gehalten wird, dass man dort bis heute glaubt, auf eine geschriebene Verfassung verzichten zu können. Das ist eine singuläre Besonderheit Englands, von der wir nicht wissen, wie lange sie Bestand haben kann. Doch solange die Kontinuität in der Spruchpraxis der Gerichte gewahrt bleibt und die Gesetze *jedem Bürger bekannt gemacht sind*, *öffentlich beraten* und mit *allgemeiner Zustimmung beschlossen* worden sind, muss es in der Kette der Legitimität keine Lücke geben.

Unter dieser Bedingung kann auch eine ungeschriebene *Verfassung* als eine allgemeine Anerkennung findende Grundbedingung einer demokratischen Ordnung angesehen werden. Dazu gehören die Geltung des Prinzips der Öffentlichkeit und die Garantie der Unabhängigkeit der Gerichte und der Richter. Die Verfassung muss die Unantastbarkeit der menschlichen Würde in Verbindung mit der Freiheit und Rechtsgleichheit aller Personen garantieren. Theorien und Staaten, die darin nicht die Elementarbedingungen der politischen Ordnung erkennen, verfehlen bereits im Ansatz das Ziel der Demokratie. Alles dies bringt ganz von selbst auch eine *emotionale* Anteilnahme der Bürger mit sich, die, solange sie unter Freiheitsbedingungen steht, als Gewinn einer demokratischen Ordnung anzusehen ist. Auch dabei kommt es auf *jedes Individuum* an; aber in *Begründung*, *Vollzug* und einer erforderlich werdenden *Überprüfung* bleibt die Demokratie durchgängig auf *Rationalität* angewiesen, als deren Garant die Repräsentation anzusehen ist.

23. Friedenserwartung mit sozialer Verstärkung. Es ist ein Hoffnungszeichen im 19. Jahrhundert, dass trotz massiver Abwehr durch die Obrigkeit die Zahl der Befürworter der Demokratie kontinuierlich zunimmt. Neu ist auch, dass die Stimmen international vernehmlich werden. So machen die «Friedensfreunde», so problematisch ein unter allen Bedingungen befolgtes Friedensgebot auch ist, eine erste demokratische «Bewegung» aus. Sie kommt ohne besonderen institutionellen Aufwand aus, kann aber auf wegweisende Beispiele verweisen und findet wirkungsmächtige Fürsprecher. Im 20. Jahrhundert kommen auch politische Exponenten wie etwa Mahatma Ghandi und Martin Luther King, hinzu.

Schon im ersten Drittel des 19. Jahrhunderts ist die internationale Resonanz der «Friedensfreunde» groß und kann als erstes Zeichen für eine auch die USA einbeziehende, wesentlich durch die neuen Kommunikationsmedien verstärkte Initiative angesehen werden. Sie nutzt die Aufmerksamkeit, die zu Versammlungen und Vereinsgründungen in den neuen Metropolen der wesentlichen Zivilisation führt. Die bloße Aufzählung der Jahre, in denen politische *Friedensinitiativen* gegründet werden, spricht für sich: 1815 kommt es in New York zur Bildung der *American Peace Society*, ein Jahr später folgt in Großbritannien die *London Peace Society* und 1830 in Genf die entsprechende Gründung für die *Schweiz*. Noch dichter ist die etwas später folgende Serie internationaler *Friedenskongresse* in London (1843), Brüssel (1848), Paris (1849) und in Frankfurt (1850). 1849 wird erstmals der Repräsentant einer Friedensinitiative ins *Englische Parlament* gewählt.

Nach einer Vielzahl von Beratungen kommt es 1864 zur *Genfer Konvention*, der ersten nach einer grenzüberschreitenden Beratung verabschiedeten *völkerrechtlichen Vereinbarung*. 1867 folgt die Gründung einer *Inter-*

nationalen Friedensliga, und seit 1869 gibt es in Deutschland eine *Gesellschaft der Friedensfreunde*. Alles dies sind in Form und Ziel demokratische Initiativen, deren besondere Leistung auch darin liegt, dass sie einer bellizistischen Grundstimmung abgerungen sind, die sich zunächst mit den Siegeszügen Napoleons und danach mit der nationalen Kriegsbegeisterung im Kampf gegen ihn verbreitet hat. Die Aktivitäten sind auch im besten Sinn des Wortes «humanitär»; man kann ihnen die Gründung des *Roten Kreuzes* durch Henri Dunant ebenso zurechnen wie die Initiative der Krankenschwester Florence Nightingale, die weltweit zum Aufbau einer wirksamen *Krankenpflege* im Zusammenhang militärischer Einsätze führt.

Hier hat auch die *technische Entwicklung* eine erhebliche Rolle gespielt: Die Fotografien, die aktuell vom Krim-Krieg (1853–56) in das westliche Europa und in die USA übermittelt werden und in den Zeitungen zu sehen sind, haben das idyllische Bild vom heldenhaften Kampf an der Front augenblicklich verdrängt. Nun sah man, in welchem Elend die Verletzten auf freiem Feld verbluteten und die Verwundeten ohne medizinische Hilfe liegen blieben. Die empörte Öffentlichkeit forderte die Einrichtung medizinischer Dienste, die sich um die Kriegsopfer kümmern konnten.

Mit der Friedensbewegung kommt es zu einem neuen Verständnis von Demokratie. Man wirbt in lokalen und regionalen Zusammenhängen um Zustimmung und nutzt die Informationsangebote der Presse, um durch Versammlungen und Erklärungen nationale Aufmerksamkeit zu finden. Für viele war sie ein Ersatz für andere politische Aktivitäten, für andere ist sie die Vorbereitung auf die Mitwirkung in Parteien und Parlamenten. So wird die gezielt gesuchte Öffentlichkeit zum Hilfsmittel politischer Mobilisierung. Es sind, wie man heute sagen würde, Aktivitäten an der «Basis», die sich um internationale Resonanz bemühen und tatsächlich auch völkerverbindend wirken.

Um die politische Mobilisierung macht sich vorrangig die *Presse* verdient. Im Bewusstsein der Bürger gewinnt sie eine rasch wachsende Bedeutung. Das gilt insbesondere für die Zeitungen in Amerika, die auch mit Blick auf die Berichterstattung über Parlamentsdebatten und die Kampagnen für die zahlreichen Wahlen im Bund und in den einzelnen Staaten eine zunehmende Rolle spielen. Schon Alexis de Tocqueville registriert in den dreißiger Jahren die wachsende Macht der Zeitungsverleger in den USA und sieht darin, gewiss nicht ganz zu Unrecht, eine Gefahr für die junge Demokratie. Doch die Unverzichtbarkeit überwiegt: In den sechziger Jahren beweist Abraham Lincoln sein politisches Talent auch im geschickten Umgang mit der Presse. Der Aufstieg der modernen Demokratie im 19. Jahrhundert ist ohne die Faszination, die vom Zeitungswesen ausgeht, nicht zu verstehen.

Gegen den Militarismus der öffentlichen Meinung treten dann wesentlich die *Frauen* hervor, die sich, auch hier gegen stärkste Widerstände, zu den wirkungsvollsten Anwältinnen der Demokratie entwickeln. Die Demokratisierung im 19. Jahrhundert konnte den Ansprüchen der modernen Staatsform erst von dem Augenblick an genügen, in dem die *Frauen* auf politischer Beteiligung und Mitwirkung bestanden. Sie forderten Gleichberechtigung im politischen Leben, verlangten Wahl- und Vertretungsrechte und wurden zu einem bestimmenden Teil sowohl der pazifistischen wie auch der sozialistischen Bemühungen. Dieser Kampf für die Wahrnehmung wie auch für die Wirkung des Verlangens nach Frieden und gleichen Rechten ist umfassend dokumentiert und verschiedentlich eindrucksvoll beschrieben.[11]

Das Besondere der Frauenbewegung liegt darin, dass sie nicht allein um politische Beteiligungsrechte kämpfte. Die Frauen hatten sich in elementarer Weise um gesellschaftliche Anerkennung in neuen Lebens- und Arbeitszusammenhängen zu bemühen, in denen ihnen Qualifikation und Kompetenz grundsätzlich abgesprochen wurden. Hier hatten sie sich nicht nur gegen die Dominanzansprüche der herrschenden Schichten zu behaupten. Ihnen standen überdies die Vorurteile in ihrer familiären Umgebung und in ihrem sozialen Umfeld entgegen.

Hinzu kam, dass sich auch Frauen gegen das politische Engagement von Frauen stellten. Angesichts der Umbrüche, zu denen die industrielle Revolution und die Verlagerung der Schwerpunkte des gesellschaftlichen Lebens in die Städte gehörten, kamen gesellschaftliche Vorurteile gegen alles, was überflüssig erschien, wie von selbst. Man musste sich auf derart viele Veranderungen einstellen, dass sich die Vorbehalte in Bereichen, in denen jeder glaubte, ohnehin kompetent urteilen zu können, wie von selbst einstellten. Das ändert nichts daran, dass sich die Widersacher des Frauenwahlrechts irrten. Und dieser Irrtum illustriert die geschichtliche Reichweite, die das erwachende politische Interesse der Frauen hatte.

So wichtig die berufliche und gesellschaftliche Gleichstellung der Frauen auch war: Die nach politischem Einfluss strebenden Frauen brauchten vor allem das *Wahlrecht*, um überhaupt wirksam werden zu können. Sie waren vom Zugang zu Landtagen und Stadträten ausgeschlossen, deren Zusammensetzung inzwischen in Preußen wie in anderen deutschen Ländern in Wahlen bestimmt wurde. 1848 waren sie in der *Paulskirche* nicht vertreten und kamen auch im Verfassungsentwurf der Versammlung nicht vor. So wegweisend der Paulskirchen-Entwurf in vielem auch war: Der Anspruch auf eine Änderung des Wahlrechts mit einer Gleichstellung der Frauen wurde von der Mehrheit und auch von den vertretenen Rechtsgelehrten als zu weit gehende Änderung des Staatsverständnisses angesehen.

Es kann daher nicht wundern, dass auch dem erstmals 1871 tagenden Reichstag keine Frauen angehörten. Dennoch kam es im Unterschied zu England und Frankreich in Deutschland nicht zu gewaltsamen Auseinandersetzungen. Hier aber hatten sie, insbesondere durch Hedwig Dohm, Helene Lange, Bertha von Suttner, Clara Zetkin, aber eben auch durch August Bebel eine zunehmend wirksame öffentliche Vertretung, der es, spät genug, gelang, eine erste gesetzliche Veränderung zu erreichen: 1908 erreichten die Frauen durch ein Reichsgesetz das Zugeständnis der Vereinigungsfreiheit, das ihnen die Mitwirkung an politischen Entscheidungen ermöglichte. Erst in der Weimarer Verfassung von 1919 wurde ihnen das gleiche und freie Wahlrecht eingeräumt.

Humanität in ihrer alltäglichen Bedeutung kommt in den Blick, wenn wir sehen, welche persönlichen Opfer den Frauen abverlangt wurden, die sich politisch und beruflich zu engagieren suchten; Männern, die traditionell zur politischen Öffentlichkeit gehören, blieben diese Zumutungen weitgehend erspart: So hatten die Frauen in besonderer Weise unter den Vorurteilen zu leiden, denen die Demokratie von Anfang an ausgesetzt war. Davon gibt das für Frieden und für allgemeine politische und persönliche Freiheiten streitende Buch Bertha von Suttners *Die Waffen nieder* (1889) einen Eindruck.[12]

Angesichts der fortbestehenden rechtlichen Restriktionen und der Unzahl sozialer Vorurteile ist es ein geschichtlicher Tatbestand, dass sich die Liberalisierung, die seit der Aufklärung in Europa zunehmend Anhänger fand, vornehmlich auf die allein als politikfähig angesehenen Männer beschränkte. Auch dort, wo die Leibeigenschaft aufgehoben war, galten die eingeräumten Freiheiten nur für Männer. Wenn Frauen für ihre Rechte eintraten, stießen sie nicht nur auf die restriktive staatliche Gesetzgebung, sondern auch auf die Vorbehalte in ihrer Umgebung und in ihren Familien. Sie sahen sich bereits bei der Bemühung um eine Berufsausbildung massiven Vorurteilen ausgesetzt, waren vom Universitätsstudium ausgeschlossen und wurden, wenn sie nur versuchten, selbstbestimmt zu leben, verlacht, verspottet und aktiv behindert.

Bis heute wird zu wenig beachtet, was es für die Politik bedeutet, dass es die Frauen einen wesentlich höheren existenziellen Aufwand kostete, überhaupt politisch aktiv zu werden. Die persönliche Herausforderung durch die Politik ist schon durch die unvergleichlich größeren Widerstände, die Frauen zu überwinden hatten, nicht mit dem Einsatz der Männer zu vergleichen. Und wie groß der Unterschied tatsächlich ist, tritt allein darin hervor, dass es immer auch Männer waren, die sich gegen das eigenständige politische Engagement der Frauen wehrten.

Doch mit dem wirksam vorgetragenen Anspruch der Frauen gewinnt der humane Charakter der demokratischen Staatsform an Profil. Dass es ein politischer Gewinn ist, wenn der weibliche Teil der Bevölkerung aktiv am politischen Leben Anteil nimmt, steht außer Zweifel. Dass die Demokratie auch in ihrem humanen Anspruch größeres Gewicht hat, sobald es nun möglich erscheint, dass nunmehr nicht nur Männer über die Geschicke eines Landes bestimmen, lässt hoffen, dass tatsächlich *alle* mündigen Bürger *gleichberechtigt* einbezogen werden! Aber die Humanität hängt nicht allein an der möglichen Vollständigkeit einer zur Mitwirkung aufgerufenen Population. Entscheidend ist letztlich, dass alle Menschen im ganzen Umfang den *gleichen Anteil* nehmen können. Und das ist erst dann gewährleistet, wenn alle die Chance haben, in vollem Umfang an der Gestaltung ihrer Welt mitzuwirken. Darum wird im 19. Jahrhundert gekämpft, und die mit dem nachfolgenden Jahrhundert in Gang gekommenen Veränderungen, die selbst auch nur als eine Etappe auf einem noch längst nicht abgeschrittenen Weg angesehen werden können, lässt hoffen, dass der Kampf nicht umsonst gewesen ist.

Um die Frage der politischen Gleichheit geht es auch in einem sozialen Konflikt, der den gesellschaftlichen Zusammenhalt wie auch den zwischenstaatlichen Frieden massiv gefährdete. An ihm zeigt sich auch, dass die lobenswerte Einstellung der «Friedensfreunde», der später so sogenannten «Pazifisten», gerade auch unter dem Gesichtspunkt politischer Friedenssicherung nicht ohne Probleme ist. Die Rede ist vom *amerikanischen Bürgerkrieg*, der die nicht einmal 80 Jahre alte Demokratie vor die Existenzfrage stellte. Letztlich ging es hier um die politische Sicherung der *Einheit der Menschheit.*

Die Südstaaten der USA hatten sich von den Bundesstaaten der Nordhälfte abgespalten, um in ihrer kleineren, aber ökonomisch durch die massenhafte Ausbeutung der Sklaven besser gestellten, von Plantagenbesitzern und Händlern dominierten Region vor den, wie sie es empfanden, humanitären Zumutungen des Nordens sicher zu sein. In der Unabhängigkeitserklärung von 1776 war zwar die Gleichheit aller Menschen beschworen worden, aber zu einer gesetzlichen Festschreibung der entsprechenden Rechte war es nicht gekommen. Bei den Verfassungsberatungen 1789 wusste man von der wirtschaftlichen Bedeutung der Rassentrennung für die Südstaaten und wollte durch einen Streit mit ihnen die erreichte Einigung über die Verfassung nicht gefährden. Vertreter aus Virginia, wie Jefferson und Washington, die großen Anteil sowohl an der Loslösung von England wie auch am Einigungsprozess hatten, bewirtschafteten Plantagen, auf denen sie Sklaven für sich arbeiten ließen.

Schon mit Rücksicht auf die Südstaaten hatte man es auch in den Verfassungsdokumenten beim Bekenntnis zur Gleichheit aller Menschen gelassen und vermieden, daraus ein verbindliches, auch das *Wahlrecht* einschließendes *Bürgerrecht* zu machen. Als nun um die Mitte des 19. Jahrhunderts im Norden der Ruf nach einer Aufhebung der Rassentrennung lauter wurde, fürchtete man im Süden um die Privilegien der Weißen, erklärte einseitig die Unabhängigkeit, schuf unter dem Namen einer «Konföderation» einen eigenen Staatenbund und bildete eigene Truppen aus. Die neue Armee überfiel am 12. April 1861 das in der Hafeneinfahrt von Charleston gelegene und durch Unionstruppen gesicherte Fort Sumter. Damit hatte der Süden einen «Krieg» eröffnet, den der Norden aber nicht als solchen anerkannte. Seine Truppen erwiderten zwar das Feuer, aber dies allein unter dem Anspruch, die von allen beschlossene Einheit zu wahren.

Die Kämpfe zwischen den beiden Landesteilen begannen noch vor der Amtseinführung von Abraham Lincoln, des 16. Präsidenten der Vereinigten Staaten. Er war als Kritiker der Rassentrennung hervorgetreten, hatte aber zuvor wiederholt erklärt, er werde von sich aus keine Gewalt einsetzen. Dabei blieb er auch nach dem einseitig erklärten Austritt der Südstaaten aus der *Union*, den er als eine innerstaatliche Rechtsverletzung ansah und wie eine Störung der öffentlichen Ordnung behandelte. Also ließ er die Übergriffe abwehren, suchte auch die Militärmacht des Südens zu schwächen, war aber darauf bedacht, der Gegenseite keinen Anlass zu liefern, der als völkerrechtlicher Friedensbruch ausgelegt werden konnte. Denn der hätte von den *Konföderierten* als Beleg dafür gewertet werden können, dass die *Union* die staatliche Einheit aufgegeben habe. Für diesen Fall wären die mit ihren Schiffen bereits vor der Küste vor Anker gegangenen Engländer und Franzosen nicht länger zur Neutralität verpflichtet gewesen und hätten zur Unterstützung des Südens in die Kämpfe eingegriffen. All das zeigt, wie entscheidend das Völkerrecht selbst in einem solchen Konflikt zwischen Bundesstaaten sein kann.

Die Rechtslage erwies sich am Ende des Krieges als entscheidend für die gesamtstaatliche Fortgeltung der Verfassung. So konnten die Südstaaten die weiterhin für sie geltende Verfassung nicht in Frage stellen, was sie nötigte, nach ihrem mit der Kapitulation besiegelten Verbleib in der *Union* auch den von Lincoln inaugurierten Beschluss zur rechtlichen Gleichstellung aller Bürger als für sie verbindlich anzusehen.

Der Krieg, der in den vier Jahren seiner Dauer die Vereinigten Staaten zu zerreißen drohte, entwickelte sich zu einem Bruderkrieg, der mit größter Brutalität geführt wurde und Hunderttausende von Menschenopfern forderte. Der für die Einheit des Staates geführte Krieg konzentrierte sich am Ende auf die Frage nach der *Einheit des Menschengeschlechts*. Lincoln gelang es, die Abstimmung über die Aufhebung der Sklaverei derart zu forcieren, dass sie unmittelbar vor Beginn der Friedensverhandlungen zum Bestandteil der Verfassung werden konnte, so dass sie mit der Beendigung des Krieges auch in den Südstaaten zu gelten hatte.

Politiktheoretisch erheblich war es, dass im Repräsentantenhaus nicht allgemein über die «Gleichheit» von schwarzen und weißen Menschen abgestimmt wurde (wofür es ohnehin keine Mehrheit gegeben hätte), sondern lediglich über die «Gleichheit vor dem Gesetz». Diese Formulierung erhielt tatsächlich mit einer einzigen Stimme die erforderliche verfassungsändernde Mehrheit für die Aufhebung der Rassenrestriktionen. Damit war die Voraussetzung geschaffen, dass den Schwarzen später auch das Wahlrecht und die volle bürgerliche Anerkennung zugesprochen werden konnte. Die bereits von Herodot verwendete politische Rede von der «Gleichheit vor dem Gesetz» hat sich in einer der wichtigsten politischen Entscheidungen der Neuzeit erneut bewährt.

Nach der Kapitulation der Südstaaten war mit der äußeren Einheit des Staates auch die einheitliche Verfassung der USA gewahrt. Nun konnte in den Südstaaten mit einer Durchsetzung gleicher Bürgerrechte gerechnet werden. Da jedoch der Norden hier selbst noch einen Weg zurückzulegen hatte, war klar, dass im ganzen Staat noch gewaltige Probleme zu bewältigen waren. Das gleiche Recht zum Schulbesuch und zur gemeinsamen Nutzung öffentlicher Verkehrsmittel konnte in einigen Südstaaten erst während der sechziger Jahre des 20. Jahrhunderts durch den Einsatz von Bundestruppen durchgesetzt werden. Und dass die rassistisch motivierte Diskriminierung das Leben in den USA im Norden wie im Süden weiterhin schwer belastet, haben die Ereignisse noch in den Jahren 2020/21 gezeigt. Die Demokratie, so ist zu befürchten, braucht hier vermutlich noch weitere Zeit, um ihren eigenen Prinzipien zu genügen. Nichts, was mit der Realisierung des Menschenrechts und mit dem Respekt vor dem Gesetz zusammenhängt, wird allein durch Rechtsvorschriften durchgesetzt. Gleichwohl ist die Gleichheit vor dem Gesetz eine zwingende Voraussetzung der umfassend bejahten Anerkennung des Menschen durch den Menschen.

24. Die Institutionalisierung der sozialen Frage. Anders als man es oft zu hören bekommt, ist die *soziale Frage* von Anfang an zu den vorrangigen Themen demokratischer Politik zu rechnen. Der Gegensatz zwischen wohlhabenden Bürgern und verarmten Bauern gehörte zu den auslösenden Problemen, die den demokratischen Prozess bereits im Athen Solons auf den Weg gebracht haben. In Platons *Politeia* wird der sozialen Frage mit der Vorrangstellung der *Gerechtigkeit* die größtmögliche Aufmerksamkeit geschenkt. In der Entwicklung der republikanischen Verfassung Roms hat sie den entscheidenden Anstoß zur Institutionalisierung des Tribunats gegeben und damit zur Mitwirkung des Volkes an der Regierung geführt. Sie war es auch, die den humanistischen Impuls in der *Klage des Friedens* und der Schrift zur *Fürstenerziehung* des Erasmus so dramatisch gemacht hat, lange bevor das soziale Elend bereits in den ersten Jahrzehnten der Industrialisierung zum Zentralproblem der modernen Demokratie geworden ist. Die *sozialen Gegensätze*, die sich in der Großstadt Paris zusammenballten, hatten die Stadtbevölkerung mobilisiert. Sie hat wesentlich zum Protest des später so genannten «Lumpenproletariats» beigetragen. Noch vor der aktiven Beteiligung am Aufstand der *Commune* 1871 hatte sie schon 1789 auf den Pariser Straßen den wirkungsmächtigen Hintergrund gebildet.

Die Not der Lohnarbeiter machte sie zu entschlossenen Gegnern der feudalen Führungsschicht. Sie protestierten zusammen mit den Vertretern des «Dritten Standes» und trugen so wesentlich zum Erfolg der revolutionären Erhebung in Frankreich bei. In England wurden sie in der ersten Hälfte des nachfolgenden Jahrhunderts zu einem Machtfaktor, weil die gewaltbereite Unzufriedenheit des Proletariats im Parlament besorgte Aufmerksamkeit und mit einflussreichen Theoretikern wie John Stuart Mill auch beredte Fürsprache fand.

Das Elend jener, die in die Städte gezogen waren, um dort Arbeit zu finden, war unbeschreiblich. Auch die Not der Männer, Frauen und Kinder, die Arbeit hatten, war himmelschreiend. Ihre Lebenskraft reichte oft nur für wenige Jahre. Die tägliche Arbeitszeit umfasste 12 oder 14 Stunden. Ihre Versorgung war unzulänglich, nur für den Konsum von billigem Alkohol war reichlich gesorgt. Die ohne soziale Sicherung beschäftigten Männer, Frauen und Kinder hausten in überfüllten Quartieren, von Kälte, Nässe und Ungeziefer gequält, von Epidemien bedroht und ohne ärztlichen Beistand. Die Frauen sahen sich zur Prostitution genötigt, und Kinderarbeit war die Regel. Den anfangs ebenfalls zu gleichen Arbeitszeiten herangezogenen Kindern wurden die schmutzigsten Tätigkeiten vornehmlich an schwer zugänglichen Orten zugemutet, an denen ausgewachsene Menschen weder stehen noch sich bewegen konnten. Schulbesuch war nur in seltenen Fällen möglich. Es gab keine medizinische Versorgung und erst recht keine Vorsorge für die Zukunft. Unter diesen Bedingungen gehörte der Suizid in den proletarischen Elendsquartieren zum Alltag.

Die vornehmlich aus England vorliegenden Berichte über die Lage der arbeitenden Klasse vermitteln uns ein Bild vom rasch zunehmenden Elend und machen anschaulich, wie groß die sozialen Unterschiede selbst in einem wohlhabenden Land sein konnten, das sich bereits auf dem Weg in eine parlamentarische Demokratie befand. Hier lag der Fortschritt darin, dass es immerhin möglich war, der arbeitenden Bevölkerung die Chance zu geben, ihre Interessen öffentlich zu artikulieren und sie auch gegenüber Fabrikanten und Syndikaten zu vertreten. Wenn sie Glück hatten, konnten sie sich organisieren, ohne schon dafür bestraft zu werden; aber garantiert war das nicht.

Die *Selbstorganisation der Arbeiterschaft* war die Mindestbedingung, um überhaupt soziale Konflikte austragen zu können. Und die erste Gelegenheit, die Demokratien boten, lag in der Artikulation eines öffentlichen Einspruchs – mit der Androhung einer Verweigerung weiterer Kooperation. Es ist wichtig, überhaupt die Unzufriedenheit artikulieren und öffentlich vernehmbare Forderungen formulieren zu können. Schon hier greifen soziale Ansprüche und auf Freiheit gegründete politische Handlungsmöglichkeiten ineinander. Und die Aufmerksamkeit wächst, wenn die aus den Elendsquartieren laut werdende Kritik von Parlamentariern aufgenommen und mit Forderungen verknüpft wird, die sich Parteien zu eigen machen können. Die öffentlichen Erwägungen mussten keineswegs nur den Lohn und die Steuerlast betreffen; es konnte auch um Arbeits- und Wohnbedingungen, Krankheits- und Altersgeld, gesunde Lebensbedingungen oder sichere Verkehrswege gehen.

Das Verlangen, menschenwürdig leben zu können und nicht versklavt zu werden, gehörte bereits zum Ziel der Solonischen Reformen; es hat, nach dem Bericht des Livius, Rom überhaupt erst zur Republik gemacht und spricht aus allem, was Perikles zum Lob der Demokratie vorzutragen hat. Auch die Stadtrepubliken des ausgehenden Mittelalters haben Beispiele für ihre soziale Verantwortung gegeben, die keineswegs auf privates Entgegenkommen beschränkt waren. Das Beispiel von Ragusa, dem heutigen Dubrovnik, wo bereits 1416, ohne Rücksicht auf ökonomische Einbußen, die besonders im Orient verbreitete Sklaverei abgeschafft wurde, ist bekannt. Das Bank- und Handelshaus der Fugger errichtete 1521, im Zenit des Wirkens von Erasmus und zum Amtsantritt des von ihm erzogenen Kaisers, eine Mustersiedlung für seine Arbeiter in Augsburg.

Vor diesem Hintergrund ist kaum zu glauben, wie schwer es den modernen Staaten im 19. und 20. Jahrhundert fällt, zu sozialen Zugeständnissen bereit zu sein. Daran haben gewiss die politischen Theorien in der Nachfolge des strikten Liberalismus einen Anteil. Sie sind so sehr von dem Gedanken erfüllt, den wirtschaftlichen Wohlstand bringenden und Steuern zahlenden Bürgern Einfluss auf die Staatsgeschäfte zu eröffnen, dass sie alles, was zur Regulierung der Wirtschaft und der sozialen Verhältnisse gehört, der Verantwortung der Privatleute zu überlassen suchen. Doch das entspricht, wie die Politik im Bereich der Wirtschaft, der Wissenschaft oder der Kultur erkennen lässt, weder der Überlieferung noch den Erfordernissen der ökonomischen Realität. Seit es Staaten gibt, haben sie sich um vieles gekümmert, was der Sicherheit und dem Wohlergehen des Volkes zu dienen versprach.

Dass dabei vieles versäumt wurde und die Ärmsten zwang, unter menschenunwürdigen Umständen zu leben, braucht nicht eigens betont zu werden. Auch dass in der Antike und in der frühen Neuzeit von einer Egalisierung der Einkommens- oder Besitzverhältnisse keine Rede war, hat als unseliges Erbe der Zivilisationsgeschichte zu gelten. Es zeichnet Platon aus, dass er immerhin die Möglichkeit einer Egalisierung der Besitzverhältnisse in Erwägung zieht. Deshalb gehört heute allein schon die durch Demokratie und Republik eröffnete Möglichkeit, vorgegebene Gesellschaftsverhältnisse grundsätzlich in Frage zu stellen, zu den großen und innovativen Vorzügen demokratischer Staaten.

Hinzu kommt, dass der wachsende Wohlstand in den bürgerlichen Gesellschaften zu Unterschieden neuer Art führt, die sich nicht durch die Erhebung der zu Reichtum gelangten Bankiers und Handelsherrn in den Adelsstand politisch neutralisieren ließen. Spätestens im 19. Jahrhundert zeigte sich, dass es keine Lösung war, den Reichtum nur als Angelegenheit der Privatleute anzusehen. Es bedurfte vielmehr gezielter staatlicher Maßnahmen zum Ausgleich der sozialen Ungleichheit. Es gab eine die industriellen Gesellschaften bereits in ihrer Existenz bedrohende neue «soziale Frage», die zu einer vorrangigen Aufgabe der Politik geworden ist. Hier jedoch, wie Karl Marx es forderte, durch Enteignung und Abschaffung des Eigentums an Produktionsmitteln Abhilfe zu schaffen, war ein Kurzschluss sowohl in der Theorie wie auch in der politischen Praxis. Mit ihm wurde die Natur des Menschen nicht weniger als die Logik gesellschaftlicher Prozesse verkannt. Denn der Mensch ist ein agonales Wesen, das auch in der sozialen Realität den Anreiz individueller Herausforderungen schätzt.

Doch so groß das Leiden unter den sozialen Missständen auch war: Mit Blick auf die Demokratie ist es ein Glücksfall, wenn sie ihre Träger vor Aufgaben stellt, die mit individuellen Herausforderungen verbunden sind. Denn vor ihnen konnte sich zeigen, dass der Anspruch der Demokratie sich nicht auf die Beteiligung an den höchsten Staatsgeschäften beschränkt. Die Demokratie fordert Eigentätigkeit in allen Geschäften, ja, bei jeder gesellschaftlichen Aktivität. Nach ihrem Selbstverständnis dehnt sie den Selbstbestimmungsanspruch über die Grenzen des individuellen Handelns hinaus und überträgt ihn auf die gesellschaftlichen Einheiten, an deren Ordnung und Gestaltung sich nach Möglichkeit alle Bürger – jeweils nach ihren Kräften und Fähigkeiten – beteiligen können.

Selbstbestimmung ist der ursprüngliche Anspruch, der nicht damit erlischt, dass nur einer mit anderen kooperiert. Vielmehr bringt jeder Einzelne seine Mitwirkung derart ein, dass eine *von vielen getragene* Entscheidung möglich wird. Selbstbestimmung im strengen Sinn ist nur die kleinste Einheit in einem Geschehen gemeinsamer Abstimmung und vereinter Anstrengung. Auch in dieser Verfahrensfolge von der individuellen Willensbekundung bis zum kollektiven Entschluss über das Ganze ist die der Gemeinschaft verpflichtete Demokratie dem Menschen, genauer: dem *menschlichen Individuum* besonders verbunden.

Dieser Einsicht folgt der demokratische Umgang mit der sozialen Frage – nicht wie bei Theoretikern des späten 20. Jahrhunderts mit der Aufstellung von Grundsätzen der Gerechtigkeit, aus denen dann am wirtschaftlichen Wachstum orientierte Löhne errechnet werden. Entscheidend ist vielmehr, dass es zu *Verhandlungen* zwischen den jeweils betroffenen Kontrahenten kommt, in denen Vereinbarungen über tragfähige Lösungen gefunden werden. Alle Beteiligten haben im wechselseitigen Interesse an einer Regelung, die allen Beteiligten und Betroffenen nützt, nach ausgewogenen Konfliktlösungen zu suchen. Zugleich darf man nicht vergessen, wie wichtig gerade in Fragen der sozialen Gerechtigkeit die Initiativen Einzelner und das durch sie gegebene Beispiel ist.

Hier gingen in England und Schottland Genossenschafts-Gründungen in der Textilindustrie voran. Durch sie ließ sich *Robert Owen* bereits 1799 zu seinen ausdrücklich humanitär motivierten Experimenten anregen. Er hatte zunächst auch beachtlichen wirtschaftlichen Erfolg, warb in Reden und Schriften für seine Ideen und attackierte das rücksichtslose Verhalten der Regierung und der Mehrheit der Angehörigen seiner Unternehmerklasse. Ihm war es wichtig, dass jeder Mensch ein Recht auf eigene Entwicklung und insbesondere auf eine von Arbeitspflichten entlastete Kindheit hat.

Wie die damaligen Zustände in den Baumwollspinnereien waren, kann man aus den Bedingungen schließen, die Owen setzte und für die er angefeindet wurde: Die bei ihm eingestellten Arbeiter mussten mindestens 12 Jahre alt sein und sollten Lesen und Schreiben können. Die Arbeitszeit wurde auf täglich 10 ½ Stunden begrenzt. In Zeiten ausbleibender Baumwoll-Lieferungen, in denen nicht gearbeitet werden konnte, zahlte Owen seinen Arbeitern dennoch ihren Lohn. Er richtete Kranken- und Altersversicherungen ein, ließ erträgliche Unterkünfte bauen, räumte Mietvergünstigungen ein und sorgte für ein preisgünstiges Warenangebot. Der Alkoholkonsum wurde kontrolliert. Eine offenbar unmittelbare Folge war der Rückgang von Diebstählen in der Fabrik und eine größere Anhänglichkeit an die Firma.

Owens Beispiel gab den Anstoß zur Gründung der *Grand National Consolidated Trade Unions* im Jahr 1834, die 1860 von der *Independent Labour Party* fortgeführt wurde und exemplarische Fortschritte erzielte, die zum Vorbild der Arbeiterbewegung in den Industriestaaten Europas und in den Vereinigten Staaten geworden sind. Insbesondere die deutsche Arbeiterbewegung hat sich daran orientiert. 1863 wurde ein *Allgemeiner Arbeiterverein* gegründet, dem 1869 die von Wilhelm Liebknecht und August Bebel gegründete *Sozialdemokratische Arbeiterpartei* folgte. 1875 vereinigten sich beide nach den Grundsätzen des *Gothaer Programms*.

Die erste gewerkschaftliche Vereinigung in Deutschland war schon 1848 vom Berufsstand der Buchdrucker (!) vereinbart worden. Alles Weitere wurde durch das *Sozialistengesetz* von 1878 verhindert. 1890 folgte zwar eine *Generalcommission* für alle Arbeiter; doch erst nach 1919, also nach der endlich auch für Deutschland ausgerufenen Demokratie, war es möglich, einen von den Unternehmern anerkannten *Allgemeinen Deutschen Gewerkschaftsbund* zu gründen

Man sieht an der Entwicklung in Deutschland mit besonderer Deutlichkeit, wie die Organisation der Interessen der Arbeiter der Geschichte der Demokratie folgt. Selbst das langjährige Verbot durch die Reichsregierung vermochten die Betroffenen für ihre Zwecke zu nutzen, indem sie eigene Angebote für die Schulung und Allgemeinbildung entwickelten und das Bewusstsein ihrer Zusammengehörigkeit stärkten. Wie groß der Bildungsdrang war, illustriert das Interesse an Nietzsches *Zarathustra*, von dem eine Sonderausgabe allein für die Arbeiterbildungsvereine gedruckt wurde. Natürlich ging es primär um höhere Löhne, um Unfallschutz, um die Verkürzung der Arbeitszeiten, die Behebung der Wohnungsnot und Hilfen im Krankheitsfall. Und in allen diesen Fragen kommt es auf Sachkenntnis, auf solidarischen Zusammenhalt und allgemeine gesellschaftliche Anerkennung an.

Das konnte sich trotz der Repression durch staatliche Maßnahmen entwickeln, weil man die Perspektive auf demokratische Mitwirkung nicht aufgab. Es war eine Selbsterziehung in Erwartung der Durchsetzung voller bürgerlicher Rechte. Denn Vertrauen in die Demokratie zu schaffen, gehört selbst zu den niemals definitiv erfüllten Aufgaben der Demokratie. Sie kann zu keinem Zeitpunkt als vollkommen angesehen werden und verlangt in jedem Fall die anteilnehmende Aufmerksamkeit der Bürger. Auch das gehört zu den *sozialen Aufgaben* der Demokratie! Dass es in ihr möglich war, die Gründung von Gewerkschaften zuzulassen und sie, wenn auch nach langer Gegenwehr, als Organisationen sogar zu fördern und sich mit den Jahren auf eine keineswegs konfliktfreie *Arbeitsteilung* einzustellen, kann als eine der größten neuzeitlichen Errungenschaften demokratischer Politik angesehen werden.

Die Lösung, die in Deutschland gefunden wurde, zeigt überdies eine Kreativität, zu der vermutlich nur die Demokratie fähig ist: Sie lässt Gewerkschaften zu und bietet ihnen Rechtsicherheit, ohne deren Aufgaben in die Obhut staatlicher Verwaltung zu nehmen. Was aus direkt vom Staat betriebenen Gewerkschaften wird, hat deren Funktionsverlust unter Konditionen sozialistischer und kommunistischer Herrschaft vor Augen geführt. Demokratien hingegen gewähren Freiheit auch für Organisationen, die eigene, unter Umständen auch staatskritische Ziele verfolgen – wenn sie sich an die allgemeingültige Rechtsordnung halten. Diesen Spielraum zu gewähren, sind autoritäre Staaten nicht in der Lage.

25. Der Anschlag auf die Einheit der Menschheit. Die innere Verpflichtung der Demokratie zur Herstellung und Sicherung sozialer Gerechtigkeit ist mit Blick auf die Entwicklung in Deutschland von besonderer Bedeutung. Denn hier hat sich die weltgeschichtliche *Tragödie der Spaltung* dieser noch in der Entstehung begriffenen Arbeiterbewegung zugetragen. Zunächst unter der Aufsicht *Preußens*, nach 1871 dann innerhalb der Zuständigkeit des *Deutschen Reiches*, entstanden die beiden ursprünglich in der Erwartung einigen, sich in Fragen des angemessenen Weges aber zunehmend unterscheidenden Vertretungen der Arbeiterschaft. Aus ihnen wurden innerhalb einer Generation zwei sich gegenseitig bekämpfende Gruppierungen, die sich später wie Todfeinde gegenüberstanden und in der zweiten Hälfte des 20. Jahrhunderts zu dominierenden Kontrahenten im Kalten Krieg geworden sind. Noch heute gefährden sie die Einheit der politischen Welt und treiben einen Keil zwischen demokratisch organisierte und autoritär verwaltete Staaten.

Die Angehörigen der einen Gruppe waren eher gewerkschaftlich orientiert und suchten in Verhandlungen mit den Vertretern der Arbeitgeber Verbesserungen für Beschäftigte zu erreichen. Sie waren pragmatisch an Erfolgen für die Arbeiter in den Firmen und Handwerksbetrieben interessiert und suchten das Erreichte durch allgemeine Vereinbarungen zu sichern. Die sollten auch den Beschäftigten in anderen Betrieben Verbesserungen bringen. Zugleich bemühten sie sich um Zugeständnisse von Seiten staatlicher Stellen. Das Ziel war die Durchsetzung gesetzlicher Änderungen, die eine schrittweise Verbesserung der Arbeitsverhältnisse, der Entlohnung und Versorgung im Alter und bei Krankheit zur Folge haben sollten. Besonders umkämpft war die Rechtsstellung der Vertretung einer Männer und Frauen umfassenden Arbeiterschaft. Auch hier hat erst die Organisationsfreiheit in demokratischen Staaten die Bildung eigenständiger Gewerkschaften sowie die Institutionalisierung auch in ihrer sozialen Programmatik freier Parteien möglich gemacht.

Diesem reformistischen Vorgehen standen die Anhänger der anderen Gruppierung ablehnend gegenüber. Obgleich sie den Anschein zu erwecken suchten, ihre Beweggründe seien primär wissenschaftlich fundiert und ihr Hauptinteresse sei, der arbeitenden Klasse historische Umwege zu ersparen, um ihr direkt zum Sieg zu verhelfen, war ihre Position durch Annahmen gestützt, die historisch und politisch nur dürftig ausgewiesen waren. Zwar ist es richtig, dass Karl Marx auf dem Weg war, die ökonomischen Gründe für die Lage der arbeitenden Klasse im Kapitalismus umfassend zu untersuchen. Aber damit stand er 1848, auf dem Höhepunkt der Debatten über das *Kommunistische Manifest*, in dem Jahr, in dem auch in der *Frankfurter Paulskirche* über eine neue deutsche Verfassung beraten wurde, erst am Anfang. Doch auch später blieb Marx dabei, wesentlich mit Annahmen und Unterstellungen zu argumentieren.

Zu denen gehörte schon, dass die Französische Revolution, an der er sich orientierte, tatsächlich bereits das Ende des Feudalismus und den definitiven Sieg des Bürgertums gebracht habe. Im Weltmaßstab, in dem der Theoretiker des Kommunismus dachte, hatte es 1789 keineswegs schon den definitiven Umbruch zugunsten der bürgerlichen Klasse gegeben, dem nun die Arbeiterklasse durch ihre Revolution zum definitiven Durchbruch durch Befreiung aller Menschen verhelfen müsse. Und wie dies bei gleichzeitiger Enteignung und Entmachtung der bürgerlichen Klasse gelingen sollte, wurde nicht gesagt. Hätte man es nur versucht, wäre deutlich geworden, dass man mit dem einen das andere unmöglich macht. Wer immer Sympathien für die grundlegende Besserung der Lage der arbeitenden Klasse hatte, konnte nur hoffen, dabei auf die ökonomischen, administrativen und politischen Erfahrungen der bürgerlichen Schichten setzen zu können.

Auf die aber glaubten Marx und seine Anhänger verzichten zu können. Sie setzten auf das Versprechen der radikalen Änderung der Verhältnisse und auf den Reiz des totalen Neuanfangs. Sie waren auch überzeugt, keine Kompromisse mit denen eingehen zu müssen, die mit kleinen Schritten und in Erwartung möglicher Reformen zu einer allmählichen Besserung der Lage beizutragen versuchen; denn das, so meinte Marx, werde die Energie des vollkommenen Umschwungs schwächen. In der Tat muss man bei jeder Reform weiterhin mit jenen rechnen, die Widerstand leisten und Bedenken äußern. Das birgt Risiken in sich, die vermutlich weitere politische Mühen zur Folge haben, die schon im Vorfeld ernüchternd wirken können.

Der romantische Zauber der Revolution blendet dergleichen politische Alltäglichkeiten aus, läuft aber Gefahr, sich der Realität des menschlichen Lebens überhaupt zu entfremden. Karl Marx ist dieser Gefahr schon mit seiner Idealisierung der Französischen Revolution erlegen; in nahezu allem aber, was sich später unter Berufung auf eine kommunistische *Revolution* zu realisieren suchte, ist im Vollzug wie auch in den Folgen der gute Wille des frühen Marxismus zum nackten Terror seiner Vollstrecker geworden.

Dass dies nicht in der Absicht von Karl Marx gelegen hat, muss man nicht eigens betonen. Festzuhalten ist jedoch, dass er den Einsatz von Gewalt nicht verurteilt hat. Nur durch sie, so war er überzeugt, könnten die Besitzverhältnisse in der Gesellschaft und die Machthierarchien im Staat grundlegend und dauerhaft geändert werden. Für Marx und seine Anhänger hatte die bürgerliche Revolution von 1789 der Menschheit die eindeutige Lektion der Gewalt erteilt; die habe sie auch für ihre Zwecke zu übernehmen, wenn sie sich von Abhängigkeit und Unterdrückung befreien wolle. Es sei schon verfehlt, auf einen schrittweisen Übergang von der alten Ordnung zu einem neuen System zu setzen. Denn die grundlegende Änderung sei nur durch eine weitere Revolution herbeizuführen, in der die alten Herrschafts- und Wirtschaftsformen auf einen Schlag beseitigt und durch eine neue, proletarische Ordnung ersetzt werden.

Kants geflügeltes Wort, dass «ein solches Phänomen» wie die Französische Revolution sich in der Menschengeschichte «nicht mehr vergißt»,[13] wurde von Marx nach Art eines politischen Imperativs verstanden. Kant hatte zwar allgemein davon gesprochen, dass hier «Natur und Freiheit [...] im Menschengeschlechte vereinigt» seien; und das habe man als ein Zeichen für ihre geschichtliche Aufgabe zu verstehen. Damit war jedoch nicht die Gewaltanwendung gemeint, wohl aber die hoffentlich bleibende Erinnerung an die gemeinsame Verpflichtung der Menschen, die Freiheit aller möglich zu machen.

Bei Marx spielt die Freiheit keine entscheidende Rolle. Doch in einem frühen Text von 1844 erwähnt er die «Humanität». Hier finden wir die höchst eindrucksvolle Passage, in der er davon spricht, dass die «Industrie» das von Menschen selbst geschaffene Verbindungsstück zwischen Natur und menschlichem Leben darstellt. In der «Industrie» glaubt Marx den «durchgeführten Naturalismus des Menschen» und zugleich den «durchgeführten Humanismus der Natur» zu erkennen. Diese epochemachende Verschmelzung von Mensch und Natur darf nach Marx nicht länger durch den Kapitalismus und seinen in «zynischer Gestalt» auftretenden «schmutzigen Eigennutz» zur «Entwertung der Menschenwelt» und letztlich zur «Entfremdung» des Menschen führen.[14] Was die Industrie als fortgeschrittenste Errungenschaft der Menschheit lehre, das müsse nun nach der materialisierten weltgeschichtlichen Dialektik auch das politische Handeln der Menschen bestimmen, damit sie sich in einem entschlossenen Gewaltakt dem Gewaltregime der herrschenden Klasse entwinden könne.

Die in diesem Text mehrfach wiederholte Erwähnung von «Naturalismus» und «Humanismus», ferner die Rede von den «Wesenskräften des Menschen» und die Bemühung, «Materialismus» und «Idealismus» als zwei Seiten einer Medaille erscheinen zu lassen, lassen den Einfluss *Ludwig Feuerbachs* erkennen, des wohl bedeutendsten nach-hegelschen Denkers neben Schopenhauer und Nietzsche. Marx nimmt Einsichten aus Feuerbachs religionskritischer Studie über das *Wesen des Christentums* mit Zustimmung auf. Doch er ist enttäuscht, dass sich der neun Jahre ältere Hegel-Schüler Feuerbach nicht auch zur revolutionären Bewegung bekennt; er kritisiert ihn in dem gemeinsam mit Friedrich Engels verfassten Manuskript der *Deutschen Ideologie* als unentschlossen und politisch ahnungslos. Gleichwohl bemüht er sich, Feuerbach zur Unterstützung des *Kommunistischen Manifests* zu gewinnen. Doch Feuerbach unterstützt die Reformbestrebungen des Paulskirchen-Parlaments, für das er ohne Erfolg kandidiert. Dennoch nimmt er als anteilnehmender Beobachter und als Berichterstatter an den Sitzungen teil.

Im *Kommunistischen Manifest*, das drei Monate vor dem Beginn der Beratungen in der Paulskirche erscheint, machen Marx und Engels klar, was es für sie bedeutet, die Dialektik Hegels «vom Kopf auf die Füße» zu stellen. Für Feuerbach aber war das schon philosophisch eine widersinnige Forderung, obgleich auch er nach einer materialistischen Lösung für die Einheit von Natur und Geist suchte. Doch dass die Dialektik über die Köpfe der aufrecht und aufrichtig handelnden Menschen hinweg zur «materiellen Gewalt» werden und für Triebkraft im gewaltsamen Umsturz der herrschenden Verhältnisse sorgen sollte, war für Feuerbach, dem es um sinnlich erfüllte Einsichten von Individuen ging, eine leere Phrase. Feuerbach also hielt am verantwortlichen Handeln des einzelnen Menschen fest und setzte auf die Reform, um die Lebensverhältnisse der Menschen rechtsverbindlich zu verbessern. Deshalb trat er so entschieden für den Demokratisierungsprozess ein und blieb dabei auch, nachdem der Preußische König den Verfassungsvorschlag des Frankfurter Parlaments für nichtig erklärt hatte.

Das für Kant nicht nur in seiner *Friedensschrift*, sondern selbst noch in seiner welthistorischen Auszeichnung der *Französischen Revolution* so wichtige Moment der *Wahrung des Rechts* – «Natur und Freiheit» sollten «im Menschengeschlechte» «*nach inneren Rechtsprincipien*» vereinigt sein – stellte Feuerbach nicht in Frage. Von Karl Marx aber wird es verächtlich beiseitegeschoben. Und das geschieht bei ihm nicht nebenbei oder gar versehentlich, sondern, wie die Schlusspassage des *Kommunistischen Manifests* zeigt, mit größtem Nachdruck. Er plädiert für den Einsatz der *Gewalt* und stellt sich schon damit *gegen die Demokratie*.

Wir kennen die persönlichen Motive, die den zweimal aus Preußen verwiesenen und dauerhaft zu einer prekären Existenz in Paris und London gezwungenen Marx zu seiner Geringschätzung des Rechts und zur Rechtfertigung der Gewalt veranlasst haben: Marx hatte nach seiner Dissertation seine berufliche Laufbahn als vielversprechender, urteilsfähiger Journalist begonnen und war als brillanter Anwalt des Menschenrechts aufgefallen. Noch heute liest man die Artikel zu den *Debatten über das Holzdiebstahlgesetz* von 1842 beeindruckt und mit größter Anteilnahme.

Doch die journalistischen Glanzlichter aus der Feder von Karl Marx waren den preußischen Polizeibehörden schon zu viel, und so entzogen sie dem Autor das Aufenthaltsrecht im eigenen Land. Damit war auch die angestrebte akademische Karriere verstellt, und Marx war es verwehrt, seinen Lebensunterhalt als Redakteur zu verdienen. Ein sich als rechtsstaatlich verstehendes Land hatte das Bürger- und Menschenrecht mit Füßen getreten, und der zu Recht empörte Marx zog daraus die durchaus verständliche Konsequenz, auf das Recht in Preußen nicht länger zu vertrauen. Aus der Geringschätzung des Rechts durch sein Heimatland schloss er, dass man auf gar kein Recht mehr vertrauen dürfe; zumindest auf das Recht bürgerlicher Staaten wollte er nicht mehr setzen.

Doch daraus den weitergehenden Schluss zu ziehen, auf gar kein Recht mehr vertrauen zu wollen, war so voreilig wie politisch und philosophisch unbegründet. Denn das Recht überhaupt als desavouiert anzusehen, weil andere es nicht achten und ihm jede geschichtliche Bedeutung abzusprechen, ist ein überschwänglicher Schluss, der jede Verbindlichkeit in gesellschaftlichen Beziehungen preisgibt. Das hätte Marx allein schon als geschichtliche Lehre vertraut sein müssen. Und wenn es die Philosophen, mit denen er vertraut war, wie Cicero, Kant oder Hegel, nicht vermochten, so hätten ihn die zahllosen historischen Beispiele, in denen gute Absichten der Akteure mit den ersten Anzeichen ihrer Gefährdung in Gewaltherrschaft umgeschlagen sind, davor bewahren müssen, auf das Recht zu verzichten. Wie konnte er die Französische Revolution, die eine Gestalt wie die Napoleons groß gemacht und Jahrzehnte blutiger Kriege nach sich gezogen hat, zum Paradigma der von ihm verheißenen besseren Zukunft erklären?

Ein lange Zeit vom Marxismus überzeugter Anhänger, der Theoretiker und Romancier Arthur Koestler, hat am Beispiel des aufständischen Sklaven und Gladiators Spartacus, den Marx als «wahren Vertreter des römischen Proletariats» bezeichnet hatte, gezeigt, was aus dessen gerechter Sache wurde, als er mit seiner befreiten Gefolgschaft zu ihrem gemeinsamen Schutz genötigt war, ein Gewaltregime einzuführen.[15] Marx hat darin offenbar keine Gefahr für die Zukunft einer auf Gewalt gegründeten kommunistischen Zukunft gesehen. Auch Koestler hat daran zunächst keinen Anstoß genommen; aber als er 1939 Zeuge der angeblichen Umsetzung des kommunistischen Versprechens in die Realität der sowjetischen Herrschaft eines Josef Stalin wurde, konnte er über das Verhängnis im revolutionären Imperativ nicht länger hinwegsehen.

Für Karl Marx wäre es so einfach gewesen, sich an Kants Lob für die Französische Revolution zu orientieren, das die Gewalt verurteilt, aber den Mut und die Zuversicht der auf das Menschenrecht und die Selbstbestimmung setzenden Menschen bewundert. Kant und nach ihm auch Feuerbach haben trotz des eklatanten Versagens einzelner Regierungen auf der *Unverzichtbarkeit des Rechts* bestanden und dessen prinzipielle Einhaltung gefordert. Wer das nicht tut, kann weder empört noch erbittert darüber sein, das andere das Recht gebrochen haben. Was soll denn Hoffnung auf Gerechtigkeit und Menschlichkeit geben, wenn wir das Recht selbst für nichtig erklären? Auf die «soziale Frage» jedenfalls kann es keine gesellschaftliche relevante Antwort geben, solange es keine Gesetze und keine Gerichte gibt, die Recht sprechen.

Nach dieser Einsicht hat Ludwig Feuerbach gehandelt, als ihm die Ausübung seines Hochschulamts in Bayern verwehrt worden war, weil er kirchenkritische Ansichten vertrat. Auch in Heidelberg wurde ihm verboten, Vorträge in den Räumen der Universität zu halten. Inzwischen hatte er sich durch seine wegweisenden Überlegungen zum *Wesen des Christentums* und zum *Wesen der Religion* einen Namen gemacht. Hinzu waren Einsichten in die Einheit der Natur und in die Triebkräfte der Geschichte gekommen. In deren Licht konnte er seine Naturphilosophie «materialistisch» nennen, ohne sie in einen Gegensatz zum ethischen und politischen Idealismus zu bringen.

Aber trotz des erlittenen Unrechts ist es Feuerbach nie in den Sinn gekommen, auf das Recht überhaupt zu verzichten. So kann es wie eine verspätete Antwort an Karl Marx gewertet werden, dass er, als von Marx umworbener Philosoph, noch im Gründungsjahr 1869 Mitglied der *Sozialdemokratischen Arbeiterpartei* geworden ist. Im Namen dieser Partei hat die ursprüngliche Einheit im Verlangen nach Demokratie und sozialer Gerechtigkeit einen bis heute verpflichtenden Ausdruck gefunden.

Karl Marx entzieht sich dieser Verbindung schon bei der Formulierung des *Manifests der Kommunistischen Partei*, das 1848 erscheint. Das Manifest sucht das Verhältnis der erklärten Kommunisten zu den verschiedenen Formen des Sozialismus und Utopismus zu beschreiben und gibt sich offen für die Kooperation mit anderen europäischen und amerikanischen Organisationen. Doch es hebt abschließend hervor, dass die mit der sozialen Frage identifizierte «Eigenthumsfrage» für die Kommunisten entscheidend und nicht verhandelbar sei. Das mündet in die Feststellung:

> «Die Kommunisten verschmähen es, ihre Ansichten und Absichten zu verheimlichen. Sie erklären es offen, daß ihre Zwecke nur erreicht werden können durch den gewaltsamen Umsturz aller bisherigen Gesellschaftsordnungen. Mögen die herrschenden Klassen vor einer Kommunistischen Revolution zittern. Die Proletarier haben nichts in ihr zu verlieren als ihre Ketten. Sie haben eine Welt zu gewinnen.»

Das ist martialisch formuliert, geht aber den Schritt zu weit, den ein Politiker, der auf die Einsicht und die Selbstbestimmung seiner Gefolgsleute rechnet, nicht im Namen aller diktieren sollte. Es war und blieb der Schritt, der die Kommunisten von den ersten sozialistischen Parteigründungen in Deutschland trennt. Inspiriert durch Ferdinand Lassalle wurde 1860 der *Allgemeine deutsche Arbeiterverein* gegründet, der das allgemeine und gleiche Wahlrecht in den Vordergrund rückte und überdies «Produktivgenossenschaften» forderte, die mit Unterstützung staatlicher Kredite gefördert werden sollten.

Auf Initiative von Wilhelm Liebknecht und August Bebel folgte 1869 die *Sozialdemokratische Arbeiterpartei*, die in den Wechselfällen der preußischen und deutschen Politik eine bewegte programmatische Entwicklung und verschiedene Umbenennungen durchmachte, bis sie sich definitiv für den Begriff der *Sozialdemokratie* entschied. Und obgleich die Berufung auf den Sozialismus noch eine Weile dominierte, setzte sich schließlich der Begriff der *Sozialdemokratie* durch, der sich wie eine alles umfassende Kurzformel für den zentralen Programmpunkt der Demokratiebewegung überhaupt verstehen lässt.

Eine wichtige Station in der Entwicklung der Sozialdemokratie war das *Gothaer Programm* von 1875. Es fordert in 14 Punkten das allgemeine und freie Wahlrecht, die Gesetzgebung durch das Volk, die Abschaffung eines stehenden Heeres, eine auf die Höhe der Einkommen bezogene Steuer, Meinungs- und Koalitionsfreiheit, das Verbot von Sonntags- und Kinderarbeit sowie eine Reihe von Schutzmaßnahmen für Leben, Arbeit und Gesundheit. Das Programm nahm zentrale Bestimmungen aus den demokratischen Verfassungen in den Vereinigten Staaten und Frankreich auf und setzte deutliche soziale Akzente. Es ist offenkundig, dass es, wenn nur ein Teil der Forderungen erfüllt werden könnte, eine weitreichende Veränderung nicht nur der Lage der Arbeiterschaft, sondern auch des Deutschen Reiches hätte bringen müssen.

Doch ebendies wurde von Karl Marx bestritten. Im Frühjahr 1875 lag ihm ein Entwurf des Programms vor, den er mit einem kritischen Kommentar versah und den Verfassern noch vor der Beschlussfassung übermittelte. Marx beklagte die Oberflächlichkeit der politischen Analyse, die in der Tat dem umfassenden Charakter seiner Kapitalismuskritik nicht gerecht wurde. Er gab aber eine Reihe von Anregungen zur Korrektur und zur Erweiterung der im Entwurf enthaltenen Vorschläge. Im Ganzen hat man den Eindruck, dass Marx sich im Ton seiner Kritik zurückhält, um die Verbindung nicht abreißen zu lassen. Tatsächlich kommt es dann fünfzehn Jahre später, zwei Jahre nach dem Tod von Karl Marx, noch einmal zu einer Annäherung: Die «Sozialistengesetze» sind aufgehoben, der Text der Marx'schen Programmkritik wird durch Vermittlung von Friedrich Engels veröffentlicht, und es gibt mit Karl Kautsky und Eduard Bernstein jüngere Kräfte, die sich um eine Annäherung bemühen.

Doch so ernsthaft die Bemühungen auch sein mögen: Marx' Bestehen auf einem revolutionären Wandel steht auch nach seinem Tod einer Verständigung entgegen. Im veröffentlichten Text seiner Kritik am Gothaer

Programm lautet ein herausgehobener Programmpunkt: «Die Befreiung der Arbeit muss das Werk der Arbeiterklasse sein, der gegenüber alle andren Klassen nur eine reaktionäre Masse sind.»

In der Schlusspassage verstärkt Marx den Nachdruck auf der Unverzichtbarkeit der führenden Rolle des Proletariats und der Unumgänglichkeit des revolutionären Wegs:

> «Zwischen der kapitalistischen und der kommunistischen Gesellschaft liegt die Periode der revolutionären Umwandlung der einen in die andre. Der entspricht auch eine politische Übergangsperiode, deren Staat nichts andres sein kann als die revolutionäre Diktatur des Proletariats.»

Was nach dieser «Übergangsperiode» kommt, wird zwar nicht beschrieben, wohl aber benannt: Es ist das «Staatswesen der kommunistischen Gesellschaft.»[16] Ob es in ihm ein «Recht» für alle Staatsbürger gibt, und was unter diesen Bedingungen aus der «Menschheit» wird, bleibt offen. Nimmt man hinzu, was Marx schon im *Kommunistischen Manifest* über die Bedeutung des Begriffs der Menschheit sagt, fällt es leicht, sich vorzustellen, wie er mit der «Menschheit» zu verfahren gedenkt: Denn er hält die Menschheit, so wie der Terminus von der deutschen Philosophie verstanden worden ist, für eine «entmannte» Spezies. Ihr sei das Wesentliche abhandengekommen, nämlich die *Gegnerschaft*, im Kampf mit der sie hätte wachsen und sich bewähren können. Denn für Marx besteht die Geschichte aus «Klassenkämpfen», und in ihr gibt es für die *Menschheit* gar nichts mehr zu tun. Denn «statt wahrer Bedürfnisse» vertritt die Menschheit nur noch (!) «das Bedürfniß der Wahrheit, und statt die Interessen des Proletariers die Interessen des menschlichen Wesens, des Menschen überhaupt», also «des Menschen, der keiner Klasse, der überhaupt nicht der Wirklichkeit, der nur dem Dunsthimmel der philosophischen Phantasie angehört.»[17] Neben dem *Recht* werden also auch die *Moral* und die *Wahrheit* deklassiert.

VI

Demokratie: Politische Chance für die Menschheit

26. Völkerbund und UNO als weltpolitische Innovation. Mit der Gründung des «Völkerbundes» im Jahre 1919 wurde eine neue Epoche in der Politik der Menschheit eingeleitet. Nie zuvor war eine politische Institution errichtet worden, die am Ende alle Staaten der Welt umfassen und ihnen eine friedliche Verständigung ermöglichen sollte. Erst im historischen Längsschnitt einer Geschichte der Demokratie kann man ermessen, welche Bedeutung allein die Tatsache dieser Gründung für die politische Zukunft der Menschheit hat.

An ihrem Beginn steht Erasmus von Rotterdam mit seiner der griechischen Friedensgöttin in den Mund gelegten Klage über die stetig wachsende Kriegslust aller machthabenden Staatsmänner, Kirchenfürsten und Geschäftemacher. Daran schloss sich eine Reihe von «Friedensrufen» an, die eindrucksvoll, aber folgenlos waren.[1] Gut 270 Jahre nach Erasmus präsentiert Immanuel Kant den Staatshäuptern seiner Zeit den Plan eines föderalen *Friedensbundes*, dem alle Völker beitreten sollten; doch auch der blieb politisch ohne Resonanz. Erst 120 Jahre später ist es die mit dem *Ersten Weltkrieg* aufgekommene Gefahr der Selbstvernichtung aller machthabenden Staaten, die ihre Vertreter übereinkommen ließ, einen *Völkerbund* zur Sicherung des Weltfriedens zu gründen.

Nachdem sich dieser Bund als zu schwach erwiesen hatte, die mit immer größerer Rücksichtslosigkeit und Gewalt geführten Kriege zu verhindern, wurde 25 Jahr später mit den *Vereinten Nationen* ein neuer Bund geschlossen, der nunmehr alle Staaten umfassen und sie mit wirksameren Mitteln zu einem dauerhaften Weltfrieden nötigen sollte.

In diesem zweiten Völkerbund der *Vereinten Nationen* hat die Menschheit erstmals zu einer einheitlichen politischen Form gefunden. Ihr Zusammenschluss ist auf den Gedanken der *Föderation* gegründet und in ihrer eigenen Organisation auf das Procedere der *Demokratie* verpflichtet. Hier also hat sich die Menschheit bereits eine demokratische Verfassung gegeben, obgleich sie in der größeren Zahl ihrer Mitgliedsstaaten in ihrer eigenen Verfassung vom Ideal einer demokratischen Selbstverwaltung noch weit entfernt gewesen ist.

Dennoch war damit ein Anfang gemacht. Und so wenig es den *Vereinten Nationen* gelungen ist, die nachfolgenden Kriege zu verhindern, so begrenzt ihre Möglichkeiten zur Beilegung internationaler Konflikte auch weiterhin sind und so hilflos sie in den unablässigen internationalen Krisen gelegentlich auch wirken, sie haben sich trotz allem als eine Instanz erwiesen, auf die in der Politik der Menschheit nicht mehr verzichtet werden kann.

Im Längsschnitt der politischen Philosophie gibt es keine Idee, die von größerer Bedeutung für die Zukunft der Menschen ist, als die einer *föderalen*, auf gemeinsame *Rechtsprinzipien* und auf die *Idee demokratischer Selbstbestimmung* gegründeten Organisation aller Staaten dieser Erde. Und es gibt kein wichtigeres Ziel der Weltpolitik als die Erhaltung des Bestands und der Arbeitsfähigkeit des nunmehr *UNO* genannten *Völkerbunds*. Dass ein amerikanischer Präsident während seiner vierjährigen Amtszeit alles darangesetzt hat, die *UNO* zu schwächen, ist ein Skandal, der nur noch dadurch übertroffen worden ist, dass dieser 45. Präsident, Donald Trump, überhaupt von seiner Partei für dieses Amt nominiert und für seine zahlreichen Pflichtverletzungen nicht zur Rechenschaft gezogen worden ist.

Die vierzehn Punkte, die Woodrow Wilson als der 28. Präsident der Vereinigten Staaten im Januar 1918 in Washington erstmals umrissen hatte, ehe er sie mit nach Europa brachte, um sie zur Grundlage der dort geführten Friedensverhandlungen zu machen, behandelten zum überwiegenden Teil die verbindliche Klärung und Bereinigung der Lage, die Anlass für den Krieg gewesen war und zum Weltkrieg geführt hatte. Sechs Punkte waren auf die Gestaltung der künftigen Weltpolitik bezogen und nannten Grundsätze zur Regelung der Beziehung der Staaten zueinander. Wer Kants *Friedensschrift* in Erinnerung hat, erkennt die Stellen sofort, die den einstigen Philosophiedozenten und Universitätspräsidenten Wilson besonders beeindruckt haben.

Alle Friedensverträge, so forderte er, sollten *öffentlich* sein, und es dürfe keine internationalen Abkommen mehr geben, die *geheime Bestimmungen* enthalten; alle *wirtschaftlichen Schranken* seien aufzuheben, so dass ein *weltweiter Handelsverkehr* möglich werden solle; auch auf den Meeren sollte es außerhalb der Küstengewässer eine Garantie für *uneingeschränkte Seewege* geben; schließlich werden gegenseitige Bürgschaften für die *Beschränkung der Rüstung* in allen Staaten vorgeschlagen. Und im letzten, im 14. Punkt, heißt es:

> «Es muss ein allgemeiner Verband der Nationen gegründet werden mit besonderen Verträgen zum Zweck gegenseitiger Bürgschaften für die politische Unabhängigkeit und die territoriale Unverletzbarkeit der kleinen sowohl wie der großen Staaten.»

Hier also wird Kants Idee eines föderalen Bundes aufgenommen und nunmehr auf das Verhältnis aller Staaten zueinander übertragen. Und wenn wir hinzunehmen, dass den Amerikanern in den Verhandlungen das als Begriff noch relativ neue «Selbstbestimmungsrecht» der Völker besonders wichtig war, sehen wir, dass Kants Definition des Staates als der «Gesellschaft von Menschen, über die Niemand anders, als er selbst zu gebieten und zu disponiren hat», ihren Weg ins Völkerrecht und auf den Verhandlungstisch von Versailles gefunden hat. Dabei ist es gut zu wissen, dass Kant bereits Jahre vor dieser Definition die «Selbstbestimmung» des einzelnen Menschen nicht nur zum Ursprungsakt des politischen, sondern auch des moralischen Handelns erklärt hatte (4, 427). So sind Moral und Politik auch hier innerlich miteinander verknüpft.

Leider ist die Realisierung der in den 14 Punkten geforderten Maßnahmen nur lückenhaft gelungen. Und es gab Staaten, die genau darin die Chance erkannten, den nächsten großen Krieg in Europa vorzubereiten. Vornehmlich deutsche Politiker sahen darin eine Möglichkeit, die Niederlage im vorangehenden Krieg vergessen zu machen.

Die Konflikte, die in Folge der wirtschaftlichen Probleme zunächst nur in Europa, dann aber auch in den USA das gesellschaftliche Leben zerrütteten, lassen keine zehn Jahre nach seiner Gründung den in Genf ansässigen *Völkerbund* in den Hintergrund treten. Die herrschende Not erleichtert es neuen Parteien, die angeblich allein Schuldigen zu benennen: Plötzlich ist nicht mehr der Krieg, der Millionen von Toten und Verletzten gefordert, die wirtschaftlichen Kräfte erschöpft und das wechselseitige Vertrauen zerstört hatte, das zentrale Problem. Nunmehr sollen es die Verhandlungsführer von Versailles gewesen sein, die Europas politische Kräfte zerrüttet haben. Ihnen sei es nur um eine Demütigung ihrer Kriegsgegner gegangen, und die Gründung des *Völkerbunds* habe vorrangig das Ziel, die ursprüngliche Kraft nationaler Quellen versiegen zu lassen. So wurde es möglich, den *Völkerbund* zum bevorzugten Feind der deutschnationalen Opposition und der nationalsozialistischen Propaganda zu machen.

Nachdem es deren Lautsprecher, der schon mit seiner Selbstbezeichnung als «Führer» deutlich gemacht hatte, dass er sich als Widersacher der Demokratie verstand, gelungen war, Kanzler der ersten deutschen Demokratie zu werden, war es um die Demokratie in Europa geschehen. Der *Völkerbund* wurde zum Aggressionsobjekt, und tatsächlich gelang es durch eine Reihe von Völkerrechtsbrüchen die internationale Organisation zu schwächen: Denn die Genfer Repräsentanten nahmen die Provokationen hin, auch weil ihnen die aktive Unterstützung durch die betroffenen Mitgliedsstaaten fehlte. So war es möglich, die erste demokratische Vereinigung aller Völker als machtlos bloßzustellen und lächerlich zu machen. In dem von Hitler vorbereiteten und am 1. September 1939 erklärten Krieg, den wir heute als den «Zweiten» Weltkrieg bezeichnen, war der 1920 gegründete *Völkerbund* das erste Opfer, auch wenn seine formelle Auflösung erst am 18. April 1946 erfolgte.

Dass es Hitler so leichtfiel, den *Völkerbund* auszuschalten, hatte seine Ursache nicht nur in der Zerstrittenheit der in ihm vertretenen Mitgliedsmächte. Insbesondere zwischen Frankreich und England gab es nicht die Einigkeit, die nötig gewesen wäre, Hitler Einhalt zu gebieten. Ursächlich für das Versagen des Völkerbunds waren auch Mängel in Auftrag und Aufbau der Genfer Organisation: Die USA waren durch innenpolitische Gegensätze daran gehindert, überhaupt Mitglied zu werden; auch andere Staaten von strategischer Bedeutung, wie Japan oder die Sowjetunion, waren nur zeitweilig dabei. Insgesamt waren nicht mehr als dreißig Staaten versammelt. Das vermutlich gravierendste Defizit aber war, dass es kein entschiedenes *Kriegsverbot* gab – und damit auch keine Sanktionen bei erwiesener Aufrüstung oder bei in Gang gesetzten militärischen Übergriffen. Außerdem fehlten wirkungsvolle Verfahren, in denen Konflikte geschlichtet und notfalls mit vereinten Kräften entschärft und beigelegt werden konnten.

Erst als der *Zweite Weltkrieg* bereits im Gang war, machte sich erneut ein amerikanischer Präsident um den Aufbau einer neuen Friedensorganisation verdient. Ende 1941 gelang es Franklin D. Roosevelt zusammen mit Winston Churchill, eine *Atlantik-Charta* auszuarbeiten, die am 1. Januar 1942 von 26 Staaten als *Deklaration der Vereinten Nationen* unterzeichnet wurde. Damit war die Voraussetzung für die Gründung der Organisation der *Vereinten Nationen* geschaffen, die in New York ins Leben gerufen werden konnte. Die *UNO* trat die Nachfolge des *Völkerbundes* an und stand unter dem Anspruch, die Mängel der Vorgängerorganisation zu beheben. Gute Voraussetzungen dafür waren durch die höhere Zahl der Mitglieder gegeben und natürlich auch durch die Mitwirkung der damaligen Großmächte, zu denen neben der Sowjetunion, England und Frankreich nun auch China gehörte.

Als formelles Gründungsdatum gilt die Unterzeichnung der *Charta der Vereinten Nationen*, die nach dem Ende des Krieges am 26. Juni 1945 in San Franzisco erfolgte. Vorausgegangen war die formelle Verabschiedung der bereits 1941 auf Initiative der USA und Englands vorbereitete *Atlantik-Charta*. 1945 waren 51 Staaten beteiligt; 1960 hatte die Organisation 91 Mitglieder, und heute gehören ihr nahezu 200 Staaten an.

Wesentliche Neuerungen waren die auf kontinuierliche Arbeit eingestellte Organisation mit jährlichen Zusammenkünften der *Hauptversammlung*, einer durchgängig tätigen *Verwaltung* nach dem Vorbild ständiger *Botschaften* und einem mit eigenem Stab ausgestatteten *Generalsekretariat*. Wichtigste Innovation war ein jederzeit kurzfristig einzuberufender *Sicherheitsrat*, in dem die sogenannten «Weltmächte», die USA, England, Frankreich, die Sowjetunion und China als *ständige Mitglieder*, zusammen mit den in kürzeren Abständen wechselnden weiteren *zehn Vertretern* anderer Nationen augenblicklich wirksame Beschlüsse fassen können. Hinzu kamen weitere *Gremien* und, was nicht weniger wichtig war, eine mit den Jahren wachsende Zahl von *Unterorganisationen*, die wie die Ressorts einer im Aufbau befindlichen Weltverwaltung verstanden werden können.

Im Gründungsdokument verpflichten sich die Mitglieder auf die Sicherung des *Friedens* in der Welt, auf die *Wahrung freundschaftlicher Beziehungen* zwischen den Staaten, auf die Pflege und den Ausbau *internationaler Zusammenarbeit* sowie darauf, in allen wesentlichen Fragen der Weltpolitik die UNO als die Verhandlungen vorbereitende, sie begleitende und nach Möglichkeit auch kuratierende Institution zu nutzen. Auch wenn das so nirgendwo gesagt wird: Die Vereinten Nationen sollten notfalls *nach Art einer Weltregierung* handeln können. Sie wären dann in der Funktion einer *föderalen Weltregierung der Menschheit* tätig.

Im Dezember 1948 folgte der auch aus heutiger Sicht nach wie vor wichtigste Akt: Die Verabschiedung der *Charta der Menschenrechte*. Sie kann als *Präambel zu einem künftigen Grundgesetz der Weltgemeinschaft* gelesen werden. Sie formuliert die Prinzipien für eine *politische Konstitution der Menschheit*, deren Präambel in der am 10. Dezember 1948 verabschiedeten *Erklärung der Menschenrechte* niedergelegt ist. Dazu gehören der Schutz der Freiheit und Würde aller Menschen, die sich «im Geiste der Brüderlichkeit» begegnen sollen. Jeder Mensch hat Anspruch auf alle Rechte und Freiheiten, «ohne irgendeinen Unterschied, etwa nach Rasse, Hautfarbe, Geschlecht, Sprache, Religion, politischer oder sonstiger Anschauung, nationaler oder sozialer Herkunft, Vermögen, Geburt oder sonstigem Stand». Artikel 4 verlangt, dass niemand in Sklaverei oder Leibeigenschaft gehalten wird; Artikel 5 verbietet jede Form der Folter sowie der erniedrigenden Behandlung oder Strafe. Jeder Mensch ist als rechtsfähig anzuerkennen. Und schließlich wird eine Forderung erhoben, die wir bereits aus dem ältesten Dokument der antiken Demokratiedebatte kennen: «Alle Menschen sind vor dem Gesetz gleich und haben ohne Unterschied Anspruch auf gleichen Schutz durch das Gesetz.»[2]

Die Menschenrechts-Charta der Vereinten Nationen wird 1948 von allen damaligen Mitgliedsstaaten beschlossen und hat die Zustimmung aller später beigetretenen Staaten gefunden. Eine Ausnahme machen 57 Mitgliedsstaaten, die 1990 unter Berufung auf die Vorschriften der in ihren Ländern vorherrschenden Religion eine abweichende «Kairoer Erklärung» abgegeben haben. Sie legen den Schutz des Lebens ausdrücklich in die Hand Gottes und stimmen den Grundrechten nur insoweit zu, als die «Scharia» nichts anderes gebietet. Und in der Aufzählung des Artikels 2 der Charta, in dem die Unabhängigkeit der Geltung der Grundrechte von allen Unterschieden von «Rasse», «Hautfarbe», «Geschlecht» und «Religion» erklärt wird, ist in der Kairoer Erklärung die «Religion» ausgenommen.

Der Islam besteht damit auf Sonderregelungen, von denen hinlänglich bekannt ist, dass sie die Geltung der Grundrechte erheblich einschränken. Dieser Vorbehalt schließt zwar demokratische Wahlen, parlamentarische Repräsentation und von der jeweiligen Mehrheit getragene Regierungen nicht aus, erkennt aber die für Demokratien konstitutive Souveränität des Volkes nicht an. Hier steht der Weltgemeinschaft, um es optimistisch zu formulieren, noch weitere Überzeugungsarbeit bevor. Solange die Religionsgemeinschaften die uneingeschränkte politische Hoheit der Staaten und ihrer Gerichte nicht anerkennen, ist der Demokratisierungsprozess der Menschheit nicht abgeschlossen.

Gleichwohl ist festzuhalten, dass sich mehr als zwei Drittel der Mitglieder der Vereinten Nationen auf die Prinzipien verpflichtet haben, die politisch nur auf eine demokratische Verfassung der Einzelstaaten und auf demokratisch gerechtfertigte Verfahren im Umgang mit ihresgleichen hinauslaufen können. Dabei macht gerade auch die Vielfalt der Staaten, die sich hier auf Prinzipien einer demokratischen Organisation im inneren wie im äußeren Verhältnis geeinigt haben, deutlich, dass daraus *keine Festlegung auf ein Standardmodell des Staatsaufbaus* folgt. Staaten können auch in einer konstitutionellen Monarchie in vollem Sinn des Wortes *demokratisch* sein.[3]

Es ist also richtig, die Frage der Organisation der Einzelstaaten großzügig zu handhaben. Es wäre falsch, auf genau gleiche Verfassungen der Mitgliedstaaten zu setzen, wenn sie sich verpflichtet haben, das Menschenrecht zu achten. Hier muss man Lernprozesse für möglich halten, die mit der Zeit zu einer Angleichung führen können. Allerdings muss es anerkannte Schiedsstellen geben, die über Streitfälle beraten und entscheiden. In diesem Zusammenhang dürfen die Einrichtung eines *Internationalen Gerichtshofs* und die substanziellen Ergänzungen des *Völkerrechts* gesehen werden. Dem Gericht zu verbindlicher Anerkennung und ihren Urteilen zu effektiver Durchsetzung zu verhelfen, sind die vordringlichsten Aufgaben der internationalen Politik.

Niemandem kann verborgen bleiben, dass die *Vereinten Nationen* richtungsweisend für die künftige Politik der Menschheit sind. Dabei ist es offenkundig, dass sie ihrer Aufgabe nur gegen stärkste Widerstände und in vielem höchst unzureichend nachkommen: Kriege werden nicht verhindert, Sicherheitsmissionen bleiben ohne Erfolg, auch in vorrangigen Fragen kommt es zu keiner Einigung im Sicherheitsrat, die Arbeit des *Internationalen Gerichtshofs* wird behindert oder gar nicht anerkannt. Diese Instanz, die es in Ansätzen seit 1930 gab, formell aber erst 1945 beschlossen wurde und seit 1946 in Den Haag tätig ist, kann als wegweisende Neuerung der UNO angesehen werden. Zwar gibt es selbst in den Mitgliedstaaten die größten Widerstände gegen die Institution, insbesondere wenn sie in Fällen tätig wird, die zentrale Interessen der Einzelstaaten (und in Sonderheit der Großmächte) betreffen. Aber sie hat, so ohnmächtig sie in den großen Konfliktfällen der Weltpolitik immer noch ist, zur Erweiterung, Verstärkung und partiell auch zur Geltung des Völkerrechts geführt. Inzwischen hat sie sich als unverzichtbar erwiesen.[4]

Mängel und Schwächen der *UNO* gibt es viele. Das ist nicht anders als bei einzelnen Staaten, die Kritik und Reformbereitschaft benötigen, um sich das Vertrauen und die Hoffnung ihrer Bürger zu erhalten. Also sollte man auch einer Organisation aus vielen Staaten, bei der die Gelegenheiten, Fehler zu machen und die Erwartungen ihrer Mitglieder zu enttäuschen, zahlreich sind, zugestehen, dass sie in vielem unzulänglich ist. Also braucht sie, wie alle politischen Institutionen, die Bereitschaft zur Selbstprüfung und Selbstkorrektur. Kritik, Opposition und Reform bleiben auch im internationalen Rahmen unverzichtbare Elemente der Politik. Warum sollte der *UNO* nicht zugestanden werden, was seit eh und je für die innere wie für die äußere Verfassung von Staaten gilt: Dass sie Gegner hat und ohne Widersacher nicht einmal gedacht werden kann?

Doch so umfangreich die Liste der Mängel und Unzulänglichkeiten der *Vereinten Nationen* auch sein mag: Ihre längst bestehende Unverzichtbarkeit tritt in der Arbeit der zahlreichen Unterorganisationen hervor. Alle globalen Handlungsfelder der *Wirtschaft*, des *Handels* und der *Finanzpolitik*, des *Luft-* und *Seeverkehrs*, der *Kommunikation* (angefangen mit dem 1874 gegründeten *Weltpostverein* bis zur Regulierung der *digitalen* Kommunikation), der *Landwirtschafts-*, *Ernährungs-*, *Entwicklungs- und Flüchtlingspolitik*, des *Natur- und Gesundheitsschutzes*, der *Katastrophen-* und der längst zur Daueraufgabe gewordenen *Welthungerhilfe* bis hin zur Förderung von *Erziehung* und *Kultur* oder zur Sicherung des physischen wie des geistigen *Eigentums* gehören dazu. Auch die Gewährleistung des

Tourismus, für viele die Primärerfahrung, die sie mit der Globalisierung verbinden, gehört dazu. Hinzu kommen die mehr als zwanzig *Hilfsprogramme*, zu denen das *Kinderhilfswerk*, die *Drogenkontrolle* und vorrangige *wissenschaftliche Einzelinitiativen* gehören.

Schon die Aufzählung der Handlungsfelder vermittelt einen Eindruck von der Vielfalt der Lebensprobleme der Menschheit und sie macht anschaulich, was heute zu einer Politik gehört, die diesen Problemen wenigstens annähernd gerecht werden soll. Nur wäre es ein Kurzschluss anzunehmen, man brauchte das eindrucksvolle Handlungstableau der UNO nur von den endlosen Streitigkeiten ihrer nahezu 200 Mitgliedsstaaten zu befreien und durch eine *Weltrepublik* zu ersetzen, und schon wäre für die Bewältigung der Probleme nach Grundsätzen einer demokratisch gesicherten Weltinnenpolitik gesorgt. Ganz gleich, ob ein solcher *Weltstaat* liberal oder autokratisch verfasst ist, er hätte nicht weniger Probleme als eine Föderation verschiedener Staaten, die sich aus eigener Einsicht für eine rechtsverbindliche Kooperation entschieden haben.

Trotz der verwirrenden Vielfalt von Aufgaben, trotz der entmutigenden Anzahl von gescheiterten Initiativen ist festzuhalten, dass die UNO eine längst unentbehrlich gewordene Instanz und Ordnungsmacht der Weltpolitik geworden ist. Sie bietet sich als Forum für die Anbahnung von Kontakten im Krisenfall an, sie kann aussichtslos erscheinende Gespräche moderieren, überparteiliche Hilfsmaßnahmen einleiten, noch bevor die Konfliktparteien dazu in der Lage sind. Sie kann Missverständnisse aus dem Weg räumen, bevor sie zu manifesten kriegerischen Auseinandersetzungen führen, und so die Suche nach einem Frieden erleichtern. Und im Katastrophenfall kann sie sofort reagieren. Überdies bleibt eine der vorrangigen Aufgaben die Vermittlung von Abrüstungsmaßnahmen und ihrer internationalen Kontrolle: Je mehr sich die Staatengemeinschaft zur Kooperation in den vorrangigen Handlungsfeldern der Politik genötigt sieht, umso größer wird der Aufgabenbestand der *Vereinten Nationen* sein.

Was dagegen spricht, sind Spekulationen, wie sie mit dem völkerrechtswidrigen Überfall Russlands auf die Ukraine im Umlauf sind. Sie gehen von der Erwartung aus, der Krieg mit der geplanten Einverleibung Osteuropas würde zu einer neuen bi- oder tripolaren Weltordnung mit China, den USA und Westeuropa führen, so dass diese Mächte künftig die weltpolitischen Aufgaben unter sich ausmachen und damit die *UNO* gar nicht mehr brauchen. Wahrscheinlich ist das nicht, weil riesige Flächenstaaten, solange sie nicht selbst föderal gegliedert und menschenrechtlich verfasst sind, keine Zukunft mehr haben. Doch selbst wenn es zu einer bi- oder tripolaren Konzentration käme, blieben noch genügend andere Staaten übrig. Diese dürften je nach Lage, Wirtschaftskraft und strategischer Bedeutung auf ihrer Eigenständigkeit bestehen und damit eine Einbindung in sie betreffende weltpolitische Entscheidungen fordern. Also brauchte man weiterhin eine Weltorganisation, wie sie mit der *UNO* bereits besteht. Vielleicht gäbe es dann die eine oder andere Änderung in der Charta und im Procedere ihrer Abläufe. Aber solange sich die *Vereinten Nationen* der größtmöglichen Eigenständigkeit der Einzelstaaten verpflichtet sehen, solange sie nur auf die Anerkennung ihrer mit der vereinbarten Mehrheit getroffenen Beschlüsse der Weltorganisation und auf die uneingeschränkte Geltung der Menschenrechte vertrauen können, sind sie auf dem richtigen Weg.

27. Föderation als Prinzip internationaler Ordnung. Die Globalisierung ist mit einer nahezu lückenlosen Besiedlung verbunden und verstärkt die wechselseitige Abhängigkeit der Menschen. Deren Zahl nimmt immer noch zu und mit ihnen der Aufwand für ihre Erhaltung und Sicherung. Auch die Vielfalt und der Umfang technischer Leistungen steigen kontinuierlich an. Die physische, psychische und kommunikative Mobilität der Individuen sprengt alle bis dahin bestehenden Grenzen. Und so kommt es zu dem für die Moderne kennzeichnenden Paradox einer *Zunahme der individuellen Sicherheiten* für das menschliche Leben mit dem gleichzeitigen *Anstieg kollektiver Gefahren für die menschliche Zivilisation*.

Das Paradox hat zur extremen Dynamik der Veränderungen im gesellschaftlichen Geschehen der letzten Jahrhunderte beigetragen. Die wachsende Bedrohung verlangt vermehrte Anstrengungen zum Lebensschutz und zu mehr Sicherheit, die es nötig machen, die mitwachsende Bedrohung durch die große Zahl an Menschen und die überproportional ansteigenden Risiken durch Unachtsamkeit, Unverstand und Missbrauch in Grenzen zu halten. Diese Entwicklung findet sich nicht nur im Verkehr, im militärischen Bereich und in der Energiegewinnung, sondern kennzeichnet alle Märkte, auf denen Anbieter konkurrieren, und gibt allen Beteiligten, inmitten der von ihnen mitverursachten Gefahren, das gute Gewissen, für die Verbesserung der Waren und Dienstleistungen sowie für günstigere Preise zu sorgen. Das gute Gewissen ist schwerlich zu bewahren, je zahlreicher und größer die Risiken werden. Und ob das Wachstum der Weltbevölkerung noch lange zu verantworten ist, dürfte eine der drängendsten Fragen der Zukunft sein.

Zur Eigenlogik der wissenschaftlich-technischen Innovationen kommen in jüngster Zeit die Bemühungen, den Einsatz von Schadstoffen zu verringern, nicht erneuerbare Energien zu schonen und die Lebensführung an der Natur auszurichten. Auch hier sind alle Hoffnungen auf Wissenschaft und Technik gerichtet – und damit auf die beiden basalen Fähigkeiten der Menschheit, denen sie die rasante Selbstgefährdung ihres Daseins verdankt.

Darin liegt kein Widerspruch, wohl aber eine Umkehrung ihrer Dynamik unter Gesichtspunkten, die nicht mehr primär auf private oder bloß nationale Vorteile bezogen sind: Nunmehr rücken die Lebenschancen *aller* Menschen in den Vordergrund. Auch darin liegt eine Orientierung an den *Interessen der Menschheit*, denen die Politik Rechnung zu tragen hat. Dass dies unter Bedingungen demokratischer Kontrolle verlässlicher erfolgen kann, dürfte offensichtlich sein. Sie dürfte auch international unter den Konditionen einer föderalen Organisation demokratischer Staaten eher zu gewährleisten sein – vorausgesetzt, dass diese Staaten auch über die Bereitschaft und die Mittel verfügen, die international organisierten wirtschaftlichen und technischen Akteure zu kontrollieren.

Das alles steht seit mehr als fünfzig Jahren unter der Bedrohung durch Waffen, die es möglich machen, alle Kultur, vielleicht auch alles menschliche Leben auszulöschen. Das ist nicht nur bekannt; es wird auch unablässig beschworen – und nicht selten auch offen angedroht. Und dennoch sind die Menschen in der Lage, den Eindruck zu vermitteln, als könnten sie unter diesen Bedingungen ein normales Leben führen. Das wird man weder ahnungslos noch leichtsinnig nennen können; die Endlichkeit allen menschlichen Lebens lässt sich ohne Gleichmut nicht ertragen. Gleichwohl hat das allen drohende selbstverschuldete Ende eine neue Qualität. Können wir unter solchen Bedingungen überhaupt noch eine gesellschaftliche Entwicklung planen, deren Minimum in der Erhaltung des menschlichen Lebens liegt?

Wir würden den Ernst unseres eigenen Denkens und Handelns dementieren, wenn wir unser Leben nicht so führten, wie es dem Stand unserer erwartbaren Erfahrungen entspricht. Und angesichts unserer gegebenen Erkenntnisse haben wir allen Versuchen zu widerstehen, Eventualitäten selbst schon wie eine bereits eingetretene Realität zu behandeln. Wir sind es uns schuldig, unser Dasein nach besten Einsichten zu erhalten und Ziele zu verfolgen, die wir, mitsamt der Mittel, die wir einsetzen, vor uns und unseresgleichen rechtfertigen können. Das ist der Sinn der Rede vom «Apfelbäumchen», das man am Tag vor dem Weltuntergang noch pflanzen würde. Das Martin Luther zugeschriebene Wort stammt aus den dunkelsten Tagen der deutschen Geschichte, als das NS-Regime sich auf den von ihm geplanten Weltkrieg vorbereitete.[5] Das angebliche Luther-Wort soll uns ermahnen, die Hoffnung nicht aufzugeben, solange es überhaupt noch eine Chance gibt, etwas Neues auf den Weg zu bringen und damit ein Zeichen für das Bemühen um die Erhaltung und Entfaltung des Daseins zu geben.

Vor diesem Hintergrund sollte es uns nicht wundern, wie gelassen die Menschen mit der alle gleichermaßen betreffenden atomaren Selbstvernichtung umgehen[6] – vorausgesetzt, dass diejenigen, die man als verantwortlich namhaft machen kann, das ihnen Mögliche tun, um den Einsatz der Waffen zu verhindern. Mit dieser Absicht erklärten die ersten Atommächte USA, UdSSR und Großbritannien, die Weitergabe von Atomwaffen an weitere Staaten verhindern zu wollen. Dem 1968 geschlossenen Vertrag haben sich inzwischen weitere Atommächte angeschlossen, aber das Beunruhigende ist, dass inzwischen mit Frankreich, China, Indien, Pakistan, Israel und Nord-Korea sowie in Kürze wohl auch mit dem Iran Machthaber Zugang zu atomaren Waffen haben, die menschliches Leben, das sich nicht von ihnen bestimmen lässt, für weniger schützenswert erachten.

Gleichwohl beschäftigt das Thema die Weltöffentlichkeit immer nur, wenn weitere Proliferationen bekannt werden, wenn ein krimineller Handel mit spaltbarem Material ruchbar wird, wenn Machthaber, wie kürzlich Vertreter der russischen Regierung, mit dem Einsatz der Waffen drohen. Im Übrigen scheinen die Menschen auf den Fortbestand des atomaren Friedens zu setzen. Dabei dürfte die Hoffnung auf die Wachsamkeit in den bestehenden Militärbündnissen eine Rolle spielen. Doch diese Hoffnung ist leichtfertig, wenn wir nur bedenken, mit welchen Drohungen Russland seine Expansion im Frühjahr 2022 durchzusetzen sucht. Wenn sich die Despoten in Peking, Pjöngjang oder Teheran vor die Machtfrage gestellt sehen, werden sie die atomare Option in ihr Kalkül einbeziehen.

Auffällig ist, dass die Forderung nach einem *Weltstaat*, der mit einem einzigen zentralstaatlichen Machtmonopol der Kriegsgefahr ein autoritatives Ende machen könnte, kaum noch zu hören ist. Früher dachte man, wenn es weltweit nur noch *einen* Staat gäbe, wäre mit weiteren Kriegen nicht mehr zu rechnen. Doch obgleich die sich ständig verdichtende globale Vernetzung aller zivilisatorischen Prozesse nichts näher zu legen scheint als eine alle Menschen vereinende *Weltrepublik*, die den *Weltfrieden* für alle gleichermaßen rechtlich verbindlich machte, ist von einem solchen Vorhaben so gut wie keine Rede mehr. Hätten wir mit dem Aufbau eines einzigen demokratischen Weltstaats nicht einen Fall von offenkundiger weltpolitischer Relevanz, der nach der Logik, aus der heraus von Platon bis hin zu Hobbes, Locke und Rousseau Staaten theoretisch begründet worden sind, auch jetzt ein *Monopol* schaffen müsste, um so einen mit Kernwaffen ausgetragenen außenpolitischen Konflikt im Prinzip verhindern zu können?

Im Prinzip schon, aber in der Praxis gewiss nicht! Denn nicht wenige Kriege haben ihren Ursprung in innenpolitischen Konflikten, und die streitenden Parteien finden immer Wege, sich Zugang zu den verfügbaren Waffen zu verschaffen. Der amerikanische Sezessionskrieg ist dafür ein Beispiel. In jüngerer Zeit ist an den fast zehn Jahre währenden Balkan-Krieg Ende des 20. Jahrhunderts, an den immer noch nicht beendeten Krieg in Syrien oder an die nicht zur Ruhe kommenden Konflikte im post-sowjetischen Raum zu erinnern. In Russland wird offenkundig, was aus einem nicht allein vom Recht, sondern auch von allen humanen Verbindlichkeiten befreiten Staats-Marxismus werden kann, in dem sich die kriminelle Herrschsucht eines Potentaten mit einem zur puren Illusion gewordenen Großmacht-Nationalismus verbrämt.[7] Hier gilt es schon als politisches Verbrechen, sich aus dem größeren Verband lösen zu wollen. Das Schicksal von Tschetschenien, Georgien oder der Ukraine führt das vor Augen. Auch in China, wie das Beispiel von Hongkong zeigt und die mögliche Zukunft von Taiwan es befürchten lässt, könnte eine solche Entwicklung drohen. Und je größer die Staaten werden, umso wahrscheinlicher ist es, dass sie beim Austrag ihrer innenpolitischen Rivalitäten zerbrechen. Hinzu kommt die Gefahr, dass sie, ehe das geschieht, die übrige Welt, der sie natürlich die Schuld an ihren inneren Konflikten geben, mit in den Abgrund ziehen.

In zerfallenden Großmächten und erst recht in einem an inneren Gegensätzen zerbrechenden Weltstaat dürften daher die größeren Risiken liegen als in den Konflikten, die in einem durch Verträge, parlamentarische Institutionen und eine verbindliche Rechtsprechung gesicherten *Staatenbund* gewiss auch gegeben sind. In einer *föderalen Weltorganisation* kann man sich bereits *vor* dem Zusammenschluss auf Verfahren einigen, mit denen derartige Zerreißproben zu bewältigen sind. Ein wichtiger Gesichtspunkt dürfte hier auch darin liegen, dass die streitenden Parteien nicht allein sind, sondern vermittelnde und ausgleichende Hilfen von den anderen Mitgliedsstaaten in Anspruch nehmen können. Darin liegt allemal eine größere Chance, im Konfliktfall politische Lösungen zu finden.

Schon die Bildung einer föderalen Staatengemeinschaft bietet politisch erprobte Verfahren für den Zusammenschluss und für den Austrag von Konflikten an. Andererseits dürfte heute niemand sagen können, wie es ohne Kriege möglich sein sollte, einen alle nationalstaatlichen Unterschiede überwindenden *Weltstaat* zu gründen. Deshalb kann man den *Weltstaat* durchaus zu den Dystopien der politischen Theorien rechnen. Eine politische Zukunft bietet, wenn überhaupt, nur ein aus wechselseitigem Selbstinteresse und damit freiwillig gebildeter *Zusammenschluss aller Staaten*, der *in gegenseitiger Achtung vor den Grenzen aller anderen* ein auch bei schweren Konflikten belastbares Verfahren für die Sicherung eines erdumspannenden Friedens bietet.

Auch aus der politischen Praxis der letzten Jahrzehnte lässt sich die Hoffnung schöpfen, dass bereits eine *Mehrzahl konkurrierender Staaten* ihren Bürgern ein größeres Maß an Sicherheit gewährt, wenn von vornherein die Anerkennung der Grenzen wechselseitig vereinbart und die Selbstbestimmung der Staaten sowohl gegenseitig wie auch im kooperativen Verbund vertraglich versichert worden ist. Es ist die in der Weltgemeinschaft allemal als Vorzug anzusehende *Pluralität*, ohne die im politischen Geschäft weder wirtschaftliche noch kulturelle Anerkennung zu erlangen sind. Ein auf Gegenseitigkeit gegründeter Völkerbund wird gerade auch die mit einem Vorrang liebäugelnden Großmächte darauf achten lassen, dass sie nicht das Vertrauen ihrer Nachbarn und ihrer Gegenspieler verlieren.

Gesetzt, es gibt in solchen Staaten ein Minimum an Rechtsbewusstsein, mit der Bereitschaft zur Einhaltung von Verträgen, werden sie selbst zu Momenten eines Gleichgewichts, das sie nicht ohne Gefahr für ihre eigene Stellung gefährden wollen. Auf diese Weise sind Staaten, selbst wenn sie keine formelle «Föderation» beschlossen haben, Teil eines Staatensystems, dass sie selbst benötigen, um aus ihrer relativen Übermacht oder ihrer relativen Schwäche Vorteile zu ziehen.

Auch in einer heute aktuellen Problemlage ist die Politik offenbar nicht versucht, eine Lösung durch die Schaffung eines «Weltstaats» zu suchen: Alle, die sich zur *Umweltkrise* äußern, sprechen von einer ernsthaft vorbereiteten und vertraglich gesicherten *Kooperation*, die zwischen den Staaten unter Beteiligung aller Bürger möglich werden muss. Die Rede ist von den Bemühungen, die weltweite Klimakatastrophe durch gemeinsames Handeln aller Länder zu bewältigen. Nur im weltweiten Zusammenwirken aller Produzenten und Konsumenten wird es möglich sein, eine Wende möglich zu machen. Allein in der *Kooperation aller Betroffenen* kann eine Sicherung der Menschheit liegen. Angesichts der bei allen Experten vorherrschenden Überzeugung, dass es nur durch eine alle Länder einbindende Anstrengung gelingen kann, der Menschheit eine nennenswerte Lebenschance zu bieten, erscheint die Frage nach der Suprematie einer einzigen Weltmacht wie ein veralteter Traum, ohne Bezug zu den Problemen, vor denen die Menschen im 21. Jahrhundert stehen.

Spätestens mit den beiden Klima-Konferenzen in Paris 2015 und Glasgow 2021 hat eine – über das Format der UNO hinausgehende, wohl aber mit ihr vereinbarte – neue Form internationaler Zusammenarbeit begonnen. Die Beschlüsse der beiden Treffen haben nicht zuletzt durch das dramatische Ringen um tragfähige Lösungen, die einen Sinn nur haben, wenn sie von allen Staaten befolgt werden, bewusst gemacht, dass die Menschheit vor qualitativ neuen Problemen steht, die nur *gemeinsam* angegangen werden können.

Die Menschen, die sich mit hoher Kompetenz für den «Klimawandel» und für «Mehr Demokratie wagen!» einsetzen, wollen den erreichten Stand der globalen Demokratisierung nutzen, um Lösungen zu finden.

Darin steckt mehr Realismus, als viele Ältere der Jugend zugestehen. Es ist überdies ein Angebot an die etablierte Politik in allen Staaten der Welt, gemeinsam für das zu kämpfen, was als «Rettung der Welt» empfunden werden kann. Statt auf das Phantom einer *Weltrepublik* zu setzen, die vermutlich noch nicht einmal fähig wäre, sich selbst zu regieren, wollen sie die jetzt existierenden Staaten in eine die Grenzen überschreitende Bewegung einbinden. Entscheidend ist, dass die Staaten untereinander enge Verbindung halten und dass die Bürger das Ziel der gemeinsamen Rettung teilen.

Der historische Gewinn kann also nicht darin liegen, dass der Erfolg *irgendwann* erreicht wird und dann in der Zukunft immer noch Zeit ist, an eine gerechte Verteilung zu denken. Der benötigte Erfolg lässt sich nicht beliebig weit in die Zukunft verschieben. Er muss *bald* erzielt werden, weil die Natur den Menschen nicht unbegrenzt Zeit lässt, um zu einem neuen Gleichgewicht zu finden. Das gibt der Politik eine Dringlichkeit, der man nicht mit den überlieferten Planungsinstrumenten von Militär- und Industriestaaten genügen kann. Jetzt kommt es auf die *aktive Beteiligung aller Menschen*, *Völker* und *Staaten* an, die allesamt mit ihren Fähigkeiten und Leistungen gefordert sind.

Es waren und sind Demokratien, die es uns ermöglicht haben, die Gefährdung der Menschheit zu erkennen und erste Schritte zu einer weltweiten Gegensteuerung einzuleiten. Selbst der offene Streit, der in Demokratien über alles geführt werden kann und der viele abschreckt, die von der Notwendigkeit raschen Handelns überzeugt sind, kann ein Vorzug sein, weil er vor dogmatischem Denken bewahrt, die Erprobung von Alternativen ermöglicht und Pluralität sichert, die, so paradox es erscheint, der wohl wichtigste Einheitsgarant einer politischen Gemeinschaft ist. Überdies erlauben uns die Demokratie und die zu ihr gehörende Republik, auf eine – zwar oft unterbrochene, aber gerade auch dadurch umso stärker überzeugende – Tradition des politischen Handelns zurückzublicken. Keine andere Staatsform räumt den Menschen mehr Freiheit und Rechtssicherheit ein als die Demokratie. Der Gesamtheit der Menschheit wird der größtmögliche kulturelle Gestaltungsfreiraum gewährt.

Hier liegt die Gemeinsamkeit mit den Gründungsversammlungen des *Völkerbunds* und der *UNO* und die Differenz zu den Konferenzen, die lediglich den Interessen einiger weniger Staaten dienen. Während die Regional- und Fachkonferenzen der vorangegangenen Epoche speziellen Sicherheitsinteressen oder der Förderung besonderer Leistungen und Vorteile dienen, spricht hier die *Gemeinschaft aller Staaten im Namen aller Menschen*. Es ist jedem klar, dass man mit der Erfüllung der nunmehr auf der Tagesordnung stehenden Aufgaben nicht erst warten kann, bis man einen Weltstaat gegründet hat, in dessen Zuständigkeit der Umgang mit der Umwelt- und Klimakrise zweifellos gehört.

Um hier erfolgreich zu sein, müssen die Akteure nicht erst zu anderen, zu «neuen» Menschen werden, die ihren Eigensinn und ihre Lust zur Abweichung und zum Egoismus zu vergessen haben. Sie brauchen nur zu realisieren, dass schon seit längerem in der *Demokratie* ein zukunftstaugliches politisches Modell gefunden ist. Sie können sich die Vorzüge und die Risiken der Demokratie vergegenwärtigen und müssen, wenn sie ihre parteilichen Vorurteile beiseitelassen, zu dem Eingeständnis kommen, dass *aus der Perspektive der Menschheit*, um die es heute auch nach der weltpolitischen Agenda vorrangig geht, *die Demokratie die größten Vorteile bietet*.

Die Demokratie hat nicht nur Jahrhunderte konzentrierter Kritik hinter sich, sondern sie hat sich auch in ihrer inneren Verbindung mit der *Republik* schon lange vor ihrer parlamentarischen Erneuerung in der Moderne bewährt. Schließlich hat sie mit ihrer von den Neu-England-Staaten ausgehenden Rückkehr in die Weltpolitik zu Innovationen geführt, die es ihr erlaubt haben, sich auch gegen massive Widerstände zu behaupten. Selbst der Demokratie feindlich gegenüberstehende Staaten bevorzugen demokratische Versatzstücke, um volks- und menschenfreundlich zu erscheinen. Sie geben sich *Verfassungen*, legen sich *Parlamente* und *Oppositionsparteien* zu, lassen ihr ausgesuchtes Leitungspersonal sogar *wählen*, so als hätte die Bevölkerung einen mehrheitlich geregelten Einfluss auf das, was in diesen autoritär gesteuerten Staaten geschieht.

Der Eifer, mit dem an demokratischen Fassaden einer Partei- oder Oligarchendiktatur gebaut wird, ist ein Beleg für den guten Ruf, den die Demokratie selbst in Staaten genießt, in denen ihre Verächter regieren. Gewiss spielen hier auch außenpolitische Motive mit; man möchte in einer Welt, in der Demokratien überwiegen, als gleichrangig angesehen werden. Allein der Name der Demokratie kann heute genügen, weltweit Beachtung zu finden. Also ist es auch nicht zu spät, ihr systematische Aufmerksamkeit zu schenken. Das geschieht, indem wir in den letzten Punkten *sechs weitere wesentliche Merkmale politischer Organisation* in Erinnerung rufen und zeigen, dass sie in der Demokratie tatsächlich größere Beachtung finden als in jeder anderen Regierungsform. Der die Betrachtung insgesamt abschließende *siebte Punkt*[8] kommt auf die Parallele zwischen Mensch und Staat zurück, mit der wir die historische Darstellung eröffnet haben: Der *homo politicus* ist das Lebewesen, das durch seine Konstitution ursprünglich auf die Politik bezogen ist und das in der Demokratie die besten Wirkungsbedingungen findet.

28. Öffentlichkeit als Lebenssphäre der Demokratie. Es gibt kein anderes Element des Politischen, das so eng mit der spezifischen Eigenart des Menschen verbunden ist, wie die *Öffentlichkeit*. Das vermutet man nicht, solange man Öffentlichkeit primär mit den Reden auf Volksversammlungen, mit dem Buchdruck, dem Zeitungswesen oder mit den elektronischen Medien in Verbindung bringt. Aber man erkennt es sofort, sobald man zur Kenntnis nimmt, dass jede sprachliche Äußerung eines Menschen, die nicht ausdrücklich unter dem Vorbehalt einer privaten Mitteilung steht, gar nicht anders als «öffentlich» sein kann! Schon der *expressis verbis* gemachte Vorbehalt, die Mitteilung sei nur für einen bestimmten Adressaten bestimmt, gibt zu erkennen, dass alles, was ein Mensch mit Worten oder mit Hilfe allgemein üblicher Zeichen äußert, von einer größeren Zahl von Menschen verstanden werden kann und insofern «öffentlich» ist. Um diesen Tatbestand in seiner Bedeutung zu exponieren, kann man sagen, dass nicht nur alles *Zeichengeben* und alles *Sprechen*, sondern auch alles *Denken* öffentlich ist. Denn alle diese Aktivitäten bringen einen Sachverhalt der von Menschen gemeinsam erfahrenen Welt so zum Ausdruck, dass er im Prinzip von jedem anderen verstanden werden kann.

Damit ist Öffentlichkeit die Sphäre, in der sowohl Sachverhalte wie auch Erkenntnisse, Stimmungen, Gefühle, Absichten und Ziele benannt und ausgetauscht werden können – vorzüglich dann, wenn es in der Form von allgemein verständlichen Begriffen geschieht. Im Prinzip gehören alle Menschen dazu – sofern sie nur dieselbe Sprache sprechen. Selbst Tiere, die durch Gewöhnung oder Dressur auf Äußerungen von Menschen reagieren können, sind nicht ausgeschlossen. Menschen sind allerdings durch die Evolution, die sie hinter sich haben, mit der Fähigkeit zur wechselseitigen Verständigung ausgestattet. Sie können sich sogar in ihren Motiven verstehen, können gemeinsam handeln, mit Gründen uneinig zu sein, gegeneinander Krieg zu führen und Frieden zu schließen.

Im allgemeinen Sprachgebrauch ist «Öffentlichkeit» das «Publikum», an das man sich richten und das man ansprechen kann. Aber allein die Tatsache, dass darunter viele Personen sein können, die gar nicht gemeint waren und trotzdem alles oder zumindest vieles verstehen und unter Umständen auch weiterverbreiten können, zeigt an, dass nur das Verständnis der Sprache nötig ist, um daraus eine Nachricht werden zu lassen, die rund um die Welt gehen kann. Es ist auch sinnvoll, von «Öffentlichkeiten» zu sprechen, die nur lokal oder regional interessieren, die nur in einer Kultur, einem Staat, einer Altersklasse oder einer Bildungsschicht Beachtung finden. Aber es hängt wesentlich vom Inhalt ab, welcher Verbreitungsraum das jeweils ist; unter Umständen kann er *alle Menschen* betreffen und dann gehören alle zur Öffentlichkeit, die durch eine Nachricht von einem Vulkanausbruch, einem Terroranschlag oder von einer Kriegserklärung erfahren.

In Familien, Dorf-, Stammes- oder Stadtgemeinschaften gibt es unendlich viele lokale Öffentlichkeiten, die mehr oder weniger stark von Sprach- und Zuständigkeitsgrenzen strukturiert sind. Aber sie können durch Narrative aller Art, durch kulturelle Gepflogenheiten, durch Handel und alles, was wir Geschichte nennen, verbunden sein. Dass sie unter dem Schirm einer gemeinsamen Öffentlichkeit miteinander leben, fällt erst unter Umständen auf, wo es zu politischen Zusammenschlüssen und zu gemeinsamen kulturellen Leistungen kommt. Heute ist alles Öffentliche durch die Verständigung über die alles und alle tragende *Natur*, durch *Technik* und *Wissenschaft* sowie durch das, was wir *Weltgeschichte* und *Weltöffentlichkeit* nennen, zu einer *Einheit* verbunden.

Dass Öffentlichkeit in vielen Formen vorkommt und dass sie selbst eine Geschichte hat, ist offenkundig. Sie hängt von den Fähigkeiten, den Handlungsmöglichkeiten und insbesondere von den natürlichen und technischen Mitteln ab, derer sich die Menschen bedienen können. Die Erfindung der *Schrift*, der *Bildtechniken* und der *Künste* überhaupt führen hier zu einer zunehmenden Perfektion. Sie haben sich unter dem Titel der *Medien* verselbstständigt und finden mit den durch sie realisierten Innovationen besondere Aufmerksamkeit.

Ausdrückliche Beachtung hat die Öffentlichkeit nicht erst dadurch gefunden, dass Perikles sie als demokratische Errungenschaft der Athener lobte. Schon der Titel der *res publica*, den sich die Bürger Roms nach der Beseitigung der Königsherrschaft zulegten, enthält eine eminente politische Auszeichnung der Öffentlichkeit. Die Imperatoren der nachfolgenden Ära haben dann viel getan, um die Öffentlichkeit für ihre Zwecke zu nutzen. So hat *Augustus*, der Kaiser, mit dessen Herrschaft die Republik ihr Ende fand, mit seinen im ganzen Reich verbreiteten Inschriften der *res gestae* einen aufwändigen Versuch gemacht, Öffentlichkeit im Interesse der Bekanntgabe seiner cäsarischen Leistungen herzustellen. Die im ganzen Reich verbreiteten und in Stein gemeißelten Nachrichten sind bis heute informativ und eindrucksvoll;[9] aber «öffentlich» im engeren politischen Sinn können sie dennoch nicht genannt werden. Denn politische Öffentlichkeit entfaltet sich in der Form von *Rede und Gegenrede* und findet ihren politischen Ausdruck in der *Kritik*.

Kritik drängt auf *Wirksamkeit*, sie will *Aufmerksamkeit* erzeugen und praktisch folgenreich sein. Sie entstammt dem *Impuls der tätigen Einflussnahme*. In dieser Erwartung zeichnete Perikles die Öffentlichkeit und mit ihr die Politik als etwas aus, was sich unter der Bedingung aktiver Beteiligung herstellen lässt. Und so ist es tatsächlich: Politik muss «gemacht» werden! Sie beginnt bei Menschen, die sich in einer Gemeinschaft mit ihresgleichen zu verständigen haben. Dazu gehören, neben öffentlichen Reden und allgemeinen Debatten, auch Entscheidungen, die nur selten bloß einen Menschen betreffen. Öffentlichkeit dient bis heute als besonderer Ausweis der Demokratie, und es ist eine offene Frage, ob sich Gesellschaften, deren Lebensfähigkeit inzwischen von einem permanenten wechselseitigen Informationsfluss abhängig ist, anders als demokratisch verstehen können.

Von welcher anderen Regierungsform ließe sich Vergleichbares sagen? Tyrannen haben sich schon in der Antike der Spitzel bedient. Sie untersagten öffentliche Debatten und ließen ihre Kundschafter von Zuwiderhandlungen berichten. In der Moderne wurde die «geheime Staatspolizei» zum wichtigsten Hilfsmittel im Dienst des Machterhalts von Gewaltherrschern und Unrechtssystemen.[10]

In einer Demokratie ist Öffentlichkeit allein durch die Vielzahl derer, die sie tragen, eine *conditio sine qua non*. Singulär ist auch ihre Disposition zur Selbstkritik, die öffentlich geäußert werden kann. Damit wird nicht in Abrede gestellt, dass sie eine handlungsfähige Regierung braucht. Im Gegenteil: Gerade mit ihrer Offenheit für die von ihr erwartete und geförderte Kritik braucht sie eine Regierung, die aufklären, vertrauenswürdige Antworten geben und notfalls auch unbeirrt handeln kann.

An die Bedeutung, die mit der Herausbildung der Öffentlichkeit in der Neuzeit verbunden ist, wurde im 3. Kapitel in Verbindung mit der *Areopagitica* Miltons erinnert. Die Wandlungen, die sich in den Jahrhunderten danach durch Buchdruck und Zeitungen eingestellt haben, sind spektakulär. Mit der Erfindung des Rundfunks und des Fernsehens trat die Öffentlichkeit nahezu umfassend ins Bewusstsein und brachte neuartige eigene Probleme mit sich; seit zwanzig Jahren werden sie vom weltweiten Siegeszug der digitalen Kommunikation in den Schatten gestellt. Deren Gefahren werden inzwischen als so bedrohlich eingeschätzt, dass ein als Politiker und Philosoph gleichermaßen geschätzter Autor sie in einem Atemzug mit der Klimakrise und dem Atomkrieg als dritte große «Dystopie» der Gegenwart bezeichnet.[11]

Blickt man auf die Gefahren, wie sie durch den Missbrauch und durch ahnungslosen Umgang mit den digitalen Medien auftreten, kann man die Warnung verstehen. Dadurch, dass die digitalen Medien inzwischen zur Steuerung militärischer, industrieller, administrativer und geschäftlicher Prozesse dienen und zugleich zu politischen und gesellschaftlichen sowie exzessiv auch zu kriminellen Zwecken verwendet werden, bringen sie die gesamte Menschheit in einem nie zuvor dagewesenen Umfang in eine neue Lage.

Zum einen wird alles, was mit dem Kontakt zu anderen Menschen, mit der Übermittlung von Informationen, dem Umgang mit Lehrstoff und Unterhaltung zu tun hat, kinderleicht. Zum anderen birgt der arglose Umgang mit dem Computer bislang unbekannte Risiken: Ein Mausklick auf eine elektronische Nachricht kann Hackern den Zugang zu allen Lebensdaten, zur persönlichen und geschäftlichen Korrespondenz oder zum Bankkonto des Opfers eröffnen; die vertrauensvolle Mitteilung an einen Freund auf einer *Social Media Plattform* kann sich, ohne Zutun der Gesprächspartner, in der Kundendatei einer Versandfirma oder in der Kandidatenliste eines Erpresserrings wiederfinden; die Kriminalität hat einen Quantensprung getan, ist so vielfältig, abartig und schamlos geworden, dass sie alles bislang Bekannte übersteigt. Auf diese Weise werden Einzelne verunglimpft, und es wird insgesamt schwerer persönlicher, kultureller und wirtschaftlicher Schaden angerichtet.

Hinzu kommt die Hemmungslosigkeit, mit der Menschen schon bei geringfügigen Meinungsverschiedenheiten ihrer Bosheit freien Lauf lassen. Man könnte ernsthaft in Zweifel ziehen, ob Personen, die so über ihresgleichen urteilen, überhaupt die Reife haben, an einer demokratischen Wahl teilzunehmen. Die Zweifel werden verstärkt, wenn man den Niederschlag der digitalen Niedertracht in den Parolen populistischer Parteien offen geäußert findet. Im politischen Kontext kommen die Gefahren hinzu, die der Tätigkeit der politischen Institutionen drohen. Die von außen gesteuerten Einflussnahmen auf das Wahlgeschehen in demokratischen Ländern sind gerichtlich bestätigt. Über Angriffe auf Parlamente, Regierungen, Gesundheitseinrichtungen und Wissenschaftsverwaltungen haben wir verlässliche Vermutungen; getarnte Offensiven gegen Militäreinrichtungen dürften noch zahlreicher sein, unterliegen aber dem Geheimnisschutz und sind daher nur Eingeweihten bekannt. Gleichwohl haben wir eine Vorstellung davon, was es heißt, dass der historisch für beendet erklärte «kalte Krieg» nunmehr im Netz ausgetragen und zwischen den Geheimdiensten fortgesetzt wird. Putin hat den Krieg gegen die Ukraine geführt, lange bevor er seine Panzer in Bewegung setzte. Doch die Gefahr liegt nicht nur im gezielten Gebrauch der digitalen Medien, sondern auch in den durch sie potenzierten Irritationen: Eine programmierte Fehlinformation in einer Welt, in der alles menschliche Vertrauen verwirkt ist, kann auch Atommächte in einen «heißen Krieg» verwickeln, dessen Folgen unabsehbar sind.

So gesehen muss die digitale Kommunikation tatsächlich zu den großen Menschheitsbedrohungen gerechnet werden: Sie verroht die Menschen, zerrüttet ihren kommunikativen Umgang, eröffnet Möglichkeiten zur grenzenlosen Simulation und Irreführung und kann Handlungszwänge zur wechselseitigen Selbstzerstörung auslösen. Fragen wir jedoch, wie sich das abwenden oder wenigstens abmildern lässt, kommen wir ohne den Einsatz digitaler Warn- und Abwehrinstrumente nicht mehr aus. Gerade wenn wir einen großen Teil dessen, was die digitale Informationsverarbeitung an Gefahren mit sich bringt, nicht wollen, brauchen wir mehr und bessere digitale Medien. Sie sind, ob wir es wollen oder nicht, in kürzester Zeit zum unverzichtbaren Element der menschlichen Zivilisation geworden. Die Versorgung und Sicherung der Weltbevölkerung ist ohne das elektronische Netzwerk gar nicht mehr möglich. Es käme einem dauerhaften Waren-, Wasser- oder Stromausfall auf dem ganzen Globus gleich, wenn wir den Technisierungsprozess der modernen Kommunikation auch nur um dreißig Jahre zurückzudrehen suchten.

Dass diese Lage viel zu denken gibt, steht außer Zweifel. Schon die Erkenntnis, wie schnell bereits eine zunächst beiläufig erscheinende technische Entwicklung das menschliche Leben verändern kann und wie viel sich allein daraus über den inzwischen erreichten Grad des Zusammenhangs der Menschheit auf der Erde lernen lässt, verdient größte Aufmerksamkeit. Doch eben die sollte es verbieten, den Erfolg der digitalen Technik mit der Klimakatastrophe oder der Atombombe zu vergleichen. Denn man darf trotz der bedrohlichen Fehlentwicklungen nicht vergessen, welche Innovation mit dem digitalen Netz verbunden ist und bleibt. Die digitale Revolution ist es schließlich auch, die den Einsatz des Computers in so kurzer Zeit so erfolgreich gemacht hat: Er bietet den Menschen die *Freiheit* eines prinzipiell *gleichen Zugangs* zur Welt und die Chance, ihn im engen Bereich seiner eigenen Zwecke, auch nach *eigenem Urteil* zu bewerten.

Indem das digitale Netz jedem Menschen, ganz gleich in welcher Ausgangslage er sich befindet, Freiheit und gleiche Chancen im Erwerb von Kenntnissen, Wissen und Können bietet und dazu auch noch die Möglichkeit eröffnet, auf dem gewünschten Weg selbst tätig zu werden und Einfluss zu nehmen, kann es trotz allem als *ursprünglich demokratisch* angesehen werden. Die Digitalisierung führt nicht zwangsläufig in den dystopischen Abgrund, sondern bietet erstmals eine Aussicht auf einen freien und prinzipiell gleichen Zugang zur primären Quelle des menschlichen Weltverhältnisses. Ihn gilt es zu sichern.

Damit stellt sie die Politik, nach der Friedenssicherung, dem Schutz der Gesundheit und der Abwehr der Kriminalität, vor eine ihrer größten Aufgaben überhaupt: Sie besteht darin, den ungeahnten Möglichkeiten der digitalen Kommunikation eine *rechtliche Ordnung* zu geben. Nur von und mit ihr ist eine Zivilisierung der Cyberwelt zu erwarten. Nur über das *Recht* ist den neuartigen Gefährdungen der politischen Willensbildung beizukommen. Das gilt auch mit Blick auf die Manipulationen im internationalen Geldverkehr, die Scheingeschäfte an den Börsen oder die Simulation von Geschäften, die zu Staats- und Wirtschaftskrisen führen, aber auch Kriege auslösen können. Zwar kann man sagen, dass die Digitalisierung die größten Risiken für Diktatoren und Einparteien-Staaten mit sich bringt; das ändert aber nichts daran, dass Demokratien die besondere Verpflichtung haben, für eine transparente Öffentlichkeit zu sorgen.

Die *Öffentlichkeit* verschafft der Politik den Raum für ihre Wirksamkeit. Die Voraussetzungen dazu finden sich in der menschlichen *Sprache* und im zugehörigen *Bewusstsein* sowie in dem durch sie gesteuerten *Handeln*. Diese Bedingungen verweisen auf den Ausgangspunkt zurück: auf das *Parallelogramm von Mensch und Politik*. Es tritt aber noch deutlicher hervor, wenn wir weitere *Generalbedingungen des Politischen* nennen, denen die Demokratie stärker verpflichtet ist als jede andere Form politischer Herrschaft: Es sind die *Repräsentation*, die *Freiheit*, die mit ihr zum Zentralproblem der Politik avancierende *Gleichheit* und, mit beiden zusammen, das *Recht*. Hinzu kommen die gleichermaßen unvermeidliche wie unverzichtbare *Opposition* und das erst mit der Demokratie zur Notwendigkeit werdende Entwicklungsprinzip der *Reform*. Schließlich gehören die *zivilisierenden Institutionen* der demokratischen Meinungsbildung und Entscheidungsfindung sowie die sie regulierenden Leistungen der *Wahrheit* und der *Moral* hinzu.

29. Repräsentation als Raum des Politischen. Politische Einheiten können nur wirksam sein, wenn sie als ganze *vorgestellt* werden. Sie müssen auch in der Lage sein, dieser Vorstellung tatkräftig Vorschub zu leisten. Als politische Größe haben sie Macht und Einfluss auszuüben; und beides müssen sie stets auch schon im Vorfeld anschaulich und erwartbar machen können. Dazu gehört, dass sie *versprechen*, *versichern* und auch *drohen* können.

Es käme einer Unterschätzung des Lesers gleich, dies eigens illustrieren zu wollen. Wann immer politische Eliten sich genötigt sahen, ihre Macht zum Ausdruck zu bringen, haben sie das überwiegend mit hoheitlichen Auftritten, prächtigen Bauten und einem mehr oder weniger aufwändig beschworenen göttlichen Beistand zu tun versucht. Die Fürsten und Könige nutzten jeden Anlass und scheuten keinen Aufwand, um ihrem Volk, anderen Herrschern und ihren Widersachern ihre Größe, Dauer und

Überlegenheit vor Augen zu führen. Das geschah durch *Repräsentation* – oft auch mit Hilfe der Götter, mit denen sich die politischen Herrscher zu schmücken suchten. Doch auch von den so in Anspruch genommenen Göttern kann es nur *Repräsentationen* geben.

So war es nicht nur in den Anfängen der Politik. An dem Anspruch auf eine repräsentative Stellung hat sich bis in die jüngste Gegenwart wenig geändert. Die anschauliche Machtentfaltung wird bis heute als unverzichtbar angesehen; sie gilt als unentbehrliches Mittel der Demonstration politischer Hoheit, Überlegenheit und Unantastbarkeit und wird auch und gerade dort geschätzt, wo die Regierenden Wert darauf legen, nichts anderes als Sachwalter des Volkes zu sein.

Heute sind es vor allem die Staaten mit Weltmacht-Ambitionen, die einander in ihrem Repräsentationsaufwand zu überbieten suchen. Am leichtesten hat es der sich mehrfach mit durch Verfassungsbruch ermöglichten Voten im Amt haltende russische Staatspräsident, der in den vergoldeten Räumlichkeiten des ehemaligen Zarenpalastes residiert und dort auch seine Staatsgäste empfängt. In der «Großen Halle des Volkes», in unmittelbarer Nachbarschaft des alten Kaiserpalasts, tagt in Peking der «Nationale Volkskongress», in dem die mehr als 3000 Delegierten so einig, ordentlich und folgsam vor ihrem Staatspräsidenten aufgereiht sind, wie man es draußen, in symbolischer Analogie, von den 1,4 Milliarden chinesischen Staatsbürgern verlangt.

Auch die Demokratien der Moderne, allen voran die Vereinigten Staaten, haben sich zur Repräsentation ihrer politischen Bedeutung mit besonderem Ernst verpflichtet gesehen, und sie werden darin gerade auch von ihren jüngeren Bürgern geschätzt. Ich erinnere nur an das bewegende Inaugural-Poem, das die 20jährige Amanda Gorman am 20. Januar 2021 vor dem wenige Tage zuvor erstürmten *Capitol* gesprochen hat. Tatsächlich ist es die wichtigste Voraussetzung für den Bestand einer politischen Herrschaft, dass sich die Mehrheit der handlungsfähigen Individuen durch die das Ganze vorstellende Staatsmacht *repräsentiert* sieht.

Um das möglich zu machen, wird von den Staaten bekanntlich kein Aufwand gescheut. Welche Mittel die Machthaber dabei einsetzen, und dass dazu nicht nur ernsthafte Bemühungen, sondern auch Schauspiel, Blendwerk und Lügen gehören, muss man nicht eigens in Erinnerung rufen, wenn klar ist, dass diese Bemühungen allesamt dem Zweck dienen, das Volk zu dem zu bewegen, was die Regierung von ihm erwartet. Unter Umständen kann sich das auf Stillschweigen und Stillhalten beschränken, letztlich aber sollten es aktive Zustimmung und Mitwirkung sein. Nur solange das so ist, kann eine regierende Macht von sich behaupten, sie *repräsentiere* das Volk, für das sie spricht.

Dies vorausgesetzt, ist es die nächstliegende Schlussfolgerung, die Demokratie als die Organisation zu begreifen, die der präsentierenden Macht auch das zugehörige repräsentative Fundament zu geben vermag. Dann liegt es nahe, mit der Repräsentation einer Menge von Menschen auch die Chance zu einer öffentlichen Fundierung der beanspruchten Vertretung zu geben. So erhält die Gesamtrepräsentation des Staates einen in sich selbst repräsentativ verfassten Unterbau, der die Regierung mit den Menschen verbindet, für die sie spricht und handelt.

Dem Theoretiker eröffnet sich damit ein vielversprechender Blick in die Tiefenstruktur des politischen Handelns. Philosophisch reicht er bis in den *anthropologischen Unterbau* der menschlichen Vorleistungen. Das braucht man nur anzudeuten, um zu sehen, welches Gewicht die Demokratie im Vergleich zu ihren politischen Konkurrenten hat. Denn streng genommen kann erst die Demokratie einer Regierung die Berechtigung geben, sich selbst als organisierende Kraft in den Vordergrund zu rücken. So prachtvoll eine Königin in einer goldenen Kutsche auch ihr Land und ihre Untertanen repräsentiert: Repräsentant des Staates im vollen Sinn des Wortes sind nur ein von der Mehrheit der Bürger in freien Wahlen gewähltes Parlament und ein von diesem Parlament (oder direkt vom Volk) gewähltes Staatsoberhaupt.

In der Staatenwelt des 20. und 21. Jahrhunderts fällt auf, dass kaum ein Staat darauf verzichtet, sich durch den Willen aller Staatsbürger legitimieren zu lassen. Das geschieht auf dem Weg von Wahlen und Volksabstimmungen, und es liegt nahe, darin nicht nur die Erfüllung einer Formalität zu sehen. In der Tat legen die Staaten Wert darauf, dass die Voten des Volkes zu den Mehrheiten führen, auf die sich das regierende Personal berufen kann.

Dabei genügt es autokratischen Herrschern keineswegs, einfache Mehrheiten, wie sie in demokratischen Staaten als Erfolg gefeiert werden, auf sich zu vereinen. Die Parteifunktionäre, die dem Volk keine freie (auch Ablehnung zulassende) Stimmabgabe zugestehen, geben sich nur mit höchsten Zustimmungswerten zufrieden, an die auch im eigenen Land niemand glaubt. Schon der *Anschein der Demokratie* ist der Obrigkeit so wichtig, dass er ihr auch gröbste Lügen wert ist. Das zeigt, wie viel auch den nicht-demokratischen Staaten am Schein einer demokratischen Legitimation gelegen ist.

Daran ließen sich manche Spekulationen über das Verfallsdatum solcher auf eine derart offensichtliche Täuschung gegründeter Herrschaft knüpfen. Doch wichtiger ist es, darauf hinzuweisen, wie eng die intellektuelle Leistung der *Repräsentation* mit der Eigenart des politischen Handelns und mit der anthropologischen Konstitution des Menschen verbunden ist.

Die *erste* Bemerkung bezieht sich auf den ursprünglich sozialen Charakter des politischen Handelns: Was immer dieses Handeln auch bedeutet – es ist ursprünglich mit dem *Anspruch auf Stellvertretung* verbunden. Dabei ist es nicht nur der «Kopf», nicht nur ein König, ein Archont, Konsul oder Präsident, der den Staat oder die Stadt im Namen aller Bürger leitet, sondern alle Mitwirkenden in der Verwaltung, Verteidigung und der öffentlichen Sicherheit handeln in ihrer Vertretung und damit mittelbar auch in Vertretung der Bürger. Der Begriff der *Partizipation* bringt das anschaulich zum Ausdruck, denn er unterstellt, dass jeder Bürger Teil eines Ganzen ist, an dem er mit seinem politischen Handeln teilhat. Und auch der Leiter des Ganzen handelt als dessen Teil: Zwar ist er im Rahmen des Ganzen exponiert, aber was immer er verantwortlich tut, soll als ein aus der Mitte des Ganzen kommender und auf das Ganze zielender Akt verstanden werden. In allen politischen Vorgängen und bei allen politischen Aktivitäten ist Repräsentation im Spiel.

So kann eine politische Einheit als *Geflecht von Repräsentationen* begriffen werden. Dabei wird das Ganze nicht als in sich geschlossener Block oder Raum verstanden; es ist ein *lebendiges Ganzes*, das selbst vielfache Verbindungen zu seiner Umgebung hat, zu der die Natur als ganze, aber vornehmlich auch andere politische Einheiten gehören. Hier gibt es Entstehen und Vergehen, existenzgefährdende Konflikte und Katastrophen und immer auch die Hoffnung auf eine bessere Zukunft.

Doch wie immer das auch endet: Voraussetzung eines jeden politischen Aktes *im Namen des Ganzen* ist, dass hier im Prinzip *jeder an die Stelle eines anderen* treten kann und im Prinzip auch jeder in der Lage ist, *sich in die Position eines anderen* versetzen zu können. Wer sich dazu nicht in der Lage sieht, der schließt sich selbst aus dem politischen Zusammenhang aus, der in seiner formalen Eigenart als *konstitutive Wechselseitigkeit* beschrieben werden kann. Wer sich in diesem Beziehungsgeflecht des Politischen befindet und dennoch von sich behauptet, er sei *nur er selbst* und er könne sich grundsätzlich *nicht an die Stelle eines anderen* versetzen, der ist in einer politischen Gemeinschaft am falschen Ort. «Identitäre», wie sie sich selbst nennen, müssten es sich in ihrer singulären Einzigartigkeit verbieten, selbst *repräsentativ* zu sein, und sie können auch nicht zulassen, dass ein anderer sie *repräsentiert*. Wären sie konsequent, hätten sie es sich selbst zu verbieten, Mitglied in einer politischen Gemeinschaft zu sein.

Die *zweite* Bemerkung ist explizit auf die geistige Leistung der Repräsentation bezogen, auf die jeder Mensch als erkennendes und handelndes Wesen angewiesen ist. Denn alle *Begriffe*, die ihm die Erkenntnis und die sachgenaue Verständigung mit seinesgleichen erlauben, sind selbst nichts anderes als *Repräsentanten* der Dinge und Ereignisse, auf die er sich bezieht. Damit beruht alles, was mit *Erkennen*, *Begreifen*, *Erklären*, *Erziehen*, *Wissen* und *Mitteilen* verbunden ist, auf einer *Vorstellung*, was nur das deutsche Wort für lateinisch: *repräsentatio* ist.

Vorstellungen haben, so sehr sie in ihrem Ursprung und in ihrer Bedeutung *gesellschaftlich* sein mögen, ihren Ursprung im Bewusstsein des einzelnen Menschen. Bei Störungen im Gehirn sind in der Regel auch die Vorstellungen gestört; stirbt ein Mensch, so muss man den Eindruck haben, dass mit ihm auch seine Vorstellungen ihr Ende finden. Ihr lebendiger Anlass, ihr Gehalt und ihre Wirkung auf die gemeinsame Welt mit den anderen Menschen sind verloren. So wie Dinge und Ereignisse von Menschen vorgestellt werden, gibt es sie nur in der Verständigung mit anderen Menschen. Damit ist zwar nicht die Realität der Menschen und der Natur, in der sie leben, bestritten: Aber *so*, wie das alles *vorgestellt* wird, gibt es das nur in der Form, in der Menschen nun einmal *verstehen* und *begreifen* – und das ist der *Modus der Repräsentation*.

In diesem Modus vollzieht sich alles, was das Handeln und Bewirken von Menschen ermöglicht. Um mit Feuer umzugehen, Werkzeuge zu gebrauchen, Häuser und Städte zu bauen oder einen Staat zu errichten, brauchen sie eine *Vorstellung* von *dem*, um das es allen Beteiligten geht. Und darin sind sie durch ihre *Begriffe* verbunden, die es ihnen erlauben, sich in ihrem Bewusstsein auf eben *dasselbe* zu beziehen und so auch untereinander nicht nur *gleich*, sondern auch *verbunden* zu sein.

Eben das hat Platon in seinem *Höhlengleichnis* zu zeigen versucht. Seine politische Pointe ist, dass sich im Akt des Begreifens *derselben Dinge* auch die *Menschen selbst als grundsätzlich Gleiche* begreifen. Erst das macht sie fähig, sich als politische Wesen zu verstehen. In ihrer Fähigkeit, die Welt mit ihren Dingen einheitlich aufzufassen, sind sie, ohne äußeren Zwang, gleichwohl genötigt, auch sich selbst, in Anerkennung aller zwischen ihnen bestehenden Unterschiede, als untereinander *gleich* zu verstehen. So können sie von sich und «ihresgleichen» sprechen, ohne die im Einzelnen zwischen ihnen bestehenden Unterschiede leugnen zu müssen.

Platon hatte gute Gründe, diesen immer auch geschichtlich zu verstehenden Vorgang der *Selbsterziehung des Menschen durch Erkennen und Handeln* in der Form eines Mythos zu erzählen. Denn wir wissen bis heute nicht genug, um diesen Teil der kulturellen Evolution des Menschen genauer zu fassen. Da die Zeit zwischen Antike und Moderne viel zu kurz ist, um annehmen zu dürfen, dass sich seitdem etwas Grundlegendes in der Natur des Menschen geändert hat, wird es das Beste sein, bei Platons Befund zu bleiben, der es den Menschen ermöglicht, im Bewusstsein größter Unterschiede gleichwohl untereinander *einig* und dadurch mit der Welt, mit ihresgleichen und ihren Dingen *eng verbunden* zu sein. Das geschieht durch Erkenntnis. Sie erlaubt es den Menschen, gerade auch in ihrer jeweiligen Verschiedenheit in der Sache *einig* zu sein. Sie erklärt, wie der einzelne Mensch zu seiner vielstimmigen Einheit mit sich selbst und mit seinesgleichen gelangen kann. Damit wird dann auch die Demokratie mit ihrer Präferenz für eine aus der Pluralität erwachsenen Einheit möglich.

Aber vielleicht hat der auf die ganze Erde übergreifende Prozess der industriellen Bearbeitung und Veränderung der Natur durch den Menschen doch eine Spur im Selbstbegriff des Menschen hinterlassen, die ihn nötigt, die Rede von «seinesgleichen» zumindest juristisch genauer zu fassen, als es den politischen Akteuren in Athen und Rom möglich war. Denn heute nehmen wir den Begriff der Gleichheit der Menschen insofern ernster, als wir ausnahmslos *jedem* Menschen zugestehen, dass er legitime politische Rechte hat, denen sich letztlich nur unter den Bedingungen demokratischer Partizipation entsprechen lässt. Was der Einzelne auf diesem Weg erkennt, ist, dass er nur auf dem scheinbaren Umweg der Einbindung aller eigenständigen Individuen in eine Einheit gelangt, in der er sich verstanden und ernst genommen wissen kann.

30. Der innere Zusammenhang von Freiheit und Gleichheit. Zu den ersten Aussagen, die uns aus der Frühgeschichte der Demokratie überliefert sind, gehört der Zweiklang von Freiheit und Gleichheit. Nichts scheint selbstverständlicher als das, was jeder Begriff für sich und was beide zusammen bedeuten. Doch man darf nicht übersehen, dass beide mit Blick auf ihre politische Realisierung durchaus umstritten sind: So wird geleugnet, dass es Freiheit und Gleichheit überhaupt «gibt». Und obgleich nicht in Abrede gestellt werden kann, dass die Philosophie an diesem Streit beteiligt ist, kann sie, recht verstanden, hier sogar eine echte Hilfe sein, weil sie mit ihren Mitteln zu klären vermag, wie die Zweifel an der Existenz sowohl des einen wie auch des anderen behoben werden können.

Von der *Gleichheit* im strengen Sinn kann tatsächlich nur in Bezug auf menschliche Aussagen gesprochen werden, also nur durch Einsatz von *Begriffen* und unter Einbeziehung elementarer rechnerischer und logischer Fähigkeiten. Im realen Geschehen hat alles und jedes seinen aktuell einmaligen Ort und jedes Ding (wie auch jedes Ereignis) kann, strenggenommen, *nur mit sich selbst identisch* sein. Das nehmen heute sogenannte «Identitäre» für sich in Anspruch, wenn sie auf der absoluten Singularität ihrer Person bestehen.

Den wahren Kern dieser unbedingten Selbstbehauptung hat Gottfried Wilhelm Leibniz in seiner *Monadologie* freigelegt. Er geht aus von der unvergleichlichen Einzigartigkeit ausnahmslos aller Bestandteile dieser Welt. Die Gleichheit, von der hier die Rede ist, gibt dem großen Buch seinen Titel. Als «Monaden» gelten die elementaren Bestandteile dieser Welt: Jedes Element ist *einmalig* und *gänzlich für sich selbst.* Die einzige Gemeinsamkeit, die es hier gibt und die es erlaubt, von «Gleichheit» zu sprechen, zeigt sich darin, dass sie allesamt als «singulär» bezeichnet werden können. Mit Blick auf alles andere gibt es nur Differenzen in der Beschaffenheit und in der jeweiligen Position in *Raum* und *Zeit.* Denn im physikalischen Raum der Welt hat alles *seinen jeweiligen* Platz nur zu einem *bestimmten* Zeitpunkt. Damit ist, metaphysisch gesehen, alles *individuell.*[12]

Es ist somit keine gegenständliche Konstanzgarantie, die den Dingen, Ereignissen oder Personen mitgegeben ist und die sie in ihrer realen Beschaffenheit von Natur aus *gleich* macht, sondern nur der *durch Begriffe fundierte* Umgang mit den Wesenheiten der Welt, welche die Menschen als wohl unterschiedene Entitäten erkennen und dennoch nach ihrem *begrifflich gefassten Verständnis* als mehr oder weniger *gleich* ansehen lässt. Gleichheit gibt es nicht in der Form einer essenziellen Beschaffenheit der Natur oder der Gesellschaft, sondern nur nach dem *relationalen Verständnis*, das wir als Menschen von Situationen, Handlungen und Verfahren haben. In einer aus lauter Singularitäten bestehenden Welt ist es *allein der Mensch*, der Unterschiede ausdrücklich macht und dennoch *Einheit und Gleichheit* auf allgemein anzuerkennende Weise exponiert.

Das Mittel ist in allen Fällen die *Begrifflichkeit*, welche allein die Menschen im Gang der Bewältigung ihres gemeinsamen Lebens entwickelt haben. Auch hier ist es die *Menschheit*, die ein Verständnis des Menschen als *unverwechselbares Individuum* und dennoch vollkommen *gleichberechtigtes Element* ermöglicht. Somit können wir von der Gleichheit von Personen mit Blick auf ihr Alter, ihre Herkunft oder ihrer Stellung vor Gericht sprechen und dennoch davon überzeugt sein, ein unverwechselbares Individuum vor uns zu haben.

Auch die *Freiheit* ist eng mit *ursprünglich menschlichen Fähigkeiten* verbunden. Das fällt besonders auf, wenn aus der Sicht der klassischen Physik bestritten wird, dass es Freiheit überhaupt «gibt». In der Natur steht tatsächlich alles unter dem zwingenden Gesetz der Kausalität, die keine Ausnahme – und somit keinen Raum für Freiheit – lässt. Allerdings wird das in jüngerer Zeit unter Berufung auf die Quantenphysik und auch unter Bezug auf die Theorie des Lebendigen in Frage gestellt. Denn im *ersten* Fall kann mit Blick auf die durch keine Berechnung aufzuhebende «Unbestimmtheit» aller elementaren Relationen durchaus von Freiheit zumindest als einer *realen Möglichkeit* gesprochen werden. Nur ein Existenzbeweis im strengen Sinn des Wortes ist das natürlich nicht.

Im *zweiten* Fall lässt sich unter Verweis auf die unerlässliche «Spontaneität» organischer Prozesse, ebenfalls von Freiheit nicht nur mit Blick auf Spielräume bei der Entstehung des Lebens, sondern auch in der Nutzung der Situativität des Verhaltens einzelner Lebewesen ausgehen.[13] Hier könnte sogar von einer Notwendigkeit (von der *Notwendigkeit der Frei-*

heit!) die Rede sein, weil anders sich gar nicht von Leben oder von dessen experimenteller Entfaltung sprechen ließe. Insbesondere bei hochkomplex organisierten Lebewesen erscheint die Annahme nicht festgelegter Optionen naheliegend, die beim Menschen dann als *Freiheit* erscheint. Auch dies ist kein Existenzbeweis. Aber offenkundig ist, dass der Mensch die von ihm im eigenen Verhalten erlebten situativen Spielräume mit *Motiven* und *Zielsetzungen* ausfüllt. Die kann er dann mit Hilfe eigener Begriffe durch *Gründe* versichern und unter den Anspruch seiner *Freiheit* stellen.

Auch hier ist es *allein der Mensch*, dem der Anspruch auf seine Freiheit ermöglicht, in einer von ihm als unendlich vielfältig begriffenen Welt, in der er eigene Unterschiede machen und nach seinen Möglichkeiten verstandene Einheiten annehmen kann, aus eigenem Impuls *derselbe* zu bleiben. Dazu gehören nur die physischen Mittel, sich entsprechend verhalten zu können, und die Absicht, so auch sein und bleiben zu wollen.

Hier ist es allein der *menschliche Wille*, dem wir den Grundbegriff der Freiheit verdanken. Und er erlaubt es uns, auch ohne Quantenphysik und ohne Hypothesen über die Spontaneität des Lebens, von Freiheit zu sprechen! Denn beim Willen hängt die Freiheit allein daran, ob man ihn dem Menschen lässt oder nicht. Freiheit ist dort gegeben, wo ein Mensch nicht durch den Willen eines anderen Menschen *gezwungen* wird, etwas Bestimmtes zu tun. Er ist frei, solange er seiner eigenen Einsicht und seinem eigenen Willen folgt.[14]

Diese Herleitung von Freiheit und Gleichheit bestimmt alle modernen Definitionen des freien Willens. Aber sie findet sich auch schon in den *Historien* des Herodot – am deutlichsten, wenn Otanes die gewünschte Freiheit dadurch beschreibt, dass er «niemandem untertan sein» möchte (III, 83). Aufschlussreich ist auch, dass in der geschilderten Diskussion im persischen Königspalast niemand daran zweifelt, dass es Freiheit und Gleichheit «gibt». Alle Einwände konzentrieren sich auf die angebliche Unfähigkeit eines Volkes, sich selbst zu regieren, nicht aber darauf, ob es nicht vielleicht nur eine Illusion ist, Freiheit und Gleichheit für möglich zu halten.

Ein derartiger Zweifel kommt erst in den philosophischen Schulen der Antike auf. Insbesondere die Stoiker fragen sich, wie die notwendige Geltung der kosmischen Gesetze der Natur zum Freiheitsanspruch des tugendhaften Handelns passt. Doch die Überzeugung von der gleichen göttlichen Herkunft sowohl der kosmischen Natur wie auch der menschlichen

Einsicht unterläuft die Annahme eines Widerspruchs von Natur und Freiheit. Und so bleibt die Frage, ob es Freiheit in einer in allem notwendig verfahrenden Natur überhaupt geben kann, im Hintergrund.

Nach dem Siegeszug der modernen Naturwissenschaften kann sich die Philosophie damit nicht mehr beruhigen. Umso stärker rückt das Problem der Freiheit in den Fokus philosophischer Aufmerksamkeit. Hier treten Empiristen, Materialisten und Positivisten auf, die davon überzeugt sind, dass es keine Freiheit gibt. Zur Entgegnung verweisen Denker wie Hegel oder Marx auf die der Antike nahestehende Gleichsetzung zwischen *Einsicht in die Notwendigkeit* und *Freiheit.* Die ist Kant natürlich nicht fremd. Aber er hat auch hier eine originelle, auf den jeweiligen Standpunkt des Menschen bezogene Lösung, die eine gewisse Popularität erreicht hat, ohne freilich allgemein als überzeugend angesehen zu werden.

Kants perspektivische Lösung geht von der Überzeugung aus, dass die Antwort auf die Frage, ob es Freiheit gibt oder nicht gibt, von der Wahl des jeweiligen *Standpunkts* abhängig ist: Aus der Position einer *theoretischen Erklärung der Natur* komme man immer nur zu einer deterministischen Ordnung des Ganzen, in der es keine Abweichung von der durchgängigen Kausalität der beobacht- und beschreibbaren Prozesse gibt. In dieser Perspektive bloßer Naturbeschreibung kann es auch für das Naturwesen Mensch keine Freiheit geben.

Doch in der *praktischen Einstellung eines jeden Menschen zu sich und seinesgleichen* hat sich jeder bereits die Freiheit herausgenommen, die er in der Verständigung und im Umgang mit sich und seinesgleichen unterstellt. Dabei kann der Mensch, ohne der deterministischen Ordnung der Natur zu widersprechen, sich selbst vor Alternativen gestellt sehen und tatsächlich sein Handeln sowohl nach seinen eigenen Vorlieben wie auch nach seinen ausdrücklichen Entscheidungen richten. Dabei kann er sich inmitten einer nach strengen allgemeinen Gesetzen verfahrenden Natur dennoch als *frei* ansehen. Und in diesem stets schon praktizierten Selbstverständnis seines eigenen Handelns begreift sich der Mensch auch selbst als frei. Praktisch – und damit auch *moralisch* und *politisch* gesehen – hat der Mensch durchaus die Wahl, sich nach seinen eigenen Gründen zu entscheiden. In der Ausrichtung nach seinen eigenen Vorstellungen – von Handlungen, die als physische Akte den Naturgesetzen nicht widersprechen können – hat der Mensch als *frei* zu gelten.

Das ist eine in pragmatischer Hinsicht tragfähige Lösung, die davon ausgeht, dass sich das Freiheitsproblem tatsächlich dem Menschen stellt, der sich zwischen unterschiedlichen Handlungsoptionen entscheiden kann. Dies aber nur, sofern ihn niemand dazu zwingt. Kants Vorschlag bewährt sich sowohl in der technischen Einstellung auf die Natur wie auch im moralischen und politischen Umgang der Menschen mit sich und ihresgleichen. Aber dieser Dualismus in der Deutung der menschlichen Welt stößt auf Bedenken, weil er das Einheitsgebot der philosophischen Welterklärung zu verletzen scheint. Da ist es gut, dass es neue Einsichten in elementare Naturprozesse der Organisation der Materie und des Lebens gibt, die es nicht mehr verbieten, von «Freiheitsgraden» in der Natur zu sprechen. Sie erlauben es, sowohl unter Berufung auf die *Quantenphysik* sowie auch mit der Hypothese einer spontanen *Autopoiese des Lebens* von einer Versöhnung zwischen Natur und Freiheit zu sprechen.

Doch wie dem auch sei: Wenn es richtig ist, dass sowohl die Rede von *Freiheit* wie auch die von *Gleichheit* auf der für den Menschen konstitutiven Begrifflichkeit seines Umgangs mit sich und seiner Welt beruht, sieht man, dass es elementar für den Menschen ist, für sich als sprechendes und handelndes Wesen nicht nur *Freiheit*, sondern auch *Gleichheit* in Anspruch zu nehmen. Denn was immer ein Mensch sagt oder tut, setzt voraus, dass es ihm auf *das* ankommt, *was er sagt* und *tut*. Er verlagert die Aufmerksamkeit von sich auf den Sachverhalt, von dem er spricht und der im Sprechen und Denken *zu etwas Gemeinsamem* wird. Damit sieht der Sprecher, so unentbehrlich und wichtig er auch immer ist, von sich selber ab und stellt etwas vor, wovon er meinen kann, dass es nicht nur ihn selbst, sondern auch den Anderen angeht. Also setzt er in Mitteilung und Verstehen sowohl seine eigene Freiheit wie auch die seiner ihn verstehenden Mitmenschen voraus. Schon in den Versuchen, ein gemeinsames Verständnis von dem zu finden, woran ihm liegt, ist seine eigene *Freiheit* wie auch die seiner Adressaten unterstellt. Und bereits in einem Versuch, zu einer einvernehmlichen Kommunikation und Kooperation mit anderen Menschen zu kommen, gilt die Annahme der *Gleichheit* der Beteiligten. Denn von gesellschaftlichen Regeln oder von juridischen Gesetzen zu sprechen, impliziert die Gleichheit und Freiheit der Menschen, sich auf diese Gesetze zu beziehen.

Diese Gleichheit besagt natürlich nicht, dass die Akteure in jeder Hinsicht gleiche Personen sind. Im Gegenteil: Um ein Gespräch sinnvoll zu machen, müssen es *verschiedene Personen* sein, die sich, nicht zuletzt auch aufgrund ihrer Verschiedenheit, etwas zu sagen haben. Es geht um *kommunikative*, nicht um faktische *Gleichheit*. Vorausgesetzt ist lediglich, dass die Beteiligten *als Sprecher* und damit als *Akteure* gleichwertig sind: Jeder von ihnen muss in der Position sein können, aus der er seinem Gegenüber etwas *sachlich Gehaltvolles* mitteilen kann, das zu einer Vermehrung, Ergänzung oder Korrektur des gemeinsamen Wissens oder des geplanten Vorhabens führen kann.

Diese Gleichheit gibt es selbst bei großen Unterschieden im Kenntnisstand, wie er etwa zwischen Lehrern und Schülern oder in einem Austausch von Informationen zwischen Personen aus unterschiedlichen Lebens- oder Arbeitsbereichen besteht. In allen Fällen kommt es auf die Bedeutung der ausgetauschten Gehalte an. Es ist, um es mit einem älteren Begriff zu sagen, *etwas Geistiges*, das die Gesprächspartner verbindet. Sie werden bereits damit zu Partnern in einem realen Geschehen, das nicht nur im politischen Handeln zum Ausdruck kommen kann. Aber vor allem in der Politik wird aus der kommunikativen Äquivalenz die Verbundenheit möglicher Akteure.

Diese Wechselseitigkeit bringt die Politik mit den Worten des Gesetzgebers in die Formel von der *Gleichheit vor dem Gesetz*. Und sobald man sich vor Augen führt, dass damit nicht nur die Gleichheit vor den Schranken des Gerichts gemeint sein kann, sondern dass es auch um Gleichheit in der Förderung, Ausbildung und Sicherheit der Bürger, um die Gleichbehandlung in allen Angeboten für die geistige, musische, berufliche und politische Bildung, für die Gesundheitsversorgung und die sozialen Leistungen geht, wird die Reichweite dieser Formel offenkundig: Einem Bürger die «Gleichheit vor dem Gesetz» zu garantieren, heißt auch, ihn so zu behandeln wie alle anderen auch. Also ist auch hier Gleichheit unterstellt. Nur wo das mit Ernst und Verlässlichkeit geschieht, kann von einem *Rechtsstaat* gesprochen werden.

Die Gleichheit auf den sich gegenseitig verständigenden Seiten ist nicht auf die Kommunikation beschränkt. Es ist vielmehr so, dass in der Verständigung immer schon der praktische Anspruch auf Folgen gestellt ist, die in einer Kooperation, einer Konfrontation oder aber in einer abwartenden Aufmerksamkeit liegen. In einer politischen Gemeinschaft stehen die Individuen durch alles, worüber sie sich verständigen, auch in einem realen praktischen Konnex. Das kommt in der Rede vom «Gesetz» zum Ausdruck, das für alle gilt. Und damit wird eine Konsequenz erkennbar, die den systematischen Zusammenhang von Freiheit und Gleichheit betrifft: Schon wo *Freiheit* gefordert wird, ist sie nicht ohne die *Gleichheit* mit den anderen zu haben.

Das übersehen jene, die glauben, sich allein auf ihre Freiheit berufen zu können, ohne sich den darin liegenden Gleichheitsanspruch einzugestehen. Doch der verlangt ja nur, dass ein Freiheitsverzicht zugunsten der Sicherheit und der Lebensfähigkeit aller von allen verlangt werden kann, die von dieser Sicherheit begünstigt werden. Darauf beruhen alle Verkehrsregeln, die von allen das Gleiche verlangen, rechts zu fahren und links zu überholen; und darauf beruht auch das Gebot, sich notfalls gegen eine Krankheit impfen zu lassen, die das Leben aller gefährdet. Denn Freiheit und Gleichheit werden in einem *Lebenszusammenhang* gefordert, und er wird nur gewährt, sofern er *für alle* gesichert werden kann. Folglich ist die politische Freiheit stets in ihrer Korrelation mit der Gleichheit vor dem Gesetz zu sehen. Beide bedingen sich wechselseitig.

Alle spezifisch menschlichen Lebensformen beruhen auf wechselseitiger Verständigung. Folglich wäre es ein Leichtes zu zeigen, dass nur Gemeinschaften, die diese Fähigkeit anerkennen, ursprünglich *menschlich* genannt werden können. Das Kriterium wechselseitiger Verständigung über Sachverhalte, die jedem Teilnehmer *Freiheit* einräumt und ihn zumindest auch insofern als *gleich* ansieht, erlaubt auch basale Klärungen. So etwa kann man *Tiere* von der Zumutung entlasten, sie hätten in einer spezifisch menschlichen Organisation (wie der eines Staates, in dem sie aus guten Gründen Schutzrechte genießen) auch die Pflicht zur politischen Mitwirkung.[15]

Im Übrigen sind politische Gemeinschaften zu komplex, als dass allein aus der unverzichtbaren Prämisse von Freiheit und Gleichheit konkrete Organisationsprinzipien abzuleiten wären. Nur eine organisatorische Konsequenz ist offenkundig: Menschen, die in einer von ihnen selbst gebildeten Gemeinschaft frei sein wollen, können dies nur unter Gesetzen sein, denen *alle Menschen gleichermaßen* unterstehen und dies mit dem Anspruch auf ihre *gleichberechtigte Mitwirkung* verbinden.

Die einzige Staatsform, die bislang mit dem Versprechen aufgetreten ist, diese Verbindung von Freiheit und Gleichheit möglich zu machen, ist die auf republikanischer Grundlage errichtete *Demokratie.* Sie bietet eine politische Sicherung der bereits in der Verständigung der Menschen vorausgesetzten Verbindung von Freiheit und Gleichheit, ohne die es nicht zu einer *institutionellen* Sicherung dieser Verständigung kommt, in der sich Menschen mit ihrer Individualität einer als objektiv begriffenen Welt anvertrauen können. Es gibt somit nicht nur den inneren, systematisch begründeten und politisch notwendigen Zusammenhang von Freiheit und Gleichheit, sondern auch den von Freiheit, Gleichheit und Demokratie.

31. Recht als tragendes Element der Demokratie. Die Fundierung durch das Recht gehört zum ursprünglichen Bestandteil des Begriffs der Demokratie. Das ist eine Besonderheit dieser Herrschaftsform, die auch deshalb zu betonen ist, weil die Staaten sich zwar immer schon des Rechts bedienten und bedienen, um ihrem Verfügungsanspruch Geltung zu verschaffen. Doch nur die republikanisch verfasste Demokratie nimmt das Moment *rechtlicher Selbstbindung* von Anfang an in ihr Selbstverständnis auf.

Bereits die ältesten Staatsformen des frühen Orients erwähnen das Recht als Bedingung dafür, dass die Eroberer und Könige Anerkennung finden. Recht ist ein von den Machthabern nicht selten nur zum Schein bevorzugtes Mittel, um Ordnung zu stiften und Gefolgschaft zu finden. Dass es bereits das tragende Element des Politischen zu sein hat und dabei als das innere Prinzip einer gleichberechtigten Wahrnehmung der Freiheit zu verstehen ist, wird von den nur auf Gewalt setzenden Machthabern entweder übersehen oder gar nicht erkannt. Doch spätestens unter den Bedingungen der unmittelbar erfahrenen globalen Nachbarschaft aller Menschen sollten auch Autokraten, ihre Anhänger und Befürworter zu der Einsicht kommen, dass Recht und Politik bereits im Selbstverständnis der Menschen zusammengehören, die miteinander verständig sprechen, zum wechselseitigen Vorteil handeln und zur Erhaltung und Entfaltung ihres gemeinsamen Lebens beitragen wollen. Wie eng das mit dem Selbstbegriff des *homo politicus* verbunden ist, soll sich in der Schlussbetrachtung zeigen.

Dass Freiheit und Gleichheit von Anfang an zum definitorischen Kern der Demokratie gehören und damit ursprünglich auf das Handeln eines jeden einzelnen Bürgers bezogen sind, kann man nicht oft genug betonen. Gleichheit wird nicht durch die Herkunft, den sozialen Status, den Besitz, das Geschlecht, die Hautfarbe oder das jeweilige Können der Personen angezeigt oder gefordert. Sie ist auch nicht durch eine bestimmte Beschaffenheit vorgegeben oder angezeigt. Die Gleichheit, um die es im politischen Kontext geht, meint *Gleichheit vor dem Gesetz*, so wie sie von Sokrates in seiner Auszeichnung der dem Menschen einzig angemessenen «Herrschaft über Gleiche» hervorgehoben wird. Für Abraham Lincoln trägt die Formel das letztlich durchschlagende Argument in seiner Bemühung um die rechtliche Gleichstellung der Schwarzen.

Weiße und Schwarze sind, wörtlich verstanden, natürlich nicht gleich; wäre es anders, wären sie gar nicht zu unterscheiden. Entsprechendes gilt für alle Menschen. Denn jeder Mensch ist als Individuum von seinesgleichen verschieden und insofern einzigartig. Und dennoch können alle Menschen «als Menschen» als gleich angesehen werden. Natürlich gibt es Unterschiede zwischen jungen und alten, gesunden und kranken Menschen oder zwischen Eltern und Kindern. Die Differenzen zwischen den Geschlechtern mögen so vielfältig sein, wie sie wollen: Insbesondere denen, die davon reden, liegt daran, dass Unterschiede gemacht und beachtet werden, ohne dass sie mit einer Aufhebung der Gleichheit vor dem Gesetz verbunden sind. Der Begriff des Rechtsstaats ließe sich gar nicht gebrauchen, wenn die Vielen, die sich notwendig und gern voneinander unterscheiden, nicht davon ausgehen könnten, dass sie eine öffentliche Einheit aus lauter rechtlich Gleichen bilden, die vorteilhafte Erhaltungs- und Entfaltungsbedingungen für alle in ihr zusammenlebenden Menschen bieten.

Die *Demokratie* ist seit ihren Anfängen von der Möglichkeit solcher Einheiten ausgegangen, und der Begriff der *Republik* hat das schon früh ins historische Bewusstsein gehoben. Seit Cicero wissen wir, wie eng dieses Geflecht mit dem *Selbstbegriff des Menschen* verbunden ist. Und der neuzeitliche *Humanismus* hat dies, auch mit dem durch ihn getragenen Begriff des *Menschenrechts*, versichert. Das wiederum hat den Sinn für die Vorzüge der Demokratie geschärft. Die Begriffe der *Repräsentation* und der *Föderation* wurden auf eine breite Basis gestellt, die *Rolle* der Bürger ließ sich flexibel differenzieren, *Amtsrechte und Amtsgewalt* wurden diversifiziert und in einer wachsenden Zahl von Gesetzen festgehalten. Der schon früh in Platons *Nomoi* konzipierte Plan einer gesetzlich fundierten *Verfassung* wurde inzwischen von einer großen Zahl von Staaten realisiert. Vergleichsweise spät in dieser Entwicklung kam es endlich auch zu einer *Verfassungsgerichtsbarkeit*, die dem Staat zu seiner juridischen Autonomie verhelfen soll.

Das *Verfassungsrecht* ist eine singuläre Errungenschaft der Demokratie. Und zu dem damit erzielten menschheitsgeschichtlichen Entwicklungsschritt gehört, dass es eine genaue Beschreibung der Aufgaben des Staates und eine Definition des Staatszwecks nötig macht. Allein der rechtstheoretische Gewinn, den die juristische Befassung mit der Demokratie mit sich bringt, zeichnet sie vor anderen Staatsformen aus. Eine Demokratie hat auch stärker als jede andere politische Ordnung abzuwägen, welche Machtmittel ihr überhaupt zur Verfügung stehen und welche sie sich aus eigenem Anspruch verbieten muss. Mit Blick auf ihre Entstehung aus Staatsverhältnissen, die sie überwunden hat und deren Wiederkehr sie vermeiden muss, hat sie zahlreiche Institutionen und Regularien zu prüfen, hat gewiss vieles zu verändern und zu verbessern und muss in erheblichem Maß auch neue Rechtsgüter auszeichnen.

Nicht zu vergessen ist, dass sie rechtsfähige Verfahren zu entwickeln hat, die von allen Bürgern verstanden und genutzt werden können. Deshalb ist auch die platonische Einsicht in die unverzichtbare Verbindung von *Belehrung und Erklärung* im Zusammenhang eines geordneten und die Freiheit eines jeden wahrenden Zusammenlebens hochzuhalten. Denn die Schulung und Übung der eigenen *Einsicht* gehören (wie auch die *Freiheit*, sie zum eigenen wie zum Wohl aller zu nutzen) zum Prozess einer fortschreitenden Demokratisierung. Die *öffentliche Bekanntmachung* der Verfassung dient wiederum der Freiheit eines jeden wie auch der Unterweisung in den elementaren Handlungsmöglichkeiten, die allen offenzustehen haben.

Die Vorgeschichte der Verfassungsgerichtsbarkeit ist lang. Man kann bis auf den altgriechischen *Areopag* zurückgehen, an die nächtliche Versammlung in Platons *Nomoi* sowie an den römischen *Senat* erinnern; auch das spätmittelalterliche Reichskammergericht und vor allem die Schiedsgerichtsbarkeit des englischen Parlaments nach der *Bill of Rights* von 1689 dürfen nicht vergessen werden. Aber ein eigens zum Zweck der Sicherung einer Verfassung gegründetes Gericht gibt es erst mit dem *Supreme Court* der jungen amerikanischen Verfassung. Er wurde an einer prominenten Stelle der *Konstitution* von 1789 eingeführt und erwarb sich schon durch seine ersten Urteile Ansehen und Einfluss. Es festigte seine Autorität, auf die Unabhängigkeit der auf Lebenszeit berufenen höchsten Richter bauen zu können. Er erwies sich in Konflikten zwischen den Bundesstaaten und der Zentralregierung als hilfreich und wurde zu einem Garanten der föderalen Einheit. Doch zur Nachahmung fanden sich die europäischen Monarchien, trotz verschiedener Anläufe auch in Deutschland, nicht bereit. Erst nach Beendigung des Ersten Weltkriegs kam es in Österreich und in der Weimarer Republik zur Einrichtung eigener Verfassungsgerichte.

Diese späte Parallelgründung von Verfassungsgerichten in den selbstständig gewordenen Republiken in Österreich und in Deutschland hat zu einem besonderen rechtsgeschichtlichen Glücksfall geführt, der in der Folge auch die politischen Schwierigkeiten der Durchsetzung der Verfassungsgerichtsbarkeit illustriert.

In Wien lehrte der junge Rechtsgelehrte Hans Kelsen, der sich noch vor Beginn seines Studiums mit dem Republikanismus Dante Alighieris befasst hatte[16] und mit seiner 1920 publizierten Schrift über *Wesen und Wert der Demokratie*[17] Aufsehen erregte. Er hatte den Auftrag zur Ausarbeitung eines Entwurfs für die österreichische Verfassung erhalten, wurde Berater der jungen Staatsregierung und verfolgte als beigeordneter Richter die Arbeit des neuen Bundesgerichts aus nächster Nähe.

Dieser gelehrte und zugleich praktisch geschulte Jurist, den man nur unzureichend charakterisiert, wenn man seinen begründungstheoretischen Rechtspositivismus in den Vordergrund rückt,[18] ist ein Humanist von internationalem Rang. Er hat dem Verfassungsgericht wesentliche Impulse zur Erweiterung seines juridischen Aufgabenbereichs gegeben und dabei auch einen kantianischen Impuls weitergegeben: Die Prüfungsaufgabe des höchsten Gerichts sollte sich nicht auf die Wahrung des jeweiligen Verfassungsrahmens durch die staatlichen Akteure beschränken; zu den höchsten Aufgaben gehörte auch, die Normen der Verfassung kritisch zu reflektieren und somit nicht nur zu fragen, ob sie in der Staatspraxis eingehalten werden. Das Gericht sollte auch Anregungen zur *Weiterentwicklung einer Verfassung* geben können. So fand Kants Programm der «Reform nach Prinzipien»[19] seinen juridischen Niederschlag, und dies in einer Zeit, in der nach dem gewaltsamen Umsturz in Russland und mit den weltweit erhobenen Forderungen eines «revolutionären» Marxismus das Fanal der *Revolution* zur alltäglichen Parole geworden war.

Der Umsturz und Revolte priorisierende Fortgang der Weltpolitik hatte auch Konsequenzen für den Lebenslauf des Juristen Hans Kelsen: Nach dem nationalpolitischen Stimmungsumschwung in Österreich nahm er 1930 den Ruf der Kölner Universität auf ein Ordinariat an und beteiligte sich dort an der publizistischen Debatte über die Kompetenzen des Verfassungsgerichts der Weimarer Republik in Berlin. Dabei wurde er augenblicklich zum Gegner des prominentesten Kritikers dieses Gerichts, Carl Schmitt. Er widersprach der versuchten Demontage der deutschen Verfassungsgerichtsbarkeit durch den Paradejuristen, der sich, solange es opportun war, als Nationalsozialist empfahl. Schmitt hatte in einer den Sinn der Unabhängigkeit des Verfassungsgerichts auf den Kopf stellenden Deduktion zu beweisen versucht, das Gericht unterstehe dem Staatspräsidenten. Damit wäre das mögliche Objekt der Kontrolle zum Kontrolleur befördert und das unabhängige Verfassungsgericht überflüssig gemacht worden.

Den Rechtsstreit mit seinem Kölner Fakultätskollegen Kelsen löste Carl Schmitt auf seine Weise: Er sorgte gleich nach der Machtübernahme Hitlers dafür, dass Hans Kelsen als sogenannter «Halbjude» seine Kölner Professur verlor, Deutschland verlassen musste und hier auch nicht mehr publizieren konnte. In der Folge brauchte Schmitt nicht mehr mit qualifiziertem Widerspruch zu rechnen, als er 1934 kurzerhand den «Führer» selbst zum obersten Verfassungsschützer erklärte.[20] Eine größere politische und juristische Absurdität lässt sich gar nicht denken.

Hans Kelsen fand nach Umwegen über Prag und Genf Zuflucht in den USA. Dort lehrte er an der Harvard University und blieb seiner von Kant inspirierten und gegen die dominierende soziologische Staatstheorie entwickelten Einsicht treu, dass es die *Verfassung* ist, die einer auf Normen gegründeten Demokratie ihre rechtliche Sicherheit gibt, aber eben auch für eine den Grundnormen entsprechende Entwicklung der Verfassung sorgen kann.

Durch die wesentlich von Kelsen inaugurierte Debatte über die Verfassungsgerichtsbarkeit hat die Arbeit der hohen Gerichte sowohl in Europa wie auch in Amerika an Prägnanz gewonnen. Nach dem Zweiten Weltkrieg haben seine Einsichten erneut Einfluss auf die Verfassungen in Österreich und in Deutschland gehabt. So sind in der Bundesrepublik die Richter nicht darauf beschränkt, Beschwerden zu prüfen und Korrekturen in Gesetzen, Verordnungen und Verwaltungsmaßnahmen vorzunehmen. Sie können auch von sich aus initiativ werden und vom Gesetzgeber die Neufassung gesetzlicher Regelungen verlangen. So kann die Verfassungsgerichtsbarkeit wesentlich nicht nur zum Rechtsfrieden, sondern auch zur Entwicklung der Demokratie beitragen.

Es wäre nicht unangebracht, von einer *Evolution der Demokratie* zu sprechen, allein um deutlich zu machen, dass allen anderen Staatsverfassungen eine solche mit einer aus einer Innovationsgeschichte hervorgehenden Zukunft fehlt. Hinzu kommt, dass die fortschreitende Entwicklung der Demokratie nicht auf die nationale Rechtsordnung beschränkt ist. Sie ist sogar wesentlich auf die internationale Rechtsordnung bezogen. Auch hier hat Kelsen wesentliche Impulse gegeben.[21] Es würde den Rahmen der Darstellung sprengen, auch nur die wesentlichen Punkte seiner Beiträge zum internationalen Recht und zur internationalen Gerichtsbarkeit zu erläutern. Unzureichend bliebe das auch, weil Kelsen die weitere Entwicklung in Folge der Tätigkeit der *UNO* und ihrer Unterorganisationen nicht mehr berücksichtigen konnte. Auch die Entstehung und Ausweitung der *Europäischen Union*, die Verträge zur *Rüstungsbegrenzung*, zur *Nutzung* der *Kernkraft* und der Erschließung des Weltraums hat er nicht mehr erlebt. Entsprechendes gilt für den Aufbau des *Internationalen Strafgerichtshofs* in Den Haag, für die Einrichtungen zur internationalen *Verbrechensbekämpfung*, den *Gesundheitsschutz*, die *Katastrophenhilfe* und vieles andere mehr. Hier muss der Hinweis genügen, dass mit diesen längst lebensnotwendig gewordenen weltweiten Diensten ein enormer Rechtsaufwand verbunden ist, der international koordiniert und kontrolliert und dennoch national verantwortet werden muss.

Und gesetzt, die Menschen hoffen darauf, es könne eines Tages Wirklichkeit werden, dass sich die Menschheit in ihrer Gesamtheit an Vereinbarungen zum *Arten-*, *Gesundheits-*, *Meeres-* und *Klimaschutz* halten will, werden sie nicht umhinkonnen, eine *alle Menschen umfassende Gesetzgebung* zur Sicherung ihres Lebens in einer durch sie gemeinsam gefährdeten Welt zu beschließen. Dann brauchen sie in der Form eines föderativen Staatenbundes ein alle gleichermaßen *verpflichtendes Weltrecht*, das sie nötigt, die strittigen Fragen in Beratungen und mehrheitlichen Beschlussfassungen zu klären. Nur ein alle Staaten umfassendes Recht ist in der Lage, einen *global gesicherten Frieden* möglich zu machen.

Es ist nun durchaus bedeutsam, dass nicht das Handels-, Verkehrs- oder Gesundheitsrecht, sondern das *Menschenrecht* den Anstoß gegeben hat, von einem *Weltrecht* zu sprechen. Schon mit Blick auf die alle Menschen betreffenden Legitimationsfragen der neuzeitlichen Welteroberung, also mit der Kolonisierung und dem darauf reagierenden Menschenrecht, hätte man vom «Weltrecht» sprechen können. Wo alle «Völker» gemeint sind, von denen im Völkerrecht die Rede ist, hätte man von Anfang an gute Gründe gehabt, ein Recht in Kraft zu setzen, das in politischer Perspektive die ganze Erde, also die ganze durch menschliches Handeln in Anspruch genommene Welt betrifft. Im Begriff des «*Weltbürgers*» ist genau diese Bedeutung unterstellt.

Doch erst seit es *expressis verbis* um *Menschenrechtsfragen* geht, die weltweit so aufgenommen werden, dass sie juristisch nicht länger missachtet werden können, kommen die Begriffe des *Weltrechts* und des *Weltrechtsprinzips* auf.[22] Sie bestätigen den impliziten *normativen Anspruch*, mit dem der *Mensch* von sich selbst und von seiner Gesamtheit als *Menschheit* spricht. Hier schlägt die ethische Wertung durch, die Cicero dem Begriff der *humanitas* mitgegeben hat und der bei Kant tragend ist, wenn er von der *Menschheit in der Person eines jeden Menschen* spricht. Und tatsächlich: Mit dieser Gewichtung findet sich der Begriff des *Weltrechts* im deutschen Völkerstrafrecht seit 2002.

Den Impuls zu dieser Erweiterung des deutschen Völkerstrafgesetzbuches hat das *Römische Statut zur Einrichtung eines Internationalen Strafgesetzhofs* gegeben. Das Statut wurde 1998 von 120 Staaten beschlossen; alle wesentlichen Bestimmungen sind 2002 auch von der Bundesrepublik Deutschland übernommen worden – durch einen einstimmig von allen Fraktionen getragenen Beschluss des Bundestags. Sie stellen Vergehen gegen das Verbot des Völkermords unter Strafe, ahnden Kriegsverbrechen und erlauben, weltweit Prozesse wegen «Verbrechen gegen die Menschlichkeit» zu führen. Dabei ist das wahrhaft Neue, dass die Straftaten auch dann zu verfolgen und zu verurteilen sind, wenn sie nicht auf dem Boden der jeweiligen nationalen Gerichtsbarkeit begangen worden sind. Alle Gerichte, die dem Statut beigetreten sind, können Verbrechen von Personen, die gar nicht zu den Bürgern des anklagenden Staates gehören und deren

Taten nicht auf seinem Territorium verübt worden sind, verfolgen und verurteilen. Denn Menschen, die immer auch für sich selbst Verantwortung tragen, sind sie überall; und als Rechtsbrecher haben sie überall zu gelten, wo das Menschenrecht gilt. Wenn das Recht universell anerkannt ist, können sie damit auch weltweit, also vor den Gerichten aller Staaten zur Verantwortung gezogen werden.

Die politische Pflicht gegenüber der Menschheit, für die jeder Mensch in seiner Person exemplarisch ist, kann nicht an Landesgrenzen Halt machen. Über sie kann auch nicht nach den Vorgaben kultureller oder religiöser Traditionen geurteilt werden. Um Völkermord, Kriegsverbrechen und Verbrechen gegen die Menschlichkeit, deren Spuren und Bilder weltweit zu verfolgen sind, auch überall ahnden zu können, reicht ein Strafgerichtshof bloß an *einem* Platz der Welt nicht aus. Hier muss jedes Land, dass hinreichend Gründe, Beweismittel und Strafmöglichkeiten hat, über die Straftaten urteilen können.

So können *Weltrecht* und *Weltrechtsprinzip* als Gewinn für die Menschheit gelten. Beide machen Ernst mit der normativen Geltung des Rechts. Erst durch das Recht bekommt die so flüchtig erscheinende Verbindung von Einzelbewusstsein und Allgemeinheit den Charakter einer zwingenden Kraft. Es ist das Recht, durch das eine Idee zu einer realen Macht der Geschichte werden kann.

Dazu bedarf es einer Staatengemeinschaft, die mehrheitlich aus Demokratien besteht. Denn die Demokratie ist die einzige Staatsform, die sich historisch und systematisch auf das ursprüngliche Recht des Menschen gründet, *frei* und *gleich* zu sein. Und sie ist die einzige Staatsform, die ihre politische Zukunft dem *Menschenrecht* anvertraut, das durch ihre Verfassung und deren Gerichtsbarkeit auch mit legitimer Gewalt gesichert werden kann.

32. Opposition als zivilisierende Kraft. Die Zulassung der Opposition in einem politischen System, durch die prinzipiell allen Bürgern die Chance eröffnet wird, ohne Blutvergießen an die Macht zu kommen, vollzieht einen derart grundlegenden Entwicklungsschritt in der Politik, neben dem alles, was demgegenüber als «Revolution» gefeiert wird, wie ein archaischer Rückschritt erscheint. Denn Machtwechsel, in denen neue Herrscher Vorgänger gewaltsam vertreiben, einsperren oder ermorden, gibt es, so lange es Politik gibt. Darin kann nicht die historische Innovation der Moderne liegen, auch wenn man die Empörung und Ungeduld der Theoretiker versteht, die glauben, das Elend der Industriearbeiter, die Not der Bauern oder eines entrechteten Volkes nicht länger mit ansehen zu können und daher die Revolution zur *ultima ratio* erklären.

Mag sein, dass ein revolutionärer Umsturz zunächst die Erwartung weckt, er könnte von allen alten Widersprüchen erlösen. Doch nach allen bisher gemachten Erfahrungen löst er augenblicklich größere Probleme aus, die nur zu verstärkter Unterdrückung, Vernichtung und fortgesetzten Kriegen führen. Das ist die Schreckensbilanz der gelegentlich vielleicht sogar aus besten Absichten erwachsenen Revolutionen des 20. Jahrhunderts. Ihre Folgen sind, wie das Beispiel Russlands zeigt, bis heute nicht bewältigt.

Man könnte untröstlich sein, wenn dies die einzige Lehre wäre, die uns die Geschichte zu ziehen erlaubte. Es ist jedoch, wie unser Rückblick kenntlich machen sollte, gerade keine Flucht aus der Geschichte, wenn wir auf älteste Traditionen verweisen, die sich nach dem Modell der rechtlich gesicherten Demokratie über Jahrtausende hinweg als wirksam und lebensfähig erwiesen haben. Schon Perikles war überzeugt, dass kein Staatsmodell so offen für Neues und Anderes ist wie die Demokratie. Und Ciceros Forderung nach einer der Humanität verpflichteten Republik ist im Gang von zwei Jahrtausenden von Generation zu Generation nur dringlicher geworden. Nur eine rechtlich verfasste Demokratie ist in der Lage, der Vielfalt einer menschlichen Gesellschaft gerecht zu werden. Spätestens unter den Bedingungen globaler Organisation der Politik müsste man die Demokratie, wenn es sie nicht schon gäbe, erfinden, um etwas zu schaffen, das in der Lage ist, den offenkundig gewordenen modernen Lebensbedingungen gerecht zu werden.

Es ist von einiger Bedeutung, dass Demokratien nicht nur eine *Pluralität* der *Meinungen* gelten lassen; sie müssen den Bürgern auch eine Pluralität von *realen Wirkungsmöglichkeiten* eröffnen und ihnen dabei eigene Freiheiten zugestehen. Das aber schließt immer auch die *Chance* und das *Recht zum öffentlichen Widerspruch* ein. Was den Bürgern in Reden, Versammlungen und öffentlichen Kundgebungen freizustehen hat, muss in den Parlamenten nicht nur in der Rede- und Abstimmungsfreiheit der Abgeordneten selbstverständlich sein. Und es muss in *besonderen Rechten der Opposition* anerkannt werden. Ein gesichertes Recht auf Opposition strukturiert die Meinungsbildung und konzentriert programmatische Alternativen auf das Machbare. Das erleichtert den Bürgern die Auswahl und womöglich auch die Entscheidung. Es kann überdies zu einem wirksameren Einfluss auf die Staatsgeschäfte führen, weil die Opposition nicht nur Abweichungen in Einstellungen, Meinungen und Handlungsprioritäten anzeigt, sondern auch mit einem Status verbunden sein muss, der besondere Rechte der Präsentation ihrer Vorstellungen gewährt.

Es sollte selbstverständlich sein, dass jeder Staat, der Wert darauf legt, als demokratisch zu gelten, die Wahrung der Rechte der Opposition in seiner Verfassung garantiert. Dafür genügt es nicht, Meinungs- und Versammlungsfreiheit sicherzustellen; es muss auch möglich sein, dass die Opposition mit den parlamentarischen Chancen die Möglichkeit hat, Regierungsverantwortung zu übernehmen. Dass hier in autoritären Staaten die größten Widerstände bestehen, ist offenkundig. Umso wichtiger ist es, in jeder staatlichen Organisation von der Prämisse auszugehen, dass legitime Regierungswechsel möglich sind.

Pluralität, die zur Lebenswirklichkeit gehört, sobald nur zwei Menschen zusammen sind, ist in Demokratien *expressis verbis* zu schützen, zu sichern und – im Interesse der Aufklärung der Bürger – auch zu fördern. Dass der politische Gegensatz nicht nur in der Form geregelter Disputationen vorkommt, sondern auch in Streit und Meinungskampf ausgetragen wird, gehört zu den Lehren der Geschichte, die sich tagtäglich vermehren. Allerdings muss das Gebot der Gewaltfreiheit gelten. Wo es nicht eingehalten wird, hat das *Recht* für die Wahrung des Gebots zu sorgen; und zur Durchsetzung eines zugesicherten Rechts muss in einem Staat auch der Einsatz von polizeilicher Gewalt möglich sein. Im politischen Kontext kann einzig das vorenthaltene oder gebrochene *Recht* einen Grund zum Einsatz der *Gewalt* geben; Recht «ist», wie Kant sagt, die «Befugnis zu zwingen» (AA 6, 231).

Meinungsunterschiede gehören zum Menschen; sie sind das, was ihn im Umgang mit seinesgleichen so heikel, so schwierig und so unterhaltsam macht. Sie sind eine nie versiegende Quelle dafür, dass sich der Mensch für seinesgleichen interessiert. Vor allem verdankt er ihnen seine *Produktivität*, ein Umstand, der von autoritären Personen und totalitären Systemen nur zu gern vergessen wird.

Die Demokratie macht die Differenz der Meinungen zu ihrem Ausgangspunkt. Sie setzt auf wechselnde Mehrheiten und trägt gerade auch damit der zur Menschheit gehörenden Differenzen Rechnung. Ihr gewährt sie institutionellen Schutz und fördert sie sowohl durch die Eigenart ihrer Verfassung wie auch durch die öffentliche Anregung, die sich mit der in ihr von selbst entstehenden Vielfalt bietet. Der Demokratie muss daran gelegen sein, für eine qualifizierte Austragung der Meinungsunterschiede sorgen zu können, und wo immer es nötig und möglich ist, hat sie sachlich angemessene Entscheidungen zu erleichtern. Dass die Philosophie bereits in ihren ersten Beiträgen zur Politik darauf den größten Wert gelegt hat, werden auch ihre Verächter nicht bestreiten können.

Die große Leistung der parlamentarischen Demokratie wird man darin sehen können, dass sie der Meinungsvielfalt eine institutionelle Form gegeben hat. Diese beschränkt sich nicht auf den öffentlichen Austausch über die Differenzen, sondern trägt wesentlich zu deren Umsetzung in mehrheitsfähige Entscheidungen bei. Sie können es einer Regierung ermöglichen, die so gewonnenen Einsichten mit der größtmöglichen Chance auf allgemeine Zustimmung in staatliches Handeln umzusetzen. Alles, was uns als «Wahl», «Regierung» und «Opposition, als «Legislaturperiode» und «Regierungszeit», als «Partei», «Fraktion» oder «Programm» geläufig ist, sind Errungenschaften des Parlamentarismus. Sie gehören inzwischen zur festen Ausstattung einer jeden Politik, aber ihr Zweck erfüllt sich nur unter den Bedingungen der Demokratie. Auch die Tatsache, dass heute auch Diktaturen nicht auf den Anschein der Demokratie verzichten können, gibt zu Hoffnungen Anlass.

Das Parlament ist an die Stelle des Mittelpunkts gerückt, den die antiken und mittelalterlichen Städte als ihr architektonisches und kommunikatives Zentrum boten. Aus dem römischen *forum* ist längst ein Begriff für das geworden, was ein Parlament politisch bietet. Mit sicherem Gespür haben die Gründungsväter der Vereinigten Staaten ihrem Parlamentsgebäude den Namen des *Capitols* gegeben, wie es einst zum *Forum Romanum* gehörte. Und so ist auch das moderne Parlament der Ort, an dem *Anhörungen* stattfinden, *Eingaben* zur Geltung gebracht und die wichtigen Personalentscheidungen getroffen werden. In alledem bieten sich Möglichkeiten der politischen Einflussnahme an, die kenntlich machen, wie der Anspruch auf eine Regierung durch das Volk allemal vielfältiger und gewichtiger werden kann, als die Ankündigungen der Regierenden erwarten lassen. Rechnen wir auch die Wirkungen hinzu, die von den modernen Medien seit mehr als 400 Jahren ausgehen, dann wird offenkundig, wie weitsichtig es war, bereits in der Antike von *Demokratie* zu sprechen. Ihrem damals in sie gesetzten Anspruch, Selbst-Herrschaft des Volkes zu sein, kann sie unter modernen Bedingungen um einiges besser gerecht werden als zur Zeit ihrer ersten geschichtlichen Realisierungsversuche.

So ist es etwas grundsätzlich anderes, ob man mit bloßen *Meinungsdifferenzen* umzugehen hat oder ob man eine *Opposition* anerkennt und sie mit verbrieften Rechten ausstattet, die ihr im Meinungsstreit oder in der Behandlung von Gesetzesvorhaben einen privilegierten Status zugestehen. Das gibt es zwar auch in konstitutionellen Monarchien mit einem parlamentarischen Fundament und einer Regierung, der die Gesetzgebung, die Steuererhebung oder das Kriegsrecht übertragen sind. Auch hier kann es Vorrechte für die Opposition und ihre Sprecher geben. Aber in allem, was wir als *Tyrannis* bezeichnen können, wozu heute auch Staaten zu rechnen sind, die von «Einheits-» oder «Volksparteien» gesteuert werden, gibt es solche Chancen nicht. Oppositionsparteien sind hier nur zum Schein zugelassen; sie haben keinen direkten Einfluss auf die Politik des Landes und ihre Arbeit kann nicht in einer öffentlich nachprüfbaren Weise gewürdigt werden.

Wie verhängnisvoll die Ausschaltung der Opposition für das politische Leben war und ist, führt uns das 20. Jahrhundert von Anfang bis zum Ende vor Augen; sie setzt sich heute in China, in Russland und in einer Reihe anderer, größerer und kleinerer autoritärer Staaten fort. In allen diesen Staaten können wir beobachten, mit welchem Aufwand versucht wird, eine lediglich zu dekorativen Zwecken zugelassene «Opposition» auf keinen Fall zu einer realen Einflussgröße werden zu lassen. Und da es gelegentlich vorgekommen ist, dass ein Regierungschef nach einer Serie mehrerer Amtszeiten zu der Überzeugung gelangte, zu ihm könne es keine wunschgemäße Alternative geben, ist es dringend zu empfehlen, die Zahl zulässiger Amtszeiten für einen Regierungschef auf *zwei* zu beschränken. Gesetzliche, und das heißt immer auch: unblutige Personen- und Regierungswechsel sind nicht nur für die Rechtmäßigkeit, sondern auch für die Lebensfähigkeit einer Demokratie entscheidend.

Die klassischen Kategorien der *Partizipation*, der *Repräsentation*, der *Konstitution*, der *Pluralität* sowie der *Publizität* bezeichnen miteinander verbundene Merkmale der Demokratie über zweieinhalb Jahrtausende hinweg. Doch in ihrer jüngeren Entwicklungsphase hat die Demokratie ihr politisches Handlungsspektrum durch die Gewährung parlamentarischer Rechte auch für die *Opposition* wesentlich erweitert. Das klärt und schärft die Interessengegensätze im politischen Streit, ordnet die Optionen, bündelt die unterschiedlichen Kräfte und sondiert bereits im Vorfeld periodischer Entscheidungen die Realisierungsmöglichkeiten. Das Handlungsfeld wird in kalkulierten Zeiträumen berechenbar, was es für die Verlierer in einer Abstimmung leichter macht, sich mit ihrer Niederlage abzufinden. Und so sehr die Institutionalisierung der Opposition die Dramatik des Ringens um die Macht erhöht, so steht das einer Versachlichung der Atmosphäre durch geordnete Verfahren nicht im Wege. Denn die bloße Tatsache einer zugelassenen Opposition hält den politischen Widerspruch institutionell bewusst und erleichtert die Fortsetzung des Streits bei anderen Themen.

Alles das fördert die *Zivilisierung der politischen Gegensätze* durch das Gegeneinander von Regierung und Opposition – so unerfreulich die Scheingefechte, Fensterreden und Täuschungsmanöver zwischen den Kontrahenten auch sein mögen. Wichtiger ist, dass mit der Zivilisierung der Gegensätze das Blutvergießen in der Politik wenn nicht verhindert, so doch verringert werden kann. Und wenn man damit rechnen muss, im parlamentarischen Gegner nach der nächsten Wahl die mögliche neue Regierung oder den Koalitionspartner vor sich zu haben, hat das einen disziplinierenden Effekt. Der kann auch mit der Erwartung verbunden sein, demnächst vielleicht selbst auf der Regierungsbank Platz nehmen zu können.

Das Recht auf Opposition und eine an formale Kriterien gebundene Fraktion erleichtert auch die Bildung weiterer Parteien, die sich als kleinere Gruppen mehr Einfluss ausrechnen können, sobald sie als mögliche Koalitionspartner in Betracht kommen. Natürlich gibt es dieses Kalkül auch mit Blick auf Regierungsparteien. Neugründungen im Bestreben, Ergänzungen, Korrekturen oder produktive Alternativen zu ermöglichen, sollten zum Normalfall in demokratischen Staaten gehören. Die seit Jahren fest zementierten Gegensätze im Regierungssystem der USA sind auch eine Folge der monolithischen Blockbildung der beiden geschichtsträchtigen großen Parteien, die sich in ihrer Programmatik wesentlich um taktische Alternativen zum einzigen Konkurrenten bemühen. Produktiv ist das ritualisierte Schattenboxen nicht. Aber auch die Theatereffekte im parlamentarischen System, vor allem wenn sie im Dienst persönlicher Karrieren stehen, können sich verselbstständigen und so zu realen Umbrüchen führen. Hier ist eine kritische Öffentlichkeit, die eine kompetente publizistische Urteilsbildung und eine eigenständige wissenschaftliche Begleitung ermöglicht, das beste Korrektiv.

Die rechtliche Sicherung der Meinungsvielfalt in der Bevölkerung und in den politischen Parteien stärkt nicht nur die Stellung des Parlaments gegenüber der Regierung; durch die Vermehrung der Handlungsoptionen wird die parlamentarische Arbeit belebt, die dadurch an Interesse für die Gesellschaft gewinnt. Der Zuwachs in der Vielfalt von Positionen kann außerdem die Pluralität der Bevölkerung zur Geltung bringen. Das wird überdies durch die zunehmende Dichte der Berichterstattung über die parlamentarische Arbeit erreicht, die, solange sie nicht von vornherein auf Destruktion angelegt ist, auch den Parlamentariern zugutekommt. Im 19. Jahrhundert lässt sich das sowohl in der Entwicklung in England wie auch in den Vereinigten Staaten verfolgen; mit der Demokratisierungsbewegung gewinnt die Presse auch in Deutschland an Bedeutung für die Politik.

In diesen Ländern greifen Partizipation, Repräsentation und Publizität derart selbstverständlich ineinander, dass man meinen könnte, die Demokratie sei eine Erfindung aus jüngsten Zeiten, die ihr die verlässlichen Techniken zur wechselseitigen Information von Volk, Parteien, Parlament und Regierung zur Verfügung stellen. Wie anders sollte der zwischen allen beteiligten Personen und Institutionen erforderliche Austausch von Ansichten, Urteilen und Kenntnissen bei wachsender Bevölkerung, in größeren Räumen und knapper werdender Zeit sonst möglich sein? Man vergleiche die aufwändige, aber bereits unter Zeitnot stehende Verständigung zwischen den Einzelstaaten Nordamerikas, die nach 1776 und vor 1789 zu einer Einigung über die Föderation, die Verfassung und die Wahl des ersten Präsidenten kommen mussten, mit der im Tagestakt erfolgenden Kommunikation, mit der es Lincoln 1865 gelang, den Bürgerkrieg zu beenden und die Einheit der Nation zu retten! Heute kann das Publikum weltweit Augenzeuge welthistorischer Vorgänge sein und sich dadurch ein eigenes Urteil bilden. Dass es inzwischen ganze Industrien gibt, um erfundene Gegenwelten dagegen zu setzten, darf darüber nicht vergessen werden. Aber auch hier bieten Demokratien die wirksameren Möglichkeiten, für die Wahrheit zu streiten.

Die Vergegenwärtigung solcher Selbstverständlichkeiten kann und soll nichts beweisen. Sie kann aber die Verdichtung der Verständigung anschaulich machen, die der Demokratie gewiss nicht nur entgegenkommt, sondern sie auch gefährden kann, insbesondere nachdem die Berichterstattung auch in Ton und Bild möglich ist. Doch die zahlreichen Nachteile der modernen Kommunikationstechniken ändern nichts daran, dass sie die Meinungs- und Willensbildung in der Demokratie auf einzigartige Weise fördern, während sie das Meinungsmonopol aller autokratischen und totalitären Systeme gefährden. Zwar ist die Gefahr des Missbrauchs, wie bei aller Technik, hier besonders groß. Aber die Vorzüge, die eine breite Nutzung digitaler Medien einer offenen, auf Kritik und Opposition gegründeten Gesellschaft bieten, schlagen in einer eindimensionalen Herrschaftsordnung, die sie nicht dem freien Urteil ihrer Bürger überlassen kann, in ein existenzgefährdendes Risiko um. Die Demokratie hingegen kann – nicht zuletzt mit Blick auf ihre lange Geschichte, in der auch der Selbstbegriff der Menschheit Kontur gewinnt – als die *politische Form der Menschheit* angesehen werden.

33. Moral und Wahrheit als Bedingungen. Zu den ältesten Fragen, mit denen sich die Philosophie befasst, gehört die nach dem *Verhältnis von Moral und Politik*. Sie ist von einer zweiten grundsätzlichen Frage nicht zu trennen, die in jüngerer Zeit vermehrte Aufmerksamkeit gefunden hat: Es ist die wiederholt gegen besseres Wissen verneinte Frage, ob *Wahrheit und Politik* überhaupt miteinander verbunden sind. Aus historischer Sicht kann es, so meine ich, in beiden Fällen keinen Zweifel geben: Moral und Wahrheit hängen schon in sich auf das engste zusammen, und sie dürfen, gerade weil sie so oft gemeinsam missachtet werden, weder voneinander noch von der Politik getrennt werden.

Die Beziehung zwischen *Moral und Politik* gehört zu den Dauerthemen des politischen Handelns, das unablässig neue Anlässe für Empörung und für Zweifel schafft, ohne dass die Auskunft durch die Theorie zu einer wirksamen Klärung in der Praxis geführt hat. Man sollte zwar annehmen, dass es gerade wegen des unausgesetzten moralischen Versagens einzelner Akteure, vieler Parteien und auch einzelner Systeme unstrittig ist, dass die Politik ohne eine sie begleitende und bewertende Ethik[23] gar nicht betrieben werden kann. Doch gerade das wird immer wieder in Abrede gestellt, und es wird, so als könnte es anders sein, in Zweifel gezogen, ob sich die Politik überhaupt nach ethischen Maßstäben beurteilen lässt.

So sehen die Politologen verständlicherweise ihren Ehrgeiz darin, die Verlaufsgesetze der Politik am Leitfaden der gesellschaftlichen Logik zu erklären, die sie, je nach Herkunft, primär mit ökonomischen, soziologischen und juristischen Erkenntnissen erläutern. Ihre Aufmerksamkeit ist dabei wesentlich auf die Leistungsfähigkeit von Institutionen und ihren Repräsentanten konzentriert. Dass sie dabei ethische Motive vernachlässigen oder übersehen, ist unter Bedingungen disziplinärer Arbeitsteilung nicht verwunderlich. Setzt man aber historisch an, wie es in unserer Darstellung durchweg geschieht, und vergisst man dabei nicht, dass alles menschliche Handeln seinen Anfang bei den Individuen nehmen muss, kann gar nicht strittig sein, dass die Ethik ursprünglich zur Politik gehört.

Das gilt für jedes politische System. Denn unter allen Bedingungen ist es unerlässlich, dass Individuen tätig werden müssen, um Beschlüsse zu fassen, ihre Umsetzung möglich zu machen und, in alledem, Verantwortung für das Gelingen tragen. Alle, die in einem solchen Handlungszusammenhang Aufgaben übernehmen, sind in ihrer persönlichen Zuständigkeit eingebunden. Sie stehen niemals bloß dafür ein, dass am Ende etwas irgendwie gelingt; die Kompetenz, mit der sie etwas ausführen, schließt vielmehr ein, dass sie auch die Risiken, den Verlauf, die beteiligten Faktoren und ihre persönliche Eignung bewerten können; in diesem Rahmen sind sie für das Geschehen insgesamt zuständig. Gewiss hat man hier Unterschiede zwischen denen, die Anweisungen geben, und jenen, die nach Befehlen oder Vorschriften handeln, zu beachten. Aber völlig frei von eigenem Verdienst und eigener Schuld ist hier niemand, der mit seinem Namen, seiner Stimme und seiner Leistung beteiligt ist.

Insofern sind die Bürger eines Staates immer auch als moralische Wesen angesprochen. In einem Amt und in jeder mit eigener Einwilligung übernommenen Aufgabe ist niemand von seiner ethischen Zuständigkeit entbunden; sie begleitet ihn auch als Privatperson, die ihre eigene Würde zu wahren und auf die ihrer Mitmenschen zu achten hat. Schließlich darf man nicht übersehen, dass alle Kritik an politischen Verhältnissen für sich selbst nicht nur Wahrheit in Anspruch nimmt, sondern in der Regel auch auf die moralische Zustimmung oder Missbilligung setzt, die sie durch den Aufweis des Verdienstes oder des Versagens des regierenden Personals nach sich zieht.

In Demokratien haben moralische Selbstansprüche den denkbar höchsten Stellenwert, weil das politische System auf die Mitwirkung aller Menschen angewiesen ist, auf deren Eigenständigkeit, Aufrichtigkeit und Verlässlichkeit es ankommt. Überall, wo Menschen kooperieren, müssen sie einander wechselseitig vertrauen können. Eine Schiffsbesatzung, das Personal einer Intensivstation, ein Forscherteam oder ein Schulkollegium – sie alle bestehen aus Individuen, die sich im Arbeitsprozess wechselseitig aufeinander verlassen. Hier kann zwar jeder seine Stärken und Schwächen haben. Aber im Ernstfall eines Orkans, einer Operation, eines entscheidenden Experiments oder in den Herausforderungen des Schulalltags muss das Vertrauensverhältnis belastbar sein.

Solche Verlässlichkeit braucht man in vielen gesellschaftlichen Lebens- und Arbeitsbereichen; ihr Fehlen kann verhängnisvoll sein. Auch autoritäre Staaten, militärische und bürokratische Organisationen und große Verbände in Freizeit und Sport sind darauf angewiesen. Aber es gibt kein anderes politisches System, das so offenkundig und unbedingt auf ein letztlich durch die beteiligten Individuen getragenes moralisches Vertrauen gegründet ist, wie die Demokratie. Sie muss sich im Ganzen darauf verlassen können, dass die Menschen in Stimmabgabe und Tätigkeit ihrer Überzeugung folgen. Und von den gewählten Vertretern darf erwartet werden, dass sie ein gegebenes Wahlversprechen zu erfüllen suchen. Das sogenannte «imperative Mandat» mit einer festen Bindung an den Willen der Wähler widerspricht dem Geist der Demokratie. Mandatsträger müssen die Freiheit haben, sich nach eigenem Urteil verhalten und entscheiden zu können.

Gerade deshalb müssen Wähler sich auf ein ihnen gegebenes Wort verlassen können. Wird es nicht gehalten, haben sie Anspruch auf eine Erklärung. Diese Erklärung sollte nicht erst eingefordert werden müssen; sie muss freiwillig erfolgen. Das im Vertrauen auf die Verlässlichkeit der Abgeordneten abgegebene Votum schließt somit den hohen moralischen Anspruch ein, der auch im Verzicht auf die imperative Stimmbindung liegt.

Die Freiheit des Bürgers sowohl als Wähler wie auch als Gewählter ist das Fundament aller politischen Entscheidung in einer Demokratie. Sie ist nicht auf den alle vier oder fünf Jahre stattfindenden Wahlakt beschränkt, sondern findet ihre Fortsetzung auf allen Stufen der parlamentarischen Repräsentation. Überdies setzt die Demokratie voraus, dass sich die Bürger auch über den Wahlakt hinaus in Versammlungen treffen, ihre Auffassung zu besonderen Vorhaben äußern, in Projekt- oder Stadtteilgruppen mitwirken, Mitglied in einer Partei werden und sich dort zu einer aktiven Mitwirkung entscheiden können. Kein anderes politisches System bietet eine so große Auswahl von Formen tätiger Mitwirkung, in denen Bürger sowohl ihr politisches Interesse wie auch ihre Fachkenntnisse einbringen können. Und mancher, der sich zur Mitwirkung vielleicht nur entschlossen hatte, um ihm nahestehenden Bürgern in seiner Gemeinde eine Stimme zu geben, hat sich dann als gewählter Mandatsträger im Landes- und Bundesparlament wiedergefunden, dem er später als Minister oder als Bundespräsident verpflichtet ist. Diese Akte, Aufgaben und Ämter unterstellen allemal, dass dem Wort der Repräsentanten zu trauen ist. Dazu bedarf es der moralischen Verlässlichkeit jeder einzelnen Person.

Es ist die *Freiheit*, die jeden verpflichtet, Gründe für sein Handeln anzugeben, und ihn somit in bevorzugter Weise an die *Moral* bindet. Dabei sind die politischen Repräsentanten in besonderer Weise gegenüber dem Einzelnen gehalten, auch ihre *Gründe* und *Ziele* darzulegen. Alle Politik ist auf Gründe angewiesen, weil sich anders keine auf Freiheit beruhende Gemeinsamkeit zwischen unterschiedlichen Positionen herstellen lässt. Unter hohem Zeitdruck, in Notlagen oder unter Lebensgefahr kommt sie nicht ohne Zwänge aus. Wenn das ganze Staatswesen auf Freiheit gegründet ist, kann eine befristete Einschränkung – unter Nennung der notfalls geltenden Ausnahmen – als allgemein gerechtfertigt angesehen werden. Nur wo diese mit Gleichheit verbundene Freiheit das Fundament des Staates ist, kann auch von legitimen Ausnahmen gesprochen werden.

In der *Diktatur* im altrömischen Verständnis wurde die durch sie bezeichnete Ausnahme für die begrenzte Zeit eines Krieges zum herrschenden Fall erklärt. Doch die Tyrannen aller Ordnungen versuchen bis in die jüngste Gegenwart, aus der Ausnahme den Normalfall zu machen. Darin liegt schon für sich ein eklatantes politisches Versagen. Ein sich auf Dauer etablierender Diktator ist ein politischer Versager par excellence. Er verleugnet die Eigenart einer auf gemeinsames Handeln gegründeten Vereinigung und täuscht äußere Gefahren vor, um sich persönlich an der Macht zu halten. Eben dadurch wird er selbst zur größten Gefahr für das Gemeinwesen.

Republik und *Demokratie* sind bemüht, das *Geben* und *Prüfen von Gründen* zur herrschenden Praxis ihres Regierens zu machen; alles dies setzt die Eigenständigkeit der Individuen voraus. Zu der aber gehört, dass sie auch den Mut zum Einspruch haben. Deshalb sind die intellektuelle und die moralische Eigenständigkeit der einzelnen Bürger zu den inneren Voraussetzungen der Demokratie zu rechnen.

Darin liegt der hohe Anspruch, den die Demokratie an jeden Bürger stellt. Die Moralität gehört damit zu den notwendigen Elementen dieser Regierungsform. Und da die Demokratie auf der Eigenständigkeit der Wähler und ihrer Repräsentanten beruht, erweist sie bereits in ihrer Verfassung der persönlichen Würde des Einzelnen ihre Reverenz. So unterstehen die staatlichen Organe einer Demokratie der besonderen Verbindlichkeit zur Achtung der persönlichen Sphäre eines jeden Bürgers. Das sind sie dem Einzelnen schon deshalb schuldig, weil jeder immer auch als Repräsentant des Souveräns anzusehen ist. Dieser Selbsteinbindung in das eigene politische System hat sich der Einzelne im Verhältnis zu seinem demokratischen Staat bewusst zu sein. Denn jeder hat persönlich Anteil am Erfolg des demokratischen Staates, dessen Bürger er ist.

In der Leugnung der Freiheit durch die modernen Empiristen[24] werden die von ihr in Anspruch genommenen *Gründe* mit *Ursachen* verwechselt. Eine *Ursache* erklärt den zwingenden Übergang von einem physikalischen Ereignis zu einem unmittelbar folgenden physischen Vorgang. Hier ist es in der Tat abwegig, von Freiheit zu sprechen. *Gründe* hingegen sind das, worauf sich Menschen berufen, wenn sie aus ihrer Sicht verständlich zu machen suchen, warum sie etwas getan haben oder zu tun beabsichtigen. Ich kenne niemanden, der bestreitet, dass es dergleichen bei Menschen gibt. Also *gibt* es ein Handeln aus *eigenen Gründen* und mit diesem Handeln gibt es auch die mit ihm verbundene *Freiheit*.

Es geht somit weder um Kausalität noch um andere Zwänge, die es unmöglich machen, etwas von sich aus zu tun. Insofern er aus eigenen Motiven oder Gründen handelt, ist ein Mensch *frei*. *Unfrei* ist er hingegen, wenn er von anderen Menschen gezwungen wird, etwas zu tun, das er selbst gar nicht will. Und da es diese Disposition, etwas von sich aus zu tun, offenkundig gibt, braucht man hier zur viel diskutierten Frage, ob es Freiheit überhaupt «gibt», nichts mehr zu sagen. Jeder nimmt sich seine Freiheit heraus, indem er Wünsche, Absichten, Ziele und, in alledem, einen *eigenen Willen* hat.

Analog kann man mit der *Wahrheitsfrage* verfahren, die ebenso grundsätzlich klingenden Zweifeln unterworfen wird wie die Frage nach der Moral. Nur ist die Verwirrung, die hier stets von Neuem erzeugt wird, noch um einiges leichter aufzulösen als das Versagen im Umgang mit der öffentlichen Moral. Hier geht es nicht um Zweifel an der Existenz oder der Geltung grundlegender Werte, sondern allein um die höchst spezielle Frage, ob es *absolute Wahrheit* gibt. Leider ist das vielen gar nicht bewusst.

Mit Blick auf das metaphysische Spezialproblem der *absoluten Wahrheit* kann es in der Tat nur die Auskunft geben, dass der Mensch kein sicheres Wissen von den ersten Tatsachen oder von den letzten Gründen seines Daseins hat. Und sobald er es dennoch zu finden sucht, fehlen ihm bereits die Mittel, ein solches Wissen zu erlangen. Wer dennoch glaubt, es gefunden zu haben, dem fehlt das Kriterium, seinen Fund als wahr auszuweisen. Sollte hier ein Philosoph dennoch glauben, den Stein der Weisen gefunden zu haben, fehlen zumindest seinen Mitmenschen die Sinne und erst recht der Verstand, diese letzte Wahrheit auch als solche erfassen zu können. Also bleibt es bei der Auskunft, dass es diese absolute Wahrheit, so leid es uns tut, gar nicht gibt!

Anders ist es mit den unseren Alltag ausmachenden Wahrheiten, die sich auf Sachverhalte beziehen, die dem Menschen mit Hilfe seiner Sinne, seinem Verstand und seines Wissens offenkundig sind: Ohne diese *konkreten Wahrheiten* kann ein Mensch gar nicht leben. Solche Wahrheiten gibt es im Überfluss, so dass man gleich versichern kann: Ohne derart offenkundige und zahleiche konkrete Wahrheiten findet man sich vermutlich schon mit sich selbst nicht zurecht. Mit Sicherheit kann man sich ohne sie mit seinesgleichen nicht verständigen. Denn ohne Verweis auf die alltäglichen Dinge, ob es Tag oder Nacht ist, ob man Durst oder Hunger hat, ob Gefahr im Anzug oder ob man vorerst in Sicherheit ist, kommt kein menschliches Dasein aus. Jede Auskunft über den eigenen Namen, über sein Lebensalter, ob jemand Hilfe braucht oder helfen kann, setzt Wahrheit voraus und mit ihr auch die menschliche Fähigkeit, sie als solche zu verstehen.

Auf Wahrheiten dieser Art ist jeder angewiesen, der vor sich und vor anderen erfolgreich tätig sein – oder zumindest: von ihnen ernst genommen werden – will. An der Unverzichtbarkeit solcher Wahrheiten zweifelt selbst Nietzsche nicht, wenn er sich auf seinen Aufenthaltsort, das Bestimmungsziel seines Zuges oder den Titel seines letzten Buches bezieht. Die Stoßrichtung seiner Kritik ist gegen die «absoluten», die «metaphysischen» Wahrheiten bezogen, also darauf, ob es die Welt oder Gott «wirklich» gibt. Gelegentlich möchte er auch nur deutlich machen, dass er sich als Künstler in Wahrheitsfragen größere Freiheiten herausnimmt, als sie einem Philologen oder Philosophen zugestanden werden. Doch in historischen oder politischen Fragen weiß er durchaus genau zwischen Deutschen und Schweizern zu unterscheiden. Er verbindet auch einen prägnanten Sinn damit, sich selbst als «guten Europäer» zu bezeichnen. In solchen Fällen nimmt er ganz selbstverständlich Wahrheit in Anspruch. Ja, in seinem ganzen Werk ist dieses in seiner schonungslosen Aufrichtigkeit auf sich selbst *als Mensch* verweisende Individuum, das in allem mit Bezug auf sich selbst *Ecce homo* zu sagen vermag, ein *existenzieller Wahrheitsbeweis*. An ihm zeigt sich, was man die «Kraft der Mitteilbarkeit der Wahrheit» nennen kann.[25] Denn ohne sie lohnte es nicht, zu sprechen oder zu schreiben.

Damit ist das Wesentliche über die *Wahrheit* gesagt: Im Lebenszusammenhang der Menschen gibt es wahre oder falsche Aussagen, die sich auf Vorgänge, Ereignisse oder allgemein auf Sachverhalte beziehen. Wo immer es Kenntnisse und Erfahrungen gibt, haben wir die Chance, sie korrekt zu benennen, und können somit von *zutreffenden Aussagen* und deren *Wahrheit* sprechen. Oder wir irren uns und fällen ein *falsches* Urteil.

Wer trotzdem bezweifelt, ob es im Verweis auf lebensweltliche Zusammenhänge Wahrheit gibt, dem kann auf einfache Weise dadurch geholfen werden, dass man ihn an das von niemandem ernsthaft bezweifelte Vorkommen von *Lügen* erinnert. Denn wer immer der Ansicht ist, dass es Lügen gibt, wer vielleicht sogar zugibt, dass er selbst schon einmal gelogen hat, der kann nicht leugnen, dass es das gibt, was der Lügner verleugnet, nämlich nichts Geringeres als die *Wahrheit*.

Die Erinnerung an die Lüge hat überdies den Vorteil, dass sie an den engen Zusammenhang erinnert, der zwischen *Moral und Wahrheit* besteht. Wer die Wahrheit ernst nimmt, der verpflichtet sich auf den moralischen Anspruch, wahrhaftig zu sein. Und wer Wert darauf legt, moralisch zu sein, der kommt im Verhältnis zu sich und zu seinesgleichen nicht darum herum, bei der Wahrheit zu bleiben.

Dass dieser für alle menschlichen Aktivitäten essenzielle Hinweis für die Demokratie von besonderem Gewicht ist, dürfte so offenkundig sein, dass man darüber keine besonderen Ausführungen zu machen braucht. Die Demokratie ist auf Wahrheit angewiesen und hat die besondere Verpflichtung, sich vor Irrtümern und Lügen in Acht zu nehmen. Wenn sie in offenen Debatten nach den richtigen Entscheidungen sucht und wenn es um die Auswahl leitender oder auch nur zeitweilig zuständiger Personen geht, haben die Offenheit in Berichten, Erklärungen und Versprechen in Demokratien einen ungleich höheren Stellenwert als etwa in Monarchien, in denen nur ein kleinerer Kreis von urteilenden und entscheidenden Personen in Frage kommt. Wenn kein kundiger Vertreter der Bevölkerung und keine Auswahlkommission, sondern nur eine unbeschränkt machthabende Instanz die Personalentscheidung fällt, liegt die ganze Faktizität der Wahrheit vielleicht nur darin, dass ein Familienmitglied oder ein guter Freund die Position erhält.

Besonders weit von der Wahrheit, auf die man in Demokratien angewiesen ist, sind Diktaturen entfernt, die bereits von oben durch die Lügen des Tyrannen bedroht sind, die sich selbst unablässig vor Spitzeln, Verrätern und Attentätern, die es qua Amt mit der Wahrheit nicht so genau nehmen, fürchten. Das war schon in der Antike so und ist in den totalitären Staaten der Moderne nicht anders, ganz gleich, ob wir an den Duce, an Hitler, Stalin oder Putin denken. Bei allen nahm der Verfolgungswahn krankhafte Züge an.

Als wichtigste Garanten der Wahrheit in der Demokratie haben die *Meinungsfreiheit*, die *Öffentlichkeit*, die anerkannte Rolle der *Opposition* oder der *parlamentarischen Untersuchungsausschüsse* zu gelten. Auch die Rolle der unabhängigen Gerichtsbarkeit sollte nicht vergessen werden. Inzwischen gibt es weitere Vorkehrungen zum Schutz von Personen, die auf Verstöße gegen das Recht, auf Korruption, unlauteren Wettbewerb und auf andere Vergehen aufmerksam machen. Alles dies zeigt an, dass auch Demokratien Grund haben, sich vor Lügen und Lügnern zu schützen. Die beste Sicherung dagegen dürfte darin bestehen, die Bürger zur Moralität zu erziehen. Und den Bürgern dürfte daran gelegen sein, dass es wirksame institutionelle Sicherungen zum Schutz der Wahrheit gibt; ihnen sollte sich insbesondere das leitende Personal im Staat nicht entziehen können.

Ein Problem, das die Demokratie in besonderer Weise betrifft, ist der entweder wahrheitswidrige oder fahrlässige Gebrauch, den ihre Repräsentanten von den großen Ansprüchen machen, auf denen ihre politische Ordnung beruht. Auf den ersten Blick ist das eine Frage, die alle Politik betrifft, weil sie schier unendlich viele Möglichkeiten bietet, Versprechen zu geben, die dem Volk gemacht werden, ohne dass die Regierenden bemüht sind, ihre Ankündigungen ernsthaft zu realisieren. Alle Staaten stehen in der Gefahr, Wohltaten und Sicherheiten zu verheißen, die sie gar nicht bieten können – und oft auch gar nicht bieten wollen.

Dass die Politik mit großen Worten auftritt und am Ende mit leeren Händen dasteht, findet sich in allen politischen Systemen, auch in Demokratien. Aber die Demokratien stehen im Wort, ihre Vorsätze öffentlich zu erfüllen. Sie lassen eine fortgesetzte Überprüfung und Bewertung durch die Presse und die Opposition zu und sind verpflichtet, dem Volk in festem Turnus ein Urteil über ihre Leistung abzuverlangen. Vor den Wahlen müssen die Regierenden Rechenschaft ablegen; sie haben offen zu bekennen, was sie erreicht und worin sie versagt haben.

Allein das führt zu einer prinzipiellen Differenz zu allen anderen Herrschafts- und Regierungsformen: Die Demokratie ist auf einzigartige Weise durch ihren Umgang mit der Wahrheitsfrage gekennzeichnet. In der Geschichte der politischen Systeme ist das singulär. In einer Demokratie sind die Regierten herausgefordert, die Regierenden nach Kriterien der Wahrheit zu beurteilen und damit über die mehrheitliche Zusammensetzung der Regierung in der nächsten Legislaturperiode zu entscheiden. Natürlich geht es um Erfolg und Versagen; und hier gibt es höchst unterschiedliche Erwartungen und Ansprüche, die keineswegs immer rechtsstaatlichen Grundsätzen entsprechen. Aber gestritten wird in Worten und mit Behauptungen, über die letztlich nach Kriterien der Glaubwürdigkeit und der Wahrheit zu entscheiden ist. Also sind sie das Maß, nach dem in Demokratien der politische Erfolg bemessen wird.

Dabei ist gar nicht zu bestreiten, dass hier besonders viele Möglichkeiten des tendenziellen Umgangs mit der Wahrheit gegeben sind. Hier wird über- oder untertrieben, getäuscht und vertuscht. Das alles ist bekannt und macht das Leben in einer Demokratie gewiss nicht zum reinen Vergnügen, erst recht dann nicht, wenn es Regierende gibt, die behaupten, dass es gar keine Wahrheit gibt. Aber es ist dennoch unvergleichlich viel besser als das Befinden in einem autoritären Staat, in dem es keine von den Bürgern zu bereinigende Konkurrenz um die Macht, keine freie Berichterstattung, keine parlamentarische oder auch gerichtliche Überprüfung und keine gesetzlich geregelten Regierungswechsel gibt. Also unterliegt es keinem Zweifel, dass die Demokratie ein anderes Verhältnis zur Wahrheit hat und schon dadurch moralisch unendlich überlegen ist.

Moralische Überlegenheit bedeutet nicht, wie es lange Zeit mit einem verächtlichen Seitenblick auf moralisch beispielgebende Personen üblich war, der Demokratie zwar moralische Vorzüge zuzugestehen, ihr ansonsten aber zu attestieren, dass sie nur linke Hände hat. Es ist umgekehrt: Ihr kann die Zukunft gehören, wenn sie sich in ihrer Selbstschätzung nicht von der Wirklichkeit der Politik isoliert und ihre Entscheidungen nach Recht und Gesetz zu treffen sucht.

34. Das dünne Eis des Friedens. Seit einem Jahr leidet Europa unter einem Krieg, der mit der Androhung einer Ausweitung verbunden ist, die nicht nur die gemeinsame europäische Kultur, sondern mit ihr die seit 1945 mühsam aufgebaute politische Weltordnung zerstören könnte.

Der den Krieg offenbar benötigende Machthaber im Kreml hat sich zum Ziel gesetzt, den 1990 zusammengebrochenen Sowjetstaat wieder in den Grenzen herzustellen, in denen zu denken der einstige Geheimdienstmann noch heute gewohnt ist. Er behauptet, es seien feindselige Machenschaften, die seinen zur Weltherrschaft bestimmten Staat zur Regionalmacht degradieren und weiterhin zu behindern suchen.

Auch wenn es hier um weitläufige und verwickelte historische Zusammenhänge geht, die man je nach Standpunkt unterschiedlich verstehen und beurteilen kann, muss man sagen, dass die russische Begründung für den Krieg weder den Tatsachen noch der Rechtslage entspricht. Sie passt auch nicht zu den von allen Beteiligten in zahllosen internationalen Aktivitäten, in Vereinbarungen und Verträgen, bekräftigten Gemeinsamkeiten, zu denen sogar eine bis in den Weltraum ausgedehnte Kooperation gehört.

Diese Einbindung in einen internationalen Konsens prägt längst auch die russische Gesellschaft. Durch die überall verbreiteten Verfahren politischer, ökonomischer und finanzieller Problembewältigung, durch die Techniken der Kommunikation, der wissenschaftlichen Forschung sowie der medizinischen Diagnose und Therapie gibt es, trotz der bestehenden kulturellen Unterschiede und selbst bei großen Differenzen im jeweiligen Lebensstandard, eine grenzüberschreitende Angleichung, die der Präsident in Moskau, auch wenn er sich als die Ausnahme von allem begreift, nicht außer Kraft setzen kann.

Der längst weltweit verbreitete administrative Konsens ist auch die Prämisse für die gelingende Teilnahme der russischen Wirtschaft am Welthandel; er verbürgt nicht nur den mit ihm verbundenen Geldverkehr, sondern ist die Bedingung des Erfolgs auf den internationalen Märkten. Der Reichtum Russlands, auch wenn er nur einer kleinen Schicht von Funktionären und Oligarchen vorbehalten bleibt, stammt zwar wesentlich aus den vorgefundenen Bodenschätzen des großen Landes; realisiert aber wird er unter den Konditionen einer internationalen Verständigung, der sich kein Land mehr entziehen kann. Die Globalisierung, in der kommunikativen Verfassung der Menschen angelegt, kann auch nicht als das Werk eines offen oder subversiv operierenden Machtmonopols, nenne man es «Kapitalismus», «Kulturindustrie» oder «Zivilisation», angesehen werden. Es ist die Form der globalen politischen Selbstbehauptung der Menschheit, die nun unter Beweis zu stellen hat, ob sie mit der sie insgesamt tragenden Natur vereinbar ist. Dabei ist klar, dass sie nur bestehen kann, wenn sie sich in einer alle Menschen einbeziehenden Weise auf das Maß beschränkt, das ihr die Ressourcen der Erde und ihre eigenen Fähigkeiten setzen.

Umso weniger passt eine Politik, in der man gegensätzliche Auffassungen auf dem Weg von Verhandlungen zu klären sucht, zum Großmachtgebaren des Kremls. «Recht» und «Menschheit» wurden, wie wir uns erinnern, schon von Karl Marx verworfen, auf den sich die Sowjetunion stets berufen hat und der auch noch zu den Gründungsmythen Chinas gehört. Unterstützung findet diese auf Gewalt und rohe Übermacht setzende Politik vor allem bei jenen, die es ablehnen, die Politik auf das moralische Selbstverständnis eines jeden Menschen in seiner rechtlich verbindlichen Achtung der Freiheit eines jeden anderen zu gründen.

Diesem Ziel widerspricht der militärische Austrag politischer Konflikte. Deshalb steht das Gebot, Frieden zu wahren, an der höchsten Stelle der aus ihrer eigenen Logik folgenden Ziele der Politik. Und wenn eine Macht sich daran nicht hält, muss man sie notfalls auch mit Gewalt in ihre Schranken weisen. Das versuchen derzeit die Ukraine und die ihr zur Seite stehenden Staaten. Doch alle Versuche der europäischen Staaten, der USA und der UNO sind fehlgeschlagen: Seit dem 24. Februar 2022 führt Russland erneut Krieg gegen das Land, das ihm jahrhundertelang unterworfen war und endlich in der Lage ist, seine Geschicke selbst bestimmen zu können. Dem hat Russland 1994 seine Zustimmung gegeben, die nach 2014 ausdrücklich erneuert worden ist. Daran ändert ein Widerruf unter Verweis auf eine angebliche Bedrohung durch «faschistische» Tendenzen in der Ukraine nichts. Denn Beweise für die damit verbundenen militärischen Gefahren für Russland werden nicht erbracht.

Der erste, 2014 unternommene Versuch eines geschichtlichen Widerrufs brachte der russischen Führung nur einen Teilerfolg. Sie annektierte zwei Landesteile und die Krim, und wartete die nächste Gelegenheit zur Eroberung des ganzen Landes ab. Nun ist sie entschlossen, sich das ganze Gebiet einzuverleiben, auch um den Preis der vollständigen Vernichtung oder Vertreibung der ukrainischen Bevölkerung.

Hinzu kommt, dass Russland allen Staaten, die der Ukraine in ihrem Kampf gegen den übermächtigen Feind beistehen, Vergeltung androht. Der Aggressor schreckt dabei auch vor der Drohung mit Atomwaffen nicht zurück, ganz abgesehen davon, dass der inzwischen mit aller Härte geführte Vernichtungskrieg die Kernkraftwerke der Ukraine in Mitleidenschaft zieht und damit ohnehin die Gefahr einer atomaren Verseuchung Europas einschließt.

Wer in dieser Lage der Ukraine die Unterstützung verweigert, etwa weil er das Blutvergießen nicht noch durch seine eigene Beteiligung vergrößern will, wird weder dem gewaltsamen Sterben einer Bevölkerung noch der Zerstörung eines ganzen Landes Einhalt gebieten. Zu deutlich hat die kriegführende Macht erklärt, dass sie die Existenzberechtigung des ukrainischen Staates nicht anerkennt. Russland droht damit dem politisch eigenständigen und kulturell hochentwickelten Land einen, wie Kant es genannt hat, «Friedhofsfrieden» an.

Doch wie immer man die Unterwerfung der Ukraine auch nennt: Sie wird Europa nicht in einem Zustand zurücklassen, der den Namen des

Friedens verdient. Denn zahllose Äußerungen aus der russischen Führungsschicht belegen, dass die generelle Stoßrichtung des russischen Angriffs gegen die Politik der Europäischen Union und der USA gerichtet ist. Letztlich führt der Kreml Krieg gegen die liberale westliche Kultur und damit auch gegen die zweieinhalbtausend Jahre alte republikanisch-demokratische Tradition.

Es ist daher nur zu verständlich, dass insbesondere in den westlichen und nördlichen Nachbarstaaten der Ukraine die Furcht umgeht, nach dem Fall der Ukraine könnten weitere Angriffe gegen Polen, die baltischen Staaten, die Slowakei und andere Länder in vergleichbarer Lage folgen. Damit wären Mitglieder der NATO-Staaten ins Visier genommen, und der anfangs von manchen als regionaler Konflikt zwischen der Großmacht und einem abtrünnig gewordenen einstigen Teilstaat verharmloste Konflikt hätte sich zu einem Weltkrieg ausgeweitet.

Diese Aussicht verschreckt allgemein und löst weltweit besorgte Debatten aus. Sie können im Ganzen als Bestätigung dafür gewertet werden, dass wir nicht nur durch Handel, Verkehr, Wissenschaft, Kommunikation, Umweltkrise und Pandemien zu einen *Weltgesellschaft* geworden sind, sondern dass jeder mit hohem Einsatz verbundene politische Konflikt in kürzester Zeit zur *Existenzfrage der Menschheit* werden kann.

Und indem wir mit wachsender Besorgnis darüber diskutieren, was im Ukraine-Konflikt zu tun ist und wie weit man gehen kann, ohne in den selbstverschuldeten Untergang der Menschheit zu taumeln, entdecken wir mit jedem neuen Argument, wie fragil der *Weltfrieden* tatsächlich ist.

Wollen wir etwas zu seiner Sicherung tun, haben wir vor allem die vom Völkerrecht offen gelassenen Lücken zu schließen, die aus dem ungleichen Rechtsverhältnis zwischen einem überfallenen Volk und dem das Recht brechenden Aggressor resultieren. Denn der kriegführende Angreifer kann seine Waffen einsetzen, wie er es für richtig hält, während dem Opfer enge Grenzen für den Einsatz der ihm von Drittstaaten überlassenen Waffen gesetzt sind.

Offenkundig ist auch, wie unscharf und dehnbar die Begriffe des «Angriffs» und der «Kriegshandlung» sind. Da kann ein Aggressor größten Aufwand treiben, um konkurrierende Staaten mit Geheimdienstattacken und Cyberangriffen zu überziehen, während es Drittstaaten als feindliche Handlung ausgelegt wird, wenn sie dem überfallenen Land wirksam zu

Hilfe kommen. So darf der Aggressor mit seinen Langstreckenwaffen – von seinem eigenen Territorium aus – das Nachbarland in Schutt und Asche legen, während es dem angegriffenen Staat nicht erlaubt sein soll, sich mit den von anderen bereitgestellten Waffen so zur Wehr zu setzen, wie es nötig ist, sich angemessen zu verteidigen.

Solche Asymmetrien darf das Völkerrecht nicht dulden, so wenig, wie es hochrangigen Kriegsverbrechern ein juristisches Schlupfloch lassen darf. Das bietet sich ihnen, solange sie belegen können, dass sie sich an die Üblichkeiten des Kriegshandwerks gehalten haben. Doch schon hier sind der Willkür keine Grenzen gesetzt, wenn einer behauptet, sich gegen ein Volk aus ideologischen Feinden wehren zu müssen. Dann kann man jeden Bürger des angegriffenen Landes wie einen kämpfenden Soldaten behandeln, den man gefangen setzen, seiner Rechte berauben und töten kann.

Zur Kriegsführung gehören inzwischen auch die sich mehrenden Angriffe auf zivile Ziele: Regierungen, Parlamente, Wahlbehörden, Versicherungen, Krankenhäuser oder wissenschaftliche Einrichtungen. Hier muss es technisch ermöglicht werden, die Urheber zu ermitteln und die erforderlichen Beweismittel sicherzustellen. Es kommt darauf an, die Grauzone zwischen Krieg und Frieden so schmal wie möglich zu halten. Darin ist heute eine wesentliche Bedingung für die Wahrung des internationalen Friedens zu sehen.

Wenn wir uns vorstellen, wie sich die Staaten, die von solchen Praktiken profitieren, gegen solche Maßnahmen wehren, wird klar, dass bereits hier die Weltgemeinschaft vor großen Aufgaben steht. Hinzu kommen die Mühen, die mit der direkten Schlichtung aktueller Konflikte zu bewältigen sind. Schließlich ist das Völkerrecht um neue Straftatbestände zu erweitern, die mit der Erprobung von Waffensystemen über dem Terrain anderer Staaten verbunden sind. Überdies sind die Möglichkeiten zu optimieren, Straftäter vor Gericht zu stellen.

Die Hinweise können nur Anregungen für Aktivitäten sein, die national und international zur Sicherung des Friedens vordringlich sind. Es erfordert Mut, sich um bessere Vorkehrungen zu bemühen. Dabei ist zugestanden, dass es absolute Sicherheit in den Fragen von Krieg und Frieden noch nie gegeben hat und auch nie geben wird. Aber die Mühe, das dünne Eis des Friedens verlässlicher zu machen, ist in jedem Fall ein großes Verdienst.

Hier liegt die größte Verbindlichkeit für die Demokratie. Sie stellt sich selbst unter ein Gesetz, das allen Bürgern Freiheit und Gleichheit garantiert und damit sich selbst auf Grundrechte verpflichtet. Was ihr möglich ist, sollte auch für andere keine Zumutung sein. Dazu ist es unerlässlich, dass sich die Staaten Verfassungen gegeben haben, in denen sie sich auf die Verbindlichkeiten gegenüber sich selbst und allen anderen verpflichten. Das haben unbedingte Grund- und Menschenrechte zu sein. Leider hat uns die Geschichte nur zu oft vor Augen geführt, dass Machthaber, die nicht von ihren einseitigen Vorteilen lassen wollten, sich auch um die Verfassungen nicht kümmern, die sie in ihr Amt gebracht haben. An dieser Preisgabe der eigenen Handlungskonditionen hat sich am 6. Januar 2021 sogar ein amerikanischer Präsident versucht.

Auch Demokratien waren in ihrer Geschichte durch Kriege, koloniale Verbrechen, Ausbeutung im eigenen Land und soziale und religiöse Präferenzen, durch zahllose Ungleichheiten beteiligt, die sie durch ein nachlässig kontrolliertes Wirtschaftssystem, ihren großzügigen Umgang mit Rauschmitteln und der auch ihre Politik ständig überschattenden Korruption belasten. Auch Demokratien bieten Anlässe zur Kritik, die sie oft einfach auf sich beruhen lassen. Das wiederum gibt ihren Gegnern Anlass, ihr Unfähigkeit und – nicht zuletzt auch – moralisches Versagen vorzuwerfen.
Diese Kritik, so rituell sie auch erfolgen mag, ist ernst zu nehmen. Und nur wenn das geschieht, hat man selbst die moralische Berechtigung, auch den Kritikern deren Versäumnisse vorzuhalten. Das ist vornehmlich bei den Gegnern der Demokratie angebracht, die im eigenen Machtbereich gar keine Kritik zulassen. Sie verfolgen jeden, der sich nicht an das Redeverbot hält. Dabei kommt alles vor, was die Geschichte an Entwürdigung und Menschenverachtung kennt. Gerade Atommächte schrecken nicht davor zurück, zum Zweck ihrer angeblich bedrohten Herrschaft Recht zu missachten, Kriege zu führen und dabei mit dem Einsatz von Kernwaffen zu drohen. Darin liegt die *ultima irrationalis* der Lebenslage, der die Menschen seit mehr als siebzig Jahren ausgesetzt sind. In ihr gewinnt der Begriff der Menschheit seinen tödlichen Ernst.

Die Konsequenz, die Demokratien unter diesen Bedingungen zu ziehen haben, liegt gewiss nicht auf der Hand. Deshalb ist es ein gutes Zeichen, wenn darüber in aller Offenheit und mit leidenschaftlicher Anteilnahme debattiert wird. Dabei sollte es selbstverständlich sein, dass Demokraten allein dadurch, wie sie mit abweichenden Meinungen friedlich umgehen, ein Beispiel für ihre Lebensart geben. Die Geduld und die Leidenschaft, in der sie dies tun, sind ein gutes Zeichen für die Demokratie. Die Kontroversen können gar nicht anders als mit aller Schärfe geführt werden; das sollte aber vorbehaltlos, mit größtmöglicher Objektivität und ohne Verharmlosung der beteiligten Mächte geschehen. Dabei ist niemand von der Pflicht suspendiert, sich mit den abweichenden Urteilen im eigenen Lande, aber auch in anderen Kulturen, Religionen und Nationen kenntnisreich und verständnisvoll auseinanderzusetzen.

Doch es gibt noch eine andere, mit der Moral auf das engste verbundene Wahrheit, die Demokraten zu beachten haben: Wenn es so ist, dass alle, die sich für ihre demokratische Ordnung einsetzen, auch unmissverständlich für ihre eigene Lebensform einzutreten haben, dann reicht es nicht aus, für sie nur zu argumentieren. Dann ist es ihre Pflicht, entschieden für die Demokratie einzutreten und notfalls auch für sie zu kämpfen. Und wenn der gewaltlose Widerstand gegen einen militärischen Übergriff nicht ausreicht, wenn die Gefahr, ungeachtet der überzeugenden Belege für die Demokratie, für das Recht und die Mitmenschlichkeit und trotz des glaubwürdigen Eintretens für sie so fortbesteht, dass eine demokratische Ordnung in ihrer Existenz bedroht ist, dann haben die Bedrohten nicht nur das Recht, sondern auch die von ihrer Selbsterhaltung gebotene Pflicht, ihre Lebensordnung mit Waffengewalt zu verteidigen.

Jeder muss für sich selbst entscheiden, was ihm sein eigenes Leben wert ist. Wer der Überzeugung ist und bleibt, dass er keinem anderen Menschen etwas zuleide tun kann, so dass er, wenn er existenziell bedroht ist, sich selbst und seine Nächsten unter keinen Umständen verteidigen würde, den hat man in seiner Haltung zu respektieren. Aber von einem Volk zu verlangen, es habe sich einem gewalttätigen Übergriff widerstandslos zu fügen, ist nicht nur *widernatürlich*, sondern kann in verschärfter Bedeutung nur *unmenschlich* genannt werden. Und niemand kann von einem anderen Menschen verlangen, «Pazifist» zu sein.

Das vorausgesetzt, hat es als eine Selbstverständlichkeit zu gelten, dass sich auch eine demokratische, rechtlich verfasste und auf ihre Humanität bedachte Gesellschaft gegen einen Angriff auf ihre Verfassung und damit auch auf ihren Bestand nicht nur entschieden verteidigen darf, sondern es auch tun muss. Wäre eine Demokratie dazu nicht bereit, gäbe sie mit ihrem Recht auch ihre Menschlichkeit preis.

Auch um dieser Wahrheit philosophisches Gewicht zu verleihen, wurde im historischen Rückblick der Darstellung Kants ein so großer Raum gegeben. Seine Schrift *Zum ewigen Frieden* enthält das nachhaltige Plädoyer für eine friedliche Politik im Namen einer republikanisch-demokratisch verfassten Menschheit. Doch Kant wäre es gewiss nie in den Sinn gekommen, auf die Verteidigung des eigenen Lebens zu verzichten. Und das gilt nicht nur für das eigene Leben mit einem Angreifer vor Augen, der seine Waffe schon gezückt hat, sondern auch und gerade für die rechtlich verfasste politische Ordnung. Denn in ihr sind immer auch viele Personen, die sich selbst nicht verteidigen können und für deren Lebensrecht man politische Verantwortung trägt.

Kant insistiert nach der Ordnung des Völkerrechts sowohl für das «Recht im Krieg» wie auch für das «Recht zum Krieg», wann immer man sich eines bevorstehenden Angriffs zu erwehren hat (MS §§56 – 60; 6, 346 ff.). Hier also muss man selbst wehrhaft und zum Kampf bereit sein. Also gehört zum rechtlichen Schutz einer politischen Gemeinschaft, die Opfer eines feindlichen Angriffs ist, sich nach Kräften gegen den Angriff zu verteidigen. Wie das geschieht, kann man im Voraus nicht sagen. Die zum Widerstand bereiten Opfer müssen mit allem rechnen, auch damit, vertrieben oder vernichtet zu werden. Und der Kampf, zu dem man sich unter diesen Bedingungen verpflichtet weiß, gilt nicht nur der Sicherung der eigenen Lebenssphäre, sondern auch der Verteidigung der Demokratie, für die man durch seinen Kampf der Menschheit ein Beispiel gibt.

Bei der Klärung der damit verbunden Fragen kann die philosophische Tradition eine Hilfe sein. So kann ihre begriffliche Vorarbeit Anleitungen für die Entwicklung neuer Lösungen bieten. Das hat sie durch ihre konstruktive Kritik an den Ordnungsmodellen der *Republik* und der *Demokratie* sowie durch ihre initialen Überlegungen zum *Menschen-* und zum *Völkerrecht* bewiesen. Der kritische wie auch der konstruktive systematische Beitrag der Philosophie geht von der Überzeugung aus, dass die Menschheit verlässliche institutionelle Strukturen braucht, um ihr Leben zu ordnen und ihre Zukunft in möglichst verlässlicher Weise angehen zu können. Dazu sind in den behandelten Punkten dieses letzten Kapitels einige Anregungen gegeben.

Was noch aussteht, ist eine Antwort auf die Frage, ob wir dem Menschen zutrauen, den komplexen Aufgaben seiner Zukunftssicherung überhaupt gewachsen zu sein. Hier kommt es nicht allein auf *rechtliche Strukturen* und *belastbare Institutionen* an, sondern in diesem letzten Punkt ist nach der *Beschaffenheit des Menschen* überhaupt gefragt.

Wenn wir dabei darlegen können, dass der Mensch nicht allein durch seinen «aufrechten Gang» und seine «Intelligenz» ausgezeichnet ist, sondern dass es eine sich wechselseitige stützende und herausfordernde Anzahl singulärer Fähigkeiten ist, die den Menschen erst zu dem vielfältig begabten Wesen machen, das sich immer wieder selbst gefährdet, aber sich auch immer wieder steigern und sich in Konkurrenz und Kooperation zu neuen Lösungen befähigen kann, hoffen wir einer gehaltvollen Antwort näher zu kommen. Davon handelt der folgende Punkt 35.

Den Schluss des Buches bildet dann eine Warnung vor dem Glauben an einen unbegrenzten Fortschritt der Menschheit. So wie jeder Mensch sterben muss, muss auch die Menschheit eines Tages an das Ende ihres Daseins kommen. Und so wenig der eigene Tod, der in naher Zukunft unser individuelles Dasein beendet, unser Leben sinnlos macht, so wenig nötigt uns die Gewissheit vom historischen Ende der Menschheit, das Leben aller Menschen als verloren anzusehen. Denn der Sinn des Lebens liegt im Leben selbst.

35. Homo politicus: Der Anwalt seines Daseins. Mit der Verpflichtung des Menschen zur moralischen Ernsthaftigkeit seines Tuns, zur Aufrichtigkeit seines Sprechens und Wahrung des Friedens können wir uns nicht länger der Frage entziehen, was denn das für ein Wesen ist, von dem wir erwarten, dass es den vielfältigen Ansprüchen auch genügen kann, die es in der Politik und vor allem in der Demokratie an sich selber stellt. Dabei geht es um eine Besonderheit des Menschen, die nichts mit «Überlegenheit» oder «Vorherrschaft» zu tun hat. Es geht um eine «Eigenart», mit der er es sich keineswegs dadurch leichter macht, dass er in der Fähigkeit, Politik zu machen, eine singuläre Leistung erkennt, die nur den Menschen auszeichnet. Es ist eine durchaus problembelastete, ihm ständige Aufmerksamkeit, Sorge und Mühe aufbürdende Leistung, die Pflanzen und Tieren, die in der Regel ja auch in großen sozialen Verbänden leben, wie von selbst zu bewältigen scheinen. Den Menschen aber kostet sie den vollen Einsatz seiner affektiven und intellektuellen Kräfte in einer Sphäre, die er selbst erst aufzubauen und zu kultivieren hat: in der politischen Öffentlichkeit.

«Öffentlichkeit» ist ein anthropologisches Merkmal des Menschen. Es steht nicht im Verdacht, der Abwertung anderer Lebewesen Vorschub zu leisten, und muss andererseits auch nicht befürchten lassen, damit werde einer Naturalisierung des Menschen das Wort geredet. Überdies kann man mit dem in der Philosophie gern gemachten Vorwurf des *Naturalismus* gelassen umgehen. Denn es kann nicht in Zweifel stehen, dass der Mensch ein *Lebewesen* ist, das alle seine Leistungen der Natur verdankt, zu der es gehört, aus der es lebt, ja, die er selbst *ist*. Dass die Menschwerdung immer auch in einer Auseinandersetzung mit der Natur geschieht, in der sich der Mensch erst entwickelt und steigert, so dass er sich schließlich als *kulturelles* und *geistiges* Lebewesen versteht, ändert an seiner *Zugehörigkeit zur Natur* nicht das Geringste.[26] Auch das Einzigartige des Geistes kann letztlich nur im *Denken* und im *Gedankenaustausch* mit anderen Naturwesen erfahren werden. *Geistig* wird der Mensch aufgrund einer besonderen leibhaftigen, sozialen und kommunikativen Verfassung seiner Natur.

In Anerkennung der im Lauf seiner Entwicklung entstandenen *Eigengesetzlichkeit der Kultur*, im Bewusstsein der begrifflich konstruierten *Einheit der Natur* wie auch der sich in ihr entfaltenden *Gegensätze* (auch in seinen *geistigen Operationen*), ist und bleibt der Mensch nicht mehr als eine der unzähligen *Spezialisierungen des Lebens*. Also brauchen wir weder den Vorwurf des *Naturalismus* noch den des *Materialismus* zu fürchten. Beide nehmen dem Menschen nichts von seinen vielfältigen Eigenschaften. Sie verbieten ihm nicht, dass sich der Mensch mit seinen *sinnlichen* und *geistigen* Fähigkeiten immer auch als ein *kulturelles* und *intellektuelles Wesen* begreift und gerade auch dadurch *weiß*, dass er ein *leidendes* und *hoffendes*, ein zuweilen *Schmerz empfindendes* und gelegentlich *lachendes Lebewesen* ist, dem seine *Sterblichkeit* immer bewusst sein kann.

Es sind im Ganzen *sechs* Kriterien,[27] an die zunächst zu erinnern ist, um sie abschließend um eine *siebte* Eigenschaft zu ergänzen, in welcher der Mensch als *homo politicus* begriffen werden kann.

An *erster* Stelle steht, dass sich der *Mensch* als das Lebewesen bezeichnen lässt, dass *Probleme* haben kann, die es anderen Menschen als solche *mitteilen*, mit ihnen *beraten* und auch *gemeinsam* angehen kann. Es kann sie auch *für sich behalten*, allein für sich *bedenken*, *klären* oder einfach *auf sich beruhen* lassen. *Probleme* zeigen an, dass der Mensch sich in einer *Welt* befindet, die *ihn etwas angeht* und in der er glaubt, durch Denken, Sprechen und Handeln etwas ausrichten zu können. Probleme erlauben ihm, sich mit seinesgleichen *sachhaltig* zu verständigen, so dass er mit ihnen *kooperieren*, sich mit ihnen *themenbezogen* streiten, aber auch *gemeinsam nach besseren Lösungen* suchen kann.

Dieses Lebewesen nennen wir ***homo quaerens***.[28] Es ist ein Wesen, das die *Welt*, ja sogar *sich selbst* als *Problem* erfahren kann. Offenkundig ist, dass ihm diese Disposition nicht nur Vorteile bringt, sondern ihm im Gegenteil in existenzieller Belastung schwer zu schaffen machen kann. Sie dürfte sich so bei keinem anderen Lebewesen finden. Bei keinem anderen Tier würden wir es wagen, ihm «Probleme» nachzusagen; nur beim Menschen haben wir den Eindruck, sicher sagen zu können, was es heißt, von Sorgen beunruhigt zu sein, eine bestimmte Lösung zu suchen oder einen Ausweg vorab erkannt und genutzt zu haben.

Die *zweite*, dem Menschen ebenfalls vermutlich ganz allein zukommende Eigenschaft besteht darin, dass er sich *rational*, also *verständig* und *vernünftig*, und darin auch bewusst *sozial* verhalten kann. Es sind sein *Verstand* oder seine *Vernunft*, die ihn etwas *aus Gründen* vorziehen lassen und es ihm erlauben, ein Problem mit *menschlicher Anteilnahme* und in *gesellschaftlicher Absicht* anzugehen. Darin können auch Mitgefühl, Sympathie oder Begeisterung im Fall eines inspirierenden Vorhabens wirksam werden.

Das heißt nicht, dass der Mensch immer zugleich vernünftig und anteilnehmend handelt. Wie wir wissen, kann er seinen Verstand sogar vorrangig zur Verfolgung egoistischer und offenkundig menschenfeindlicher Ziele nutzen. Aber, und das ist entscheidend: Es muss nicht zwingend so sein! Der Mensch *kann* auch aus eigener *Einsicht*, ja sogar mit *rationalen Gründen*, *hilfsbereit* und sogar *selbstlos* sein. Er verdient es somit, ***homo rationale sive sociale*** genannt zu werden. *Sive* (*gleich*) bedeutet hier: die beiden Momente sind zwei Seiten einer Medaille: *Alles* Rationale hat in sich eine auf *Mitteilung* und *Gegenseitigkeit* gegründete und somit auch *soziale* Seite. Es heißt zum Beispiel, dass der Mensch aus verschiedenen Motiven etwas Vielversprechendes tun und dabei sowohl sparsam wie auch wohltätig sein kann. Es ist somit die Fähigkeit zur Verbindung höchst verschiedener Motive, die es ihm im Gang seiner Entwicklung erlauben, ein *politisches Lebewesen* zu werden; es verbietet ihm auch nicht, sich in anderen Eigenschaften, etwa als *homo oeconomicus* oder als *homo religiosus* hervorzutun. Denn auch der *homo oeconomicus* bleibt dem Doppelanspruch des Rationalen und Sozialen verbunden.

Im Unterschied zum überlieferten Verständnis des *animal rationale* wird hier die emotionale und damit auch soziale Seite nicht vom rein sachlichen Begreifen der Gegenstände und Sachverhalte abgetrennt. Denn auch im klassischen Verständnis des *animal rationale* ist immer schon eine kommunikative und emotive Dimension mitgedacht, und zwar schon in der Präferenz für das rationale Ich. Man stellt sich den rational kalkulierenden Menschen zwar immer nach Art eines allein auf sich selbst beschränkten Egoisten vor; doch das ist eine verengende Abstraktion, weil ein Egoist nicht notwendig *bloß* auf das eigene Ich bezogen ist. Er kann auch seine Kinder, seine Familie, seine Unternehmung oder sein Volk in seine Ansprüche einbeziehen. Deren Reichweite hängt wesentlich von den Partnern und den Opponenten ab, mit denen er zu tun hat.

In jedem Fall ist eine gleichermaßen soziale wie emotional basierte Differenzierung zu beachten, die eine rationale Kalkulation nicht ausschließt. Das Rationale zum feststehenden Opponenten des Sozialen zu erklären, würde nicht nur Sozialpolitik unmöglich, sondern auch Mitmenschlichkeit und Humanität zur bloßen Maskerade machen.

Überdies würde die Trennung des Rationalen vom Sozialen eine grundlegende Fähigkeit des Menschen gar nicht erst entstehen lassen: Mitteilung im sachhaltigen Sinn findet in der für den Menschen charakteristischen Wechselseitigkeit nur *im Umgang des Menschen mit seinesgleichen* statt. Und mit «seinesgleichen», also mit den Menschen, steht er, ob er will oder nicht, in enger Verbindung. Gewiss lebt er auch mit Lebewesen anderer Art zusammen; er kann sich mit ihnen verständigen, kann ihnen Zeichen geben, denen sie folgen, und traut sich zu, sie in ihrem Ausdruck zu verstehen. Aber Verständigung nach Art der Mitteilung, bei der man sich versichern kann, ob man jemanden richtig verstanden hat, ist nur im Umgang mit seinesgleichen möglich. Sprechen kann er nur im Zusammenleben mit anderen Menschen erlernen. Und alles, was er auf rationale Weise begreift, wird ihm auf gesellschaftlichem Weg vermittelt. Dazu gehört auch der Umgang mit unterschiedlichen Stimmungen. Der Mensch kann mit verschiedenen Gefühlen umgehen, weiß zwischen Zuneigung und Abwehr zu unterscheiden und hat dabei das Rationale sozial zu gewichten.

So entschieden sich der einzelne Mensch im Selbstgespräch auf sich zurückziehen sowie in egozentrischer Berechnung und in der egomanischen Selbstbestimmung in sich isolieren kann: Er ist bereits in der Anlage von Sprache, Verstand und Vernunft auf seinesgleichen bezogen. Und da erst diese Leistungen ermöglichen, sich mit anderen Menschen in der verlangten Gegenseitigkeit zu verständigen, kann von der *menschheitlichen Anlage* der nur den Menschen auszeichnenden Leistungen der *Sprache*, des *Verstandes* und der *Vernunft* die Rede sein. Es sind *soziomorphe Vermögen*, die sich nur in einem menschlichen Umfeld entwickeln.

Mit anderen Worten: Der Mensch kommt nur als *soziales Wesen* zu sich selbst. Weder sein *Verstand* noch seine *Vernunft*, noch sein *Geist* und seine *Gefühle* sind *nur auf sich* bezogene Leistungen. Sie sind bereits *in sich selbst gesellschaftlich* verfasst. Was immer im Bewusstsein vorgeht, was immer ein Mensch darin auch *in sich verschließt* und nur *für sich behalten* will, hat die Verlaufsform einer *Mitteilung*. Nicht nur seine Entstehung verdankt das Ich eines menschlichen Bewusstseins dem Umgang mit seinesgleichen; auch seine Erhaltung bleibt an das fortgesetzte Gespräch seines *Ich* mit seinem *inneren* Gegenüber gebunden. Schärfer gefasst: Den Inhalt eines Bewusstseins gibt es nur im Status einer *Kommunikation zwischen Ego und Alter*. Und alles Wissen ist ein Niederschlag aus einem lebendigen Austausch, den ein Mensch, im Bewusstsein seiner Einbindung in ein gesellschaftliches Geschehen, mit seiner Umgebung hat. Das aber heißt auch: Der Mensch ist für seine politischen Aktivitäten disponiert – auch weil er es versteht, Rationales in seinem sozialen Umfeld zu begreifen.

An *dritter* Stelle sprechen wir vom Menschen als ***homo sapiens et homo faber***, der stets «Kopfarbeiter» und «Handwerker» in einem ist. Zwar kann er in der Regel das eine mehr oder weniger besser als das andere; die einen denken oder sprechen mit größerer Wirksamkeit, während die anderen durch körperliche Geschicklichkeit, durch größeren Kraftaufwand und Ausdauer auffallen. Doch die Intelligenz entwickelt sich in der Spezies wie auch beim Individuum grundsätzlich in engem Zusammenspiel der Fähigkeiten des Kopfes und der Hand, so dass mit der Entfaltung der handwerklichen Kunstfertigkeit auch der begriffliche Zugriff und der sprachliche Ausdruck an Prägnanz gewinnen.

Homo sapiens et homo faber bleiben sich auch im Vollzug ihrer Stärken verbunden. Rechnen kann man durch Abzählen an den Fingern, aber auch durch das sprichwörtliche Kopfrechnen ohne äußere Anschauungshilfen. Das Greifen mit der Hand ist nicht nur etymologisch mit dem Begreifen durch Begriffe verbunden; wesentliche Lernprozesse, die das geistige Können, das Verstehen, die intellektuelle und insbesondere die künstlerische Virtuosität ermöglichen, setzen die Beherrschung physischer Bewegungsabläufe voraus. So gehören handwerkliche und geistige Fähigkeiten des Menschen in der menschlichen Spezies zusammen und bedingen sich wechselseitig. Sie bilden im Individuum wie auch in der Gemeinschaft eine Verbindung, die sich bei Tieren, die ebenfalls hochgradig *intelligent* und mit höchster Spezialisierung *körperlich geschickt* sein können, so nicht findet.

Viertens ist der Mensch ein Lebewesen, das eine sich bei anderen Säugetieren zumeist nur in ihrer frühen Entwicklungsphase anzutreffende Fähigkeit zeigt, die sich beim Menschen aber oft bis ins hohe Alter regt: mit offenkundiger Lust *zu spielen*. Sie ist in der menschlichen Spezies in hohem Maße mit dem Verlangen verbunden, wann immer es geht, *erfinderisch* zu sein. Die Kulturhistoriker sprechen vom ***homo ludens***.[29] Da sich die Fähigkeit zu *spielen* mit der Freude an Wiederholung und Vergleich verbindet und schon bei Kindern mit dem Verlangen nach Vergleich der Kräfte zusammengeht, bringt das Spiel eine unvermutet frühe Tendenz zur *logischen* und *mathematischen Abgrenzung* mit sich. Man möchte zwischen *Siegern und Verlierern* unterscheiden und bildet *Rangfolgen* zwischen dem «Ersten» und dem «Letzten». Um das zu können, muss man nicht nur bis drei, fünf oder zehn *zählen* können, sondern muss schon sehr früh den logischen Akt der *Verneinung* verstehen, lange bevor sich beim jungen Menschen weitere intellektuelle Fähigkeiten ausbilden.

Wer spielt, muss folglich mit der Differenz zwischen *Affirmation* und *Negation* umgehen können; wer dazu nicht fähig ist, kann keine *Spielregeln* verstehen und sie auch nicht anwenden. Also ist der *homo ludens* immer auch ein *homo affirmans et homo negans*, der «Ja- und Nein*tun*» kann. Damit stellt sich auch das Vermögen ein, «nein» und «ja» zu sagen.

Dazu gehört auch eine Fähigkeit, die man zwar schon in allen Leistungen menschlicher Verständigung und humanen Könnens benötigt, die aber von besonderer Bedeutung ist, wenn man sich politisch betätigen will: Man muss in der Lage sein, sich in *Rollen* hineinzudenken und auch *wechselnde* Rollen ausfüllen können. Kinder müssen schon auf dem Spielplatz das Gegeneinander unterschiedlicher Positionen verstehen, um in der einen wie auf der anderen Stelle mitzuwirken. Man hat also zu lernen, im Spiel mit verschiedenen Funktionen umzugehen.

Das sind Fähigkeiten, die auch in anderen Lebensbereichen gefordert sind. Aber im Spiel und im Sport ist eine besondere Beweglichkeit in der Wahrnehmung der Rollen gefordert. Man muss in der Lage sei, die unterschiedlichen Positionen, zeitweilig sogar unter höchstem Einsatz, auszufüllen. Nach dem Spiel aber ist die Situation auf einen Schlag verändert. Damit umgehen zu können, ist eine gute Bedingung für die Bewährung im politischen Meinungsstreit, in parlamentarischen Beratungen oder in diplomatischen Verhandlungen. Spätestens in der Politik wird daraus ein Vermögen, das nicht erst zur hohen Kunst der Diplomatie zu rechnen ist, sondern zu den elementaren Fähigkeiten des *homo politicus*, vor dessen Würdigung noch zwei weitere grundlegende Eigenschaften des Menschen zu nennen sind.

Im Buch über die *Humanität* wurde noch kein eigener Punkt daraus gemacht, dass zum Spiel stets ein *phantasievoller* und damit auch *produktiver* Umgang mit *Dingen*, *Rollen* und *Situationen* gehört. So wurde der ***homo creator*** in eine Reihe mit dem *homo ludens, homo affirmans* und *homo negans* gestellt. Das kann man tun, aber es überzeugt nicht, weil es der eigenständigen Bedeutung der auf diese Weise möglichen *Kunst* nicht gerecht wird. Denn hier wird nicht nur etwas erfunden, neu kombiniert und arrangiert, sondern der *Künstler*, auf den die Rede vom *homo creator* zielt, hat sein Wesentliches in seiner originären *Schöpfungsleistung*. Er ist an *fünfter Stelle* zu erwähnen.

Das Schöpferische ist nicht darauf angelegt, eine Funktion in einem vorgegebenen Handlungszusammenhang zu erfüllen. Der *homo creator* will etwas *ursprünglich Neues* in einem als Ganzes wahrgenommenen Weltzusammenhang schaffen. Hier emanzipiert sich der Mensch auch von den Rollen, die er nach Maßgabe seiner sonstigen Fertigkeiten spielt. Er steht unter dem Anspruch, etwas Einzigartiges, Originelles, so bislang noch nie Vorgekommenes hervorzubringen, um damit die Welt, die er mit seinesgleichen teilt, zu bereichern. Der *homo creator* zielt darauf, etwas qualitativ Neues und Einzigartiges zu erschaffen. Er will selbst ein *Ursprung* sein, will einen *Anfang* machen, wie es ihn noch nie gegeben hat. Damit verbindet er auf höchst bewusste Weise seine *Individualität* mit seiner *Originalität*; er handelt in der Erwartung, der Welt zu einer *Innovation* zu verhelfen, die ihr *im Ganzen einen neuen Wert* zu geben vermag.

Mit dem erstmals so bezeichneten ***homo publicus*** rückt an *sechster* Stelle das mit seinesgleichen auf singuläre Weise exponierte Natur- und Kulturwesen Mensch in den *Vordergrund*. Der *homo publicus* weiß von seiner Sicht- und Vernehmbarkeit in einer Welt, in der er so, wie er sich selbst erfährt, überhaupt nur von seinesgleichen wahrgenommen werden kann. Die von Menschen durch ihre objektivierende sachhaltige Erkenntnis, ihre vielseitige Innovation und Gestaltungskraft angereicherte und stets auch dem Neuen besondere Beachtung schenkende *Öffentlichkeit* schafft besondere Voraussetzungen für ein aktives, durch die allgemeine Sichtbarkeit gefördertes Verhalten, das viele motivieren, aber gewiss auch nicht wenige abschrecken kann.

Mit der Öffentlichkeit eröffnet sich dem Menschen die Welt, wie sie von seinesgleichen gestaltet wird. Dabei ist der Einzelne selten nur auf Betrachtung aus; mindestens möchte er beschreiben, um sich und seinem Publikum Möglichkeiten der Anteilnahme, der Erkundung, der Mitwirkung oder des Austauschs zu eröffnen. Es geht um nahe und ferne Mitmenschen in ihrer Aktivität, mit der sie das besondere Interesse anderer auf sich ziehen. Das weitet den Horizont der Menschen auch dadurch aus, dass Lebenschancen und Handlungsalternativen sichtbar werden. Die stellen sich durch andere Personen mit anderen Erfahrungen, Vorstellungen und Fähigkeiten wie von selber ein; das Wissen über andere Einstellungen und Lebensformen reichert sich an wie bei Berichten, die über die Lebensweisen in anderen Ländern Kenntnis geben.

Öffentlichkeit hat die *Funktion eines vergrößernden Spiegels*, der Nächstliegendes und Persönliches, vor allem alles, was in Aufwand, Erwartung und gesellschaftlicher Leistung von allgemeinem Interesse ist, was sich genauer betrachten lässt, und selbst Fernes nahebringt und vertrauter macht. Es werden Kenntnisse erweitert, Wahrnehmungen intensiviert, Urteile in vielfacher Weise vorgetragen und in kontroversen Bewertungen geschärft.

Die Öffentlichkeit macht mit der Vielfalt des Daseins vertraut, lässt über das Fremde staunen und erleichtert es, Verbindungen zu Menschen zu eröffnen, von denen man zuvor nur vage Kenntnis hatte. Sie kann Fremdheit abbauen und Verständigung begünstigen, so dass sie als das unverzichtbare Elementarmedium der politischen Welt gelten kann. Indem die Öffentlichkeit die perspektivische Vielfalt der menschlichen Welt nicht nur ins Bild zu rücken vermag, sondern auch die Voraussetzung für differenzierte Urteile sowie zu neuen Lebens- und Handlungschancen eröffnet, ist sie die notwendige Bedingung dafür, dass Weltkenntnis entsteht und Kontakte zu anderen Kulturen hergestellt werden. So muss die Öffentlichkeit als Bedingung für einen gemeinschaftlichen Umgang mit Welt gelten. Der *homo publicus* ist durch seine kulturelle Wahrnehmungs- und Urteilspraxis offen für die Eindrücke von anderen Lebensweisen, und damit auch für das bei allen Unterschieden *Verbindende*. Er kann daher als der Mensch gelten, der durch seine Kenntnis von den Lebensformen im Umgang mit seinesgleichen über die besten Voraussetzungen verfügt, zum *homo politicus* zu werden.

Mit der Öffentlichkeit erschafft sich der Mensch, zunächst nur im Zusammenspiel seiner physischen, sinnlichen und geistigen Fähigkeiten, später dann auch durch die Erkenntnis neuer Zusammenhänge sowie durch die seine Leistungen verstärkenden «Medien» – von den Bildern über die Schrift bis hin zum digitalen Netz –, einen *Raum gemeinsamer Bedeutung*, der ihm auch über den Augenblick hinaus zu weitreichenden Wirkungen verhilft. So kann der *homo publicus* Geschichten erzählen, die nicht nur seine Hörer berühren, sondern auch anderen Menschen in anderen Räumen und Zeiten etwas bedeuten. Auf diese Weise weitet sich der Horizont der jeweiligen Gegenwart zum Feld der Geschichte, in dem Begebenheiten und Mythen ihre fortzeugende Wirkung tun können. Herausgefordert ist nicht nur die Neugierde, sondern die Aktivität der Menschen, die den durch ihre vielfältigen Leistungen erschlossenen Raum ihrer Welt unter ihren eigenen Rechtsanspruch zu stellen versuchen. Die Erde, so wie sie in den erhaltenen Schlussabschnitten von Ciceros *De re publica* geschildert ist, wird zu einem Raum, für dessen Bestand die *Menschheit* verantwortlich ist. Wenn dabei die *Würde der Person* mit der alle Menschen einschließenden *Humanität* gesichert werden soll, kann es nur eine *rechtlich gefestigte Ordnung* sein, die dem historisch gewachsenen Anspruch und dem Selbstbegriff des *homo politicus* gerecht werden kann.

Öffentlichkeit, die bereits mit den allgemein verständlichen Äußerungen des Bewusstseins eröffnet wird, bringt das Drama des gemeinschaftlichen Lebens in denkbar größter räumlicher und zeitlicher Ausdehnung zur Aufführung. Erst die Öffentlichkeit macht es möglich, von den Anfängen des menschlichen Lebens, von großen Begebenheiten in der Vergangenheit, von einem Volk, einer Religion, einer Genealogie von Fürsten und Königen zu sprechen und damit überhaupt von dem, was man Erfahrung, Wissen oder Glauben nennen kann. Ohne Öffentlichkeit gibt es keine Wissenschaft und keine Verheißung von kommenden Dingen. Und eben auch keine Politik.

So ist der Mensch bereits als *homo publicus* disponiert, als *homo politicus* tätig zu werden. Man kann auch sagen, dass der *homo publicus* das von Titus Livius in Erinnerung gehaltene und von Platon an den Anfang der *Politeia* gestellte *Parallelogramm von Mensch und Politik* schon so weit vorbereitet, dass es vom *homo politicus* nur noch in einen institutionellen Rahmen eingebracht werden muss.

Damit ist es der *homo publicus*, der es möglich macht, von einem ***homo politicus*** zu sprechen. Der *homo publicus* hat den Raum erschlossen, in dem der *homo politicus* tätig werden kann, um aktiv für die Erhaltung und Entfaltung der Menschen zu sorgen. Er hat schon früh, spätestens mit den großen Reichen im Orient, in Mesopotamien, Ägypten und Persien sowie in den Flusstälern Indiens und Chinas, die Zuständigkeit für das Leben einer größeren Menge von Menschen gesucht und dabei viel Mühe darauf verwendet, auch den Ansprüchen der kosmischen Mächte zu genügen. Der gekrönte und gesalbte *homo politicus* wurde wie ein Gott verehrt.

Doch die nun schon seit mehr als 2500 Jahren bestehenden Konzeptionen von Demokratie und Republik sehen die Verantwortung für die Politik nicht nur bei einzelnen Menschen und einem kleinen Kreis ihrer Vertrauten, sondern letztlich bei *allen Menschen*, die von ihr betroffen sind. Und erst damit kommt es zur Profilierung des *homo politicus.* Gewiss hat es unter der Herrschaft von Königen und Pharaonen viele Menschen gegeben, die in die vielfältigen Aufgaben der Leitung, der Beratung, der Verwaltung, der Verteidigung und des Tempeldienstes eingebunden waren. Die Grabinschriften, die Weisheitsbücher und die frühe Literatur der Ägypter führen anschaulich vor Augen, wie viele Menschen in unterschiedlichen Stellungen benötigt wurden, um die Ordnung des Reiches aufrechtzuerhalten. Im Rahmen dieser Ordnung hat es in einem beachtlichen Umfang Personen gegeben, die Mit-Verantwortung für das Ganze getragen haben, und es wäre unangemessen, ihnen die Eigenschaft des *homo politicus* absprechen zu wollen.

Doch auf die anthropologische Auszeichnung des Menschen als *homo politicus* wird man erst kommen, wenn es gilt, eine allgemeine Qualität zu benennen, die man *grundsätzlich jedem* Menschen zusprechen kann. Und dies geschieht mit den ersten Versuchen mit der *Republik* in Rom und davor mit einer *Demokratie*, wie sie eine Weile lang in Athen existierte. Von da an kommt dem Menschen das *siebente Merkmal* als *homo politicus* zu, der dann auch die denkbar größte philosophische Aufmerksamkeit findet.

Ein letztes Mal in diesem Buch muss hier von *Platon* die Rede sein: Er ist historisch der erste und systematisch gewichtigste Denker, von dem eine eindringende philosophische Beschäftigung mit der Politik und mit der Demokratie überliefert ist. Platon kann weder als metaphysischer Idealist noch als dogmatischer Theist verstanden werden, und von einer definitiven Verwerfung der Demokratie durch ihn kann keine Rede sein kann. Seine Kritik der Demokratie ist vielmehr die Vorbereitung auf einen eigenen Staatsentwurf, der dem Verfassungsverständnis der Moderne näherkommt als alles andere, was uns aus Antike und früher Neuzeit überliefert ist.

Was die Leistung Platons so anschaulich und glaubwürdig macht, ist das von ihm mit literarischer Meisterschaft bewahrte Andenken an Sokrates, der als *homo politicus par excellence* begriffen werden kann. Dessen Leistung verbindet Platon mit der Einsicht, dass die Politik, die von so vielen Faktoren abhängt, dass man letztlich ihre Möglichkeit dem Wirken der Götter zuschreiben muss, dennoch eine *Leistung des Menschen* ist und *allein von ihm verantwortet* werden muss.

Schon in den griechischen Stadtgemeinden ist der *homo politicus* als eigenständiges, selbstverantwortliches Individuum konzipiert. Sokrates ist der Prototyp, der im Krieg, vor Gericht oder in der Weigerung, sich dem Todesurteil durch Flucht aus dem Gefängnis zu entziehen, zeigt, wie man als selbstbewusster Bürger leben und sterben kann.

Welche radikale Konsequenz Platon mit der von ihm als zwingend angesehenen Fundierung der *polis* allein durch die Zuständigkeit des Menschen zieht, wird in dem Verzicht deutlich, den der Künstler Platon, der, bevor er Sokrates begegnete, Dichter werden wollte, sowohl in der *Politeia* wie auch in den *Nomoi* durch ein Verbot der Aufführungen von Tragödien vorzuschreiben sucht! Hier kommt mit existenzieller Dramatik zum Ausdruck, dass sich der Mensch notfalls zu seiner alleinigen Verantwortung für die Politik zu bekennen hat. Nicht die Götter, sondern die Menschen haben Politik zu machen, und sie allein müssen sie im ganzen Umfang verantworten. Dass Platon diesen weltgeschichtlichen Stellungswechsel nicht mit dem verwegenen Optimismus vollzieht, den wir von späteren Revolutionären und Paradigmenwechslern kennen, zeigt sich mit seiner (immer noch den Künstler verratenden) späten Begründung für das Theater-Verbot in seiner Modellstadt Magnesia: Nicht das, was die Künstler sich für ihre Bühnenstücke ausdenken, sondern die Politik selbst ist die «einzig wahre Tragödie».[30] Mit dieser unerhörten These wird die Verantwortung exponiert, die der Mensch als *homo politicus* zu übernehmen bereit sein muss.

Der *homo politicus* ist der Architekt der politischen Welt, dem die alleinige Zuständigkeit für die Erhaltung und Verwaltung dieser von ihm konzipierten Welt zufällt. Und so ungeheuerlich das den Traditionalisten aller religiösen, kulturellen oder nationalen Couleurs auch erscheinen mag: Hier hat jeder Einzelne als *homo politicus* zu gelten, ohne dass er, wie noch in der *Politeia*, in der Rolle eines «Königs» oder eines «Weisen» auf die *Funktionen der Beratung, der Lenkung und der Leitung* beschränkt ist. Vielmehr sind *alle* gemeint, die in der aufwändig gegliederten Siedlung *Magnesia* in unterschiedlichen Funktionen tätig sind und nach ihrer Bewährung in verschiedenen Ämtern am Ende ihrer Laufbahn in den *Nächtlichen Rat* der Ältesten berufen werden. Hier ist *jeder* angesprochen, der in seinen wechselnden Positionen in vielem belehrt und gewiss auch verändert werden kann. Gleichwohl bleibt jedes Glied der politischen Gemeinschaft nicht mehr als das Individuum, das es von Geburt an war und das als Mensch am Ende sterben wird.

Das steht nicht im Widerspruch zur Erziehung und Bildung der Individuen in der Stadt, an deren Entwicklung sie mitzuwirken haben. Natürlich ist jeder einzelne Mensch im Gang seines Lebens *derselbe* geblieben, zugleich aber haben ihn die Erfahrungen verändert, durch die er zu einem vermutlich in vielem kundiger und umsichtiger urteilenden Mitbürger geworden ist. Insofern ist er im Gang seines Lebens durchaus auch ein *Anderer* geworden, ohne dadurch sich selbst oder anderen fremd werden zu müssen.

Und so lässt sich am Beispiel des *homo politicus* wohl am besten exemplifizieren, was in allen Fragen der menschlichen Lebensbewältigung, insbesondere aber in den rechtlich verfassten politischen Organisationen von elementarer Bedeutung ist: Wie jedes einzelne Ereignis zu seiner Zeit und an seinem Ort *einmalig* ist, wie jeder Gegenstand *singulär* und jedes Lebewesen *einzigartig* ist, so ist auch jeder einzelne Mensch ein *Individuum*, das als solches zu achten ist. Und jeder Einzelne hat dafür zu sorgen, dass er in dem, was ihm als handelnden Bürger zugerechnet wird, nicht widersprüchlich erscheint.

Sokrates hat dafür in seinem Leben immer wieder eindrucksvolle Beispiele gegeben, indem er sich zu dem bekannte, was als seine Haltung und seine Meinung bekannt war. Diese *Standhaftigkeit* fordert er von jedem Bürger, der an einer politischen Versammlung teilnimmt. So hat der einzelne Bürger, bei aller situativen Differenzierung, mit seiner Meinung klar und entschieden einzutreten. Sokrates weiß, dass dazu *Mut* gehört, und stellt die *Entschlossenheit* im demokratischen Meinungsstreit noch über die *Verlässlichkeit* in der militärischen Schlacht, in der es um Tod oder Leben geht. Dabei geht Sokrates von der Einschätzung aus, dass ein Mensch, der im politischen Meinungsstreit nicht verlässlich ist, dies auch in der realen Auseinandersetzung nicht sein wird.

Im Handeln des *homo politicus* geht es um eine Beharrlichkeit, die in manchem angeboren sein kann, aber auch durch Erziehung gelehrt und durch Vorbilder gestärkt werden kann. Sie sollte mit der Entscheidung für ein selbstbestimmtes Leben im Verein mit seinesgleichen verbunden sein. Dabei hat der Einzelne, je nach seinen eigenen Stärken und Schwächen, viele Optionen, die sich mit der Rollenvielfalt im politischen Raum eröffnen, sich also erst dem *homo politicus* bieten.

Im gesellschaftlichen – und insbesondere im politischen – Zusammenhang, in dem der Mensch zu verschiedenen Zeiten, in unterschiedlichen Entwicklungsphasen, bei voneinander abweichenden Tätigkeiten und mit wechselnden Personen angetroffen werden kann, ist es essenziell, ihn *niemals bloß auf nur eine Identität* festzulegen. Denn sie würde damit metaphysisch absolut gesetzt und von jedem Gebrauch im gesellschaftlichen, kulturellen, politischen oder auch literarischen Kontext ausgeschlossen.

Die Vielfalt in der Wahrnehmung von Aufgaben und in der Besetzung von Positionen gehört zu den vertrauten Konditionen des politischen Lebens. Als *homo politicus* hat sich der Mensch auf diesen Wechsel einzustellen; er sollte sich als *Bürger*, ganz gleich ob als Wähler, Delegierter oder Amtsträger auf Zeit, in unterschiedlichen Funktionen bewähren; so kann er gleichzeitig Leiter eines weisungsbefugten Amtes, Mitglied einer beratenden Kommission und ein zur Stimmabgabe aufgeforderter Bürger sein.

Da jede dieser Aufgaben in der Regel mit besonderen Rechten und Pflichten verbunden ist, lernt der *homo politicus*, ein *bestimmter und sich bestimmender Mensch* und dennoch in seinen unterschiedlichen Rollen *derselbe Mensch* in wechselnden Funktionen mit den zugehörigen Rollenattributen zu sein! Zwar ist das die Lektion, die jeder, der mit wachen Sinnen und gesundem Menschenverstand durchs Leben geht, jederzeit lernen kann. Er kann gleichzeitig Sohn, Bruder, Freund, Vater und Verkehrsteilnehmer sein, man kann nacheinander die Aufgaben eines Schülers, eines Studenten und später eines Lehrers wahrnehmen, und schließlich kann er auch Rentner sein, der überdies noch verschiedenen Pflichten als Nachbar oder Vereinsmitglied nachzukommen sucht.

Wer die zur menschlichen Kultur gehörende Vielfalt der Rollen, die ein Mensch im Gang seines Lebens anzunehmen und auszufüllen hat, nicht zu erfassen vermag, wirkt wie ein Autist, der jeweils nur einen im Augenblick dominanten Aspekt der Dinge zu erfassen vermag. Er unterliegt dem Irrtum, personale Einzigartigkeit und autonome Selbstbestimmung seien nur im Zustand hermetischer Singularität zu wahren. Ihm entgeht, dass *ein und derselbe* Mensch durchaus *verschiedene* Identitäten haben kann, ohne dabei seine moralische Integrität und seine politische Identität zu verlieren.

Diese zum Leben gehörende funktionale Differenzierung wird mit der politischen Organisation manifest; sie wird institutionalisiert und mit einer rechtlich geordneten Hierarchie von Ämtern und Aufgaben instrumentiert. Doch es wäre ein Missverständnis, darin eine ontologische Fundierung zu sehen, die aus einer zeitweiligen Aufgaben- und Arbeitsteilung eine Stufenordnung ewiger Wesen macht. Das aber ist die Konsequenz identitärer Diskursstrategien, die jede für wesentlich gehaltene Funktion oder Eigenschaft eines Menschen zu einem unveränderlichen und unantastbaren *factum brutum* zu verklären vermag – wenn sie nur vom Einzelnen zu einem solchen erklärt worden ist. Die (im wahrsten Sinne des Wortes) «Einseitigen», die in politischen Ansprüchen nur das anerkennen wollen, was sie für authentisch halten und dabei als unveränderlich ansehen, erheben damit weitreichende politische Ansprüche, dekretieren aber *de facto* (da sie eins immer nur für dasselbe ansehen wollen) das Ende aller Politik.

Der *homo politicus* geht von der diametral entgegengesetzten Einsicht und Absicht aus. Er versammelt in sich eine Vielzahl von Leistungen, die angefangen bei seiner *Problemorientierung* über seine Fähigkeit zur *begrifflichen Abstraktion* bis hin zum Anspruch, unter *öffentlichen Bedingungen* etwas allgemein Gültiges, vielleicht sogar Bleibendes hervorzubringen, den Anspruch stellen, seiner Spezies eine kulturelle Form zu geben, in der er selbst Ansehen, Dauer und Ruhm zu erwerben und vielleicht sogar Geschichte zu machen sucht. Das sind bis heute nicht veraltete Verdienste, nach denen politische Akteure streben.

Der *homo politicus* entfaltet sein Ingenium mit der Fähigkeit, aus der beweglichen, sich ständig verändernden Menge höchst unterschiedlicher Menschen etwas möglichst alle und alles Umfassendes und Verlässliches zu schaffen. Wichtigste Voraussetzung ist die aktive Teilnahme am politischen Leben. Sie ist elementar für den *homo politicus*, bei dem wir voraussetzen, dass er immer auch *homo rationale sive sociale* ist. Der *homo politicus* sollte wissen, dass die Begriffe weder wie Sterne am Ideenhimmel stehen noch wie Etiketten an den Sachverhalten kleben. Begriffe sind Ausdruck der menschlichen Bemühung, sich mit ihresgleichen über die gemeinsame Welt zu verständigen. Das schließt jeden Substantialismus aus und verbietet, soziale Einheiten, etwa ein Volk oder eine Nation, wie für sich bestehende Wesenheiten anzusehen. So wenig sich politische Einheiten zu *organischen Sozialkörpern* aufblähen lassen, in denen jeder Mensch nur als Teil des Ganzen zählt, so richtig bleibt es, dass nur *Individuen*, nur *einzelne Menschen* als politische Akteure angesehen werden können. Nur sie sind in der Lage, *Einsichten* zu haben, *Beschlüsse* zu fassen und *Handlungen* auszuführen, deren *Gründe* allgemein gerechtfertigt werden können.

Darauf sind Demokratie und Republik von Anfang an gegründet. Sie müssen von *fundierten* und *ausgewiesenen Erkenntnissen* ausgehen; sie haben sich *rationaler* Argumente zu bedienen und müssen ihre Beschlüsse auf das öffentliche Urteil stützen, das entweder unabhängige Richter fällen oder das auf einer freien Abstimmung aller zugehörigen Bürger beruht. In der Stimmabgabe muss jeder Person *ein eigenes Urteil* zugestanden werden, über das sie nicht auskunftspflichtig ist. Und nur solange dies gewährt und gesichert ist, sind die Voraussetzungen für eine Demokratie erfüllt. Dass nur dann auch die Humanität eine Chance hat, sich zu entfalten, versteht sich von selbst.

Wie lang und voller Rückschläge der Weg dahin ist, hat der Rückblick vor Augen geführt, den das vorliegende Buch zu geben versucht. Doch wir sollten nicht übersehen, dass es in den letzten zwei Jahrhunderten auch Fortschritte gegeben hat, die man als vielversprechend und ermutigend bezeichnen kann. Die beiden Weltkriege haben zu einer schrecklichen Erschütterung und Ernüchterung geführt, im Vertrauen auf die Arbeit der *Vereinten Nationen* dann aber auch neue Hoffnungen ermöglicht. Mit dem Fall der Berliner Mauer glaubten manche sogar, nun sei bereits der entscheidende Schritt getan, um die in nationalen Ansprüchen befangene Geschichte hinter sich zu lassen.

Dreißig Jahre später fällt es schwer, uns vorzustellen, wie es überhaupt zu einer solchen Verblendung kommen konnte. Die Häufigkeit und die nicht nachlassende Brutalität der Kriege, die allein nach dem Zusammenbruch der Sowjetunion nur darum geführt wurden, die Ausbreitung von Rechtsstaatlichkeit und Demokratie zu verhindern, dürfte inzwischen nicht wenige befürchten lassen, die Humanität werde wohl immer ein frommer Wunsch bleiben. Wie fern sind die Zeiten, in denen angenommen wurde, nun folge das Zeitalter des weltpolitischen Friedens.

Doch die Ahnungslosigkeit solcher Erwartungen kam schon 1990 in dem Glauben, die Staaten als die bisherigen Subjekte der Politik hätten ihre Mission erfüllt, und in der Überzeugung zum Ausdruck, nun werde das «Ende der Geschichte» anbrechen. Man brauchte damals nur einen Schimmer von den vor der Menschheit liegenden Problemen zu haben, um sicher zu sein, dass nur das Gegenteil richtig sein könne.

Inzwischen dürfte der größten Zahl der Menschen und wohl auch den meisten Staaten bewusst geworden sein, wie groß allein die mit den ökologischen Problemen verbundenen Aufgaben tatsächlich sind. Und mit ihnen ist einer großen Zahl der Menschen klar geworden, dass allein die aus der Selbsterhaltung der Menschheit erwachsenen Risiken, wenn überhaupt, nur in einer gemeinsamen Anstrengung aller Menschen begrenzt werden können. Und da man sicher sein kann, dass die autoritären Staaten der Welt dazu nicht von sich aus in der Lage sein werden, ist die Demokratie ohne Alternative. Mit ihr steht der *homo politicus* vor der größten Aufgabe, die ihm überhaupt gestellt werden kann: Er hat nicht nur als Mensch, sondern endlich auch im Namen der Menschheit Politik zu machen. Und das dürfte ihm nur unter der Maßgabe einer demokratischen Ordnung möglich sein.

BESCHLUSS

Vom möglichen Ende der Menschheit

Noch im Erscheinungsjahr der *Friedensschrift* verfasste Immanuel Kant einen Text zu der «erneuerten Frage»: «Ob das menschliche Geschlecht im beständigen Fortschreiten zum Besseren sei». Dieser Text erschien erst drei Jahre später als Teil von Kants letzter Buchveröffentlichung, dem *Streit der Facultäten*, und bildet dort den in die Mitte gerückten zweiten Abschnitt über den *Streit der philosophischen mit der juristischen Facultät*. Angesichts der verwickelten Umstände der verspäteten Publikation und der Belastungen durch die zwischenzeitliche Abfassung der *Metaphysik der Sitten* ist nicht anzunehmen, dass Kant zwischen 1795 und 1798 noch Änderungen am Text vorgenommen hat; doch selbst wenn es zu Ergänzungen oder Korrekturen gekommen sein sollte, änderte das nichts daran, dass man Partien des Textes wie einen Kommentar zur politischen Theorie der *Friedensschrift* lesen kann. Ja, man kann ihn als einen Epilog zum *Ewigen Frieden* verstehen. Nur sollte man hinzufügen: Es ist ein Epilog mit der Vorahnung kommender, sich dramatisch steigernder Aufgaben.

In diesem Nachtrag findet sich die vielzitierte Bemerkung über die *Französische Revolution*, von der es heißt, «ein solches Phänomen in der Menschengeschichte *vergißt sich nicht mehr*».[1] Was Kant meint, ist, dass ein Volk «eine Anlage und ein Vermögen in der menschlichen Natur zum Besseren aufdeckt hat» und damit das Verlangen zum Ausdruck gebracht hat, sich von einer gesetzlosen Herrschaft zu befreien. Kant meint nicht den gewaltsamen Aufstand. Aber schon in der manifest gewordenen Regung sieht sich Kant in der Erwartung bestätigt, «daß das menschliche Geschlecht im Fortschreiten zum Besseren immer gewesen sei und so fernerhin fortgehen werde». Und was ihn auf den nachfolgenden Seiten beschäftigt, ist ebendieses *Fortschreiten zum Besseren*: Wohin soll es gehen und welches Ende wird es haben?

Mit dieser Frage fügt Kant alles das, was er in seiner *Friedensschrift* fordert, in den Rahmen der Menschheitsgeschichte ein, und es wird auch im Horizont der Geschichte deutlich, dass die Friedensstiftung sowohl im Inneren wie auch im Äußeren der Staaten dem Ziel einer «weltbürgerlichen Gesellschaft» dienen soll, die alle Menschen umfasst.

Um aber nicht den Eindruck entstehen zu lassen, hier werde ein Prospekt für alle Zeiten eröffnet, der nach unablässig voranschreitenden Verbesserungen schließlich zu einem alle Menschen zufriedenstellenden *Ende* führt, zieht Kant eine noch unsichtbar in der Zukunft liegende Grenze ein, die dem mutmaßlichen *Anfang* der Menschengeschichte korrespondiert. Und es ist diese spekulative Bemerkung, mit der Kant dem Erfahrungshorizont seiner Leser im 21. Jahrhundert vermutlich näher kommt als mit seinem auf Freiheit, Gleichheit und Gesetzlichkeit bestehenden Streben nach einer «weltbürgerlichen Gesellschaft»: Es ist die *Natur*, welche die Geschichte der Menschheit in Gang kommen lässt; es ist und bleibt *Natur*, ohne die sich die Menschheit auch politisch gar nicht weiterentwickeln könnte; aber es ist auch *Natur, durch die sie und in der sie* schließlich ihr *Ende* findet!

Ein Ende der Menschengeschichte hatte Kant schon 1755 in seiner *Allgemeinen Naturgeschichte und Theorie des Himmels* beschrieben. Und so weiß er sich vierzig Jahre später auch den Spekulationen verbunden, in denen seine beiden Zeitgenossen *Petrus Camper* und *Johann Friedrich Blumenbach* von *zwei* «Naturrevolutionen» sprechen: die *erste*, in welcher der Mensch vor vielen Jahren seinen naturgeschichtlichen Auftritt hatte (und dabei zahlreiche andere Tiere verdrängte), und eine *zweite*, die noch in der Zukunft liegt, aber eines Tages mit Gewissheit folgen wird. Dieses zweite Ereignis wird – zum *Verschwinden des Menschen* führen!

Von der ersten «Naturrevolution», von deren Anfang Kant 1755 nur hatte sagen können, dass er vor «Millionen von Jahren» stattgefunden haben müsse, hatte er damals nur eine auf kosmologische Annahmen gestützte Kenntnis. Auch Camper und Blumenbach verfügten über keine wirklich verlässlichen Beweise. Also können sie nur von ihrer mit Kant geteilten Vorstellung[2] einer allmählichen *Entstehung* und *Entwicklung der Lebewesen* auf der Erde ausgehen. Die Erde, so hatte Kant 1755 unterstellt, sei in ihrer Frühgeschichte als langsam erkaltender Planet über Millionen von Jahren hinweg unbelebt gewesen, ehe sich erstes Leben regte, das sich nach einer langen Phase der Entstehung von Meeren und Kontinenten in einer großen Vielfalt von *Pflanzen* und *Tieren* entfaltete. Nach Kants Annahme gehört der Mensch zu den Tieren, die in der Entwicklung der Lebewesen erst sehr spät entstanden sind.

Den Prozess der Entstehung und Entwicklung des Lebens auf der Erde nennt Kant Jahre später eine «*Naturevolution*»[3] und verabschiedet damit eine Vorstellung, die jeden Vorgang auf der Erde mit einem besonderen göttlichen Schöpfungsakt verbindet und somit jede Entstehung eines neuen Lebewesens mit einer *Präformation* verknüpft. Die Präformations-These, wie sie von Leibniz vertreten worden war, hat Kant 1790 durch eine *Evolutions*-Theorie des Lebens ersetzt. Diese Ansicht hat sich in der Biologie rasch durchgesetzt; bekanntlich ist ihr auch Charles Darwin gefolgt. Sie geht davon aus, dass Pflanzen und Tiere als Naturwesen auch in Entstehung und Entwicklung an kausale Naturgesetze gebunden sind. Also müssen auch die Menschen aus mechanischen Ursachen entstanden sein, die den organischen Besonderheiten des Lebens nicht im Wege stehen.

Zu diesen organischen Besonderheiten gehört die *Sterblichkeit der Lebewesen*. Die aber beschränkt sich nicht nur auf den einzelnen Organismus; sie bezieht auch die Existenz ganzer Arten ein, die «aussterben», wenn sich ihre Lebensbedingungen zu ihren Ungunsten verändern. Und eben darauf war schon das Interesse von Camper und Blumenbach bezogen, als sie die Ansicht äußerten, dass der menschlichen Gattung nur eine endliche Lebensspanne beschieden sei. Auch die Menschheit, so ihre These, werde eines Tages untergehen, weil ihr natürliche Feinde erwachsen, die, vermutlich in Verbindung mit anderen Widrigkeiten, dazu führen, *dass die Menschheit als Gattung ein Ende findet*, während andere Lebewesen zur gleichen Zeit ihre Zukunft noch vor sich haben.

Kant hatte bereits 1755 die Auffassung vertreten, dass die Existenz der menschlichen Gattung spätestens dann zu ihrem Ende komme, wenn sich der Umlauf der Erde um die Sonne allmählich verlangsame. Dazu komme es zwangläufig, denn die Energie des Umschwungs nehme notwendig ab, wodurch der Abstand zur Sonne sich kontinuierlich verringere. So komme die Erde ihrem Zentralgestirn immer näher und schließlich so nahe, dass sie in die Sonne stürzen und darin verglühen werde. Kant beschreibt das auf diese Weise zustande kommende kosmische Feuerwerk, als hätte er ihm von der Erde aus zugesehen. Das aber sei der kurze, letzte Akt, in dem nicht nur alle Menschen, sondern auch alles Leben auf der Erde sein Ende fände.

Im Vergleich mit dem von Kant 1755 imaginierten spektakulären Untergang der Spezies Mensch fällt die 1768 von Camper und Blumenbach geäußerte Hypothese vom Ende der Menschheit wesentlich nüchterner aus. Ihre «Naturrevolution» besteht in der definitiven Verdrängung der Spezies Mensch durch andere Lebewesen.

Dreißig Jahre später äußert Kant 1798 nicht den geringsten Zweifel, dass die Menschheit tatsächlich so enden könnte, wie es die beiden Naturforscher für möglich halten. Und hatte er sich 1755 das Eintauchen der Erde in die Sonne noch als großes kosmisches Spektakel vorgestellt, so denkt er in seinem Epilog zur *Friedensschrift* sogleich an die dramatischen Umstände eines Existenzkampfs der letzten Menschen mit ihren schließlich obsiegenden Nachfolgern. Er hält es für möglich, dass die den Menschen verdrängenden «anderen Geschöpfe» nunmehr mit ihm so verfahren, wie er mit ihnen umgegangen ist, als er Jahrtausende vorher selbst die «Bühne» des Lebens betrat und damit seinen Auftritt als kurzfristig bestimmende Macht der «Menschengeschichte» hatte.[4]

Doch wie immer dies auch gewesen sein mag: Für Kant ist damit wahrscheinlich gemacht, dass die Menschheit im Gang der Entwicklungsgeschichte des Lebens auf der Erde nicht nur ihren *naturgeschichtlichen Anfang* hat, sondern in ihm auch ihr *naturgeschichtliches Ende* finden wird.

Diese These kommentiert Kant mit einer Gelassenheit, als spräche er wie ein unbeteiligter Beobachter. Doch sein scheinbar ungerührt ausgesprochenes Urteil über das mit hoher Wahrscheinlichkeit zu erwartende Ende des *Naturwesens Mensch* ist nicht alles: Zwar gilt zum einen, dass der Mensch «für die Allgewalt der Natur [...] nur eine Kleinigkeit» darstellt. Aber über den Menschen als *Vernunftwesen*, als das er sich ja auch begreift, fügt Kant hinzu:

«Daß ihn aber auch die Herrscher von seiner eigenen Gattung [also die Politiker, V. G.] dafür nehmen und als solche behandeln [nämlich als eine Kleinigkeit], indem sie ihn theils thierisch, als bloßes Werkzeug ihrer [politischen, V. G.] Absichten, belasten, theils in ihren Streitigkeiten gegeneinander aufstellen, um sie schlachten zu lassen – das ist keine Kleinigkeit, sondern Umkehr des Endzwecks der Schöpfung selbst.»[5]

Schärfer könnte das verächtliche Urteil über die herrschenden Politiker nicht ausfallen. Davon unabhängig ist das naturgeschichtliche Urteil über die unabänderlich begrenzte Lebensspanne der Menschheit: Eines Tages wird sie in der Konkurrenz mit anderen Lebewesen unterlegen und ausgestorben sein. Damit muss man mit Gewissheit rechnen. Offen ist nur, *wann* das sein wird und *wie* es geschieht. Und nur darauf kann der Mensch, wenn ihm denn Zeit bleibt, noch Einfluss nehmen. Fährt er wie bisher fort, seinesgleichen auf den Kampfplätzen der Politik zu «schlachten», ist das Ende absehbar und es wird unrühmlich, ja, schmählich sein. Liegt ihm aber daran, seine Lebensfrist als Gattung zu verlängern, hat er endlich ernst damit zu machen, die Kriege nicht länger als ein Mittel der Politik anzusehen.

Nur bei einem ernsthaft befolgten Kriegsverzicht gibt es eine Chance, dass der Mensch sein Dasein auf der Erde in Würde fortführen kann. An Arbeit, Mühe, großen Ereignissen und herausfordernden Zielen wird es gewiss auch dann nicht fehlen. Und die solidarische Mitwirkung aller Menschen sollte nicht nur eine moralische Pflicht, sondern auch eine politische Selbstverständlichkeit sein, für die es dann bessere Argumente geben dürfte als je zuvor.

Dann bliebe vielleicht sogar noch Zeit, das natürliche Ende der Menschheit vorherzusehen. Da kann es als Trost empfunden werden, dass es nicht apokalyptisch sein muss; jedenfalls muss es nicht zwangsläufig mit dem Weltuntergang verbunden sein! Das kann die Religionen entlasten, die das Schicksal des Menschen nicht länger mit dem Bestand der Welt in eins setzen müssen. Auch diejenigen, die dem Menschen nicht ohne Grund zum Vorwurf machen, sich mit seiner Lebensweise gegen die übrige Natur vergangen zu haben, könnten eine Genugtuung empfinden, dass sich die kosmische Natur als stärker erweist und dem Menschen nur das Schicksal antut, das er in seiner Geschichte so vielen anderen Arten angetan hat. Und jene Misanthropen, die den Menschen ohnehin als das gefährlichste «Ungeziefer» ansehen, das die Erde verseucht, müssten zutiefst befriedigt sein.

Doch alle, die mit der Existenz des Menschen noch Hoffnungen verbinden, können die Einsicht in die existenzielle Bindung des Menschen an die Natur als Herausforderung begreifen und darin die Chance wahrnehmen, ihn mit der vereinigten Kraft seiner theoretischen und praktischen Vernunft so lange wie möglich im Gleichgewicht der Natur zu halten. Das jedenfalls kann man aus der Perspektive des 21. Jahrhunderts hinzufügen. Dann nämlich könnte der Mensch nicht nur dazu beitragen, seine Lebenszeit als Gattung zu verlängern, sondern auch etwas von der Selbstachtung zurückgewinnen, die er mit dem gedankenlosen und verschwenderischen Umgang mit seiner eigenen Natur als humanes Wesen so gründlich in Frage gestellt hat.

Das etwa ist die Hoffnung derer, die mit der Proklamation des «Anthropozän» dem Menschen noch eine letzte geologische Frist von einigen tausend Jahren setzen, in denen die Gattung von der Plünderung ihres Planeten ablässt, die mit ihr lebenden Arten anderer Lebewesen schont und zu einer Lebensweise findet, die sich im Gleichgewicht mit den sie tragenden Naturkräften hält. Dass dabei der Menschheit die politischen Aufgaben abhandenkommen, muss niemand befürchten, denn die Menschen würden weiterhin in kulturell unterschiedenen Gemeinschaften leben und hätten im Inneren wie auch in ihren Außenverhältnissen mit den Problemen umzugehen, wie wir sie aus der menschlichen Geschichte kennen. Auch wenn es der Menschheit gelänge, sich grundsätzlich auf den Einsatz von Techniken zu beschränken, deren nachteilige Folgen innerhalb einer Generation wieder behoben werden können, bleiben genügend Konflikte, zu deren Bewältigung das Menschenrecht benötigt wird.

Zu den Menschenrechten gehören nicht nur allgemein die politische Freiheit und die Gleichheit vor dem Gesetz. Die weltweite Unterdrückung der Frauen, der Menschen mit abweichendem Glauben sowie der als störend empfundenen Minderheiten stellen vorrangige Probleme für den Weltfrieden dar. Und um diesen Frieden zu wahren, benötigt die *Menschheit als ganze* Organisationen, die für eine ungehinderte Kommunikation, für eine globale Gefahrenabwehr und einen möglichst lückenlosen Schutz vor Verbrechen sorgen.

So könnte der Mensch seine Selbstachtung wahren und die Menschheit bliebe, solange ihre Lebensfrist reicht, der «Selbstzweck», von dem die Realisierung aller menschlichen Fähigkeiten abhängt. Denn *Verstand* und *Vernunft* hat der einzelne Mensch nur, sofern er *Teil der Menschheit* ist. Und vermutlich bleiben ihm diese Fähigkeiten nur erhalten, solange ihm der Umgang mit seinesgleichen erhalten bleibt.

Der weitere «Fortschritt» bliebe dann derselben Natur überlassen, der es möglich war, den Menschen entstehen zu lassen. Das sollte uns davor bewahren, ihr für die Zeit nach der Menschheit – bis zum Absturz der Erde in die Sonne (oder was auch sonst aus ihr und ihren Geschöpfen wird) – alle weiteren Entwicklungsmöglichkeiten abzusprechen. Wir können nur hoffen, dass der Mensch sich bis dahin die Eigenschaft bewahrt, die ihm lange Zeit als die vorzüglichste erschien, nämlich ein *vernünftiges* Wesen zu sein. Dann hätte er die Chance, auch im letzten Akt seiner Existenz als Gattung das zu bewahren, was sich jeder im Sterben nur wünschen kann, nämlich *gefasst* und *gelassen* zu sein – wozu die Zuversicht gehört, dass alles, was ihm widerfahren ist, nicht alles gewesen sein kann.

Gefasst und gelassen – das ist die Haltung, die wir uns und unseren Nächsten als sterbliche Wesen für unser persönliches Ende wünschen. Das ist der Wunsch, den wir nach allem, was wir sagen können, auch den letzten Menschen hinterlassen, die das Schicksal haben, ihr Ende als Zeitzeugen des Untergangs aller Menschen zu erwarten. Die Menschheit hat so nur die definitive Gelegenheit, sich *selbst ein Beispiel* zu geben – eine letzte Möglichkeit, über sich hinauszuwachsen und ihrem Dasein einen sich bereits in der Gegenwart erfüllenden Sinn zu geben.

Um diesen Sinn zu retten, postuliert Kant die moralische Idee der Unsterblichkeit.[6] Das halten zwar manche für einen Rückfall in für überwunden gehaltene Glaubenszeiten. Doch von einem Rückfall kann bei Kant keine Rede sein. Denn die Annahme der Dauer ist die semantische Kondition der Bedeutung eines Begriffs. Das kann durchaus ein Trost für Religionen sein, die darin eine Bedingung für alles sehen, was ihnen Anlass für Trost und Hoffnung ist – ohne freilich daraus die Berechtigung ableiten zu können, einen Glauben mit einem Zwang zu verbinden.

Das ist auch in moralischen und politischen Fragen nicht anders, insbesondere wenn es um das Selbstverständnis des Menschen geht. Denn auch die Bedeutung von Begriffen wie *Person* und *Menschheit* bleibt, so lange es überhaupt Menschen gibt, die damit einen Sinn verbinden. Und so kann sich ein Mensch noch am Ende seines Lebens dem Gehalt dieser Begriffe verpflichtet wissen. Das gilt auch für die Formel von der *Menschheit in der Person* eines jeden. Diese Formel erlaubt uns, von der *Demokratie* als der *politischen Form der Menschheit* zu sprechen.

Anmerkungen

Einleitung: Menschheit als Selbstbegriff

1 Der Begriff der «Achsenzeit» geht auf eine Anregung von Karl Jaspers zurück, der damit eine sich zwischen 800 und 200 v. Chr. vollziehende kulturelle Entwicklung bezeichnet, an der große Denker und Religionsstifter von China über Indien, Persien, Mesopotamien, Palästina bis in den europäischen Raum beteiligt sind. Ihre Bedeutung liegt in der epochalen Gleichzeitigkeit der intellektuellen Entfaltung von *Individualität* und *Universalität.* Der von Jaspers gewählte epochale und kulturelle Rahmen ist gewiss zu eng gefasst, doch die Idee einer historischen Genese der tragenden Begriffe von Mensch und Menschheit ist von eminenter Bedeutung. Hier entsteht die Begrifflichkeit, mit der wir noch heute uns selbst und unser geschichtliches Dasein begreifen. (Jaspers, Vom Ursprung und Ziel der Geschichte, 1949)

I. Anfänge von Menschheit und Demokratie

1 Liv., 2, 32, 7.

2 Xenophanes' Lebenszeit wird auf die Jahre zwischen 580 und 472 v. Chr. datiert.

3 L. Canfora, *Eine kurze Geschichte der Demokratie*, 2006/07, 45f.

4 K. R. Popper, *Die offene Gesellschaft und ihre Feinde,* Bd. 1, 237–246.

II. Die philosophische Grundlegung der Politik

1 Wir sprechen vom Dialog *Alkibiades maior,* den Schleiermacher übersetzt hat, obgleich er Zweifel an der Echtheit hatte. Die Zweifel gelten inzwischen als ausgeräumt.

2 Ich zitiere Platon nur unter Bezug auf die durchgängig gezählten Seite der Stephanus-Ausgabe, die in allen Einzelausgaben in einer Zählung am Seitenrand genannt sind. Auf welche Schrift Platons ich mich jeweils beziehe, geht aus dem Textzusammenhang hervor. Die betreffenden Dialoge Platons werden wörtlich genannt und in der üblichen Abkürzung zitiert. Das gilt auch für die Schriften von Aristoteles, Cicero, Erasmus, Kant und Nietzsche.

3 Als Platon den Dialog verfasste, war in Athen bekannt, wie Alkibiades geendet ist.

4 Obgleich die Schlacht bei *Delion* gegen die Truppen Thebens verlorengeht. In *Potidaia* hat Sokrates dem jungen Alkibiades das Leben gerettet und auf die ihm zustehende Auszeichnung zugunsten des von ihm geretteten Jünglings verzichtet.

5 Umfangreiches Material zu diesem von den Sophisten befeuerten Streit bietet die

Studie von Ph. Batthyány: *Thrasymachos: ‹Der Glücklichste ist der Tyrann›*, 2021. Dazu auch: R. Dahrendorf, *Lob des Thrasymachos*, 1986.

6 In der geforderten Urteilskraft (*synesis*; *dianoia*) des Staatsmanns (*politikos*) bedarf es der theoretische, technische und praktische Leistungen umfassenden Kunst der «königlichen Zusammenflechtung» (*basilikē symplokē*) (306 a). Der politische Zusammenhang ist wie ein Gewebe (*hyphē*), das der leitende Politiker herzustellen und zu pflegen versteht.

7 Gemeint sind die beiden Gerechtigkeitsprinzipien, die John Rawls 1974 vorgeschlagen hat. Rawls' Vorschlag bemüht sich sowohl um soziale Allgemeinheit wie auch um herkunfts- und leistungsspezifische Individualisierung. Platon verknüpft beide Kriterien, das der rechtlichen Allgemeingültigkeit und das der individuellen Angemessenheit, in einer Formel: *Jedem das Seine*. Gerecht ist demnach das, was jedem das nach den gegebenen Bedingungen Mögliche und nach den Prinzipien des Rechts zustehende Seine zuspricht.

8 Und damit auch *vor* der Dichterkritik und der im 10. Buch alles abschließenden, hoch poetischen Erzählung von der Wiedergeburt und dem damit möglichen Lohn der Gerechtigkeit im Dasein des Einzelnen.

9 Platon spricht in seiner wohlwollenden Kritik der ersten von ihm behandelten Regierungsform statt von der «Monarchie» von einer auf «Verdienst» und «Ehre» gegründeten «Timokratie»; darin liegt eine Auszeichnung; demgegenüber wertet er die «Aristokratie» durch die Wahl der Bezeichnung «Oligarchie», von der er also nur sagt, dass hier «mehrere» herrschen, deutlich ab.

10 Ausnahme: H. Kuhn, *Die wahre Tragödie. Platon als Nachfolger der Tragiker*, Hildesheim 1970.

11 Dazu des Näheren v. Verf.: *Partizipation*, 2007.

12 In der neuen, eindrucksvoll kommentierten Übersetzung der *Nikomachischen Ethik* von Dorothea Frede ist es ein Leichtes, Belege für die hier aus Platzgründen nicht näher veranschaulichte Affinität der Ethik des Aristoteles zum Gattungsbegriff des Menschen zu finden (Aristoteles, Werke in deutscher Übersetzung, hg. v. Chr. Rapp, Bd. 6, 1 u. 6, 2).

13 Siehe dazu v. Verf.: *Humanität*, 2019, 33.

14 Cicero, *de officiis*, II, 78.

15 Ebd., II, 77.

16 Ebd., I, 121.

17 Um der historischen Wirkung Ciceros gerecht zu werden, muss auch die Präsenz des Autors über die Jahrhunderte hinweg beachtet werden. Mit Blick auf die Politik gilt das vor allem für das Buch über die Pflichten (*de officiis*).

III. Der lange Weg in die Moderne

1 Machiavelli, *Discorsi*, geschrieben um 1515, veröffentlicht 1531.

2 Machiavelli, *Il Principe*, 1532.

3 Ersten Lesern, die Ciceros *De natura deorum* kannten, erschien es selbstverständlich, dass die christliche Botschaft unter dem Einfluss dieses Buches entstanden war.

4 Nietzsche, Nachlass 1880, 3[98]; KSA 9, 73. Zur hier vertretenen Deutung der christlichen Botschaft verweise ich auf meine Überlegungen in: Natürliche und rationale Theologie, 2020, 41–68.

5 Die Zwölf Artikel von Memmingen, beschlossen 1525 auf einer Versammlung von Bauern, forderten u. a. eine Aufhebung der Leibeigenschaft sowie eine demokratische Verfassung der Gemeinden. S. d.: P. Blickle, *Die Revolution von 1525,* 2004.

6 Das war lange Jahre nur ein Verdacht. Nach der 2004 erfolgten Öffnung des Grabes und einer gentechnischen Untersuchung kann jedoch als erwiesen gelten, dass es sich um einen Tod durch eine Arsen-Vergiftung gehandelt hat.

7 Dazu: Kurt v. Raumer, Ewiger Friede, 1975.

8 Erasmus, *Querela Pacis* (1517), Werke 5, 437. Erasmus gebührt damit ein Platz auch in der Vorgeschichte der politischen Ökonomie.

9 Luther, *De servo arbitrio* (1525).

10 Erasmus, *De libero arbitrio* (1525), Werke Bd. 4, 1–195.

11 Erasmus, *Institutio Principiis Christiani*, 1515, (Werke Bd. 5, 294).

12 Bei Karl V. wirkt es in der handschriftlich von ihm entworfenen Reichstagsentscheidung in der Nacht nach Luthers Auftritt in Worms am 21. April 1521 nach. Dazu v. Verf.: *Das Gewissen des Kaisers,* Worms 2021.

13 Die vermutlich zwischen 1513 und 1517 geschriebenen *Discorsi* (über die ersten zehn Bücher des Geschichtswerks von Titus Livius) erschienen 1532. Nach der machtpolitischen Fehlkalkulation seines heute mit seinem Namen fest verbundenen *Principe* kehrt Machiavelli hier zu den Quellen des römischen Republikanismus zurück. Mit Blick auf die Republik betont er feierlich: «Kein Gesetz ist vor Gott und den Menschen lobenswerter als die Ordnung, die eine wahre, einige und heilige Republik begründet, in der man frei beratschlagt, klug diskutiert und das Beschlossene getreulich ausführt.»

14 Ebd., 5, 188/9. Vgl. *Adagia II, III,* 61. Dazu auch grundlegend: Hans Rudolf Breitenbach, Xenophon, in: RE IX, A 2., 1967, Sp. 1567–2058, Stuttgart 1967.

15 Als Entlohnung für ihre Dienste während der Eroberung vertraute die spanische Krone den Kolonisten eine bestimmte Anzahl von Indigenen an – eine sogenannte *encomienda* (von *encomendar*: anvertrauen). Damit konnte der Besitzer über die Arbeitskraft der ihm übergebenen Indigenen frei verfügen, im Gegenzug dazu wurde ihm deren Unterweisung im christlichen Glauben überantwortet.

16 In seiner *Historia general de las Indias,* die in mehreren Bänden seit der Jahrhundertmitte erschien und auf Betreiben der Kirche nach dem Thronverzicht Karls V. verboten wurden. Sie erschienen in mehreren europäischen Sprachen und wurden in Frankreich, England und Deutschland viel beachtet. Näheres bei H. Ottmann, *Geschichte des politischen Denkens,* Bd. 3, 2006, 106–120.

17 Man lese nur den *Kurzgefassten Bericht von der Verwüstung der Westindischen Länder,* den H. M. Enzensberger 1966 nach der ersten deutschen Ausgabe 1790 herausgegeben hat.

18 Zu Leben und Wirken von Las Casas verweise ich auf die Darstellung von H. Ottmann in Bd. 3.1 seiner *Geschichte des politischen Denkens,* 2006, 106–134.

19 F. Suarez, *De legibus ac deo legislatore,* 2014; auch hier verweise ich auf Ottmann, Bd. 3.

20 Emer de Vattel, *Droit des gens,* 1758.

21 *Areopagitica. A speech of Mr. John Milton for the Liberty of Unlicenc'd Printing, to the Parlament of England,* 1644. Der Titel erinnert an den *Areopag,* die öffentlich tagende oberste Gerichtsinstanz im antiken Athen.

22 Zum anthropologischen Zusammenhang dieser Funktionen siehe Punkt 35: *Homo politicus.*

23 Die Lehren des Konfuzius haben ebenso wie die mit der japanischen Höflichkeit verbundene Idee des wechselseitigen Respekts einen ihnen eingeschriebenen humanistischen Anspruch.

24 In: *A serious Thought* (1775), und in: *Common sense* (1776).

25 Vgl. besonders im Dekalog (*Exodus* 20) und im Liebesgebot des Neuen Testaments (Math. 5,44)

26 Rousseau, *Contrat social,* 3. Buch, 4. Kap.

IV. Kants republikanische Wende zur Demokratie

1 *EwF,* AA 8,

2 Kant, *Logik-Vorlesung*; 9, 25; sowie zu den ersten drei Fragen: KrV B 833/A 805.

3 Von den verschiedenen Rassen der Menschen (1775), AA 2, 440.

4 Kant, *Bestimmung des Begriffs der Menschenrace* (1785); 8, 100.

5 Dazu des Näheren v. Verf.: *Kants Theorie der Kultur,* 2022.

6 In der *Religionsschrift* von 1793 führt Kant die *Menschheit* in dreierlei Bedeutungen auf: Sie ist *erstens* die Anlage für die «Thierheit des Menschen» als eines *Lebewesens*; *zweitens* ist Menschheit die Gesamtheit der Lebewesen, die auch über *Vernunft* verfügen; und *drittens* bezeichnet Menschheit die Anlage für die «*Persönlichkeit,* als eines vernünftigen und zugleich der *Zurechnung fähigen* Wesens» (6, 26). In diesem dritten Sinn ist von Menschheit die Rede, sobald es um die *moralische* und *politische Verantwortlichkeit* des Menschen geht.

7 Der einzelne Mensch versteht sich, wie es später einmal heißt, *non singulorum, sed universorum* (1798, 7, 87).

8 *Grundlegung,* AA 4, 429.

9 Chr. Garve, *Philosophische Anmerkungen und Abhandlungen,* 1783. Näheres bei M. Kühn, *Kant,* 2003, 320ff.

10 *EwF,* Vorwort; AA 8, 343.

11 Dazu: Kleingeld, Pauline: *Kant and Cosmopolitanism: The Philosophical Ideal of World Citizenship,* Cambridge University Press, 2012.

12 *Idee zu einer allgemeinen Geschichte in weltbürgerlicher Absicht* (1784), AA 8, 20.

13 Siehe dazu die Ausführungen zum *Nothrecht* in der *Einleitung* zur *Metaphysik der Sitten* (MS 6, 235) sowie in den Paragraphen 57 bis 60 zum *Völkerrecht.*

14 *Kritik der Urteilskraft,* § 28; 5, 263.

15 Im weiter unten behandelten Zusatz von der Garantie des ewigen Friedens (8, 366) setzt Kant auseinander, worin und warum Rousseau irrt.

16 «Es war eine Zeit, da ich glaubte dieses [die wissenschaftliche Forschung] allein könnte die Ehre der Menschheit machen und ich verachtete den Pöbel der von nicht weis. *Rousseau* hat mich zurecht gebracht. Dieser verblendende Vorzug verschwindet, ich lerne die Menschen ehren u. ich würde mich unnützer finden wie die gemeinen Arbeiter, wenn ich nicht glaubte daß dieses Betrachtung allen übrigen einen Werth erteilen könne, die rechte der Menschheit herzustellen.» (1765; *Bemerkungen*, 20, 44)

17 So in der *Tugendlehre*, § 30; 6, 453.

18 Weitere Maximen des «politischen Moralisten» sind: *Fac et excusa* (*«Schaffe Tatsachen und stelle dich dumm»*) und *Si fecisti, nega* (*«Was immer du Böses getan hast: streite es ab»*) (EwF, 8, 374).

19 In der *Friedensschrift* setzt Kant den Begriff der *Reform* voraus, den er kurz zuvor in seiner *Religionsschrift* von dem der *Revolution* abgrenzt. In der *Kritik der reinen Vernunft* hatte er 1781 dem Begriff der Revolution zunächst in seiner kosmologischen Bedeutung als *Umdrehung* der Himmelskörper und danach zur *Umkehr* einer «Denkungsart», also zu einer radikalen methodologischen Wende, zu einiger Prominenz verholfen. Daran knüpft er 1793 an, wenn er den Revolutionsbegriff für die gedankliche Operation reserviert und von der «Revolution der Gesinnung» spricht. «Reform» hingegen bezieht er auf die unter Umständen auch Zeit benötigenden moralischen, kulturellen (und somit auch politischen) Leistungen des Menschen (6, 47). Damit ist klar, dass jemand zwar ein revolutionärer Denker sein kann, aber als Praktiker und Politiker ein *Reformer* zu sein hat.

20 Einer der wenigen Leser, die diese Implikation der transzendentalen Konzeption Kant erkannt haben, war Friedrich Schlegel, der in seinem Kant folgenden *Versuch über den Republikanismus* von einem elementaren *politischen Imperativ* spricht: «Gemeinschaft der Menschen soll sein: oder das Ich soll mitgeteilt werden.» (Krit. Ausg., Bd. 7, 15).

21 Mit dieser Ansicht hatte Kant einen Vorgänger, von dem er 1795 nicht wissen konnte. Denn bereits 1791 hatte sein Bewunderer Wilhelm von Humboldt in einer erst 1851 aus dem Nachlass publizierten Schrift die Verbindung der Freiheit des Einzelnen mit der größtmöglichen Befriedigung seiner physischen Bedürfnisse als das höchste Ziel staatlicher Tätigkeit bezeichnet (vgl. Humboldt, *Ideen,* Werke 1, 1960, 69.)

V. Ein Jahrhundert sucht nach neuen Wegen

1 Vom Schicksal der *Pariser Commune* im Frühjahr 1871 einmal abgesehen.

2 Wir erinnern daran, dass die fiktive Alpenwanderung vermutlich auf Erlebnissen basiert, die Nietzsche in der Schweiz gemacht hat. Zu Nietzsches Text: *Der Wanderer und sein Schatten,* siehe: *Menschliches, Allzumenschliches* II, zweite Abhandlung, in KSA 2, 535–704.

3 Aus späteren Jahren ist Nietzsches Bewunderung für die eindrucksvollen Tunnelbauten in der Schweiz überliefert.

4 Dazu erschöpfend: C. Schmitt, *Der Begriff des Politischen,* 1931. Zur Analyse v. Verf.: *Politik als Ausnahme,* 2003, 205–218.

5 Humboldt, *Ideen,* Werke 1, 62.

6 Ebd., 63.
7 Ebd.; Aristoteles, NE 1, X. c. 7.
8 Ebd., 65. Hier also wird der Grund für die spätere Erziehungslehre Wilhelm von Humboldts gelegt.
9 Der auch nachträglich noch als epochemachend anzusehende Aufsatz *Über den Geist der Menschheit* von 1799 wird erst 1910 publiziert. Vgl. dazu den *Beschluss* meines Buches über die *Humanität,* 2019.
10 Mill, *On Liberty,* 1859.
11 Dazu für Deutschland: H. Richter, *Demokratie,* 2020, 160 f. u. 186 ff.
12 *Die Waffen nieder!,* 1889.
13 *Streit der Fakultäten* (1798), 7, 88. – Ein Wort, das sich auf die in der Erhebung zum Ausdruck kommende «Anlage und ein Vermögen in der menschlichen Natur zum Besseren» – und nicht auf den Gewaltakt selbst – bezieht. Bei dieser Auszeichnung haben wir Kants Verwerfung der Revolution als Mittel des politischen Handelns im Sinn zu behalten.
14 Alles dies sind Zitate aus den 1844 in Paris verfassten *Ökonomisch-philosophischen Manuskripten,* MEW Erg.Bd. 1, 511f., 538 u. 577.
15 Arthur Koestler hat in *Spartacus* (1939; 2022) den Sklavenaufstand unter Führung von Spartakus im Jahre 73 v. Chr. als Parabel auf das Schicksal des Kommunismus gedeutet. Dazu gehört der verheißungsvolle Auftakt 1848 und das Ende in der Schreckensherrschaft Stalins,
16 Alle Zitate aus: K. Marx, *Kritik des Gothaer Programms* (1875), 1875, MEW 19, 13–32.
17 Marx, Kommunistisches Manifest, III, 19.

VI. Demokratie: Politische Chance für die Menschheit

1 Dazu die Sammlung bei Kurt von Raumer, *Ewiger Frieden,* 1953.
2 Zitiert nach den von der UNO autorisierten Dokumenten.
3 S. d. u. Kap. 7.5.
4 Dazu s. u. die Ausführungen in Punkt 32.
5 M. Schloemann, *Luthers Apfelbäumchen?,* 2016.
6 Hinzu kommt, dass es nicht nur atomare Risiken gibt. Auch von chemischen und biologischen Waffen können globale Risiken ausgehen. Dass die konventionellen Explosionswaffen sowohl aktuell wie auch als Hinterlassenschaft in Böden und Meeren die Menschen bedrohen, ist immer nur dann eine Nachricht wert, wenn in Wohnvierteln, auf dem Meeresboden oder hinterlassenen Truppenübungsplätzen «Blindgänger» entschärft werden müssen.
7 Es muss einer separaten Betrachtung vorbehalten bleiben, zu zeigen, dass der bereits von seinen Gründern vollzogene Rechtsverzicht des Marxismus der verhängnisvollste Irrtum der neueren Geistesgeschichte ist. Ihn hat der Nationalismus des 20. Jahrhunderts wie eine alte Erbschaft übernommen und durch den Populismus ergänzt. Mit Blick auf die Bedrohung, die schon heute von Russland und China ausgeht, könnte er in der Tat zu einer weltpolitischen Zeitenwende führen. Dass dabei auch die weltweit zu beobachtende politische Instrumentalisierung der Religionen eine Rolle spie-

len und die ökologische Selbstgefährdung der Menschheit ein Vorwand sein kann, ist zu befürchten.

8 Mit der letzten Ordnungsnummer 35.

9 Augustus, *Res gestae*, 1975.

10 Der erste «Stasi-Beauftragte» der Bundesrepublik Deutschlands nach Auflösung der DDR, Joachim Gauck, nannte in seiner Erinnerungsrede zum 30. Jahrestag des *Stasi-Unterlagen Archivs* in Berlin die Geheime Staatspolizei, wie sie für Hitler und Stalin und dann auch für Ulbricht und seine Nachfolger tätig war, das markanteste Unterscheidungskriterium zwischen Diktatur und Demokratie.

11 J. Nida-Rümelin, Rede zur Eröffnung der Salzburger Festspiele 2021 (FAZ v. 27. Juli 2021).

12 Vgl. v. Verf.: *Individualität,* 2001.

13 Dazu v. Verf.: *Leben ist das größere Problem,* 2007.

14 So lautet die Definition der Freiheit bei dem Humanisten Jean Bodin in seinen *Sechs Büchern über den Staat* (1576).

15 Der ursprünglich menschliche Charakter der Politik tritt auch darin zutage, dass es der Mensch ist, der die Pflicht hat, Tiere nicht nur zu schützen, sondern auch auf ihr Wohl bedacht zu sein. Daraus folgt nicht, dass er auch den Tieren Mitwirkungsrechte und -pflichten einzuräumen hat, die sie aufgrund ihrer natürlichen Konstitution gar nicht wahrnehmen können.

16 Kelsen, *Die Staatslehre des Dante Alighieri,* 1905.

17 Ders.: *Wesen und Wert der Demokratie,* 1920.

18 Kelsen lehnte die auf das moralische Selbstverständnis des Menschen bezogene Begründung rechtlicher Normen ab und glaubte, ihnen dadurch zu einer objektiven wissenschaftlichen Begründung zu verhelfen. Dieser Versuch konnte nicht gelingen. Dazu v. Verf.: *Die Macht im Recht,* 1984. Im Übrigen verweise ich auf die Kritik von Gustav Radbruch: *Gesetzliches Unrecht und übergesetzliches Recht,* 1946. Ferner: Michael Stolleis (Hrsg.): *Juristen: Ein biographisches Lexikon,* 1995.

19 Dazu: C. Langer, *Reform nach Prinzipien,* 1992.

20 Schmitt, *Der Führer schützt das Recht,* 1934. – Dieser Autor, der die Politik allein auf den Austrag des faktischen Gegensatzes von Freund und Feind zu gründen suchte, ist der radikalste und bis heute nachwirkende Widersacher der Demokratie. Wir kommen bei der Erörterung zum Verhältnis von Individualität und Allgemeinheit noch einmal kurz auf ihn zurück.

21 Kelsen, *The Law of the United Nations: a critical analysis of its fundamental problems.* Stevens, London 1950.

22 Dazu: Th. Wilhelmi: *Das Weltrechtsprinzip im internationalen Privat- und Strafrecht,* 2007, u.. Vries, H. de: *Die Strafverfolgung internationaler Verbrechen durch den internationalen Strafgerichtshof,* 2022.

23 «Ethik» hat einen griechischen und «Moral» einen lateinischen Ursprung. Sie werden oft gleichbedeutend gebraucht. Man kann unter «Moral» aber eher das angemessene sittliche Verhalten und unter «Ethik» die philosophische Lehre von diesem Verhalten verstehen.

24 S. o. Pkt. 31.

25 So einer der besten Kenner Nietzsches: Karl Jaspers, *Die Atombombe und die Zukunft der Menschheit,* 1958, 483.

26 Zu dem hier vertretenen Naturalismus ohne Reduktionismus vgl. B. Recki, *Natur und Technik,* 2021.

27 Dazu ausführlich v. Verf.: *Humanität,* 2019, mit einer Kritik an der Behauptung, eine philosophische Selbstbeschreibung des Menschen sei per se «speziesistisch». Für die anthropologischen Selbstbeschreibung des Menschen habe ich, von Platon, Kant und Nietzsche abgesehen, insbesondere von Helmuth Plessner, Ernst Cassirer und Hans Blumenberg sowie von Michael Tomasello gelernt. Von Tomasello sei genannt: *Eine Naturgeschichte des menschlichen Denkens,* 2014

28 In Anlehnung an eine Formel des Anselm von Canterbury.

29 Dazu: J. Huizinga, *Homo ludens,* 1938.

30 *Nomoi* VII, 817 b.

Beschluss: Vom möglichen Ende der Menschheit

1 9, 88.

2 Kants erstes großes Buch, *Allgemeine Naturgeschichte und Theorie des Himmels,* war 1755 erschienen, kam aber aufgrund des Bankrotts des Verlegers nicht in den Handel. Erst 1801 wurde es in Auszügen öffentlich bekannt. Es findet sich heute, vielfach ergänzt, im Band 1 der *Akademie-Ausgabe* (AA). Zuvor gab es einen «Auszug» von Friedrich Theodor Rink, der eine Vorstellung von Kants Überlegungen vermittelte. Camper und Blumenbach wussten also nichts von den partiellen Gemeinsamkeiten mit Kant. Blumenbach und Kant schätzten einander sehr.

3 Leibniz hatte eine Präformationsthese vertreten, die voraussetzt, dass der Keim zu jedem späteren Lebewesen in dieser Vererbungslinie bereits von Gott erschaffen und in den Lebewesen enthalten sein muss. Kant hat diese These 1790 einer scharfen Kritik unterzogen und der «Präformations-» seine «Evolutionstheorie» entgegengestellt (CU § 82; 5,422ff.).

4 9, 89.

5 So kommentiert Kant den Umgang der Herrschenden mit ihren Untertanen (7, 89).

6 In der Sache ganz ähnlich: Karl Jaspers in: *Vom Ursprung und Ziel der Geschichte,* 1949, 109ff. Und mit Blick auf die atomare Vernichtung des menschlichen Lebens: ders: *Die Atombombe und die Zukunft des Menschen,* 1958, 470f.

Literatur

Quellen

Die als grundlegend herangezogenen philosophischen Texte werden durch die Nennung des Werks unter Angabe der Edition und der zugehörigen Seitenzahl ausgewiesen. Das gilt auch für die Fragmente der zur Interpretation herangezogenen Vorsokratiker Anaxagoras, Demokrit, Heraklit und Xenophon. Sie werden in Konkordanz mit der Edition von Hermann Diels und Walther Kranz (Die Fragmente der Vorsokratiker, 2 Bde., Berlin 1934, Neuausg. Berlin 1952), nach der Reclam-Ausgabe von Jaap Mansfeld, Stuttgart 1987, zitiert.

Aristoteles, Werke nach der Akademie-Edition von Hellmut Flashar, Berlin 1986.

Cicero, Marcus Tullius: *De officiis* (Vom pflichtgemäßen Handeln), lat./dt. übers. u. ed. v. H. Gunermann, Stuttgart 1976.

Ders.: *De re publica* (Vom Gemeinwesen/Vom Staat), lat./dt. Werke, übers. u. ed. v. K. Büchner, Stuttgart 1979.

Das Gilgamesch-Epos, neu übers. u. komm. v. Stefan M. Maul, München 2012[5].

Erasmus von Rotterdam, *Institutio Principiis Christiani* (Die Erziehung des christlichen Fürsten), 1515, und *Querela Pacis* (Klage des Friedens) (1517), in den ausgewählten Schriften, lateinisch und deutsch, in 8 Bänden, Darmstadt 1968.

The Federalists, A Collection of Essays in the Favour of the Constitution (1788); dt.: Die Federalist Papers, hrsg. v. Barbara Zehnpfennig, Darmstadt 1993.

Feuerbach, Ludwig: Gesammelte Werke, hrsg. v. W. Schuffenhauer, Berlin 2000[2].

Herodot: *Historien*, griech./deut., 2 Bde., hrsg. v. Josef Feix, Düsseldorf 2001, 2006[7].

Humboldt, Wilhelm von: *Ideen zu einem Versuch, die Gränzen der Wirksamkeit des Staats zu bestimmen* (1792), in: Werke in fünf Bänden, Bd. I: Schriften zur Anthropologie und Geschichte, hrsg. v. A. Flitner/K. Giel, Darmstadt 1960.

Kant, Immanuel, Akademie-Ausgabe der Werke nach der Preußischen Akademie der Wissenschaften, Berlin 1903 ff.

Las Casas, B. de: *Historia de las Indias*, in Auszügen i. d. Werkauswahl in 4 Bänden, hrsg v. Mariano Delgado, Paderborn 1994–1997.

Ders.: *Kurzgefasster Bericht von der Verwüstung der Westindischen Länder*, hrsg. v. M. Sievernich, übers. v. U. Kunzmann, Nachw. H. M. Enzensberger, Frankfurt a. M. 2006.

Livius, Titus: *Ab urbe condita* (Römische Geschichte), lat./dt., übers. u. hrsg. v. Robert Feger, Stuttgart 1981 ff.

Machiavelli, Nicolo: *Discorsi sopra la prima deca di Tito Livio*, dt. Staat und Politik, Frankfurt a. M. 2000.

Marx, Karl: *Ökonomisch-philosophische Manuskripte* (1844). In: Marx-Engels-Gesamtausgabe (MEGA), Ergänzungsband I, Berlin 1968, S. 467–588.

Marx, Karl/Engels, Friedrich: *Das Kommunistische Manifest* (1848), Berlin 2003.

Mill, John Stuart: *On Liberty* (1859), *Considerations on Representative Government* (1861), *The Subjection of Women* (1869), ed. b. M. Garrett Fawcett, London/New York/Toronto 1912.

Milton, John: *Areopagitica* (1644); «Rede für die Freiheit der Presse», u. a. in: Zur Verteidigung der Freiheit. Sozialphilosophische Traktate, übers. Klaus Udo Szudra, Leipzig 1987.

Montesquieu, Charles de Secondat: *De l'esprit des loix* (1748), dt. Vom Geist der Gesetze, Stuttgart 1994.

Nietzsche, Friedrich: Sämtliche Werke, hrsg. v. Giorgo Colli u. Mazzino Montinari, Berlin 1967, zit. nach der Studienausgabe (KSA).

Platon, Werke in acht Bänden (nach der Übersetzung v. F. Schleiermacher). Hrsg. v. G. Eigler, Darmstadt 1977. (Die Seitenangaben nach den Hinweisen auf den Titel der Dialoge sind, wie allgemein üblich, auf die Stephanus-Edition der griechischen Gesamtausgabe bezogen.)

Thukydides, *Geschichte des Peloponnesischen Krieges*, hrsg. u. übers. v. G. P. Landmann, Zürich 1976[2] (Mit der Paginierung der griechischen Referenzausgabe.)

Vattel, Emer de: *Droit des gens*, Leiden 1758.

Lektüren

Assmann, Jan: *Achsenzeit. Eine Archäologie der Moderne*, München 2018.

Barth, Roderich: *Zur epistemischen Struktur des religiösen Bewusstseins*, 2020, S. 163–184, in: Leonhardt, R./ Barth. R. (Hrsg.): *Die Vernunft des Glaubens*. Theologische Beiträge zur Volker Gerhardts Philosophie des Göttlichen, Leipzig 2020.

Bodin, Jean: *Sechs Bücher über den Staat*, München 1983 (Teil 1–3) und 1986 (Teil 4–6).

Breitenbach, Hans Rudolph: Artikel: *Xenophon*, in: Real. Enz. IX, A 2; Stuttgart 1967, Sp. 1967–2057.

Brocker, Manfred (Hrsg.): *Geschichte des politischen Denkens*. Das 19. Jahrhundert, 2. Bd., Berlin 2021.

Brosda, Carsten: *Die Kunst der Demokratie*. Die Bedeutung der Kultur für eine offene Gesellschaft, Hamburg 2020.

Blickle, Peter: *Die Revolution von 1525*, München 2004[4].

Blumenberg, Hans: *Beschreibung des Menschen*. Aus dem Nachlass hrsg. v. Manfred Sommer, Frankfurt a. M. 2006.

Werner Conze, Reinhart Koselleck, Hans Maier, Christian Meier, Hans Leo Reimann (Hg.): *Demokratie*. In: Otto Brunner, Werner Conze, Reinhart Koselleck (Hrsg.): *Geschichtliche Grundbegriffe. Historisches Lexikon zur politisch-sozialen Sprache in Deutschland*. Band 1, Stuttgart 1972.

Crouch, Colin: *Postdemokratie*. Frankfurt a. M. 2008.

Ders.: *Postdemokratie revisited*, Berlin 2021.

Crutzen, Paul/Stroermer, Eugene F.: *The «Anthropocene»*. In: *IGBP Global Change Newsletter*, Nr. 41, Mai 2000, S. 17–18.

Dahl, Robert A.: *On Democracy*, New Haven/London 2000.

Dahrendorf, Ralf: *Lob des Thrasymachos*. Zur Neuorientierung von politischer Theorie und politischer Analyse, in: Pfade aus Utopia, Gesammelte Abhandlungen I, München 1974, S. 294–313.

Fantasia, Francesca: *Il tempo dell'agire libero. Dimensioni della filosofia pratica di Kant*, Pisa 2016 (Phil. Diss. HU-Berlin/Univ. Palermo 2015).

Forst, Rainer: *Toleranz im Konflikt*. Geschichte, Gehalt und Gegenwart eines umstrittenen Begriffs, Frankfurt a. M. 2003.

Garve, Christian: *De Officiis* (Vom pflichtgemäßen Handeln) Philosophische Anmerkungen und Abhandlungen zu Ciceros Büchern, 3 Bde, Breslau 1783.

Gerhardt, V.: *Die Macht im Recht*. Wirksamkeit und Geltung bei Hans Kelsen, in: W. Krawietz/H. Schelsky (Hrsg.), Rechtssystem und gesellschaftliche Basis bei Hans Kelsen, Rechtstheorie, Beiheft 5, Berlin 1984, S. 485–519.

Ders. (Hrsg.): *Der Begriff der Politik*. Bedingungen und Gründe politischen Handelns, Stuttgart 1990.

Ders: *Politik als Ausnahme*. in: R. Mehring (Hrsg.), Carl Schmitt, Der Begriff des Politischen, Berlin 2003, S. 205–218.

Ders.: *Selbstbestimmung. Das Prinzip der Individualität*, Stuttgart 1999, 2019².

Ders.: *Individualität. Das Element der Welt*, München 2000.

Ders.: *Partizipation. Das Prinzip der Politik*, München 2007.

Ders.: *Leben ist das größere Problem*. Philosophische Annäherung an eine Naturgeschichte der Freiheit, in: Berlin Brandenburgische Akademie der Wissenschaften (Hrsg.), Berichte und Abhandlungen, Band 13, Akademie-Verlag Berlin 2007, S. 195–216.

Ders.: *Öffentlichkeit. Die politische Form des Bewusstseins*, München 2012.

Ders.: *Demokratie als politische Form der Menschheit*, in: Demokratie in der Krise. Analysen, Prozesse und Perspektiven, hg. v. D. Brühlmeier/Ph. Mastronardi, Zürich 2016, S. 431–444.

Ders.: *Humanität. Über den Geist der Menschheit*, München 2019.

Ders.: *Das Gewissen des Kaisers*, in: Hier stehe ich. Gewissen und Protest – 1521–2021. Katalog zur Ausstellung zum 500. Zum Jubiläum des Reichstags in Worms 1521, hrsg. v. Thomas Kaufmann und Katharina Kunter im Auftrag des Stadt Worms, Worms 2021.

Ders.: *Die humane Einheit des Ganzen*, in: U. Reitemeyer, u. a. (Hrsg.), Das Programm des realen Humanismus, Gedenkschrift z. 150. Todestag von Ludwig Feuerbach, Münster/New York 2023, S. 17–29

Grimm, Dieter: *Verfassungsgerichtsbarkeit*, Berlin 2021.

Henrich, Dieter: *Ethik zum nuklearen Frieden*, Frankfurt a. M. 1990.

Huizinga, Johan: *Homo Ludens*. Versuch einer Bestimmung des Spielelementes der Kultur, Basel 1938.

Kelsen, Hans: *Die Staatslehre Dante Alighieris*, in: Wiener Staatswissenschaftliche Studien, Wien und Leipzig 1905, S. 237–388.

ders.: *Wesen und Wert der Demokratie* (1920), Tübingen 1929² (zit. n. der Neuausgabe: Ditzingen 2018).

ders.: *Wer soll der Hüter der Verfassung sein?,* Berlin-Grunewald 1931.

ders.: *The Law of the United Nations: a critical analysis of its fundamental problems,* London 1950.

Kühn, Manfred: *Kant.* Eine Biographie, München 2003.

Kuhn, Helmut: *Die wahre Tragödie.* Platon als Nachfolger der Tragiker, Hildesheim 1970.

Langer, Claudia: *Reform nach Prinzipien.* Untersuchungen zur politischen Theorie Immanuel Kants, Stuttgart 1986.

Jaspers, Karl: *Von der Wahrheit,* München/Zürich 1947.

Ders.: *Vom Ursprung und Ziel der Geschichte,* München 1949.

Ders.: *Die Atombombe und die Zukunft des Menschen.* Politisches Bewusstsein in unserer Zeit (zunächst 1956 in Radiovorträgen), München 1958.

Mann, Frido: *Democracy will win.* Bekenntnisse eines Weltbürgers, Darmstadt 2021.

Mehring, Reinhard: *Carl Schmitt.* Aufstieg und Fall. Eine Biographie, München 2022².

Meyer, Thomas, Susanne Miller, Joachim Rohlfes (Hrsg.): *Geschichte der deutschen Arbeiterbewegung.* Darstellung, Chronologie, Dokumente. 3. Bde., Bonn 1984.

Mout, Nicolette (Hrsg.): *Die Kultur des Humanismus.* Reden, Traktate, Gespräche von Petrarca bis Kepler, München 1998.

Nida-Rümelin, Julian: *Humanismus als Leitkultur.* Ein Perspektivenwechsel, München 2006.

Nolte, Paul: *Was ist Demokratie?* Geschichte und Gegenwart, München 2012.

Ottmann, Henning: *Geschichte des politischen Denkens.* Von den Anfängen bei den Griechen bis auf unsere Zeit. 10 Bde., Stuttgart/Weimar 2001–2012.

Oexle, Otto Gerhard: *«Begriffsgeschichte» – eine noch nicht begriffene Geschichte.* Philosophisches Jahrbuch 116 (2009), S. 381–400.

Paine, Thomas: *Common Sense* (1776), dt. Stuttgart 1982.

Ders.: *The Rights of Man* (1791), dt. Berlin 1983.

Parzinger, Hermann: *Die Kinder des Prometheus.* Eine Geschichte der Menschheit vor der Erfindung der Schrift, München 2015.

Pico della Mirandola, Giovanni: *Neunhundert Thesen,* lat./dt., hrsg. u. übers. v. Thomas Egel, Hamburg 2018.

Ders.: *De hominis dignitate,* hrsg. v. August Buck. Meiner, Hamburg 1990 (lat. u. übers. v. N. Baumgarten).

Proudhon, Pierre-Joseph: *Über das Föderative Prinzip und die Notwendigkeit, die Partei der Revolution wieder aufzubauen.* (Franz. Erstausgabe 1863) dt.: Teil 1: Demokratie, Ökologie, Föderalismus, 1989; Teil 2: Einheitspolitik, 1992; Teil 3: Die Einheitspresse, 1999, Bern.

Radbruch, Gustav: *Gesetzliches Unrecht und übergesetzliches Recht,* in: Schweizerische Juristen Zeitung, 1946, S. 105–108.

Raumer, Kurt von: *Ewiger Frieden.* Friedensrufe und Friedenspläne seit der Renaissance, Freiburg/Br. 1953.

Rawls, John: *Eine Theorie der Gerechtigkeit,* Frankfurt a. M. 1974.

Recki, Birgit: *Mixtum compositum: On the Persistence of Kant´s Dualism in the Doctrine of the Highest Good*, in: Thomas Höwing (Hrsg.): *The Highest Good in Kants´s Philosophy*, Berlin/Boston 2016, S. 71–88.

Dies.: *Natur und Technik. Eine Komplikation*, Berlin 2021.

Reinhard, Volker: *Machiavelli oder Die Kunst der Macht.* Eine Biographie, München 2012.

Richter, Hedwig: *Demokratie. Eine deutsche Affäre*, München 2020.

Schmitt, Carl: *Der Hüter der Verfassung*, Berlin 1931.

Martin Schloemann: *Luthers Apfelbäumchen?* Ein Kapitel deutscher Mentalitätsgeschichte seit dem Zweiten Weltkrieg, Berlin 2016.

Schmidt-Biggemann, Wilhelm: *Der Dämon des 19. Jahrhunderts.* Anatomie eines überforderten Säkulums, Stuttgart Bad-Cannstatt 2021.

Schneider, Reinhold: *Las Casas vor Karl V.*, Leipzig 1938.

Ders.: *Karl V. Erbe und Verzicht*, Köln/Olten 1958.

Selensky, Wolodymyr: *Botschaft aus der Ukraine*, aus dem Englischen v. Christiane Bernhardt/ Gisela Fichtl, München 2022.

Sigrist, Christian: *Regulierte Anarchie.* Untersuchungen zum Fehlen und zur Entstehung politischer Herrschaft in segmentären Gesellschaften Afrikas. In: Heinrich Popitz (Hrsg.): Texte und Dokumente zur Soziologie: Studien des Instituts für Soziologie, Olten u. a. 1967.

Sommer, Michael: *Phönizier. Handelsherrn zwischen Orient und Okzident*, Stuttgart 2005.

Stolleis, Michael: *Staat und Staatsraison in der frühen Neuzeit.* Studien zur Geschichte des öffentlichen Rechts, Frankfurt a. M. 1990.

Ders.: *Geschichte des öffentlichen Rechts in Deutschland.* 4 Bde., München 1988–2012.

Streek, Wolfgang: *Gekaufte Zeit. Die vertagte Krise des demokratischen Kapitalismus*, Berlin 2013.

Ders.: *Zwischen Globalismus und Demokratie.* Politische Ökonomie im ausgehenden Neoliberalismus, Berlin 2021.

Suárez, Francisco: *De legibus ac deo legislatore. Liber tertius: De lege positiva humana* (Drittes Buch: Über das menschliche positive Gesetz), Bde. I,6 und I,7), hrsg. v. Oliver Bach u. a., Stuttgart-Bad Cannstatt 2014.

Tomasello, Michael: *Eine Naturgeschichte des menschlichen Denkens*, Berlin 2014.

Vorlander, Hans: *Die Verfassung. Idee und Geschichte*, München 1999.

Ders.: *Demokratie. Geschichte, Formen, Theorien*, Munchen 2010^{2}.

Vries, Henning de: *Die Strafverfolgung internationaler Verbrechen durch den Internationalen Strafgerichtshof*, Weilerswist 2022.

Wesel, Uwe: *Geschichte des Rechts*, München 2010, 2022^{2}.

Wilhelmi, Theresa: *Das Weltrechtsprinzip im internationalen Privat- und Strafrecht*, Frankfurt a. M. 2007.

Winkler, Heinrich August: *Der lange Weg nach Westen.* 2 Bde., München 2020^{2} (Beck Paperback).

Personenregister